KB122911

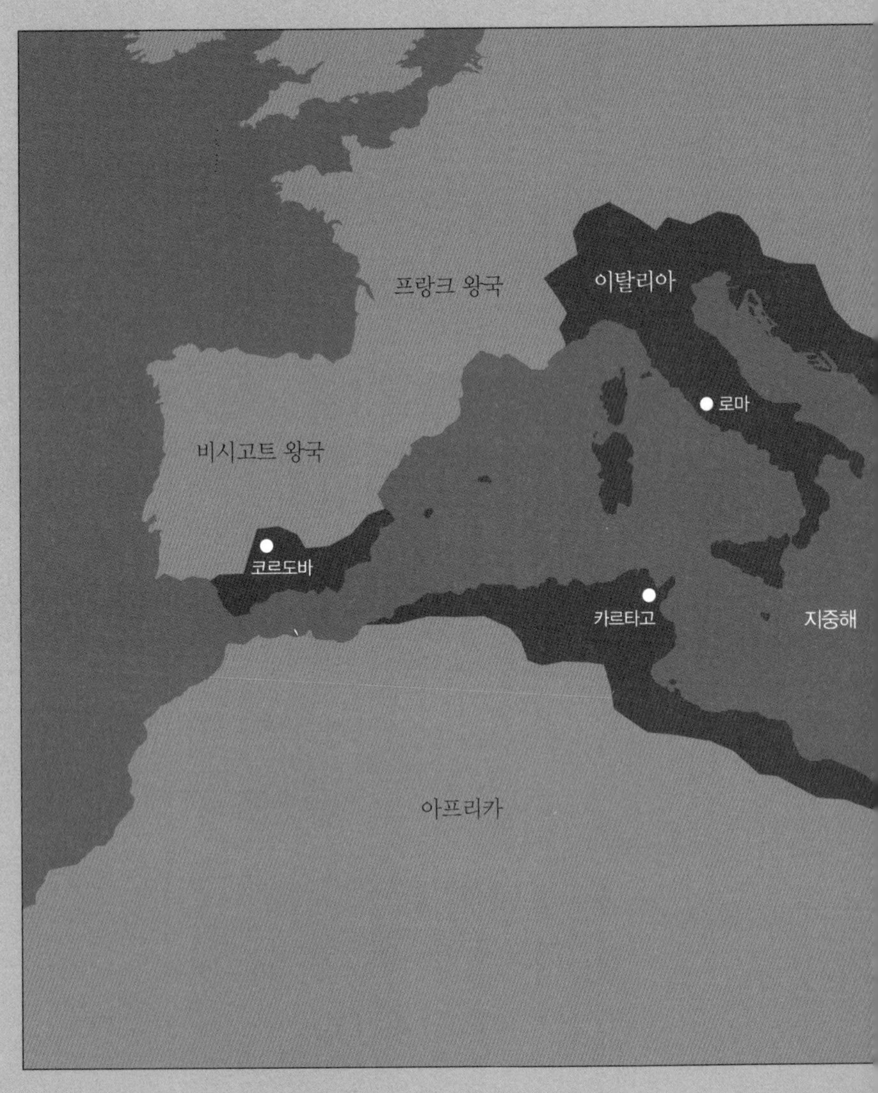
프랑크 왕국
이탈리아
로마
비시고트 왕국
코르도바
카르타고
지중해
아프리카

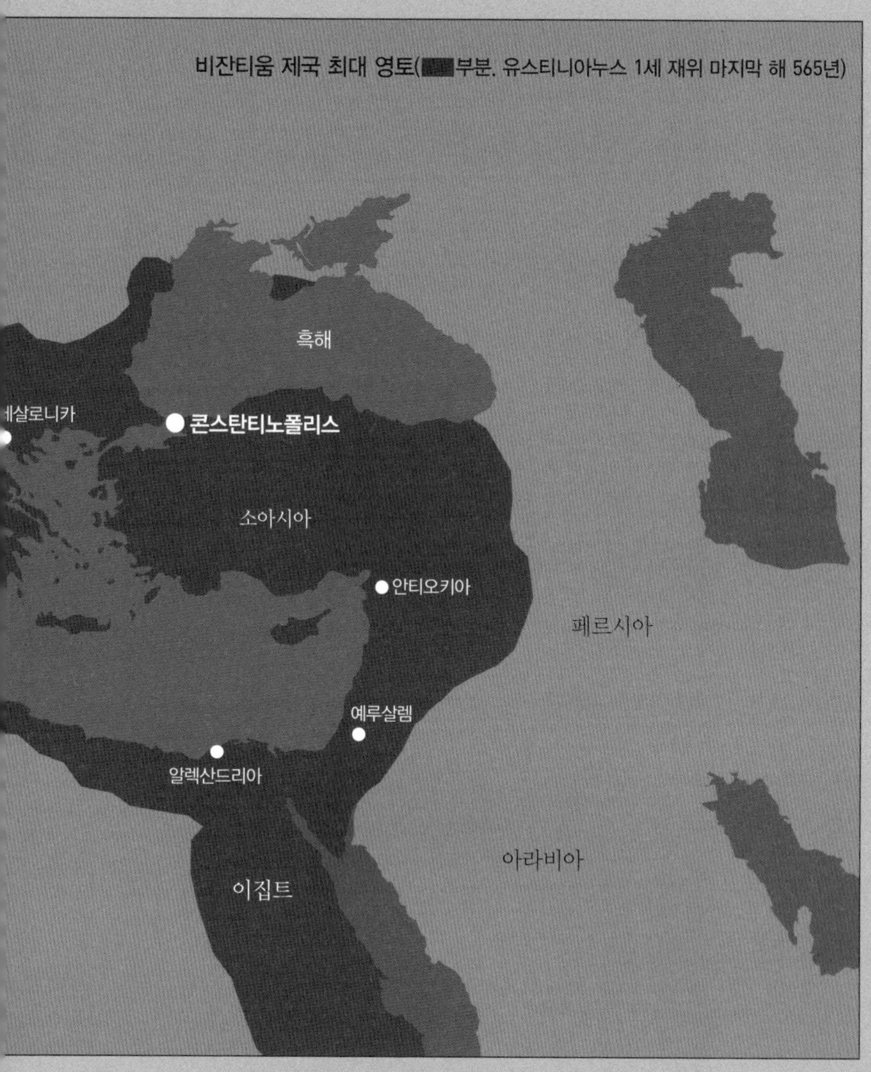

비잔티움 제국 최대 영토(■부분. 유스티니아누스 1세 재위 마지막 해 565년)

이 책에 보내온 찬사

이 책은 정치사의 그늘에 가려진 비잔티움 제국의 경제·사회·문화 이야기에 유기적이면서도 독창적인 생명력을 불어넣고 있다. 생생하게 살아 움직이는 비잔티움 제국의 '진짜' 역사를 경험하고 싶은 독자들에게 꼭 필요한 책이다.

– **윤희두**(한국외국어대학교 그리스·불가리아학과, 사학과 외래 교수)

디오니시오스 스타타코풀로스의 비잔티움 제국 역사 개론서를 한국어로 만나게 되어 매우 기쁘다. 가뭄에 단비 같은 이 책이 앞으로 한국의 서양 중세사 교육과 연구 발전에 크게 이바지할 수 있기를 기원한다.

– **황원호**(소르본대학교 중세학 박사)

1천 년의 장대한 시간과 지중해 세계의 공간을 아우르는 비잔티움 제국 이야기가 담긴 이 책을 통해, 우리는 그리스·로마 그리고 그리스도교의 유산이 만들어 낸 화려하면서도 이국적인 문화를 만난다.

– **김차규**(명지대학교 사학과 교수)

비잔티움 없는 세계는 감사할 줄 모르는 삶과 같이 퇴색한 세계다. 디오니시오스 스타타코풀로스는 세 대륙에 걸쳐 140만 제곱킬로미터를 지배하고 지대한 영향을 미쳤던 비잔티움 제국이라는 경이로운 세계를 파헤친다. 비잔티움 제국의 다양한 면을 조망하는 이 책은 1천 년 이상 이어진 역사의 이상적이고 지적인 안내자이다.

– **베터니 휴스**(영국의 고전 역사 작가이자 방송인)

신앙과 문화, 영토의 변동이라는 요소가 결합된 비잔티움 제국의 역사는 만화경처럼 다채롭다. 1천 년에 걸친 이 변화무쌍한 제국의 역동성과 예술적 위업을 간결하게 제시하기란 결코 쉬운 일이 아니다. 그러나 지은이는 당당하게 성공해 냈다. 또한 고대부터 이탈리아 르네상스까지 지속된 이 제국을 살펴보는 것은 과거는 물론 21세기 지정학을 이해하게 해준다.

– **조너선 셰퍼드**(《케임브리지 비잔티움 제국사》 책임편집자)

비잔티움 연구의 최신 동향을 종합해 내놓은 야심만만한 책.

– **애버릴 캐머런**(옥스퍼드대학교 고대 후기와 비잔티움 역사 교수)

비잔티움의 역사

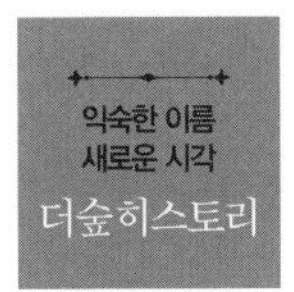

비잔티움의 역사

디오니시오스 스타타코풀로스 지음 | 최하늘 옮김

더숲

한국 독자들을 위한 서문

내 저서의 한국어판 서문을 쓴다는 사실이 무척이나 기쁘다. 비잔티움 제국 사람들이 방문하기는커녕 알지도 못했을 곳에 비잔티움사에 관심을 가진 사람들이 있다는 말이 아닌가. 하지만 한국의 천 년 제국인 신라 왕릉에서 발견된 유리 제품과 보석류는 신라가 고대 후기(2~8세기까지를 일컫는 서양사 용어–옮긴이) 지중해와 연결 고리가 있었음을 뜻한다. 사료가 많은 정보를 제공하고 있지는 않으나, 비단길이 유라시아를 연결하고 동방과 서방을 이어 주었음은 분명하다.

물론 비잔티움사에 대한 관심이 고대의 관계에 꼭 기반을 둘 필요는 없다. 비잔티움 제국과 오래되고 유동적인 역사는 그 자체만으로도 가치 있다. 그뿐만 아니라 1천 년이라는 긴 시간 동안 변화하는 환경 속에서 탄력적으로 적응해 나가며 살아남고 또 번성했던 그 국가가 우리에게 알려 주는 바는 많다.

이미 비잔티움 제국에 대한 많은 개설서가 있지만 내가 이 책을 굳이 집필한 이유는, 비잔티움 제국 개설서는 단순히 정치와 군사 사건만 다루거나 그것들을 최우선으로 다루어서는 안 되고 이 경이로운 제국의 사회 · 경제 · 문화에 동등하게 관심을 가져야 한다고 생각하기 때문이다. 그리고 비잔티움사 연구가 정적이고 완성된 경전이 아니라 끊임없이 움직이고 논쟁이 그치지 않는, 역동적인 변화의 장임을 알고 싶어 하는 사람이 있으리라 믿었다. 이 책이 에스토니아어, 튀르키예어, 현대 그리스어, 중국어로 번역되어 세계의 수많은 독자를 만나게 된 것으로 보아 내 생각에 동의하는 이들이 적지 않은 것 같다. 이제 이 책이 한국어로도 소개된다는 사실이 반갑기 그지없다.

그리스인으로 성장해 온 나에게 비잔티움 제국의 역사는 학교 교과 과정의 일부였다. 나를 매료한 첫인상이 떠오르지는 않지만 분명 궁정 의례, 끝없는 전쟁, 엄격한 예술 그리고 정교회 세계에 남아 있는 관습들은 낯섦으로 다가왔으리라.

오랜 기간 여러 나라를 떠돌며 연구하고 강의한 입장에서 흥미를 느끼는 부분은 계속 변화해 왔다. 이제 나를 감탄하게 만드는 것은 비잔티움 제국이 어떻게 나라 · 언어 · 신앙을 가리지 않고 사람들을 받아들였는지, 어떻게 거대한 위기 속에서 적응하고 살아남았는지, 한쪽 발은 고대에 두고 그 시절의 책 · 예술 · 문화를 어떻게 그리스도교 제국의 취향과 감성에 맞게 재창조했는지 하는 것들이다.

비잔티움 제국은 어깨 위에 과거로부터 내려온 방대한 지식의 보고를 짊어지고 있었다. 그들은 변화에는 부정적이었으나(그들은 신중함과 전통을 선호했다), 긴 역사를 거치며 변경에서 수많은 국가와 정치체가 일어서고 또 흔적 없이 사라지는 것을 지켜보았다. 이런 연유로 나는 비잔티움학이 모든 것이 순식간에 변화하는 지금 우리가 살아가는 세계에도 많은 교훈을 주리라 생각한다.

이 책이 독자들에게 비잔티움 제국에 대한 흥미를 불러일으켜 더 상세한 연구로 탐험을 떠나는 계기가 되기를 바란다. 마지막으로 이 책을 번역해 한국 독자들에게 이야기할 기회를 준 최하늘 씨에게 감사를 표한다.

지은이 **디오니시오스 스타타코풀로스**

옮긴이의 말

현대 역사학자들이 '비잔티움 제국'이라고 부르는 존재는 사실 동방에서 계속된 로마 제국 곧 동로마 제국이다. 수도는 '새로운 로마New Rome'(콘스탄티노폴리스)로, 보스포루스해협의 고대 그리스 도시 비잔티온에 건설되었다. 비잔티움 제국은 그리스어 화자가 다수인 그리스도교 정교회 사회였으나, 고대 로마 제국과 정치적 · 문화적으로 급격한 파열은 이루어지지 않았고, 그 지배자와 신민臣民 역시 자신들이 로마인이 아니라는 생각은 결코 하지 않았다.

그리스도교화는 갑작스럽게 일어나지 않았으므로 단절을 의미한다고 볼 수 없다. 이 동방의 로마 제국이 정교회화하는 과정은 5세기나 걸렸다. 언어와 영토 측면에서 보면, 로마 제국은 5세기에 비록 서방(서로마 제국)을 상실하기는 했지만 6세기까지는 행정 분야에서 라틴어가 지배적일 만큼 힘을 유지하고 있었다. 7세기 제국은 시리아와 팔레스타인 · 이집트 · 북아프리카를 아랍인에게 빼앗겼고, 이와 함께 시리아어와 콥트어 화자 인구 및 칼케돈 공의회의 결과를 받아들이지 않는 교회 역시 떨어져 나갔다. 즉 7세기 무렵에야 제국은 그리스어를 사용하며 (그들 자신이 보기에) 정교회 신앙을 가진 로마 족류族類가 다수를 차지했다.

비잔티움 제국의 역사가 오늘날의 사람들에게 어떤 의미를 가질까? 가장 먼저 떠오르는 대답은 1천 년 이상 지속되며 고대와 근대 세계를 연결한 국가에 대한 관심이다. 비잔티움 제국은 서로마 제국이 멸망한 이후로도 줄곧 로마 제국으로서 아프로 · 유라시아 대륙 서쪽에 존재하며 오늘날 동유럽과 중동, 서구 문명권 전체에 생생하게 살아남아 있는 그리스 고전과 로마법, 그리스도교 신학 등 그리스 · 로마 · 그리스도교 전통을 형성하고 전파했다. 비잔티움 제국의 학자들이 이렇게 보존한 학문을 14세기와 15세기 르네상스기 유럽에 전달해 주었다는 사실은 잘 알려져 있다.

그뿐만 아니라 비잔티움 제국은 중세와 근대 초기 러시아 차르와 프랑스 군주, 오스만 군주 등 동방과 서방의 지배자들에게 로마 제국의 살아 있는 모델이 되기도 했다. 고대부터 근대 초기까지 유지된 비잔티움 제국은 메소포타미아 북부에서 이탈리아 남부까지, 한쪽 끝에서 다른 한쪽 끝으로 문화 요소를 전달하는 역할을 충실하게 수행했다. 오늘날 서유럽과 동유럽, 근동이 비잔티움 제국의 폐허 위에 지어졌다고 해도 과언은 아니다. 국가를 하나의 유기체로 비유하고 유기체의 목표가 생존이라고 본다면, 1453년 멸망할 때까지 비잔티움 제국의 '목적 적합성'은 매우 뛰어났다고 평가할 수 있다. 비잔티움 제국 사람들은 기나긴 시간을 거치며 수많은 위기 속에서 고대의 책과 예술, 문화를 지키고 연구한 것은 물론, 한 발 더 나아가 새롭게 만들어 내는 훌륭한 능력을 갖추고 있었다.

내가 이 책을 번역하기 시작한 이유는 그동안 공부해 온 비잔티움 제국의 역사를 정확하고 이해하기 쉽게 서술하고 있기 때문이다. 지난 25년 동안 게오르크 오스트로고르스키의 《비잔티움 제국사 324–1453》을 필두로 다양한 비잔티움 통사 서적들이 한국어로 출간되었다. 이 책은 세계적인 고전이지만 원서가 1965년에 출간되었기 때문에 그간 이루어진 최신 연구 성과들을 반영할 필요가 있다.

반면 이 책은 비교적 최신의 연구 성과를 종합하여 학술적으로 신뢰할 만하면서도 일반 독자들이 읽기 어렵지 않으며 균형 잡힌 시각을 갖추었다는 장점을 지니고 있다. 먼저 블룸스버리 출판사가 야심 차게 내놓은 〈쇼트 히스토리Short Histories〉 시리즈의 기준에 맞추어 학문적으로 엄밀하면서도 서술이 장황하거나 지엽적이지 않아 읽기 쉽다. 또한 종래 비잔티움 관련 서적들이 정치사를 중심으로 비잔티움의 역사를 살펴보는 것과 달리 이 책은 정치사의 분량이 사회사나 문화사 등 다른 분야와 균형을 이루고 있다. 책 말미의 〈더 읽을거리〉는 단순한 참고 문헌의 나열이 아니라 간략한 설명을 붙여 비잔티움 제국 역사를 더 알고자 하는 이들에게 좋은 지침을 제공해 준다.

그렇다면 저자 디오니시오스 스타타코풀로스는 어떤 학자일까?

그는 2000년 빈대학교에서 박사 학위를 받은 뒤 2020년부터 키프로스대학교 역사·고고학과의 조교수로 재직하고 있다. 박사 학위 논문은《고대 로마와 초기 비잔티움 제국에서의 기근과 역병*Famine and Pestilence in the Late Roman and Early Byzantine Empire*》이라는 제목의 책으로 출간되었고,《유동성과 다층성 : 13세기 에게해의 개인과 정체성*Liquid & Multiple: Individuals & Identities in the Thirteenth-Century Aegean*》,《이방인의 호의 : 전근대 지중해의 자선 단체*The Kindness of Strangers: Charity in the Pre-Modern Mediterranean*》,《비잔티움의 물질 문화와 복지(400~1453년)*Material Culture and Well–Being in Byzantium, (400-1453)*》 등의 공동 편집을 맡는 등 비잔티움 사회사 분야에서 국제적으로 인정받고 있다. 앞의 〈한국 독자들을 위한 서문〉에서 저자가 설명했듯이 이 책이 에스토니아어, 튀르키예어, 현대 그리스어, 중국어로 번역·출간된 사실은 저자가 가진 역사학자로서의 탁월한 기량을 잘 보여 준다.

저자의 명료한 서술에도 불구하고 번역은 어려웠다. 어떤 부분에서는 그 자체로 설명이 좀 부족하다 싶은 부분이 있어 옮긴이 주를 달기 위해 여러 자료를 참고해야 했다. 또한 비잔티움 세계의 광대한 범위와 엄청난 다양성은 종종 한계에 부딪히게 했다. 번역 과정에서 김차규 교수님과 황원호 교수님의 연구로부터 큰 도움을 받았다. 옮긴이 주에서 참고한 부분을 일일이 적시해야 했겠으나 개설서의 번역이라는 성격상 그러지 못해 죄송할 따름이다.

저자 스타타코풀로스 교수는 내가 한국어판 번역 소식을 전하며 원서의 오류를 몇 가지 지적했을 때 흔쾌히 인정했을 뿐만 아니라 다른 오류까지 짚어 주었다. 책에 사용된 도판의 원본은 물론 저작권 문제로 사용이 어려운 도판을 대신할 것들을 직접 찾아 보내 주었다. 또한 생면부지 사이인 내가 한국어판 서문을 요청했을 때도 곧장 응해 주었다.

번역 초고를 읽고 용기를 불어넣어 주신 한국외국어대학교 그리스 · 불가리아학과의 윤희두 박사님, 원서와 대조해 가며 번역문을 함께 검토해 준 권희도 님과 박건우 님, 책을 출간하는 마지막 순간까지 확인 과정을 이어 준 더숲출판사의 편집부에게도 고마움을 전한다. 그럼에도 남아 있을 수 있는 미흡함은 오롯이 나의 책임이다.

모쪼록 이 책이 비잔티움 제국에 관심을 가진 사람들에게 도움이 되기를 그리고 이 책을 통해 비잔티움 제국의 풍부한 역사를 음미하는 사람들이 늘어나기를 바란다.

옮긴이 최하늘

차례

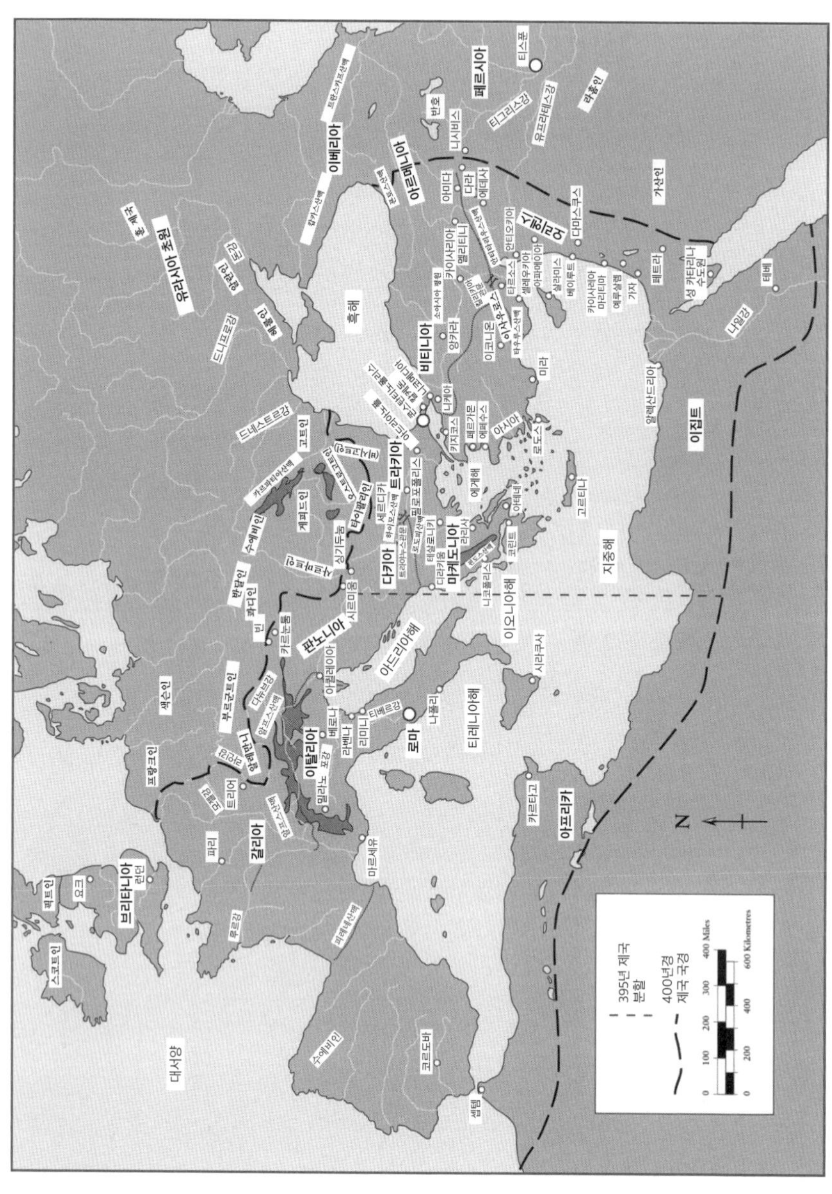

지도 1　　400년경 비잔티움 제국

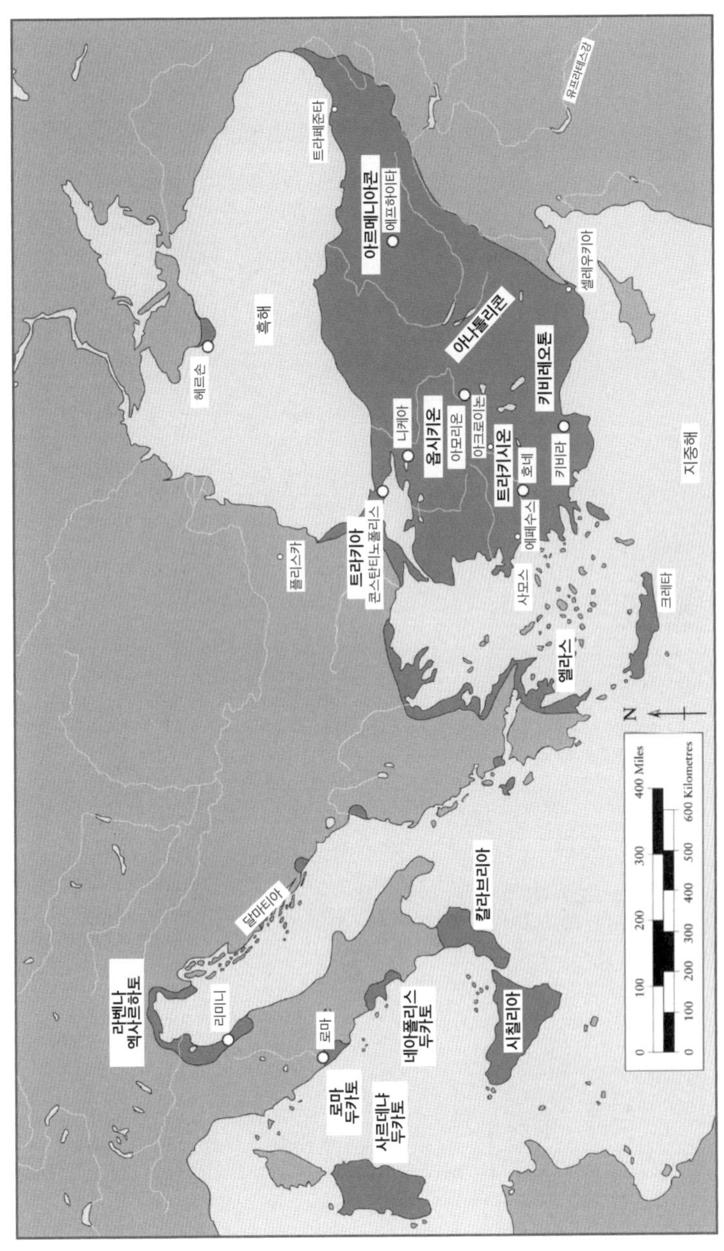

지도 2 8세기 비잔티움 제국과 주요 군관구

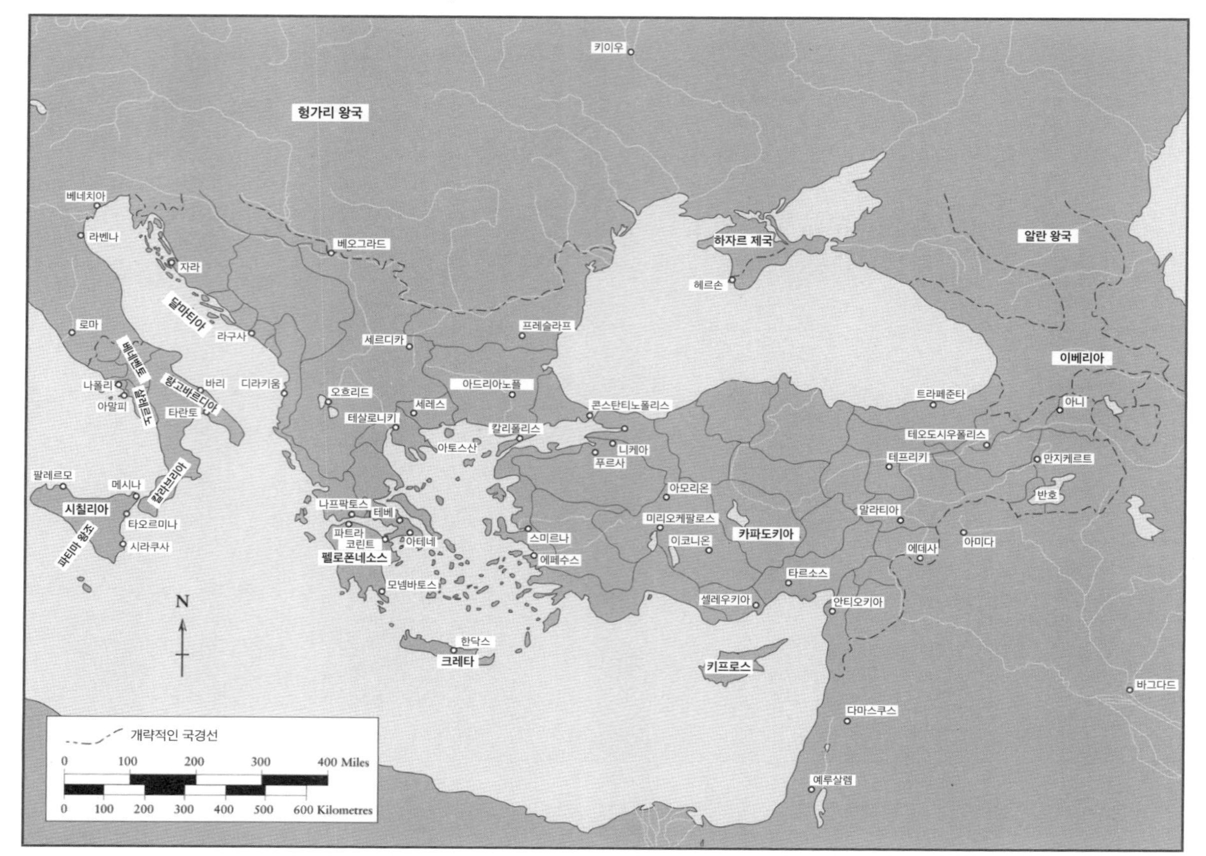

지도 3　　1050년경 비잔티움 제국

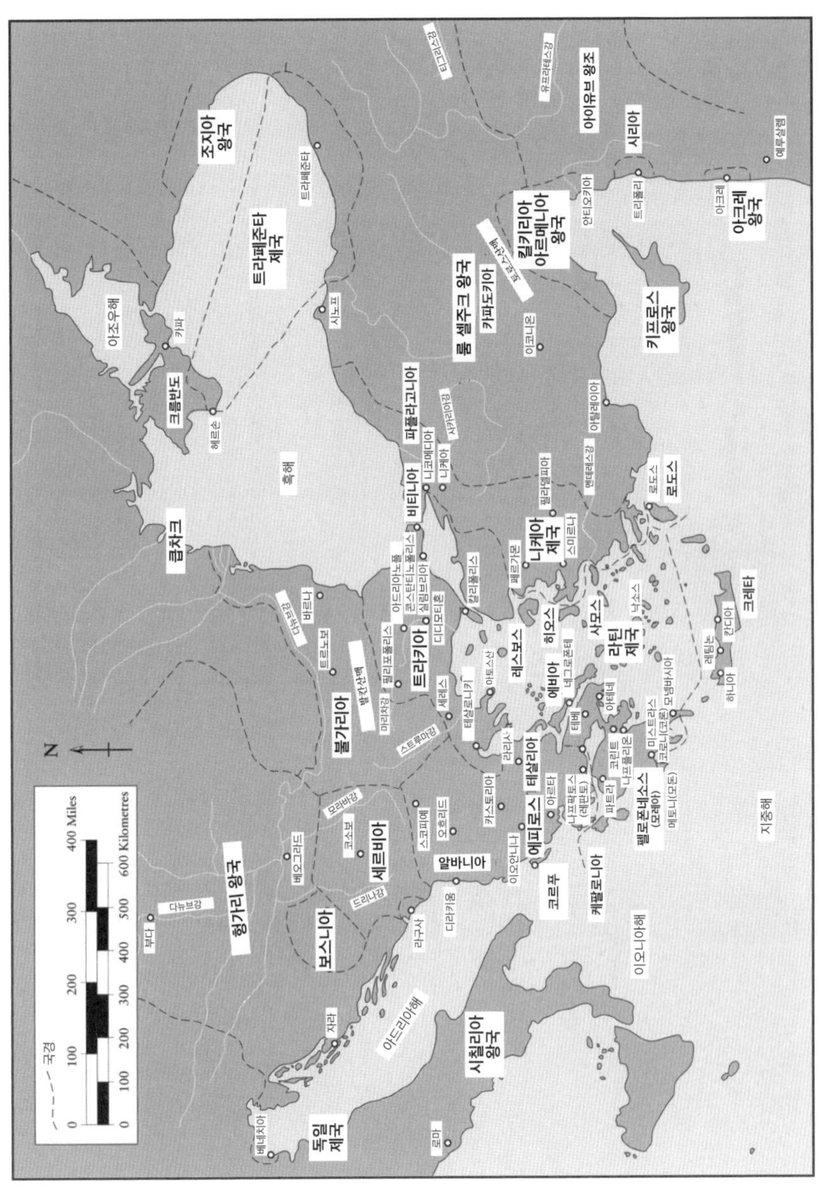

지도 4　　1204년 이후 비잔티움 세계

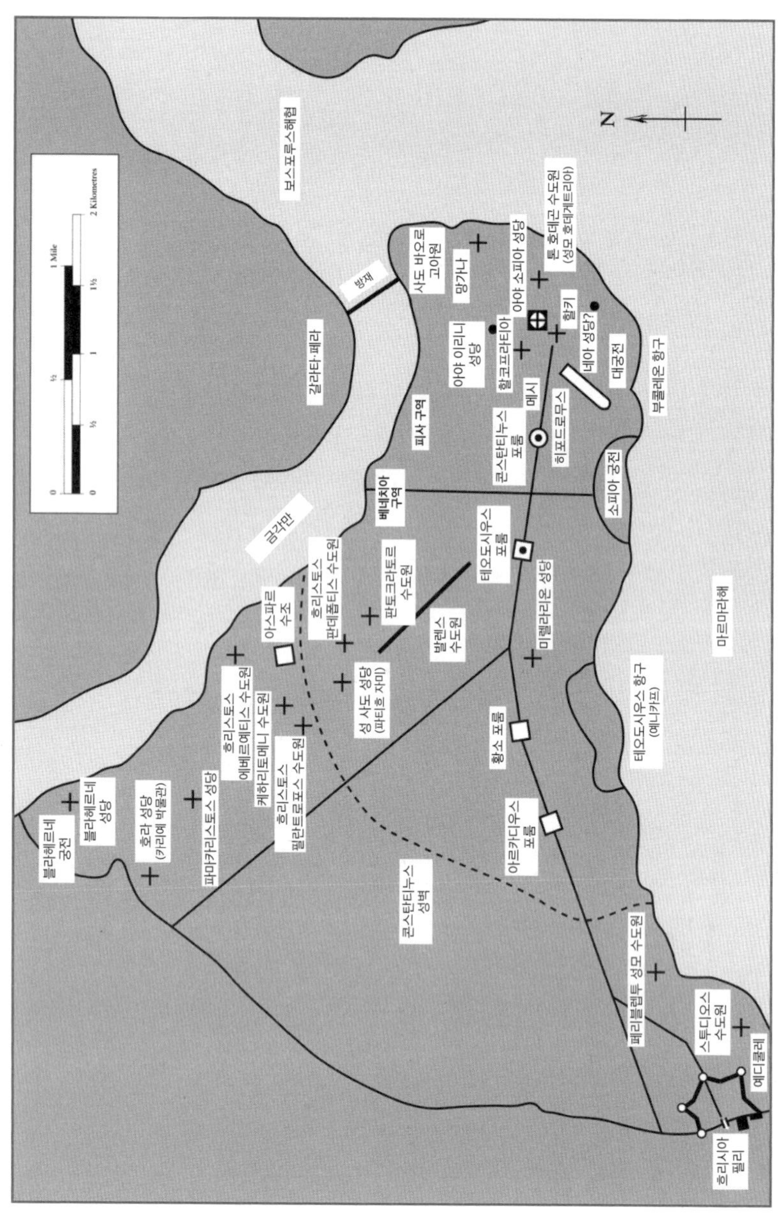

지도 5　　비잔티움 시대와 오스만 시대 콘스탄티노폴리스의 주요 건축물

연대표

* **굵은 정체**는 비잔티움 제국(동로마 제국) 황제, ***굵은 이탤릭체***는 서로마 제국 황제이다.

306~337년	**콘스탄티누스 1세**(콘스탄티누스 대제), 324년부터 단독 황제
324년	콘스탄티노폴리스로 수도 이전
325년	니케아에서 최초의 그리스도교 공의회 개최(후일 '세계 공의회'라 이름 붙여짐)
337~361년	**콘스탄티우스 2세**, 형제인 **콘스탄티누스 2세**(재위 337~340년) 그리고 **콘스탄스 1세**(재위 337~350년)와 공동 통치
361~363년	**율리아누스**, 페르시아와 전쟁하고 이교도 부흥을 시도
363~364년	**요비아누스**
364~375년	***발렌티니아누스 1세***
364~378년	**발렌스**
367~383년	***그라티아누스***
375~392년	***발렌티니아누스 2세***
378~395년	**테오도시우스 1세**
393~423년	***호노리우스***
395년	로마 제국이 동로마, 서로마로 나뉨

395~408년 **아르카디우스**

408~450년 **테오도시우스 2세**

410년 비시고트가 로마를 약탈

425~455년 ***발렌티니아누스 3세***

450~457년 **마르키아누스**

451년 칼케돈에서 최초의 세계 공의회 개최

453년 434년 이후 훈 제국의 통치자 아틸라 사망(447년 이후 단독 군주)

457~474년 **레오 1세**

467~472년 ***안테미우스***

472년 ***올리브리우스***

473~474년 ***글리케리우스***

474년 **레오 2세**

474~475년 ***율리우스 네포스***

475~476년 ***로물루스 아우구스툴루스***(서로마 제국의 마지막 황제)

474~491년 **제노**

476년 서로마 제국 멸망

491~518년 **아나스타시우스 1세**

518~527년 **유스티누스 1세**

527~565년 **유스티니아누스 1세**

537년 아야 소피아 성당 헌당식

541년 '유스티니아누스 역병', 첫 출현

565~578년 **유스티누스 2세**

578~582년 **티베리우스 2세**

582~602년 **마우리키우스**

602~610년 **포카스**

603~630년 비잔티움 제국과 페르시아 제국 최후의 결전

610~641년	**이라클리오스**
622년	선지자 무함마드, 메카에서 메디나로 이주(헤지라)
634년	이슬람 제국 확장 시작
641년	**콘스탄디노스 3세**와 **이라클로나스** 공동 통치
641~668년	**콘스탄스 2세**
661~680년	무아위야 1세(우마이야 왕조 최초의 칼리프)
668~685년	**콘스탄디노스 4세**
685~695년	**유스티니아노스 2세 리노트미토스**(첫 번째 재위)
695~698년	**레온티오스**
698~705년	**티베리오스 3세**
705~711년	**유스티니아노스 2세**(두 번째 재위)
711~713년	**필리피코스 바르다니스**
713~715년	**아나스타시오스 2세**
715~717년	**테오도시오스 3세**
717~718년	아랍 제국 최후의 콘스탄티노폴리스 포위, 비잔티움 제국이 승리
717~741년	**레온 3세**
732년	프랑크 왕국의 카롤루스 마르텔, 푸아티에에서 아랍군 격파
741~775년	**콘스탄디노스 5세**
743~750년	'유스티니아누스 역병'의 마지막 유행
750년	아바스 왕조에 의해 우마이야 왕조 몰락. 이슬람 제국의 수도가 다마스쿠스에서 바그다드로 이전
754년	히에리아(그리스어로는 이에리아) 공의회를 통해 성상 파괴주의가 교회의 정식 신조에 편입
775~780년	**레온 4세**
780~797년	**콘스탄디노스 6세**와 **이리니**

787년	니케아에서 열린 제7차 세계 공의회에서 성상 파괴주의 채택 취소
797~802년	**이리니**, 단독 황제
800년	프랑크 왕국의 카롤루스 마그누스(재위 768~814년. 샤를마뉴로 알려져 있다)가 교황 레오 3세에 의해 '로마인의 황제'로 대관
802~811년	**니키포로스 1세**
811~813년	**미하일 1세**
813~820년	**레온 5세**
820~829년	**미하일 2세**
829~842년	**테오필로스**
842~867년	**미하일 3세**
843년	정교회의 승리로 비잔티움 교회에서 성상이 복원되고 성상 파괴주의는 단죄됨
858~867년	포티오스 총대주교 취임(두 번째 취임은 877~886년)
864년	불가르 통치자 보리스, 그리스도교로 개종
867~886년	**바실리오스 1세 마케도니아**, 1056년까지 이어진 마케도니아 왕조를 세움
886~912년	**레온 6세**와 **알렉산드로스**의 공동 통치
912~913년	**알렉산드로스**
913~959년	**콘스탄디노스 7세 포르피로에니토스**(실제 통치는 945년 이후)
920~944년	**로마노스 1세 레카피노스**
959~963년	**로마노스 2세 포르피로에니토스**
961년	로마노스 2세의 동생 레온 포카스(니키포로스 2세가 됨)가 크레타를 탈환하고 이듬해에 키프로스를 재점령
962년	독일 왕 오토 1세, 로마에서 황제로 대관

963~969년	**니키포로스 2세 포카스**
969~976년	**이오아니스 1세 지미스키스**
972년	독일 왕 오토 2세, 비잔티움 귀족 테오파노(독일어로는 테오파누)와 결혼
976~1025년	**바실리오스 2세 불가록토노스**
989년	루시의 지도자 볼로디매루, 바실리오스 2세의 동생 아나와 결혼하고 그리스도교로 개종
992년	바실리오스 2세, 베네치아에 상업 특권 부여
1025~1028년	**콘스탄디노스 8세**
1028~1034년	**로마노스 3세 아르이로스**
1034~1041년	**미하일 4세**
1041~1042년	**미하일 5세 칼라파티스**
1042년	**조이**와 **테오도라**의 공동 통치(두 사람 모두 콘스탄디노스 8세의 딸)
1042~1055년	**콘스탄디노스 9세 모노마호스**
1054년	교황 특사와 콘스탄티노폴리스 총대주교 미하일 1세 키룰라리오스, 로마와 콘스탄티노폴리스 교회 사이의 갈등 끝에 상호 파문
1055~1056년	**테오도라**
1056~1057년	**미하일 6세 브링가스**
1057~1059년	**이사키오스 1세 콤니노스**
1059~1067년	**콘스탄디노스 10세 두카스**
1068~1071년	**로마노스 4세 디오예니스**
1071년	노르만 세력이 비잔티움 제국 최후의 이탈리아 거점 바리를 정복. 이해 말 비잔티움 군대는 만지케르트에서 셀주크 군대에 대패
1071~1078년	**미하일 7세 두카스**

1078~1081년	**니키포로스 3세 보타니아티스**
1081~1118년	**알렉시오스 1세 콤니노스**, 1185년까지 이어진 콤니노스 왕조를 세움
1082년	베네치아에 상당한 교역 특권 부여
1096~1099년	제1차 십자군
1118~1143년	**이오아니스 2세 콤니노스**
1143~1180년	**마누일 1세 콤니노스**
1145~1149년	제2차 십자군
1180~1183년	**알렉시오스 2세 콤니노스**
1183~1185년	**안드로니코스 1세 콤니노스**
1185~1195년	**이사키오스 2세 앙겔로스**
1187년	이집트에서 아이유브 왕조를 세운 살라후딘(일명 살라딘), 하틴 전투에서 십자군을 격파하고 예루살렘 장악
1189~1192년	제3차 십자군
1195~1203년	**알렉시오스 3세 앙겔로스**
1203년	**알렉시오스 4세 앙겔로스**와 **이사키오스 2세 앙겔로스** 공동 통치
1203~1222년	**테오도로스 1세 라스카리스**(그리스계 후계국인 니케아 제국의 황제)
1204년	**알렉시오스 5세 두카스 무르주플로스**. 제4차 십자군에 의해 콘스탄티노폴리스가 함락되고 약탈당함
1222~1254년	**이오아니스 3세 두카스 바타지스**(니케아 제국의 황제)
1254~1258년	**테오도로스 2세 라스카리스**(니케아 제국의 황제)
1258~1261년	**이오아니스 4세 라스카리스**(니케아 제국의 황제)
1258~1282년	**미하일 8세 팔레올로고스**
1261년	미하일 8세의 군대, 콘스탄티노폴리스 수복

1274년	제2차 리옹 공의회에서 로마 교회와 비잔티움 교회 사이의 일치 서약
1282~1328년	**안드로니코스 2세 팔레올로고스**
1321~1328년	안드로니코스 2세 팔레올로고스와 안드로니코스 3세 팔레올로고스 사이에 내전
1328~1341년	**안드로니코스 3세 팔레올로고스**
1341~1347년	**이오아니스 5세 팔레올로고스**. 황후 안나와 총대주교 이오아니스 14세 칼레카스 및 알렉시오스 아포카프코스의 섭정. 섭정과 요안니스 6세 칸타쿠지노스 사이에 내전
1347~1354년	**이오아니스 6세 칸타쿠지노스**
1347년	콘스탄티노폴리스에 페스트 발생
1354~1391년	**이오아니스 5세 팔레올로고스** 복위
1372년 또는 1373년	비잔티움 제국 황제, 오스만 제국의 속신이 됨
1376~1379년	**안드로니코스 4세 팔레올로고스**
1390년	**이오아니스 7세 팔레올로고스**
1391~1425년	**마누일 2세 팔레올로고스**
1396~1402년	콘스탄티노폴리스, 오스만 제국의 제4대 술탄 바예지드 1세에 의해 포위됨
1425~1448년	**이오아니스 8세 팔레올로고스**
1438~1439년	페라라 공의회(나중에 피렌체로 옮겨 가 진행되어 페라라·피렌체 공의회로 불림)에 비잔티움 제국 대표단이 참석, 로마 교회와 콘스탄티노폴리스 교회의 일치를 선언
1448~1453년	**콘스탄디노스 11세 팔레올로고스**
1451~1481년	오스만 제국의 제7대 지배자 메흐메드 2세
1453년	오스만 제국, 콘스탄티노폴리스 정복
1460~1461년	오스만 제국, 비잔티움 제국의 잔존 세력 정복

일러두기

- 이 책은 *A Short History of the Byzantine Empire*(Dionysios Stathakopoulos, London and New York : I.B. Tauris, 2014)의 완역본이다. 원서와 일부 다른 부분은 저자와 협의를 거쳐 수정한 것이다.
- 비잔티움 역사서의 표기 관례에 따라 이라클리오스 재위(610~641년)를 기점으로 이전의 인명과 관직명 등 고유 명사는 라틴어로, 이후는 그리스어로 표기했다.

  예) Constantine I → 콘스탄티누스 1세, Constantine XI → 콘스탄디노스 11세
- 지명은 저자가 그리스식 지명을 사용한 경우에는 그리스어식으로 표기하고 현재의 지명을 추가로 설명했다. 또한 현재는 다른 명칭으로 불리지만 역사적으로 통용된 지명에 대해서는 역사적 지명을 따르고 현재의 지명을 밝혔다. 그 외의 지명은 국립국어원의 외래어 표기 용례를 따랐다.

  예) 이즈니크 → 니케아, 이스탄불 → 콘스탄티노폴리스 또는 쿠스탄티니야
- 그 외 언어의 표기는 국립국어원에서 발표한 각 언어 표기법 시안이나 표기법, 용례를 참고했다.
- 각주는 옮긴이의 추가 설명이다.
- 독자들의 이해를 돕기 위해 책 말미에 본문에 등장하는 교황 · 총대주교 · 세계 공의회 · 황제의 이름과 특징, 짧은 소개를 정리하여 실었다.

이 책의 구성

〈들어가며〉에서는 비잔티움 세계의 연대 구분과 지리적 배경, 이 책이 시작되는 콘스탄티누스 1세의 재위를 이해하는 데 필요한 몇 가지 기본적인 사실을 미리 다루고자 했다.

제1~8장까지는 같은 구조를 가졌다. 각 장의 앞 절반은 사건(주로 정치사, 때에 따라 교회와 그리스도교 교리 관련 문제)을 다루고, 나머지 절반은 사회 구조(경제사와 사회사에서 중요한 문제들)와 사회 환경(큰 틀에서 보면 문화사. 즉 각 시기의 지적 환경과 물질적 환경에 관련한 문제)을 다룬다. 제9장은 1453년 콘스탄티노폴리스가 함락된 다음 날부터 오늘날까지의 이야기를 다룬다. 〈부록〉에서는 수 세기 동안 비잔티움 제국과 맞서서 혹은 힘을 합해서 싸웠던 종족들을 개략적으로 설명했다.

그리고 이 책은 기본적으로 그리스어식 이름과 지명을 따랐음을 밝힌다. 몇몇 고유 명사를 제외한 다른 고유 명사들은 라틴어화된 형태를 지양하고 그리스어식으로 적었다.*

---

* 한국어판의 표기 원칙은 일러두기에 밝혀 두었다.

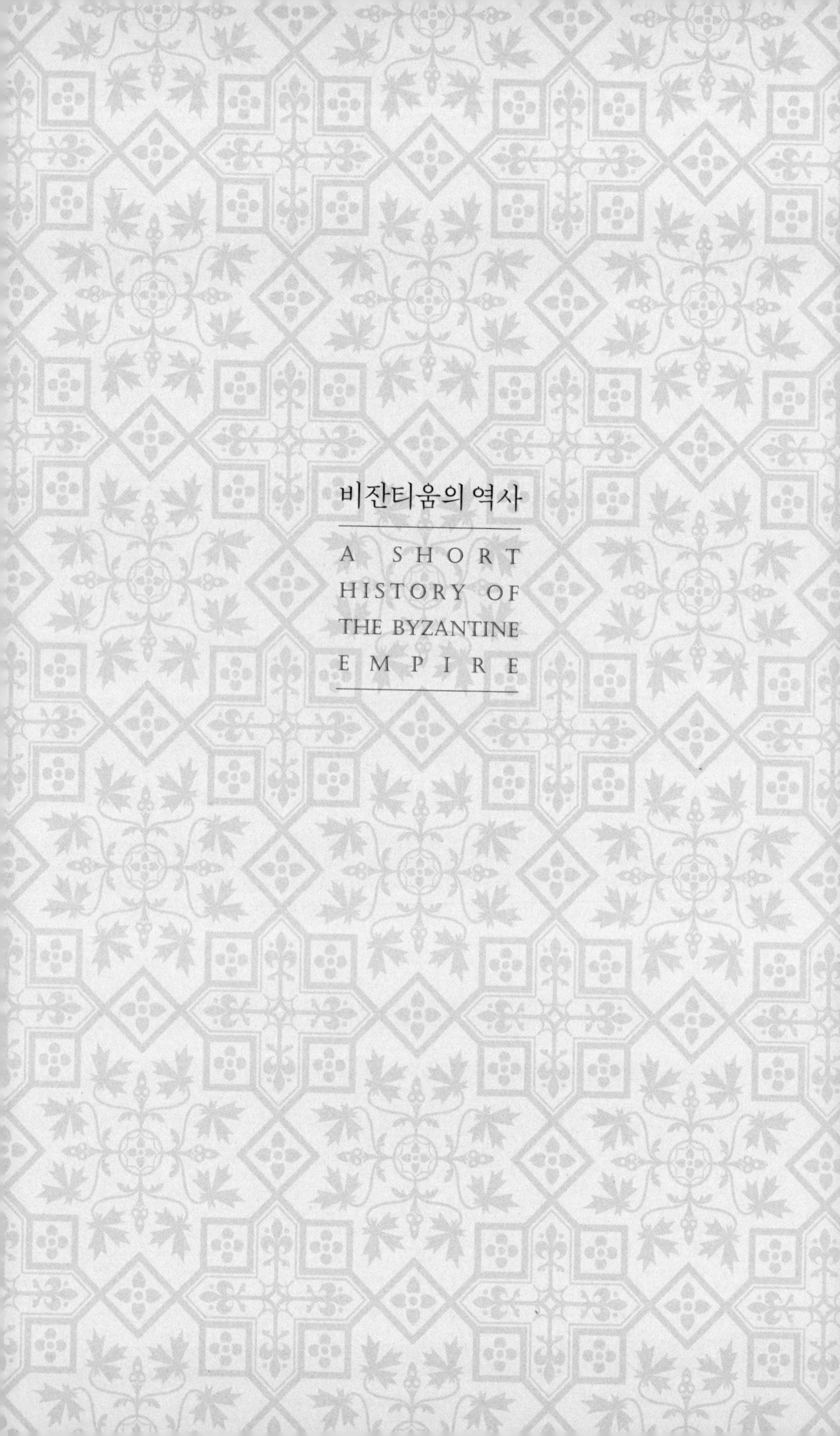

비잔티움의 역사

A SHORT HISTORY OF THE BYZANTINE EMPIRE

들어가며

'비잔티움'이란 무엇인가?

살아남은 로마 제국

많은 사람에게 비잔티움은 친근하지 않은 세계이다. 영어 '비잔틴byzantine'은 매우 복잡한 것을 묘사하는 데 사용되고, 프랑스어 '비잔틴스러운c'est Byzance'은 매우 고급스러운 것을 의미한다. 이런 표현들은 오해의 소지가 있을 수 있지만, 벽돌과 반석 들을 한번 들여다보자. 비잔티움 제국의 유산은 크게 교회와 성벽 두 가지로 나눌 수 있다.

교회는 수적으로 훨씬 많고 훨씬 큰 주목을 받아 왔다. 그 존재는 비잔티움이 교회와 신앙을 절대적으로 중시한 국가라는 생각을 뒷받침해 주는 듯하다. 교회를 장식하는 모자이크화, 프레스코화, 성화 그리고 화려한 대리석 장식물은 이곳을 찾는 이를 시공간을 초월한 어떤 존재와 이어 준다.

반면 성벽은 그다지 주목을 받지 못했다. 자세히 들여다볼 것도

별로 없는 데다가 거의 똑같아 보인다. 하지만 곰곰이 생각해 보면 나름의 장점이 있다. 성벽은 기나긴 역사를 지닌 이 제국의 상징인데, 사방에서 쳐들어오는 적과의 끊임없는 전쟁이 이 나라에서 빼놓을 수 없는 중요한 특징이기 때문이다. 성벽은 주요 도시들을 보호하기 위해 세워졌다. 그리고 도시의 중심지가 확장됨에 따라 때로는 허물어지거나 계속 보수되었고, 성벽을 건설한 사람들을 기념하며 비문으로 장식했다. 즉 성벽은 이 제국과 사람들이 그저 기도만 하며 지내지는 않았다는 사실과 그 역사를 말해 준다.

이 책의 목표는 기본 지식을 모아 꾸밈없이 냉정하게 설명함으로써 비잔티움 제국에 대한 고정 관념에 도전하며, 중세 유럽과 중동이라는 맥락 속에서 이 제국이 어떤 존재였는지를 밝혀 그 위상을 부여하는 것이다. 비잔티움은 대부분의 시기 동서양에 걸쳐 존재했음에도 동서양은 서로 다른 길을 걸은 탓에 종종 이 제국이 간과된다. 그러나 비잔티움 제국은 유럽 역사에 없어서는 안 되는 매력적인 부분이며, 우리는 이를 진지하게 받아들여야 한다. 이 점이 내가 이 책에서 이야기하고 싶은 것이다. 이 짧은 글에서도 우리는 문제에 직면해 있다. 관습과 습관에 젖어 의문을 제기하지 않는 경우가 종종 있지만, 이름은 매우 중요한 문제이다. 여기에서는 비잔티움이라는 이름이 문제이다. 비잔티움(그리스어로는 비잔티온)은 아테네 인근 도시 국가 메가라의 식민지였던 고대 도시를 가리킨다.

비잔티움은 기원전 7세기 콘스탄티노폴리스('콘스탄티누스의 도시'

라는 뜻이다) 즉 지금의 이스탄불에 세워졌다. 이 책에서 다루는 나라의 이름인 '비잔티움'이라는 용어가 처음 사용된 것은 16세기의 일이다(제9장 참고). 따라서 그 도시에 살았던 사람 중에서 비잔티움이라는 말을 들어 본 사람은 극소수였을 것이고, 자신의 정체성으로 받아들인 사람은 더욱 적었을 것이다. 그것은 마치 프랑스를 '파리 국가', 대영 제국을 '런던 제국'이라고 부르는 것과 같다. 우리가 비잔티움이라고 부르는 나라의 사람들은 자신들을 로마인*으로 여겼다. 그들이 생각하기에 아우구스투스의 고대 로마 제국과 그들의 제국 사이에는 어떤 정치적 단절도 없었다. 그것은 사실이다. 이를테면 이 제국의 통치자들은 스스로 고대 로마 제국의 대를 이은 황제로 자처했다.

동방의 이웃이자 적이던 셀주크 제국과 오스만 제국 역시 이 제국과 지역을 룸(Rūm, 로마)이라고 불렀다.** 현대 그리스, 최소한 20세기 말까지 로미오스Rhōmios***라는 정체성이 살아 있었다. 하지만 발칸 반도와 많은 국가들은 이 제국을 그리스라고 불렀다. 그들의 입장

---

* 212년 로마 제국의 카라칼라 황제가 모든 자유민에게 로마 시민권을 부여한다는 안토니누스 칙령을 발효한 이후, 로마 제국에 복속된 사람들은 종족이나 언어를 불문하고 차츰 본래의 정체성을 상실하고 로마인의 정체성을 가지게 되었다. 그리스어를 사용하던 로마 사람들은 4세기 이후 자신의 나라를 로마니아(Rhōmania) 즉 '로마인의 땅 또는 로마국'이라고 부르기 시작했으며, 이 이름은 실질적으로 비잔티움 제국이 그리스어권에 한정된 10~11세기부터 공식 국명처럼 사용되었다.

** 중세 이슬람 세계의 학자들은 비잔티움 제국을 로마 왕국(mulūk al-Rūm) 또는 그리스도교 로마 왕국(mulūk al-Rūm al-Mutanaṣṣira)이라고 불렀다고 한다.

*** 비잔티움사 학자 피터 하라니스(Peter Charanis)에 따르면, 1912년 그리스 군대가 오스만 제국의 림노스섬을 점령했을 때 그리스어 화자인 섬 주민들은 그리스 군대를 '그리스인(Ellēnas)'이라 부른 반면 자신들은 '로마인(Rhōmios)'이라고 하며 별개의 정체성을 드러냈다고 한다.

에서 보면 이해할 만하다. 800년 프랑크의 왕 카롤루스 마그누스(샤를마뉴로 알려져 있다)가 교황에 의해 '로마인의 황제'로 대관식을 치르자(제4장 참고), 다른 제국들을 더 이상 로마라 부를 수 없었기에 그리스 또는 콘스탄티노폴리스라고 부르게 되었다.

비잔티움 제국을 콘스탄티노폴리스라고 부르는 것은 퍽 노골적이었다. 이는 제국의 권위와 영향력이 미치는 영역을 잠재적으로 그 수도로 한정하고 '로마 제국'이라는 표현에 담긴 보편성을 부인하기 위함이었다. 그리스는 훨씬 문제가 많다. 동방에서 그리스어가 지배적인 언어였던 것은 사실이지만, 부정적인 의미도 내포하고 있었다. 그리스는 언젠가부터 이교도를 의미했기 때문이다. 그러니 그리스도교 국가가 저주나 매한가지인 이름과 자신을 동일시할 수는 없었다.

비잔티움이라는 용어가 보편적으로 사용되는 데에는 꽤 긴 시간이 필요했으나, 서기 300년 이후에는 '로마'라는 말을 쓰면 오해의 소지가 있는 것처럼 생각되었다. 그 차이를 보다 명확하게 하기 위해 형용사가 도입되었다. 예를 들어 동로마 제국이라는 이름은 동지중해 세계와 레반트*에 중점을 둔 명칭으로, 자연히 이탈리아에서 비잔티움 제국이 오랜 기간 보여 준 존재감을 지워 버린다.

---

* 레반트(Levant)는 '해가 뜨다'라는 프랑스어 '르베(lever)'에서 유래한 말로서 처음에는 해가 뜨는 동쪽을 의미하다 점차 동부 지중해 연안을 가리키는 말로 사용하게 되었다. 중세 유럽에서 레반트는 동부 지중해 연안의 이슬람 세계를 지칭했으며, 동지중해에 위치한 비잔티움 세계는 레반트보다는 '로마인의 땅'이라는 뜻의 로마니아로 불렸다.

최근에는 로마 가톨릭과 유사한 '로마 정교회'라는 용어가 등장했는데, 이는 그리스도교 교리에 중점을 둔 인상을 준다. 이 용어는 시대착오적이기 때문에 문제가 있다. 올바른 믿음을 의미하는 '정교'는 모든 그리스도교 교회가 주장하는 속성이었다. 정교가 동유럽과 중동 일부 지역에서 그리스도교인을 가리키는 용법으로 사용된 것은 현대에 이르러서이므로 중세 시대에 적용하는 것은 오해를 불러일으킬 수 있다. 이 책에서는 혼란을 피하기 위해 비잔티움이라는 관례적인 용어를 사용하지만, 독자는 이 용어에 문제가 있다는 점을 유념하기 바란다.

이름 문제가 일단락되면 이번에는 또 다른 중대한 문제인 연대 구분에 직면한다. 1453년 5월 콘스탄티노폴리스가 오스만 제국에 점령됨으로써 비잔티움 제국은 종말을 고했다. 하지만 그 시작은 명확하지 않아 여전히 뜨거운 논쟁의 대상이다. 좀 더 장기적인 시각을 견지하는 이들(나 역시 여기에 속한다)은 비잔티움 제국을 콘스탄티누스 1세(재위 306~337년)의 통치와 함께 시작된 것으로 생각한다. 이 점에서 우리는 비잔티움의 자기 인식에 따르고 있다. 콘스탄티누스가 콘스탄티노폴리스를 세운 직후 이 도시는 제국의 수도가 되었으며 그 역할을 1453년 정복되는 시점까지 유지했다. 굳이 비잔티움 제국 역사의 시작을 더 뒤로 잡을 필요는 없다.

하지만 이 4세기에 세워진 국가가 1천 년이라는 기간 동안 변하지 않았다는 뜻은 아니다. 그러나 내가 보기에 제국이 경험한 변화는 완전히 다른 나라가 될 만큼 급진적이지 않았다. 예를 들어 제국이 멸망하는 시점까지 법체계는 로마 제국의 그것에 기초했다. 수도, 기념비, 황실, 기관, 의식 등은 과거와 연결되는 핵심 요소들을 항상 의식적으로 간직하고 있었다. 만약 콘스탄티누스 1세가 타임머신을 타고 비잔티움 제국의 마지막 황제 콘스탄티노스 11세를 방문한다면 분명 제국과 수도가 처한 슬픈 상황에 놀랄 테지만, 자신이 세운 수도의 몇몇 역사적 장소 같은 많은 익숙한 요소들을 발견할 수 있을 것이다.

비잔티움 제국은 오랜 시간과 많은 공간 속에 존재했다. 파도의 움직임과 비교할 수 있을 정도로 영토는 긴 역사 동안 꽤 자주 변동을 겪어야 했다. 로마 제국은 영국에서 오늘날의 알제리까지, 포르투갈에서 메소포타미아까지 약 400만 제곱킬로미터에 달했다. 395년 로마 제국은 행정적으로 동서로 나뉘었는데, 동쪽은 약 140만 제곱킬로미터의 면적을 차지하고 베오그라드에서 현재의 리비아에 이르는 노선의 대략 동쪽으로 뻗어 있었다(지도 1 참고). 그러나 6세기 유스티니아누스 1세가 이탈리아와 스페인 남부, 지금의 튀니지 · 알제리 · 리비아를 재정복하여 지중해를 다시금 로마 제국의 내해로 만들었지만, 수복한 영토는 그리 넓지도 안정적이지도 않았다.

565년 유스티니아누스가 죽은 뒤 제국은 이탈리아의 많은 부분과 스페인을 상실했고, 620년대에는 이집트와 시리아 · 팔레스타인을 페르시아인들에게 일시적으로, 630년대에는 아랍인들에게 영구적으로 빼앗겼다. 그동안 발칸반도 남부, 특히 그리스 지역은 실질적으로 콘스탄티노폴리스의 통제를 벗어났다. 7세기 말에는 북아프리카마저 상실하여 제국에 남은 영토는 이탈리아 일부(사르데냐 · 칼라브리아 · 시칠리아 · 나폴리 · 로마와 로마의 배후지, 리미니에서 달마티아 연안까지 이어지는 가느다란 아치형 땅. 지도 2 참고)와 에게해 양안에 불과했다. 제국은 영토의 거의 절반을 잃었다. 다음 3세기 동안 비잔티움은 점차 아랍의 맹공격을 저지하고 어느 정도 국경 지역을 고정한 다음 발칸반도에서 영토를 회복한 뒤 마침내 소아시아와 시리아에서 동쪽과 남쪽으로 진격했다. 영토 획득은 그리 극적이지 않았을 뿐 아니라 안정적이지도 않았다(지도 3 참고).

11세기 후반에는 이탈리아의 노르만인과 셀주크인이라는 두 강력한 적이 나타나 비잔티움 제국의 변경을 갉아먹더니 제국을 핵심 지역인 발칸반도 남부와 소아시아 일부 지역으로 몰아넣었다. 제1차 십자군(1096~1099년)은 레반트 지역의 지형을 바꾸어 놓았고 이를 이용해 비잔티움은 소아시아와 시리아로 확장했다. 그러나 1204년 제4차 십자군이 콘스탄티노폴리스를 점령하고 영토를 수십 개의 작은 주로 분할했을 때 영토 확장은 저지되었다.

1261년 재정복은 꽤 빠르게 이루어졌으나, 비잔티움 제국은 마지막 2세기 동안 지속적으로 축소되어 갔다. 14세기 초 오스만 제국이 소아시아를 집어삼켰다. 발칸반도의 영토도 곧 그 뒤를 따랐고 비잔티움 제국은 마지막 50년간 도시 국가 몇 개만으로 구성되었으며 그나마 서로 바다로만 이어져 있었다.

비잔티움 제국의 땅과 인구

오늘날 그리스와 튀르키예에 해당하는 몇몇 지역은 비잔티움 제국의 핵심 지역이었고, 이탈리아 남부 같은 몇몇 지역은 오랫동안 비잔티움 제국의 일부였으며, 이집트 · 팔레스타인 · 시리아 · 북아프리카 등은 상당히 일찍이 제국에서 떨어져 나갔기 때문에 긴긴 역사에서 주변부로 남았다. 이 여러 지역의 자연환경은 방위, 농업 체제와 생산, 교역과 왕래 네트워크 같은 비잔티움 제국의 다양한 측면을 결정지었다. 따라서 간략하게나마 이 특성들을 살펴보는 것이 중요하다.

소아시아 서부와 남부 지역은 가장 비옥하여 인구가 밀집해 있고 농업용수를 제공하는 강이 여럿 있었다. 소아시아는 북쪽으로는 폰토스산맥(튀르키예어로는 슈말리아나돌루산맥 또는 쿠제이아나돌루산맥)으로, 남쪽으로는 토로스산맥과 안티토로스산맥으로 경계가 나뉘었다. 가장 거대한 중부 내륙 지역인 소아시아고원(튀르키예어로는 아나돌루고원)은 대부분 반건조 지대이지만, 카파도키아 같은 일부 지역은 농경과 정착 생활에 적합했다. 소아시아 북부와 남부는 산맥의 보호를 받았으나, 남동쪽에서 이란으로 이어지는 회랑 지대는 취약하여 침략자들은 대부분 이 지역으로 들어왔다. 콘스탄티노폴리스 맞은편에 있는 비티니아와 유럽 쪽에 있는 트라키아 수도의 배후 지역은 수도의 영향력으로 대도시권을 형성했다. 비티니아는 콘스탄티노폴리스를 고원과 이어 주고, 트라키아와 로마 가도는 발칸반도와 이탈리아 내륙 지역을 이어 주었다.

콘스탄티노폴리스와 트라키아, 발칸반도를 연결한 것은 로마의 두 가도였다. 그중 하나인 에그나티아 가도는 마케도니아 지역을 가로질러 알바니아 연안까지 이어졌고, 여기에서 해로를 통해 이탈리아와 연결되었다. 나머지 하나인 트라이아나 가도는 군대를 위한 도로로, 콘스탄티노폴리스와 아드리아노플(지금의 튀르키예 에디르네) · 세르디카(지금의 불가리아 소피아) · 싱기두눔(지금의 세르비아 베오그라드)까지 이르렀다. 콘스탄티노폴리스 자체는 전략적으로 마르마라해를 통해 에게해와, 보스포루스해협을 통해 흑해와 연결되었다. 크름반도(지금의 크림반도)의 남부와 남동부도 대단히 비옥한 지역이었고, 흑해 서쪽 연안과 북쪽 연안은 다뉴브강 · 드네스트르강 · 드니프로강 · 돈강을 통해 유럽 중부와 북부, 스칸디나비아까지 연결되었다.

그리스 연안과 소아시아 서부에 둘러싸인 에게해는 비잔티움 제국의 내해였으며, 에게해의 많은 섬은 양안의 본토와 밀접한 관계를 갖고 있었다. 그리스 본토 대부분은 산악 지대이고 그렇지 않은 지역에는 평야가 산재해 있었다. 그 북쪽은 산맥들(서쪽으로는 핀도스산맥과 디나르알프스산맥, 북동쪽으로는 로도피산맥과 발칸산맥) 사이에 있는 거대한 회랑을 통해 헝가리평원과 이어졌다. 다뉴브강은 로마 제국 영토와 대초원의 다양한 유목민 사이에서 자연적 경계선 역할을 했다. 아드리아해 서부 해안은 남이탈리아와 연결되어 있다. 주로 칼라브리아와 풀리아가 차지하는 남이탈리아 지역은 11세기의 마지막 사반기까지 비잔티움 제국의 지배하에 있었다. 두 지역은 고대 도로망을 통해 로마와 이어졌다. 티레니아해와 접해 있는 시칠리아와 이웃한 칼라브리아의 위치는 전략적으로 중요했다.

시리아, 팔레스타인, 북아프리카 해안은 사막을 등지고 있는 해안 지대(시리아의 경우 약 100~150킬로미터)에 정착지와 농업 생산이 집중되어 있는 등 몇 가지 물리적 공통점을 지녔다. 반면 경제적으로 볼 때 이집트는 사막에 둘러싸인 나일강과 삼각주가 중심이었다. 나일강의 범람으로 쌓인 풍부한 퇴적물 덕분에 이집트는 로마 제국에서 가장 생산성 높은 지방으로 꼽혔다. 콘스탄티노폴리스의 증가하는 수요를 충족시키는 데 필요한 막대한 양의 곡물을 포함한 재정 수입의 3분의 1 이상이 이 지역에서 나왔다. 또한 나일강은 남쪽으로는 지금의 아스완 지역과 지중해를 연결하고, 보조적인 가도를 통해 홍해로 나아가 다시 인도로 이어 주었다.

다른 지역들은 비잔티움 제국의 직접적인 지배하에 거의 들어가지 않았지만, 제국은 외교 활동과 종속국 군주를 통해 자주 영향력을 확장했다. 대표적인 예가 아르메니아와 캅카스이다. 두 지역은 비잔티움이 캅카스 너머 이베리아*(지금의 조지아)와 같은 이웃 지역에 대한 관할권과 통제권을 둘러싸고 처음에는 페르시아와, 그다음에는 이슬람 제국과 마지막에는 튀르크계 집단과 충돌한 주요 무대였다.

비잔티움 제국의 인구 통계와 취락 밀도는 모두 추정치일 뿐이다. 어떤 시기이건 정확한 수치를 산출해 낼 수는 없다. 인구 통계는 영토 변동에 따라 변하지만, 그 외에 역병(541~750년과 1347~1453년 이후까지) 및 전쟁 등의 영향도 받는다. 이 사건들은 직접적으로 인간의 생명을 앗아 갈 뿐만 아니라 혼란과 불안을 야기하여 출생률에 영향을 미치거나 대규모 이주를 촉발한다. 인구 추산에 대한 논의는 고대 후기 동지중해의 인구 증가세에서 시작하는 것이 적절해 보인다. 이 시기에는 도시와 농촌 모두 번성했다. 콘스탄티노폴리스는 페스트가 확산되기 전에 이미 인구가 40만 이상에 달해 유럽에서 가장 큰 도시가 되었다. 또한 안티오키아(지금의 튀르키예 안타키아)는 15만~20만 명, 알렉산드리아는 20만~30만 명으로 그에 못지않았다. 이와 대조적으로 로마시는 5세기에 심각한 인구 붕괴를 겪어 10만 명 수준으로 제국의 희미한 그림자가 드리워져 있었지만, 여전히 서구에서 가장 큰 도시였다.

* 스페인과 포르투갈이 위치한 유럽 남서부의 이베리아반도와 구분하기 위해 '캅카스 이베리아'라고도 부른다.

페스트의 유행 그리고 페르시아 및 아랍과의 전쟁은 인구 감소로 이어져 8세기 말에는 인구가 절반으로 줄었다. 6세기 후반부터는 다뉴브강 남쪽으로 슬라브인이 유입되었다. 불가리아를 제외하면 이 인구들은 점차 그리스도교인이 되고 그리스어를 사용하며 동화되었다. 이 시기 아르메니아인이나 슬라브인 같은 특정 인구 집단은 정치적 · 군사적 이유로 여러 지역으로 다시 이동했다. 800년 무렵부터 느리기는 하지만 꾸준히 회복되었고 긍정적 추세는 14세기 초까지 이어졌다.

제국은 영토를 상실했음에도 12세기 도시 확산을 통해 6세기 이전에 비견될 정도로 인구와 경제의 측면에서 번영을 누렸다. 아마 콘스탄티노폴리스는 다시 한번 대도시가 되었을 것이다. 1204년 충격적인 제4차 십자군 원정도 이 긍정적인 흐름을 멈추지 못했다. 하지만 14세기에 몰려온 페스트와 전쟁(내전과 광범위한 적의 침략)은 인구 붕괴를 초래했고 비잔티움 제국은 빠르게 쇠퇴했다. 제국의 마지막 세기에는 다양한 집단이 유입되었는데, 1204년 이후 상당수의 서양인(대부분 프랑스인과 이탈리아인)이 그리스 각지에 정착했다. 그들은 알바니아인과 14세기 중반 이후 그리스로 이주한 튀르크인에 비하면 존재감이 희미했다.

이러한 인구 변화가 제국의 언어적 지형을 바꾼 것은 확실하다. 7세기 동쪽 영토를 잃기 전까지 비잔티움은 분명 다민족 제국이었고, 따라서 영토 내에서 여러 언어가 사용되는 제국이었다. 그리스어는 헬레니즘 시대 이후 지배적 위치에 있었지만 독점적은 아니어서 제국 각지에서는 여러 언어가 실생활과 문학에서 광범위하게 사용되었다. 시리아와 팔레스타인에서는 시리아어가, 이집트에서는 콥트어가 쓰였다. 라틴어는 서방 제국에서 여전히 지배적 언어였고, 동방 제국에서도 최소한 7세기까지는 제국 정부, 특히 사법과 군대 분야에서 중요한 역할을 했다. 시칠리아와 남부 이탈리아에는 그리스어를 사용하는 중요한 공동체들이 있었으나, 라틴어는 전과 다름없이 주요 언어였다. 비잔티움 제국이 7세기 이후 동질적인 국가로 진화하면서 그리스어는 절대적인 지위를 확보했다. 적어도 11세기 이후 수많은 외국인이 대도시의 중심지, 그중에서도 콘스탄티노폴리스에 영구적으로 정착했다. 그들은 그리 많은 수는 아니었지만, 교회나 모스크를 중심으로 공동체를 형성하며 자신들이 사는 곳이 코즈모폴리턴적 특성을 갖는 데 기여했다.

전근대 사회 대부분이 그러하듯이 비잔티움 제국 사람 대부분은 자급자족하며 먹고살았다. 농사를 짓고 가축을 길러 식량을 생산해 냈으며, 국가 재정 역시 여기에 의존했다. 농경은 기후 변화에 크게 영향을 받았다. 더욱이 가뭄 또는 호우가 장기간 지속되거나 두 가지가 잇따라 나타나면 농업 생산에 매우 부정적인 결과를 가져왔다.

대략적으로 요약하면 비잔티움 세계의 기후 상황은 현대와 크게 다르지 않았다. 해안 지역은 덥고 건조한 여름과 눈이나 서리가 내리지 않는 온난한 겨울이 이어지는 온화한 기후로 특징지을 수 있다. 반면 산들이 바다를 가로막는 장벽 역할을 하는 본토에서는 눈이 많이 내리는 추운 겨울을 경험했다. 따라서 사람들은 농경에 유리한 해안 기후 지역에 모여 살았다. 그러나 인구 증가 시기에는 보다 많은 토지가 필요하므로 사람들은 하는 수 없이 혹독한 환경 조건을 가진 한계 지역에 정착했다.

마지막으로 오늘날 우리는 비잔티움 세계 대부분의 풍광이 크게 달라져 있음을 알아야 한다. 이 시기의 지형은 지금과 꽤 달랐다. 침식, 삼림 벌채, 항구의 실트화(모래보다 가는 흙이 항구에 쌓이는 것), 현대의 대규모 수자원 프로젝트(호수와 습지의 준설이나 댐과 인공 호수 조성 등)가 주된 원인이다. 대표적으로 라벤타의 클라세항은 8세기에 말라 버렸다. 튀르키예 남부에 건설된 대규모 댐들은 비잔티움 제국의 여러 중요한 국경 도시들을 물에 잠기게 했다. 한편 조선, 광업, 제련, 난방을 위한 삼림 파괴는 달마티아 해안이나 키프로스, 현대 레바논 연안 지역을 크게 변화시켰다.

3세기의 위기와 콘스탄티누스 1세의 등장

콘스탄티누스 1세(콘스탄티누스 대제. 단독 황제로서 재위 324~337년)의 통치는 비잔티움 제국의 탐험을 위해 선택된 출발점이며, 그의 통치가 이루어 낸 오랫동안 지속된 발전은 그보다 앞선 시대의 맥락 안에서 살펴보아야 한다. 이것은 두 단계로 나눌 수 있는데, 하나는 이른바 3세기의 위기(235~284년)이고 다른 하나는 로마 제국에 몇 가지 중요한 변화를 가져온 성공적인 위기 극복의 시기(284~337년)다.

'3세기의 위기'라는 말은 전통적으로 기사 계급 출신 장교 막시미누스가 황제 자리를 찬탈한 235년으로부터 또 다른 장교 디오클레티아누스가 황제 자리에 오른 284년 사이를 말한다. 이 길지 않은 시기에 무려 51명이 로마 황제로 선포되고 그들 중 상당수가 전사했으며, 가장 많은 수가 전세가 기울 때 휘하의 군대에 죽임을 당했다. 이 시기는 동시에 여러 전선에서 끊임없이 전쟁이 이어진 것으로 특징지을 수 있다. 동쪽에서는 페르시아가, 남쪽에서는 북아프리카의 유목민 약탈자들이, 그리고 서쪽과 북쪽에서는 라인강과 다뉴브강의 게르만계 집단들이 로마 제국을 괴롭혔다. 로마 제국은 여러 적을 동시에 상대할 능력이 없었다.

원정에는 막대한 비용이 들어 통치자들은 세금을 인상할 수밖에 없었는데, 예상대로 반발이 격심하고 인기가 떨어졌다. 주화의 가치는 계속 하락해 매점매석과 인플레이션을 불러왔다. 게다가 단명한 황제 대다수가 군인 출신이어서 그들로서는 도저히 해결할 수 없는 대단히 벅찬 과제에 직면했다. 그 과제란 바로 강력한 중심인 수도 로마와 원로원을 소홀히 하지 않으면서 제국의 변경에서 위협하는 적들에게 효과적으로 대응하는 것이었다. 246년 도시 창건 1천

년*을 맞이한 로마는 여전히 매우 중요했고 황제들은 원칙적으로 로마를 통제하고 찬사와 인정을 받으려 노력했다.

그러나 잇따른 원정 때문에 황제는 전투가 벌어지는 무대와 가까운 도시들에서 많은 시간을 보내야 했다. 이를테면 다뉴브 전선에 가까운 시르미움(지금의 세르비아 북부에 위치한 스렘스카미트로비차)이나 라인 전선에 가까운 트리어(룩셈부르크에 인접한 독일 도시), 페르시아 전선에 가까운 안티오키아가 대표적이다.

이 시기 황제 대부분은 제국이 당면한 문제들에 대처하여 강력한 군주가 다스리던 평화로운 시대로 돌아가려 했음이 분명하다. 문제들을 해결하고자 고심한 끝에 많은 황제가 아들과 권력을 나누고, 보다 유연하게 지휘하고 야전군을 영구화하여 군대를 발전시켰으며, 권력과 안전을 증명하기 위해 신들과 결부 지어 황제의 인격을 강조하는 등의 조치를 실시했다.

250년대 초반에는 전염병(아마도 천연두)이 크게 유행해 막대한 희생자를 냈으며 심지어 몇몇 황제는 죽음을 맞았다. 전반적으로 절박한 군사적 상황과 질병의 피해가 확산되자 데키우스 황제 같은 통치자들은 이 중대한 국면을 초자연적으로 이해하려 했다. 현재 안고 있는 어려움은 전통적인 신앙을 버린 데 신들이 분노한 때문으로 여겼다. 해결책은 종교적 획일성을 강요하는 것이었으며, 성

* 로마인들은 로마시가 기원전 753년 탄생했다고 믿었다.

그림 1 4세기 콘스탄티노폴리스에서 제작된 서로 포옹하고 있는 사두, 즉 네 황제를 묘사한 반암 조각상. 원래는 콘스탄티노폴리스 필라델피온 광장에 있던 것을 제4차 십자군 원정 당시 베네치아로 가져왔다고 한다. 오른쪽 끝 황제의 발이 다른 것, 그 옆 황제의 오른쪽 부분이 잘린 것은 약탈 당시 훼손된 부분이다. 1960년대에 훼손된 발의 뒤꿈치 부분은 튀르키예 이스탄불에서 발견되어 이스탄불 고고학 박물관에 있다.

장하고 있는 그리스도교 공동체에 대한 박해는 예상하지 못한 부작용이었다. 그들은 250년대 내내 로마 제국 어디에서나 표적이 되었다. 어떤 경우에는 그리스도교 서적은 물론 신성한 물건과 예배 장소의 파괴를 의미했고, 또 어떤 경우에는 교회의 성직자와 일반 신자에 대한 고문과 처형을 의미했다.

큰 변화는 284년 디오클레티아누스의 즉위와 함께 이루어졌다. 장교 출신으로 군대에 의해 황제로 추대되었다는 점에서, 얼핏 보기에는 이전과 별다른 차이가 없어 보였다. 그러나 제국 운영의 모든 부분에서 대담한 조치를 취함으로써 과거의 악순환을 끊어 내면서 변화가 찾아왔다. 사실 그가 실시한 조치 중에는 새로운 것도 있지만 많은 것이 과거에 뿌리를 두고 있다. 이 두 가지의 결합은 적절한 시기에 추진력을 얻어 적절하게 집행된 것으로 보인다.

디오클레티아누스가 단독 황제로 있었던 기간은 얼마 되지 않는다. 285년 막시미아누스를 부제 즉 카이사르로, 이듬해에는 정제 즉 아우구스투스로 임명했다. 디오클레티아누스는 제우스를, 막시미아누스는 헤라클레스를 수호신으로 두었다. 293년 두 공동 황제는 콘스탄티우스 클로루스와 갈레리우스를 부제로 뽑음으로써 사두정(사분 체제)이 시작되었다. 네 황제는 영토를 분할하여 각각 로마 제국의 거대한 영역을 통치함으로써 적의 침입에는 신속하게 대응하고 행정상의 문제에는 즉각 대처할 수 있었다. 디오클레티아누스는 니코메디아(지금의 튀르키예 이즈미트)로부터 동쪽을 다스렸고, 갈레리우스는 시르미움과 테살로니키에 거주하며 다뉴브 국경 지역을 담당했으며, 막시미아누스는 밀라노에 거주하며 이탈리아와 아프리카를, 콘스탄티우스는 트리어에 머무르며 라인 국경을 비롯한 갈리아와 대브리튼섬을 담당했다.

두 부제는 각각 두 정제의 딸들 중 한 명과 결혼하고 양자가 되었다. 처음으로 권력이 혈연이 아니라 지도자 자질에 따라 선택된 사람과 공유되었다. 디오클레티아누스는 변함없이 이 조치들의 원동력으로서 전통적인 로마의 가치관을 강력하게 강조하면서 대내외적으로 제국의 안전을 확보하는 데 초점을 맞추었다. 이 시스템의 가치는 곧 입증되었다. 로마 제국은 페르시아인을 상대하여 성공을 거두는 동시에 다뉴브와 라인 국경을 지켜 냈고 대브리튼섬에서 제국의 통치와 질서를 회복했다.

군대는 디오클레티아누스가 각별히 집중한 분야인데, 로마 제국의 방어력을 강화하는 데에 힘을 기울였기 때문에 도시에 성벽이 세워지고 요새가 지어졌으며 지방 군대가 확대되었다. 3세기 말까지 이렇게 안전해짐으로써 사두정은 내부의 변화에 집중할 수 있었다. 로마 제국 전역과 신민에 대한 국가의 통제는 어느 때보다 강력했다. 지방의 수는 두 배로 증가해 약 100개에 이르렀다. 이 지방들과 중앙 정부 사이에는 디오이케시스Dioecesis 12개와 프라이펙투라Praefectura 3개 또는 4개가 지방 행정 단위 기구로 설치되었는데, 모두 행정 통제와 세금 징수 강화가 목적이었다. 세금 징수는 가장 중요한 지출인 약 40만 명에 달하는 대군을 유지하는 데 매우 중요했다.

디오클레티아누스는 이탈리아와 이집트에 부여했던 세제상 특권을 박탈하고 로마 제국 전체에 균일한 세제를 확립했으며 세금 대부분을 현금으로 거두어들였다. 처음에는 5년마다, 그다음에는 15년마다 실시한 인구 조사는 세금 대장의 정확성을 기하기 위한 것이었다. 하지만 절차가 복잡하고 지방에서는 협조를 받기 어려워 인구 조사가 자주 시행되지 못하여 세금 대장은 여전히 부정확했다. 세금을 기록하고 합리화하려는 추진력은 극도로 평가절하된 통화 개혁(디오클레티아누스는 단순히 액면가를 두 배로 올렸다)과 상품 및 서비스의 최고 가격을 고정하는 칙령으로 이어졌다. 이 모든 조치는 인플레이션을 억제하기 위한 것이었다. 농업 노예는 귀한 데다가 값비쌌기 때문에 수입과 생산을 가능한 한 안정적으로 유지하고자 자유 노동력을 점차 토지에 귀속시켰고(콜로나투스Colonatus), 그들은 사회적 지위 측면에서 볼 때 노예와 별반 다르지 않았다.

이 기세를 유지하려면 신의 은총이 필수적이었다. 동방의 신앙들을 체제 전복으로 간주하여 박해한 일은 이 맥락에서 이해할 수 있다. 처음에는 이원론적인 마니교가, 303년에는 그리스도교가 국가의 안정을 저해하는 존재로 선포되었다. 대박해(디오클레티아누스 박해)가 제국 전역에서 이루어지지는 않았지만(서방의 부제 콘스탄티우스는 상당히 온건한 태도를 보였다) 그리스도교도 공동체를 뿌리 뽑고 파괴하기 위해 공동으로 노력했으며, 교회의 물질적 재산과 종교의 가르침을 실천하는 개인을 공격했다. 많은 순교자가 이 시기에 죽었고, 그리스도교도들은 그들을 새로운 영웅으로 삼았다.

성공적이었던 사두정은 305년 중대한 시험대에 올랐다. 305년은 두 정제가 즉위한 지 약 20년, 부제가 즉위한 지 10여 년이 되는 시점이었다. 디오클레티아누스가 구상한 대로 두 정제가 사임하고 두 부제가 그 자리에 올랐는데 이는 로마 제국 역사상 유례없는 일이다. 두 부제 자리는 콘스탄티우스의 아들 콘스탄티누스, 막시미아누스의 아들 막센티우스가 아닌 새로운 인물 즉 갈레리우스의 조카 막시미누스 다이아와 세베루스가 차지했다. 사두정의 첫 20년이 네 통치자의 화합으로 제국의 적들을 물리치고 기적적으로 안정기에 돌입한 시기였다면, 그 후 20년은 격변의 시기였다. 사실 305~324년

그림 2 고대 후기의 중요한 조각상 중 하나인 콘스탄티누스 1세의 석조 조각상 중 머리 부분. 본디 로마 막센티우스 대성당 서쪽에 있었으나 지금은 카피톨리니 미술관의 콘세르바토리 궁전 안뜰에 있다. 이 머리 부분은 1486년 막센티우스 대성당 서쪽에서 발견되었고, 왼쪽 가슴과 오른쪽 팔은 1951년 발견되었다. 황제로서의 권위를 강조하고 있는 이 조각상은 현존하는 부분들로 크기를 추정한 결과 무려 높이가 12미터에 이르렀을 것으로 추정된다.

은 콘스탄티누스 1세가 단 한 사람이 통치하는 제국으로 돌려놓기 위해 분투한 시기로 보는 것이 맞을 것이다. 그리고 단 한 사람은 콘스탄티누스 1세 자신이다.

그는 콘스탄티우스와 헬레나라는 여성 사이에서 태어났다. 헬레나는 한낱 비천한 신분의 첩실이었다. 콘스탄티우스가 세상을 떠나자 306년 요크에 있던 그의 병사들은 콘스탄티누스를 황제로 옹립했다. 307년 세베루스가 살해되었고 콘스탄티누스는 막시미아누스의 딸 파우스타와 결혼하고 정제로 즉위했다. 이듬해 사두정의 옛 황제들과 현임 황제들이 지금의 빈 외각에 있는 카르눈툼에서 만나 상황을 정리하고 향후 계획을 수립했다. 리키니우스가 황제 중 한 명으로 발탁되었고, 얼마 뒤 네 사람 모두 정제로 선포되었다. 그러나 두 번째 사두정은 첫 사두정만큼 안정적이지 못했다.

지도자 사이의 고질적인 내전이 다시 나타나 처음에는 막시미아누스가 콘스탄티누스에 대항했으나 곧 좌절되었다. 도피한 그의 아들 막센티우스는 전례에 따라 로마에 방어벽을 쌓았다. 콘스탄티누스는 312년 그를 격파했고 로마 시민과 원로원은 감사의 뜻으로 개선문을 바쳤는데 이는 오늘날까지 보존되어 있다.

311년 갈레리우스는 그리스도교도 박해를 공식적으로 끝내고 그들에게 예배의 자유를 준 후 사망했다. 흔히 그리스도교도에게 자유를 준 것이 리키니우스와 콘스탄티누스의 밀라노 칙령으로 잘못 알려져 있다. 막시미누스는 갈레리우스의 영토를 손에 넣으려 소아시아를 서둘러 공격하고 그리스도교 박해를 재개했다. 313년 리키니우스는 막시미누스를 격파하고 같은 해에 콘스탄티누스의 여동생과 결혼함으로써 살아남은 두 황제의 유대를 강화했다. 하지만 둘 사이의 평화는 오래가지 못했다. 316~324년 콘스탄티누스는 리키니우스의 영토를 두 차례 침략하여 전쟁을 벌였으며 종교적 카드를 사용하여 성공했다. 리키니우스는 그리스도교도를 박해한 반면, 콘스탄티누스는 해방자로 자처한 것이다. 324년 보스포루스해협의 아시아 쪽에 면한 크리소폴리스(지금의 튀르키예 위스퀴다르)에서 콘스탄티누스가 리키니우스를 상대하여 거둔 최후의 승리는 사두정의 종말과 그의 유일한 통치자로서의 시작을 의미한다.

콘스탄티누스는 이 중대한 사건을 기념하고자 새로운 거주지를 선택했다. 유럽과 아시아가 교차하는 고대 그리스의 식민지 비잔티온에 있으며 보스포루스해협을 사이에 두고 크리소폴리스와 마주 보고 있는 콘스탄티노폴리스이다. 황제는 새로운 의식과 정치적 기능에 맞는 도시를 만들기 위해 야심 찬 건축 계획에 착수했다.

그는 일련의 행정 개혁을 실시했는데, 디오클레티아누스가 시작한 계획을 완료하거나 추진했다. 재정 분야에서 가장 중요하고 오래 지속된 것은 통화 개혁이다. 309년 또는 310년 순도 높은 금화 솔리두스가 만들어졌다. 무게가 약 4.5그램인 솔리두스는 급격하게 중요성이 저하해 가는 은화 그리고 매일 거래에서 사용되는 공통 통화인 동화와 일정한 비율로 교환되었다. 솔리두스를 주조하는데 필요한 금속은 이제는 사라진 사두정 황제들이 다스리던 일부 지역에서 공급했으며, 때로는 이교도 사원의 재산과 실각한 관리나 통치자의 몰수 재산에서도 나왔다(제1장 참고). 솔리두스는 도입 초기부터 퍽 안정적이었고 11세기까지 그러했다.

이제 세금과 로마 제국의 관리들의 임금은 모두 솔리두스로 지급되었으며, 그 흐름은 어떻게 운영되었는지를 보여 준다. 제국은 금화로 세금을 거두었고 그것을 다시 관리들에게 임금을 지급하는 데 사용한 것이다. 솔리두스의 성공과 안정성은 자신의 통치하에 제국을 하나로 통합하고 무역을 발전시키겠다는 콘스탄티누스 1세의 계획에 긍정적인 영향을 주었다. 이 시기 상거래에 매기는 새로운 세금인 흐리사르이론Chrysargyron(라틴어로는 콜라티오 루스트랄리스Collatio lustralis)의 도입은 무역으로 인한 수입이 상당했음을 시사한다. 국가는 무기와 같은 필수품을 위한 공방을 독자적으로 갖고 있었으며, 원재료는 국가의 영지에서 공급하거나 부족할 때마다 지방에서 현물 기부와 강제 매수를 통해 확보했다.

콘스탄티누스 1세의 개혁의 또 다른 대상은 군대였다. 그는 디오클레티아누스 시대와 마찬가지로 군대의 규모를 약간 확대했지만 황제 자신이 이끄는 대규모 야전군을 편성하여 필요한 곳에 투입할 수 있는 변화를 가했다. 나아가 퇴역 군인에게 버려진 토지를 주고 세금을 면제해 주는 군에 대한 국가적 지원을 강화하는 조치를 취했다. 이렇게 함으로써 콘스탄티누스는 농업 생산이 붕괴되는 일이

그림 3 투구를 쓰고 흉갑을 입은 콘스탄티누스 1세의 흉상이 새겨진 은제 메달. 투구에는 그리스도를 상징하는 키로(☧)가 새겨져 있다. 이탈리아 북부에 있던 지방 갈리아 키살피나의 티키눔(지금의 이탈리아 파비아)에서 315년에 발행되었다.

없도록 했으며 군 계급 간 불만을 잠재울 수 있었다. 그는 콘스탄티노폴리스에 주둔하는 황실 근위대에게 무상으로 식량을 배급했다.

하지만 콘스탄티누스 재위에서 가장 주목받는 측면은 그리스도교와의 관계일 것이다. 콘스탄티누스는 분명 그리스도교도로서 죽었지만(제1장 참고), 문제는 콘스탄티누스가 그리스도교를 선택한 이유와 시기이다. 303년 대박해가 시작될 무렵 그가 어린 소년이었다는 후대의 선전과 달리 그는 이미 서른 살 정도였으며, 대박해에 반대하는 아무 행동도 취하지 않은 것 같다. 그리스도교 사료는 312년 막센티우스와의 전투에서 콘스탄티누스가 거둔 승리를 결정적인 전환으로 기록한다. 사료에 따르면 콘스탄티누스는 그리스도Χριστός의 첫 두 철자 '키(X)'와 '로(P)'가 결합되어 그리스도를 상징하는 키로(☧)가 하늘에 나타나는 환영을 보았다. 반면 이교도 사료는 그보다 앞선 310년 아폴로 신과 결부된 태양 환영을 이야기한다.

아마 콘스탄티누스는 아폴로 또는 솔 인빅투스(무적의 태양신. 사두정 황제 사이에 유행했고 콘스탄티누스의 아버지 콘스탄티우스 또한 숭배했다)와 관련된 천체 현상인 태양 후광을 경험했을 것이다. 이것을 후에 그리스도교적 문맥으로 재해석했을 뿐이다. 콘스탄티누스가 스스로 이 해석을 생각해 내지 않았다면 후대의 그리스도교 사가들은 이 같은 기록을 남기지 않았을 것이다. 카이사레아의 에우세비우스에 따르면, 십자가 문양과 함께 "이 표지로 승리하리라!"En toutōi níka!라는 문장이 나타났다고 한다.

늦어도 312년부터 콘스탄티누스는 대단히 직설적으로 그리스도교를 지지했다. 특히 로마에 교회를 설립하고 기부를 했다. 그리스도교도들의 화답 또한 뜨거웠다. 박해받는 동안 그리스도교도들은 심판의 날이 올 것을 열망했다. 고통과 수고로움으로 가득 찬 낡고 힘든 세상이 끝나고 그리스도의 영원한 통치에 자리를 내줄 것이라고 믿었다. 하느님의 최악의 적이자 황제는 적敵그리스도로 규정된 로마 제국이 콘스탄티누스 시대에 근본적으로 변모했다. 로마 제국과 로마의 평화는 그리스도교 신앙의 보급을 가능하게 하고 구원의 배가 되었으며, 로마 황제는 무시무시한 적그리스도에 대항하는 최후의 보루가 되었다. 그리스도의 왕국과 그리스도교도 로마 황제의 나라는 서서히 융합되어 갔다.

이제 콘스탄티누스 1세는 유일한 참된 신을 믿는 로마 황제이므로 신도들의 공동체에서 평화를 유지하는 일이 더욱 중요해졌다. 그는 310년대에 박해의 압력에 굴해 신앙을 부정한 사제들을 둘러싸고 분열된 북아프리카의 교회에 적극 개입했다. 313년 이후 그들의 복위로 갈등이 깊어지자, 황제는 주교들을 모아 논쟁의 장을 마련함으로써 분열을 종식하고 치유하려 했다. 도나투스파*는 오랫동안 살아남았다. 하지만 콘스탄티누스가 가장 극적으로 교회에 개

* 4~5세기에 걸쳐 북아프리카에서 세력을 키운 그리스도교 종파. 보편 교회와 교리나 신학적 견해로는 대립하지 않았으나, 디오클레티아누스 박해하에 신앙을 지킨 이들은 배교자들을 용서하지 말아야 한다고 주장했다.

입한 것은 320년대이다. 이집트 사제 아리우스는 삼위일체 위격 간의 복잡한 관계를 그리스도의 신성을 부정하는 것처럼 표현했다. 성부가 성자를 창조했으므로 성자는 성부와 동일한 본질이 될 수 없다는 것이었다. 아리우스를 지지하는 사람들(아리우스파)이 있었는데, 단호하고 거침없는 알렉산드리아의 주교 아타나시우스에 의해 이단으로 간주된 이 아리우스파의 저항은 격렬했다.

균열이 커져 가자 325년 문제를 논의하기 위해 니케아에서 공의회를 소집한 사람은 다름아닌 콘스탄티누스였다. 그리스도교 주교들은 비로소 황제의 선의를 누린다는 것의 의미를 배우는 동시에 황제는 공의회에 참석하여 그 절차에 적극적인 역할을 해냄으로써 비잔티움 역사 내내 이어지는 황제와 교회 사이의 권력 역학의 씨앗을 뿌렸다. 콘스탄티누스는 소환된 주교들에게 자신이 '교회 바깥의 주교'라고 선언했다고 한다. 아리우스파의 교의는 니케아에서 거부당했다. 성부와 성자는 동일 본질(호모우시오스Homoousios. 이 새로운 용어는 이 관계를 표현하기 위해 만들어졌다)을 공유하는 실체로 간주되었다. 의견의 불일치가 해소되었다고 선언되었지만 그것은 그리스도교 정치에서 격동의 시대가 시작됨을 알리는 신호에 불과했다.

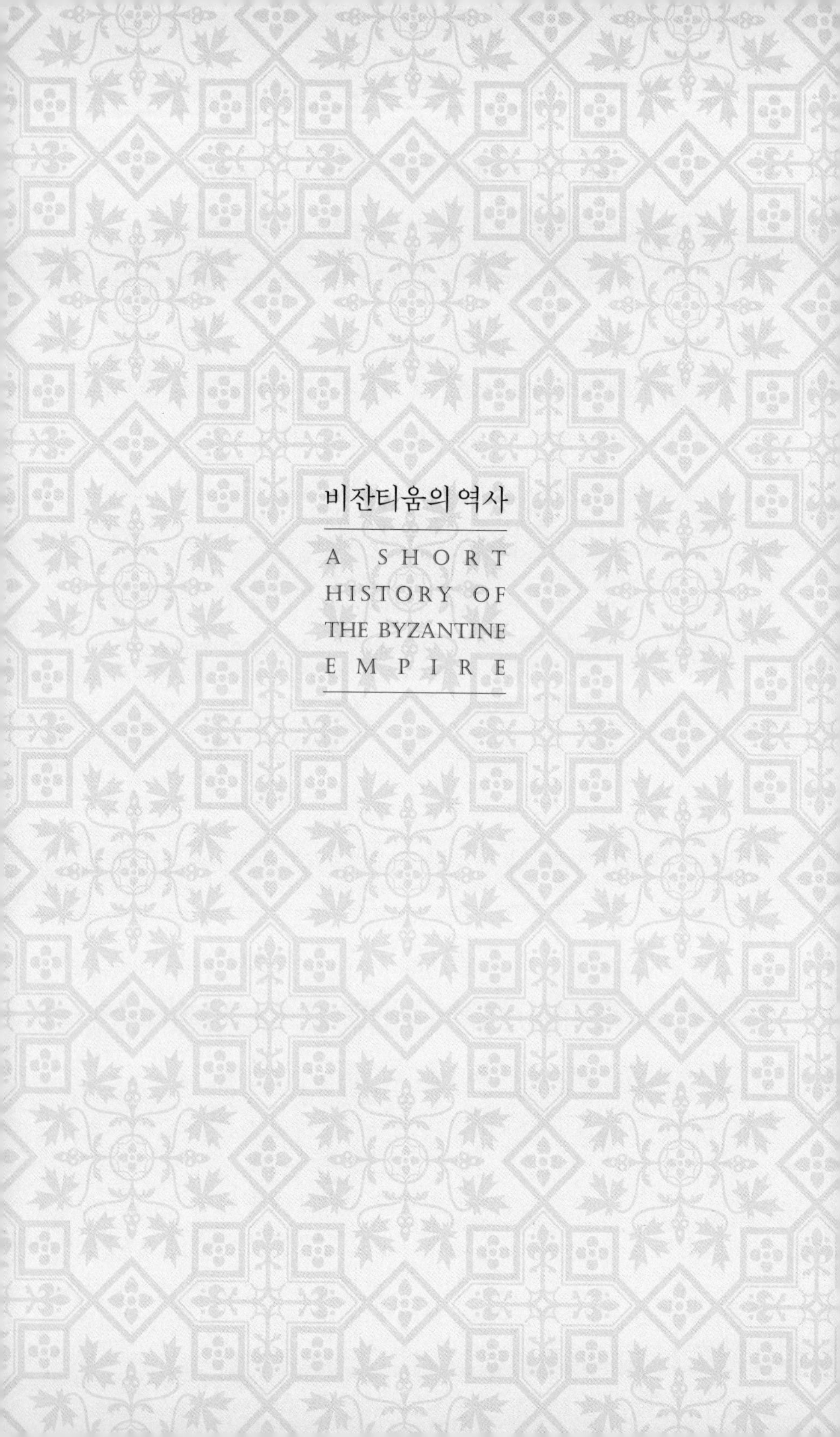

비잔티움의 역사

A SHORT HISTORY OF THE BYZANTINE EMPIRE

제1장

비잔티움 제국(동로마 제국)이 탄생하다
(330~491년)

콘스탄티누스 1세 사후의 상황

330년 5월 콘스탄티누스 1세는 콘스탄티노폴리스에서 리키니우스에 대한 최종 승리를 선언했다. 콘스탄티누스 대제의 가장 큰 유산은 콘스탄티노폴리스라는 도시와 그리스도교 개종이다. 그의 말년에는 비교적 특기할 만한 사건이 없었다. 콘스탄티누스는 단독 황제가 되는 고된 과업을 성취했음에도 단 한 사람의 후계자에게 모든 권력을 넘기려 하지 않았다. 대신 그는 세 아들 콘스탄티누스 2세와 콘스탄스 1세 · 콘스탄티우스 2세를 정제로, 두 조카 달마티우스와 한니발리아누스를 부제로 삼아 친족 관계로 강화된 사두정 체제의 부활을 시도했다. 콘스탄티누스는 이들을 야전에 보내고 황제 자신은 차츰 원정에서 빠졌다. 다뉴브 방면에서는 고트인을 상대로 약간의 성공을 거둔 반면, 동방에서는 페르시아의 개입으로 아르메니아의 그리스도교도 왕이 사산 왕조의 피후견인으로 교체되었다. 전면전이 임박한 듯 보였고 콘스탄티누스도 페르시아 원정에 나섰다. 하지만 원정이 시작되고 얼마 지나지 않은 337년 5월 니코메디아에서 황제는 죽음을 맞이했고 최후의 순간에 아리우스파인 니코메디아의 주교 에우세비우스에게 세례를 받았다.

콘스탄티누스 1세가 죽은 뒤 유혈 참사가 벌어졌다. 황제의 세 아들과 어린 조카 갈루스와 율리아누스를 제외한 콘스탄티누스 가문의 모든 남성이 살해당했다. 338년 세 아들은 제국을 나누기로 합의했으나, 353년까지 내전과 찬탈이 이어지다가 결국 콘스탄티우스 2세만이 살아남아 단독 황제가 되었다. 콘스탄티우스는 사촌 율리아누스를 갈리아의 군사령관으로 임명했다.

율리아누스의 잇따른 군사적 성공은 콘스탄티우스 2세와 멀어지게 했는데, 그는 콘스탄티우스가 가족을 살해했다는 데 원한을 품었을 것이다. 전쟁이 목전에 다가온 듯 보였다. 율리아누스는 360년 휘하 군대에 의해 황제로 옹립되고 동방으로 진군하기 시작했으나, 콘스탄티우스가 361년 페르시아 원정 중에 죽는 바람에 내전은 일어나지 않았다. 새 황제가 옛 신앙을 지지한다고 공개적으로 선언하자, 대중은 돌변했고 그리스도교도들은 경멸의 뜻을 담아 그를 '배교자'라고 불렀다. 율리아누스의 이교 포용은 퍽 개인적인 일이었다. 그러나 그는 실용적인 면모를 갖추고 있어 그리스도교의 성공에서 자선 활동 같은 핵심적 요소를 재빨리 파악해 이교 지도자들에게 모방하라고 촉구했다. 율리아누스는 전임자들이 그리스도교도들에게 부여한 특권들을 몰수하기까지 했다.

궁전과 군대에서 대숙청을 마친 율리아누스는 페르시아 원정에 착수하여 362년 군대를 안티오키아 인근에 집결시켰다. 율리아누스가 1년가량 안티오키아에서 머무르는 바람에 식량 부족 사태가 일어났다. 사후 조치는 이루어졌지만 안티오키아의 시민들은 율리아누스에 대한 반감을 공공연히 드러냈다(이에 대한 답으로 황제는 《수염 혐오자*Misopogon*》라는 풍자가 담긴 책을 남겼다. 이 책은 고대 후기에 쓰인 생생하고 유머러스한 글 가운데 하나이다). 율리아누스는 안티오키아를 떠난 지 한 달도 되지 않아 전투 중에 치명상을 입었는데, 그리스도교도들의 전설에 따르면 죽은 성자의 창이 입힌 상처였다고 한다.

율리아누스의 후계자 요비아누스는 페르시아와 굴욕적인 협상을 맺고 재빨리 퇴각했으며, 364년 콘스탄티노폴리스로 돌아가는 길에 죽었다. 군대는 새로이 발렌티니아누스 1세를 황제로 선출했다. 새 황제는 동생 발렌스를 동방의 공동 황제로 임명한 뒤 자신은 밀라노를 중심으로 제국의 서방을 다스렸다. 이후 몇 년 동안 찬탈 시도가 잇따랐음에도 발렌티니아누스는 이민족들이 끊임없이 침공을 시도하는 다뉴브 전선을 안정시키는 데에 상당한 성과를 거두었다. 375년 발렌티니아누스가 죽자 아직 미성년인 그의 두 아들 그라티아누스와 발렌티니아누스 2세가 황제로 선출되었다.

이듬해 상당한 규모의 고트 집단이 훈 제국에 밀려 서쪽으로 이

동하고는 다뉴브강을 건너 로마 제국 영토에 정착하게 해 달라고 요청했다. 제국은 대이주를 감당하지 못했고, 양 세력의 갈등은 커지기만 했다. 발렌티니아누스 2세의 삼촌인 발렌스 황제는 군대를 이끌고 고트 집단을 막으려 했으나, 378년 아드리아노플 전투에서 대패하여 황제는 로마군 3분의 2와 함께 목숨을 잃었다. 251년 데키우스 황제가 전사한 이래 처음 있는 대참사였다. 몇 달 뒤 스페인 지방의 군사령관이던 테오도시우스 1세가 제위에 올랐고, 곧 서방 제국 황제 그라티아누스의 인정도 받았다. 380년 테오도시우스는 고트 집단에 패배했으나, 382년 평화 협상을 맺는 데에 성공했다. 고트 집단은 자체 통치자들의 통제 아래에 제국으로 받아들여져 다뉴브 전선 인근에 정착했다.

383년 그라티아누스가 진중 반란으로 살해당하자, 테오도시우스는 이 반란을 388년 진압했다. 그는 383년에 이미 자신의 아들 아르카디우스를 콘스탄티노폴리스에서 공동 황제로 선언해 놓은 상태였고, 서방 문제를 일단락 지은 뒤인 393년 둘째 아들 호노리우스를 서방의 공동 황제로 임명했다.

동서로 나뉜 제국

테오도시우스 1세가 395년 밀라노에서 죽음을 맞이한 뒤 권력은 남은 두 아들 사이에서 분할되었고, 형 아르카디우스가 다스리는 동방이 선임의 지위로 정해졌다. 이 시점에서는 제국이 분열되었다기보다는 이전과 마찬가지로 권력 공유의 관행이 계속되어 5세기 대부분 동안 이어졌다고 보는 것이 알맞다.

이 시기 군대에서는 게르만 출신 장교의 비중이 높아지기 시작했다. 이들은 종족과 아리우스 신조(이에 대해서는 뒤에서 설명하겠다)로 인해 황제 자리를 요구할 수는 없었지만, 5세기 내내 로마인 꼭두각시 황제를 내세워 실질적인 제국 통치자로 행세했다. 따라서 권력 구조, 특히 군대가 게르만화했다고 말할 수 있다. 그러한 인물 가운데 하나가 반달 출신 스틸리코로, 그는 테오도시우스 시대에 황제의 조카 세레나와 결혼하여 황실 일가에 편입되는 등 비로마 출신 인사가 누릴 수 있는 최고의 경력을 쌓았다.

테오도시우스와 달리 그의 두 아들 아르카디우스와 호노리우스는 뛰어난 황제가 아니었다(당대 철학자이자 주교 키레나이카의 시네시우스는 아르카디우스를 해파리에 비유했다). 두 사람은 상당히 오래 황제 자리에 있었지만, 실질적인 통치는 다른 사람들이 했다. 아르카디우스의 경우에는 환관 출신 에우트로피우스나 고트 출신 군사령관 가이나스가, 호노리우스의 경우에는 스틸리코가 그런 존재였다. 제국의 동방과 서방 사이는 꽤 적대적이어서 5세기 말에는 내전에 발발하기 직전에 이르렀다. 이 같은 정치적 갈등의 배경에는 다뉴브강과 라인강 너머에서 일어나는 대이주가 있다. 도미노가 무너지듯 훈 제국의 서진으로 돈강과 볼가강 인근의 종족들은 고트인

그림 4 콘스탄티노폴리스의 테오도시우스 포룸 타우리에서 발견된 아르카디우스의 흉상. 시선이 하느님을 향해 위를 보고 있는 것은 경건함을 암시한다.

과 마찬가지로 서쪽으로 밀려났고, 필연적으로 제국 영토로 밀려들었다.

이 집단들은 이 시기까지 단일한 종족 집단이 아니었지만, 어쨌든 적의 수가 증가함에 따라 로마 제국 국경에 가해지는 압력도 커졌다. 로마 제국은 일부 집단에 대해서는 유화 전략을 취하여 제국 내에 정착시키고 군대로 활용했다. 이민족 입장에서도 로마 제국 군대에 복무하는 대가로 경제적 · 사회적 이익을 얻을 수 있으니 손해 보는 장사는 아니었다. 로마 제국은 훈계 집단 일부를 이용해 새로 이주한 게르만계 이주자들을 압박하고 복종시켰다. 이 사실은 이 시기에는 로마인이 아닌 사람들이 로마인이 아닌 이들과 싸우고 제국으로부터 그 대가를 받았음을 말해 준다.

이 어지러운 시기 제국과 게르만 이주민 사이의 복잡한 상호 작용을 잘 보여 주는 예가 알라리크이다. 알라리크는 고트 집단의 지배 가문 출신으로 390년대 초반 정치 무대에 처음 등장했고, 395년에는 콘스탄티노폴리스를 위협하기까지 했다. 그의 군대는 공성전을 벌일 준비가 되어 있지 않았기 때문에 알라리크는 그리스로 방향을 돌려 아테네와 코린트 등의 도시를 대대적으로 노략질했다. 스틸리코는 두 차례나 알라리크를 격파하려 시도했지만, 두 번 모두 실패하는 바람에 게르만 음모론의 먹잇감이 되었다. 어떤 사료는 알라리크를 이 시기 고트계 양대 집단 가운데 하나인 비시고트의 왕으로 부른다.

비시고트 집단은 408년 이후 이탈리아 방면에 여러 차례 원정을 펼쳤다. 이는 같은 해에 스틸리코가 처형된 일과 관련이 있다. 유능한 군 지휘관이 부재한 상태에서 로마는 세 차례나 포위당했다. 410년 세 번째 포위전에서 로마는 함락되어 약탈당했고 전 지중해가 충격에 떨었다. 비시고트는 이후 갈리아 지방 남부를 거쳐 스페인으로 진입하여 이 지역을 정복했다.

동쪽에서는 아르카디우스가 408년에 죽으며 갓 태어난 그의 아들 테오도시우스 2세가 즉위했다. 아르카디우스가 생전에 테오도시우스를 공동 황제로 만들어 놓은 덕분에 계승은 순조롭게 이루어졌으나, 테오도시우스의 재위 기간은 섭정 시대였다. 그의 누나 풀케리아가 실세 가운데 한 사람이기는 하지만, 진짜 권력은 행정부와 군부의 관리들에게 있었다. 테오도시우스 2세 재위 초기는 동방의 프라이펙투스 프라이토리오인 안테미우스의 시대였다.

이 시기에는 안보가 가장 중요해 콘스탄티노폴리스와 테살로니키에 강력한 육상 성채가 세워졌다(둘 다 현재까지 위엄을 뽐내고 있다). 콘스탄티노폴리스의 규모가 계속 커짐에 따라 식량에 대한 압박도 커졌기 때문에 안테미우스는 식량 부족 사태를 방지하기 위해 여러 조치를 취했다. 로마가 약탈당했을때 동방 제국은 서방 제국의 새로운 수도 라벤나에 군대를 보냈다. 이 관행은 다음 10년 동안 이어졌다.

414년 풀케리아는 아우구스타*의 지위에 올라 정식으로 동생의 섭정이 되었다. 풀케리아의 권력은 종종 과대평가되곤 하지만, 어쨌든 처녀로 남기로 다짐하여 남편의 통제를 받을 가능성을 제거한 것은 사실이다. 테오도시우스는 아버지의 예를 따랐으며 그 자신이나 아내 에우도키아 그리고 누나의 이름으로 공공 분야에 대한 자선과 교회 건설, 성물 기부를 활발히 펼침으로써 황실의 신앙심을 강조했다. 정부의 보다 세속적인 측면은 궁정에서 영향력을 지닌 환관들이나 외국 출신 군사령관, 특히 알란계 아르다부르와 그의 아들 아스파르에게 맡겨졌다.

423년 호노리우스가 사망하자 서방 제국은 혼란에 빠졌고, 동방

---

* 아우구스투스(Augustus)의 여성형으로 여제로 해석할 수 있다. 그리스어로는 아브구스타(Augousta) 또는 바실리사(Basilissa). 기본적으로는 황제의 반려자였으나, 본문에서 언급된 풀케리아나 아리아드나(레오 1세의 딸), 테오도라(유스티니아누스 1세의 아내)처럼 대단한 권력을 행사한 경우도 있다.

제국은 의례히 군대를 파견해 정당한 후계자인 발렌티니아누스 3세를 옹립했다. 물론 옥좌 뒤의 진짜 권력은 이민족의 침략에 성공적으로 대응한 로마인 군 지휘관 플라비우스 아에티우스에게 있었다. 하지만 이 시대의 주인공은 훈 제국이 420년대 들어 다뉴브강을 향해 서진하기 시작하면서 바뀌었다. 434년 루아가 이끄는 훈 제국은 콘스탄티노폴리스의 배후지라 할 수 있는 트라키아를 맹렬히 공격했다. 루아는 번개를 맞고 죽었다고 하는데, 사료들은 테오도시우스의 기도에 신이 응답한 결과라 기록했다. 루아의 지위는 조카인 블레다와 아틸라가 이어받았으며, 두 사람은 권력 구조를 통합하고 정치적 목표를 명확히 하는 등 훈 제국의 역사를 새로운 단계로 도약시켰다.

제국의 동방과 서방이 북아프리카 지역을 정복하려 드는 반달 집단에 대한 대규모 원정(429~439년)에 집중하는 사이 훈 제국은 다뉴브강에 대한 공세를 강화했다. 동방 군대는 퇴각할 수밖에 없었다. 이후 10년 동안 훈 제국에 연전연패하여 조공을 바치는 처지로 전락한 동방 제국은 반달 집단의 북아프리카 지배를 용인해야만 했다. 블레다가 447년에 죽자 아틸라는 단독 군주가 되어 약탈 사업을 이어 나갔다.

테오도시우스는 후계자를 남기지 못한 채 450년에 죽었다. 다시 한번 군대가, 정확하게 말하면 권신 아스파르가 군인 출신 노인 마르키아누스를 새 황제로 옹립했다. 처녀성의 맹세를 존중한다는 약속을 받은 풀케리아가 마르키아누스와의 결혼에 동의하여 테오도시우스 왕조는 이어지게 되었다. 451년 동방 제국은 협상을 통해 아틸라와 화해했고 훈 제국은 서쪽으로 방향을 틀었다. 상황이 이렇게 되자 서방 제국은 훈 제국을 이용해 게르만계 침입자들을 통제하던 이전과 반대로 그들을 통해 훈 제국을 막는 정책을 채택했지만, 이 방법으로는 아틸라가 이탈리아의 주요 도시를 점령하고 약탈하는 것을 막을 수 없었다.

아틸라가 453년에 죽은 일은 서방 제국에게 천운이었다. 이후 10년이 안 되는 동안 계승 분쟁으로 훈 제국은 붕괴해 버렸고, 훈 제국에 복종하던 종족들은 독립했다. 북유럽과 게르만의 공통적인 신화 〈니벨룽겐 사가Die Nibelungen-Saga〉는 이로 인한 혼란을 잘 묘사하고 있다. 그 결과 서방 제국의 영역에서는 주로 게르만계 종족이 세력을 굳힐 수 있었으며, 사람들은 점차 게르만계 집단을 제거할 수 없는 현실로 인식하게 되었다.

서방 제국의 자원은 점차 고갈되어 갔고, 서방 제국은 더 이상 보호할 가치가 없는 대상으로 여겨졌다. 서방 제국이 계속 존재한다면 단 하나의 집단이 남을 때까지 전쟁이 이어져야 했다. 게르만군 지휘관들은 차츰 자신들이 정복한 지역의 군주로 행세하기 시작했으며, 각 지방의 대지주 입장에서도 게르만 통치자의 존재가 그리 불편하지만은 않았다. 이후 20여 년 동안 서방 제국은 실질적으로 해체되었다.

동방에서 마르키아누스와 풀케리아 재위 기간의 중요 사건으로는 지금까지도 많은 영향을 주고 있는 451년의 칼케돈 공의회가 있다. 이 공의회는 최초의 세계 공의회*, 즉 보편 그리스도교 교회를 대표하도록 기획되었기 때문에 보편 교회의 신조를 표명하는 자리가 되었다. 그리스도론 논쟁은 박해가 끝난 순간부터 그리스도교 교회의 주된 문제였다. 니케아 공의회에서 이단으로 규정되었음에도 아리우스파는 콘스탄티우스 2세와 발렌스의 지원 아래 복권되었다. 수많은 그리스도교 성직자가 니케아 정교를 따른다는 이유로 유배당했다. 이 사태의 또 다른 부작용은 아리우스파 주교 울필라스가 고트인에게 선교한 일이다. 울필라스가 《성경》을 고트어로 번역한 일은 엄청난 결과를 낳았는데, 게르만계 종족 대부분이 울필라스를 따라 아리우스파 그리스도교를 받아들인 것이다.

테오도시우스 1세는 열정적인 그리스도교도이자 정통 교회를 지원해야 한다는 신념으로 가득 찬 인물이었다. 그는 당대 최고의 신학자 나지안조스(지금의 튀르키예 네니지)의 그레고리우스를 콘스탄티노폴리스 총대주교로 선택하여 381년 콘스탄티노폴리스 공의회를 개최하고 아리우스의 주장이 이단이라고 다시 한번 선언했다. 이 공의회는 니케아 신경信經에서 누락되거나 부족한 사항을 상당히

---

* 칼케돈 공의회 이전에 개최된 제1차 니케아 공의회(325년), 제1차 콘스탄티노폴리스 공의회(381년), 에페수스 공의회(431년) 등도 세계 공의회라고 불리지만 '세계 공의회'라는 표현 자체는 공식적으로 칼케돈 공의회에서 처음 사용되었다.

채워 넣었는데, 그 가운데 가장 중요한 것은 성령의 정의였다. 또한 콘스탄티노폴리스 공의회는 제국의 수도이자 '새로운 로마' 콘스탄티노폴리스의 보편 교회 속 지위를 알렉산드리아와 안티오키아에 앞서게 규정했다. 다만 그리스도교 세계의 지도자 베드로와 바울의 무덤이 자리한 로마만이 콘스탄티노폴리스보다 높은 영예를 누릴 수 있었다. 이 조치는 이후 몇 세기 동안 끝없는 적대감의 근원이 되었다.

니케아와 콘스탄티노폴리스 공의회는 아리우스로 인한 분쟁을 멈추기는커녕 문제를 키웠다. 그리스도 안의 신성과 인성을 이원론의 함정에 빠지지 않고 어떻게 조화시킬 것인가? 호모우시오스라는 용어로 대표되는 절충안은 황제들의 바람과 달리 보편적으로 인정받지 못했다. 모든 종파가 성부와 성자가 동일 실체냐 하는 문제에 빠져들었다. 성자는 성부와 같은가, 같지 않은가? 동일한 본질인가, 유사한 본질인가? 주교이자 교회학자인 카이사레아의 바실리우스는 이 논쟁을 어두운 밤 폭풍우 속에서 해전을 치르는 일과 같다고 표현했다.

이를 해결하기 위해 위격位格 · Hypostasis(실질적으로 실체實體 · Ousia, 즉 본질과 같은 말이다)이라는 개념이 소개되었지만 도움이 되지 않았다. 428년 안티오키아 출신 네스토리우스가 콘스탄티노폴리스의 총대주교로 선출된 후 곧 성모 마리아를 '하느님의 어머니Theotokos'가 아니라 '그리스도의 어머니Christotokos' 또는 '성자의 어머니Anthropotokos'라 불러야 한다고 주장하여 논쟁을 불러일으켰다. 그리스도교 신학의 한 학파인 알렉산드리아학파는 이 주장에 즉시 반박했다.

이 문제는 역사가 깊고 영향력 있는 동방(알렉산드리아와 안티오키아)의 학파들이 콘스탄티노폴리스학파가 신참자여서 전통의 진지함이 없다고 보았기 때문에 일어난 정치권력 분쟁으로 볼 수 있다. 431년 에페수스(지금의 튀르키예 에페스)에서 공의회가 개최되어 성모 마리아의 지위는 '하느님의 어머니'로, 네스토리우스는 이단으로 선언되었다. 449년 에페수스에서 다시 한번 공의회가 개최되었으나, 이번에는 안티오키아학파의 세력이 압도적이었다. 제2차 에페수스 공의회는 그리스도의 독립적인 두 본성을 강조하는 알렉산드리아학파를 이단으로 규정했다. 로마 교황 레오 1세는 〈플라비아누스에게 보내는 교의 서한Tomus ad Flavianum〉을 통해 그리스도론 논쟁에 대한 자신의 의견을 공의회에 제시했으나 무시당했다.

마르키아누스와 풀케리아는 이 상황이 폭발력을 지닌 중요한 문제라고 생각해 칼케돈에서 세계 공의회를 소집했다. 칼케돈 공의회는 제2차 에페수스 공의회를 부정하여 그리스도는 성부의 신성과 성자의 인성을 지니고 있다고 선언했다. 또한 앞서 개최된 니케아 공의회, 콘스탄티노폴리스 공의회, 제1차 에페수스 공의회는 세계 공의회로 규정되었다. 레오 1세의 〈플라비아누스에게 보내는 교의 서한〉은 낭독된 뒤 추인되었고, 네스토리우스는 다시 한번 이단으로 선포되었다. 그러나 칼케돈 신경은 실질적으로 알렉산드리아학파의 단성론보다는 안티오키아학파의 양성론에 가까웠다. 그 결과 각 교회 사이의 관계는 돌아올 수 없는 강을 건너게 되었다.

네스토리우스파로 알려진 집단은 두 본성에 더 중점을 두기를 원했다. 그리고 그들은 페르시아로 건너간 뒤 인도, 중앙아시아, 중국 방면으로 나아갔다. 지금의 아시리아 동방 교회는 네스토리우스파에 속한다. 신성과 인성이 결합되어 단일한 본성이 존재한다고 믿는 교파는 단성론파Monophysites라고 불리게 되었다. 이 말은 '단일'을 뜻하는 그리스어 모노스Monos와 '본성'을 뜻하는 피시스Physis의 합성어로, '그리스도는 단 하나의 본성만을 지닌다'는 뜻으로 해석되기에는 문제가 있다. 그 때문에 최근에 학자들은 합성론파Miaphysites라는 표현을 더 선호한다. 이는 '단일'을 '하나'를 의미하는 미아Mia로 바꾼 것으로, '그리스도는 하나의 본성(과 두 성격)을 지닌다'는 의미의 중립적인 표현이다.

이집트의 콥트 교회, 시리아 그리스도교 교파 대부분 그리고 아르메니아 사도 교회가 이 해석을 지지한다. 오늘날까지 네스토리우스파와 합성론파는 그리스 정교회나 슬라브 정교회, 로마 가톨릭, 프로테스탄트 교회들과 달리 칼케돈 신경을 인정하지 않는다. 칼케돈 공의회는 그리스도교 신앙과 관련된 모든 원칙을 결정하기 위해 기획되어 5대 총대주교 관구(Pentarchy, 이미 존재하는 로마 · 콘스탄티노폴리스 · 알렉산드리아 · 안티오키아의 4개 총대주교 관구에 예루살렘 추가)를 규정했지만, 결국 보편 교회가 영구히 분열하기 전의 마지막 공의회로 남은 것은 퍽 역설적인 이야기이다. 칼케돈 공의회는 제국의 종교계뿐만 아니라 정치에도 큰 파장을 남겼다.

마르키아누스 정부는 아르다부르와 그 아들 아스파르에게 크게 의존했다. 두 군 지휘관은 아리우스파로 콘스탄티노폴리스 시민 다수의 경멸을 받았지만, 다양한 자선 활동을 통해 반감을 누그러뜨리기 위해 노력했다. 예를 들어 아스파르는 459년 콘스탄티노폴리스의 지독한 물 부족 사태에 대처하기 위해 수조를 건설했다. 알란 출신의 지배는 그다음 황제 레오 1세의 재위기(457~474년)에도 이어졌다. 마르키아누스와 마찬가지로 발칸 출신의 원숙한 퇴직 군인인 레오는 또다시 아스파르와 아르다부르가 킹 메이커로 작용한 결과 즉위할 수 있었다. 그러나 레오는 곧 아스파르의 손아귀를 벗어나기로 했다. 아스파르 일파를 견제하기 위해 레오는 자신의 가족과 이사우리아* 출신 코디사의 아들 타라시스를 중용했다. 소아시아 남부 산악 지대에 살던 이사우리아인은 강인한 비적으로 유명했다.

타라시스는 460년대 말에 출세 가도를 달리기 시작했다. 그는 페르시아와 공모했다는 혐의로 아르다부르를 몰락시킨 뒤 황제의 딸 아리아드나와 결혼하고 로마식 이름인 제노로 개명했고 군부의 여

* 그리스어로는 이사브리아(Isauria)라고 하며 오늘날 튀르키예 남부 타우루스산맥 산악 지대를 가리킨다. 콘스탄티노폴리스의 관리들은 이 지역 부락들을 오랑캐로 여겼으나, 이들은 5세기경 동방 제국 군대의 주력을 형성했다. 717년 즉위한 레온 3세부터 802년 폐위된 이리니까지 비잔티움 제국을 지배한 가문은 이사우리아 왕조라고 불리기도 한다.

러 요직을 거쳤다. 468년 반달 왕국에 대한 원정이 값비싼 대가를 치른 패배로 끝나자(1년 세입 전부를 소모했다), 아스파르에게 비난이 쏟아져 그를 제거할 기회가 무르익었다. 아스파르와 아르다부르는 471년 황궁에서 살해당했다. 레오는 474년에 죽었는데 그는 그 전에 제노의 어린 아들 레오 2세를 후계자로, 제노를 섭정으로 지명했다. 그러나 레오 2세가 곧 죽었기 때문에 제노가 후계자가 되었다.

제노의 집권 시기 내내 이사우리아인을 포함한 수많은 이들이 반란을 일으켰음에도 그의 권력은 오랫동안 굳건하게 이어졌다. 제노는 이사우리아인을 다수 중용하여 커다란 반감을 사서 마지막 10년에는 폭력 사태가 절정에 달했다. 동게르만 계통의 오도아케르가 마지막 서방 황제 로물루스 아우구스툴루스를 476년에 폐위하고 동방 황제의 이름으로 이탈리아를 통치하게 해 달라고 청원한 것이 바로 제노 재위 때의 일이다. 그러나 오도아케르가 세력을 달마티아 방면으로 확장하기 시작하며 동방 제국을 위협하자, 제노는 테오도리크를 보내 견제했다.

오스트로고트의 왕 테오도리크는 어린 시절 콘스탄티노폴리스에서 볼모로 지내다가 480년대 초반 오스트로고트 부락을 통합했다. 테오도리크는 489년 제노의 명령으로 이탈리아를 침공하여 오도아케르를 몰아냈다. 오스트로고트가 발칸반도를 떠난 덕분에 동방 제국 입장에서도 변경이 안전해졌다. 이후 동방 제국은 서쪽과 서남쪽에 대해서는 조약을 통해 현상 유지 정책을 추진했다. 서방에서 로마 제국의 패권은 실질적으로 붕괴했다. 스페인과 갈리아 대부분의 지역은 비시고트의 지배를 받았고, 북아프리카는 반달의 손아귀에 있었다.

신학 문제에 있어서 제노는 칼케돈 공의회로 인한 분열을 치유하기 위해 482년 〈통합령Enōtíkon〉을 발행했다. 네스토리우스는 여전히 이단으로 규정되었지만, 그리스도의 본성에 대한 논의는 다루지 않았다. 즉 교황 레오 1세의 〈플라비아누스에게 보내는 교의 서한〉은 다시 무시당했다. 하지만 동방의 교회들은 제노의 명령에 반감을 가졌고, 로마 교회는 5대 총대주교 관구의 수장으로서 지니는 수위권과 자신들의 가르침이 도전받았다고 여기며 콘스탄티노폴리스를 이교로 선언했다. 이 조치는 518년까지 지속되었다. 제노는 491년 남성 후계자를 남기지 못하고 죽었다.

초기의 사회 계층

로마 제국의 사회는 보통 피라미드로 묘사된다. 황제가 정점에 있고 그 아래에는 작위 · 관직 · 부 · 명성과 정치적 영향력을 공유하는 엘리트가 있으며, 나머지 절대 다수는 피라미드의 기층을 형성했다. 이 시기에도 이러한 구조는 변하지 않았지만 엘리트의 구성에 변화가 있었다. 콘스탄티누스 1세가 콘스탄티노폴리스에서 새로이 원로원을 연 것은 옛 원로원 귀족들을 새로운 수도로 끌어들이기 위함이었다. 그러나 로마의 원로원 구성원은 순순히 그의 의도대로 움직여 주지 않았다. 따라서 콘스탄티노폴리스 원로원은 동방의 그리스어권 지역에서 온 이들로 채워졌다.

콘스탄티노폴리스와 마찬가지로 콘스탄티노폴리스 원로원 역시 옛 로마의 제도와 공통점이 많지는 않았다. 역사적 권위는 물론이고 독립적인 권력도 없었기 때문에 모든 것이 원로원을 만든 황제의 뜻대로 처리되었다. 이 같은 흐름은 사두정 시대 또는 그 이전부터 시작되었지만, 콘스탄티누스의 시대에 확실히 황제가 다른 어떤 지위보다 고귀한 존재가 되었다. 그러나 그리스도교도에게 신은 오직 단 하나이므로 오래된 황제의 신적 지위는 축소되었다. 또한 궁정 의례는 지상에 존재하는 신의 대리인인 황제와 신민 사이를 가르는 장벽으로 작용했다.

거의 모든 시기에 왕조의 연속성이 여러 차례 중요한 역할을 해냈지만, 이 시기에는 군대가 황제를 옹립하는 과정에서 주요한 결정권자로 기능했다. 새 황제는 깃발이 휘날리고 환호성이 오르는 가운데 방패 위에 올려지며* 추대되었다. 로마와 달리 콘스탄티노

* 방패 올라타기는 로마 황제 즉위 의식 가운데 하나로, 게르만계 풍습에서 기원한 것으로 보인다. 기록에 따르면 361년 율리아누스 황제의 즉위에서 처음 나타났고, 포카스 황제의 즉위에서 행해진 것이 마지막이다. 그러다 1254년 테오도로스 라스카리스 황제의 즉위 시 부활했는데, 14세기의 한 의례서는 황제 즉위식에서 황제가 도유식(塗油式)과 대관식을 위해 아야 소피아 성당에 들어가기 전 방패 올라타기 의식이 이루어졌다고 전한다.

폴리스의 원로원은 이 과정에서 아무런 영향력을 행사할 수 없었으며, 시민들은 더더욱 그러했다. 하지만 황제가 수도를 떠나 군대를 이끌지 않게 되면서 상황이 달라졌다. 황제가 차츰 야전군과 멀어진 반면 궁정의 원로원 계층과는 가까워짐으로써, 이것이 권력의 역학 관계에 영향을 미쳤다. 원로원은 오랜 기간에 걸쳐 서서히 실세로 떠올랐는데, 실제 권력 행사는 급작스럽게 일어났다. 마르키아누스의 즉위와 갈채 의식은 군대에 의해 결정되고 진행되었으나, 그의 후계자 레오 1세는 원로원에 의해 선출되고 군대는 갈채 의식으로 추인했다.

이 시기 엘리트층을 구성하는 새로운 요소는 교회와 교회의 지도자인 주교들이었다. 콘스탄티누스 재위 초기부터 이들은 단순한 영적인 지도자를 넘어 교회의 다양한 자산을 운용하는 역할을 수행했다. 이들 대다수는 지주 계층 출신이었는데, 교회에서의 경력은 궁정 관직의 대안으로 여겨졌음이 분명하다. 황실과 개인들의 기부금 덕분에 교회는 제국의 최대 지주 가운데 하나로 발돋움했다. 따라서 교회 엘리트와 원로원 엘리트는 수입과 지위에 있어 공통된 근거를 가졌다고 볼 수 있다. 5세기에 이들은 차츰 칼케돈 신경을 지지하고 지키고자 하는 입장으로 모여들었다. 이는 단순히 신학의 문제가 아니었다. 합성론파 지역에서 성직자들은 사회적 · 경제적으로 하위층의 지지를 받아 박해를 하고 과도한 세금을 지우는 국가에 대항하는 존재로 여겨졌다.

도시와 농촌의 민중은 피라미드의 맨 아래에 있었다. 우리가 가진 사료에서는 도시 민중의 존재감이 크긴 하나, 다시 한번 강조하건대 콘스탄티노폴리스 시민들은 정치 문제를 결정하는 오랜 전통을 지닌 로마 시민들과 달리 의례에서 장식적인 작은 역할만 담당했다. 대부분 히포드로무스*에 황제가 나타나면 대중 정당의 외양을 쓰고 갈채 의례를 수행할 뿐이었다. 그러나 때로 대중은 의례적인 갈채를 보내지 않고 불만이나 반대 의견을 표명했고 대개 폭력 시위가 뒤따랐는데, 보통 그 배경에는 연극 · 전차 경기 · 식량 부족 등이 있었다. 황제들은 이 같은 의사 표출에 대체로 철저한 응징으로 답했다. 390년 테살로니키에서 인기 있는 전차 모는 사람이 체포된 일로 민중이 봉기를 일으키자 테오도시우스 1세가 가혹한 진압을 명령한 것이 대표적인 예이다.

사회적 안정과 경제적 팽창

이 시기 동방 제국을 특징짓는 지배적 경향은 사회와 경제의 확장이다. 인구 통계학 면에서 도시는 수적으로나 규모로나 크게 팽창하고 농촌 정착이 급증했음을 확인할 수 있다. 또한 고고학 연구

* 지금의 이집트 술탄 아흐메트 광장. 오스만 제국 시대에는 히포드로무스를 튀르크어로 직역한 아트메이다느(Atmeydanı)라 불렀으며, 비잔티움 제국 시대와 마찬가지로 경기 · 축제 · 청원 · 봉기의 장으로 다양한 기능을 했다.

를 통해서도 경작되지 않던 지역까지 농촌이 확장될 정도로 인구가 증가했음을 알 수 있다. 몇몇 지역은 이민족의 침공과 그에 따른 혼란으로 상대적으로 덜 번성했지만, 동방 제국은 대체로 경제적 호황기를 경험했다. 이 호황은 지역 편차가 있기는 하나 최소한 6세기 중반 또는 그 이후까지 이어졌다.

호황으로 가장 많은 이득을 누린 계층은 사회의 엘리트층이다. 이 시기 제국의 행정계에 투신한 귀족(차츰 옛 원로원 귀족을 대체했다)이나 교회, 수도원, 성소, 제국의 국고를 관리한 귀족이 바로 그들이다. 인구의 대다수를 차지하는 노동자 계층은 토지를 경작했다. 노예는 더 이상 노동력에서 큰 비중을 차지하지 않았고 그 자리는 4세기 초부터 토지에 귀속되어 있는 콜로니, 즉 소작농이 채웠다. 소규모 농지를 소유한 자영농이나 중간 규모의 토지를 소유한 지주도 상당한 비중을 차지했으나, 지역에 따른 차이를 감안하여도 가장 중요한 것은 대규모 사유지였다.

디오클레티아누스와 콘스탄티누스 1세의 세제 개혁과 화폐 개혁에 힘입어 제국의 세제는 안정적으로 운영되었고, 솔리두스의 가치도 안정적으로 유지되었다. 경제를 이끈 주체와 변수는 이렇게 규정할 수 있지만, 두 측면이 어떻게 상호 작용했는지는 여전히 논쟁의 대상이다. 예컨대 국가는 콘스탄티노폴리스의 급증하는 인구와 군대를 유지하기 위해 막대한 식량을 필요로 했으며, 이는 필수품의 생산을 촉진하는 결과로 이어졌다.

그러나 대규모 사유지의 지주들이 이 거래와 자기에게 필요한 만큼만 생산하고 토지를 빌려주어 그 대가로 많은 수익을 취했는지, 아니면 포도와 같은 상품 작물을 재배하거나 대부를 통해 교역에 간접 투자를 하여 부가적인 수익을 추구했는지에 관해서는 논란의 여지가 있다. 또 농업용수 확보와 같은 개량 작업이나 수차 등 농업 기구에 대한 투자가 어느 정도였는지, 생산에 어떠한 잠재적 영향력을 가졌는지 하는 의문은 엘리트층의 농업 생산에 대한 투자 범위에 질문을 던지게 만드는 주제들이다. 간단하게 정리하자면 대지주를 보수적인 지대 추구자로 볼 것이냐, 미래 지향적인 최초의 기업가로 볼 것이냐 하는 문제인 것이다. 그리고 장거리 교역의 중요성은 또 다른 논쟁거리이다. 국가는 곡물 교역을 지원했는데, 이는 곧 운송비를 부담했다는 의미이다(이집트에서 곡물을 싣고 콘스탄티노폴리스로 왔던 배들은 텅 빈 채 돌아가지 않았을 것이다).

엘리트층의 소비, 특히 콘스탄티노폴리스 황궁의 수요가 이 과정에서 추진력으로 작용했을 것이다. 지방 내 교역이나 지방 간 교역은 분명 존재했으며, 이는 도시들과 배후지 사이의 밀접한 관계 및 해상과 육상으로 이어진 제국 내의 원할한 교류를 보여 준다. 율리아누스와 테오도시우스 1세 재위 시기의 콘스탄티노폴리스를 보면 도시 남쪽에 거대한 항만과 부속 곡창 등 저장 시설이 건설된 것이 좋은 예이다. 콘스탄티노폴리스항의 수용량은 4세기에 절정에 달해 부두의 길이가 4킬로미터에 육박했으며, 이것으로 콘스탄티노폴리스가 교역 허브로 번성했음을 알 수 있다.

그리스도교 제국의 탄생

4~5세기에 로마 제국은 여러 방면으로 크게 변화했지만, 가장 큰 변화는 그리스도교화일 것이다. 이 과정은 313년 박해가 중단되면서 눈에 띄게 진전을 보이더니 4세기에 그리스도교가 제국의 종교로 기능하며 가속화되었다. 율리아누스를 제외한 모든 황제가 그리스도교도였기 때문에 새로운 종교는 특권이라는 혜택을 누렸고 당연히 문화를 지배하게 되면서 로마인의 삶을 안팎으로 변화시켰다. 말하자면 외적으로는 그리스도교 교회가 출현하여 곧 지배적이 되고 그리스도교를 주제로 다룬 미술과 의례가 등장했으며, 내적으로는 신체 · 가족 그리고 삶의 이상에 대한 태도뿐 아니라 세계에 대한 인식까지 바꾸었다.

황제들은 공식적으로 그리스도교를 지지하는 법을 제정했는데, 이는 다른 종교들 특히 그때까지 널리 퍼져 있던 고대 신앙에게는 불리하다는 의미였다. 황제들은 필요하다면 다른 종교들을 희생시키면서까지 그리스도교에 유리한 법령을 입안했다. 남겨진 법률 문서들은 이교 신앙에 대한 황실의 후원을 중단하고 신전들의 재산을 박탈했으며, 처음에는 공적 측면에서 다음에는 사적 측면에서 희생제를 금지하여 결국 신전들에서 어떠한 의식도 올리지 못하게 하는 등 천천히, 그러나 지속적으로 배제와 금지의 조치가 이루어졌음을 보여 준다. 실제로 법이 얼마나 엄격하게 적용되었는지는 남은 증거들이 너무 모호해서 사실상 추측이 불가능하다.

다만 이교 신앙과 그리스도교 신앙 사이에 충돌이 있었던 것은 확실하다. 예를 들어 389년 알렉산드리아에서는 그리스도교도와 이교도가 충돌하여(그리스도교 측이 먼저 도발한 것으로 보인다) 수많은 사상자가 발생하고 세라페움*이 파괴되었다. 이 사건이 일어나기 전 안티오키아 출신으로 웅변가이자 수사학 교사로 명성을 날린 리바니우스는 이교 신전이 매우 아름다우니 국가가 이를 활용할 다른 방안이 있을 것이라는 실용적인 이유를 내세우며 이교 신전의 파괴를 반대하기도 했다.

한 세대가량이 지난 415년 알렉산드리아의 그리스도교도 군중은 철학자이자 수학자인 히파티아에게 잔혹한 린치를 가했다. 알렉산드리아의 주교들마저 폭력 행위에 동참한 사실은 알렉산드리아에서 종교 갈등이 대단히 첨예했고 이교 신앙이 점차 주변부로 밀려나고 있었음을 보여 준다. 그러나 이러한 눈에 띄는 사건만 보고 제국 전체에서 이교도에 대한 대대적인 박해가 있었으리라고 판단하는 것은 단편적이다. 그보다는 의례를 통해 공공 영역에 존재하던 고대 종교의 역할이 차츰 작아지며 종국에는 사라졌다는 것이 더

* 헬레니즘 시대 이집트의 프톨레마이오스 왕조가 숭상한 신 세라피스(Serapis)의 신전.

정확한 평가이다.

고대의 제도들도 같은 운명을 맞이했다. 이를테면 올림픽은 390년대에 중단되었다. 이교 활동을 금지한 테오도시우스 1세의 법령이 부분적인 이유를 차지하겠지만, 사실 더 큰 원인은 알라리크가 그리스를 초토화했기 때문이다. 4세기 말과 5세기 초가 되면 이교 신앙을 지닌 관리들은 자신들의 공적 생활에서 앞날을 기대할 수 없었다. 이 시기에 로마 원로원 귀족 사이에서 이교 부흥 운동이 일어났다는 오래된 통념이 있다. 하지만 실상은 정반대이다. 로마 제국 엘리트들의 그리스도교 개종은 오히려 증가했으며, 흐름이 바뀌었다는 사실을 인정하지 않는 이들은 단지 관용과 공존을 희망할 따름이었다.

그리스도교 교회의 영적 · 물질적 성장과 주교의 권위 증대는 도시 건축 양상에도 눈에 띄는 변화를 가져왔다. 병자, 노인, 고아, 빈자 또는 과부를 위한 자선 시설이 360년대에 처음 나타났다. 그 시설들은 대부분 아리우스파 성직자들이 주도했지만, 정교회는 이를 빠르게 따라 했다. 이 건축물들이 고고학적으로 확인된 바는 아직 없으나, 교회의 성장을 바라볼 때 분명 존재했으리라 생각한다. 이런 시설들이 이 시기 경제적 호황에 동참하지 못한 도시 빈곤층과 가난한 대중에게 진정한 구제처였다는 충분한 증거가 있기 때문이다.

그리스도교화의 증거가 도시에서는 그리스도교 건물의 증가로 나타났다면, 농촌에서는 그리스도교 수도회의 출현으로 나타났다. 연대와 금욕을 강조한 독실한 인물들이 40일 동안 사막을 떠돌았다는 예수의 예를 따라 이집트와 시리아의 사막으로 떠났는데, 이들을 그리스어로 사막에 사는 '은자'라고 불렀다. 이들 곁에는 곧 추종자와 제자가 모여들었고, 문명화한 세상에서 멀어지기를 추구했다. 동시에 이들은 그 수가 점차 늘어 가며 연대와 금욕을 강조하는 조직으로 변화했으며, 4세기 중반 이집트에서 파코미우스의 지도 아래에 출현한 것이 최초이다.

파코미우스가 활동한 지역은 완전한 사막은 아니었지만, 사람들이 많이 거주하는 지역도 아니었다. 파코미우스 공동체는 매우 성공적이었다. 그리하여 고행, 육체노동, 보편적인 물품과 가치에 대한 거부, 순결, 공동 기도는 얼마 안 가 이상적인 모델로 받아들여졌고 후기 로마 세계 전역으로 확대되어 갔다. 이들의 수도원은 곧 사막 인근 또는 사막과 비슷한 산지 등 인구가 희박한 지역으로 퍼져 나가 나중에는 취락이나 도시 내부에까지 형성되었다. 수도원은 사막을 상징하는 요소를 이용해 외부 세계와 분리하는 벽과 규율을 세워 접근과 접촉을 통제했다.

그러나 고대 사상이 그리스도교에 영향을 주지 못한 것은 아니다. 육신과 가족의 형성 및 기능에 대한 새로운 시각은 2세기에 출현했다. 콘스탄티누스 1세는 초대 황제 아우구스투스의 법령을 다시금 강조하여 자식을 두지 않은 사람들을 처벌하여 순결과 금욕을 강조하는 사회적 인식에 맞섰다. 금욕주의자와 수도사 들이 육신과 현세를 경시한 점은 이 특별한 시민들이 새로운 영웅이자 롤 모델의 지위에 오르는 데 도움을 주었고, 이들의 기도와 대도代禱는 신앙 사회 공동체들이 추앙하는 바가 되었다.

박해가 중단된 후 수십 년 동안 태어난 그리스도교도들은 제국 행정부와 교회에서 중요한 위치를 차지해 갔으며 그리스도교도에 의한 그리스도교도를 위한 문학을 생산해 냈다. 이교 신들이 바글거리는 고전 문학이 전적으로 부정당한 것은 아니다. 다만 그리스도교 교육에 맞게 조정되었을 뿐이었기에, 호메로스의 작품과 《성경》의 〈시편〉은 동등하게 강조되었다. 즉 고대 그리스어 문헌 대부분은 방치되거나 버림받기는커녕 보호받았다. 새로운 문학은 옛 작품을 빌려 알렉산드리아의 아타나시우스가 저술한 《안토니우스의 생애*Vita Antonii*》* 같은 성인전이라는 새로운 장르를 발전시켰다. 이들은 고대의 수사를 차용하고 수정하여 그리스도교 사상과 이상을 발전시키는 데 이용했다.

비잔티움의 심장 콘스탄티노폴리스 탄생

그리스도교와 제국의 결합은 어느 곳보다 제국의 수도에서 또렷

* 우리나라에는 《사막의 안토니우스》(허성석 옮김, 2015, 분도출판사)로 출간되어 있다.

하게 드러났다. 콘스탄티노폴리스가 형성되던 시기의 도시 계획과 기능은 향후 수 세기 동안 콘스탄티노폴리스와 제국을 연결하는 요소로 작용했기 때문에 더욱 중요하다. 비잔티움 제국 역사 연구와 논의에서 콘스탄티노폴리스와 제국이 거의 동일한 존재로 여겨지는 것은 이 때문이다.

콘스탄티누스 1세가 추진한 대규모 건축 프로젝트는 그가 세상을 떠난 시점에도 완료되지 못하고 이후 10여 년간 이어졌을 것이다. 일곱 개 언덕까지 차용할 만큼 로마를 모범으로 삼은 콘스탄티노폴리스는 곧 '제2의 로마' 또는 '새로운 로마'로 불리게 되었다(지금도 콘스탄티노폴리스 총대주교는 공식 직함*에서 이 칭호를 고수하고 있다). 콘스탄티노폴리스 공사가 전대미문의 규모였음은 확실하다. 새로운 건축물이나 공공사업의 규모도 컸지만, 제국 전역에서 끌어모은 수백에 이르는 동상과 예술품이 콘스탄티노폴리스를 기원전 7세기에 세워진 그리스 도시 비잔티온과는 다른 역사와 전통을 갖춘 존재로 만들었다.

콘스탄티노폴리스의 출발을 알리는 기념 의식에 대해서는 의견이 분분하다. 어떤 학자는 엄격하게 그리스도교의 원칙에 따랐다고 주장하고, 다른 학자는 이교적 요소와 혼재했으리라고 주장한다. 이교의 기념물이 여전히 도시에 존재했다는 점을 상기하는 편이 이

---

* 콘스탄티노폴리스 총대주교의 공식 직함은 '새로운 로마 콘스탄티노플의 대주교이자 세계 총대주교'이다. 번역은 한국 정교회 대교구의 용례를 참고했다.

그림 5 이스탄불 술탄 아흐메트 광장에 있는 테오도시우스 오벨리스크(또는 이집트 오벨리스크). 원래는 기원전 1490년 고대 이집트 파라오 투트모세 3세 시대에 룩소르의 카르나크 신전에 세워진 것으로, 테오도시우스 1세가 이 오벨리스크를 셋으로 분할하여 가져와 콘스탄티노폴리스의 히포드로무스에 설치했다.

문제에 적절한 해답이 될 것이다(물론 단순히 역사적 장식물로만 기능했을 수도 있다). 과거의 이교식 의례 또한 마찬가지로 진화하여 이후의 의례에 영향을 미쳤을 것이다. 몇몇은 로마 제국의 정통성을 강조하는 데 꼭 필요했다. 콘스탄티노폴리스는 애초부터 이 도시를 재창조한 황제에게 모든 것을 빚졌다. 황제가 그리스도교도였기에 도시는 모든 면에서 그리스도교적 도시로 기능하도록 의도했다.

황궁과 히포드로무스를 중심으로 한 콘스탄티노폴리스의 기본 구조는 사두정 시기로 거슬러 올라간다(사두정 시기 황제들이 기거한 도시들은 모두 같은 형태이다). 황궁과 히포드로무스 인근에 소수의 교회와 성소, 원로원과 같은 공공시설, 태양을 상징하는 왕관을

그림 6 오벨리스크 받침대 북면. 테오도시우스 1세가 히포드로무스에 있는 황실 특별석에 공동 황제와 근위병들과 나란히 앉아 있다. 아래는 조공을 바치는 야만인들의 모습이다.

쓴 나체상이 중앙의 반암 기둥 위에 서 있는 콘스탄티누스 포룸 같은 의례 시설이 자리 잡았다. 콘스탄티노폴리스는 4세기 말과 5세기 내내 규모와 화려함 모두에서 괄목할 만한 성장을 보여 주었다.

이 시기 지어진 항구, 수조 시설, 분수, 수도교, 곡창, 육상과 해상의 성벽, 새로운 광장들, 우뚝 솟은 기념비들, 교회와 수도원 들은 하나하나가 역사적 건물이다. 테오도시우스 1세가 콘스탄티노폴리스의 히포드로무스로 오벨리스크를 옮겨 온 것에서 볼 수 있는 것처럼 로마와의 연관성은 아직 중요했다. 서방 제국과 동방 제국은 서로 로마니타스Romanitas(로마인다움)를 경쟁하듯 뽐내면서도 유대감을 지녔었다.

콘스탄티누스 1세가 콘스탄티노폴리스에 남긴 종교 건축물 중 가장 오래 살아남은 것은 그 자신의 영묘이기도 한 성 사도 성당이다. 비록 지금은 존재하지 않지만 남겨진 기록으로 볼 때, 콘스탄티누스는 반암으로 만들어진 석관 안에 안치된 다음 12사도의 성물이 담긴 12개의 석관에 둘러싸이기를 바랐다. 이는 성인의 유물이 무덤에서 다른 장소로 옮겨진 첫 번째 사례로, 콘스탄티누스는 그리스도와 같은 존재로 인식되고자 이러한 영묘의 배치를 생각해 냈을 것이다. 최초의 그리스도교도 로마 황제의 장례식인 콘스탄티누스의 장례식은 많은 영향을 끼쳤다. 장례 과정의 중요한 두 기둥은 군대와 그리스도교 전례였으나, 그렇다고 이교 요소가 완전히 사라진 것은 아니었다.

세상을 떠난 황제의 얼굴을 새긴 주화의 발행은 이교 시대 로마의 신격화 전통을 따른 것이다. 말하자면 콘스탄티누스 재위 시기의 변화는 고대 전통에 혁신을 더한 것이었다. 막상 콘스탄티누스가 세상을 떠나자 12사도의 중심에 놓여 그리스도와 동격으로 놓인다는 그의 계획과 달리 12사도와 함께 놓여 사도들과 동격으로 안장되었다. 여기에서 우리는 그리스도교화 이전의 로마 제국에서는 황제가 곧 신이었고, 이후에는 신은 아니지만 여전히 신성성이 강조되었음을 알 수 있다. 이것이 콘스탄티누스 재위 시기 변화의 특징이다.

콘스탄티노폴리스의 종교적 지위는 차츰 성장했다. 교회 사이의 위계도 그러했지만, 주요한 성지에 보관된 성물들이 옮겨진 것이 중대하게 작용했다. 5세기 중반 콘스탄티노폴리스는 살아 있는 성인으로 추앙받은 주상 고행자* 다니엘레가 고행한 장소로 영예를 누렸다. 기둥 위에서 생활하는 이 수도자를 보기 위해 수많은 순례자가 방문했는데, 그중에는 황제와 조신들도 있었다. 인력 면에서 콘스탄티노폴리스는 여전히 생산지보다는 수입처에 가까웠다. 콘스탄티노폴리스 총대주교 그레고리우스와 요안네스 크리소스토무스, 콘스탄티우스 2세 시대부터 테오도시우스 1세 시절까지 궁정에서 주요한 직위를 수행한 이교도 웅변가이자 정치인 테미스티우스가 좋은 예이다. 콘스탄티노폴리스에 권력과 재화가 집중되고, 이에 따라 후원이 증가하면서 수도를 더욱 수도답게 만들어 주었다.

425년 국가가 제공하는 고등 교육을 위한 학교(과거 학자들은 시대 상황에 맞지 않게 '대학교'라 표현했다)를 세워 문법, 수사학, 철학 그리고 법학을 라틴어와 그리스어로 교육했다. 당시 법학 교육의 중심지는 베이루트, 약학 교육의 중심지는 알렉산드리아, 철학 교육의 중심지는 아테네였으므로 이는 콘스탄티노폴리스를 교육의 영역에서도 중요한 도시로 만들기 위함이었다.

429~438년에 걸쳐 실시한 콘스탄티누스 1세부터 테오도시우스

---

* 주상 고행자(柱上苦行者)는 기둥에 올라 생활하는 고행을 한 수도사를 부르는 칭호이다. 덕이 높은 주상 고행자 아래에 많은 순례자들이 모여 병을 치유받거나 가르침을 들었다고 전해진다.

2세까지 재위 시기에 발행된 모든 법령을 수집하는 작업은 콘스탄티노폴리스에 이 작업을 감당할 자원이 충분했음을 의미한다. 5세기에 이르러 콘스탄티노폴리스는 단지 황제가 머무는 도시가 아니라 제국의 수도가 되었으며 이제 황제들은 콘스탄티노폴리스를 거의 벗어나지 않았다. 콘스탄티노폴리스의 사회 기반 시설과 건축물은 의례와 함께 사람들이 천상의 질서가 지상에 강림한 것으로 느끼게 만들었다.

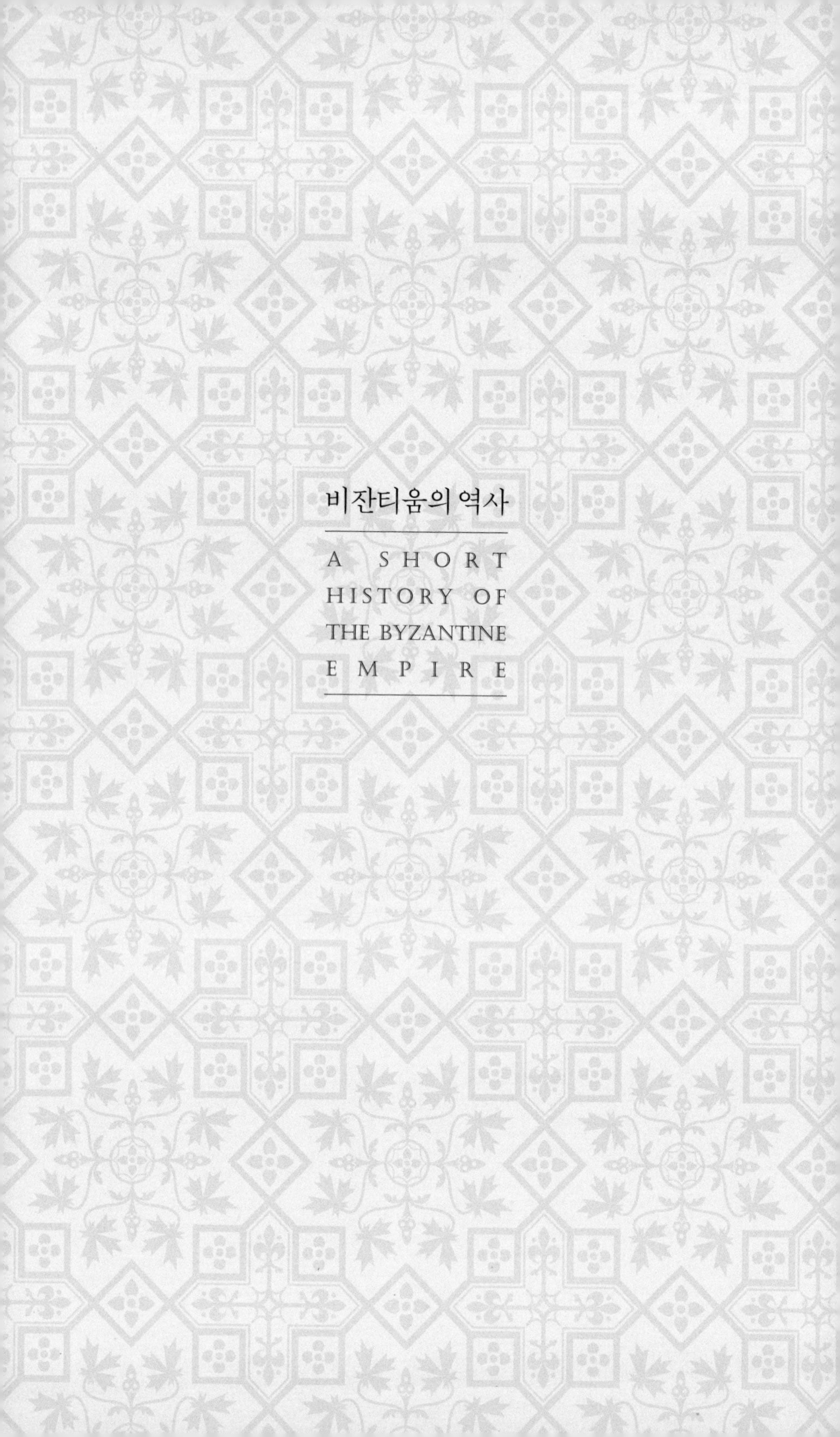

비잔티움의 역사

A SHORT HISTORY OF THE BYZANTINE EMPIRE

제2장

지중해의 주인이 되다
(491~602년)

동맹으로 확대되어 가는 영향력

제노가 사망하자 히포드로무스에 모여든 군중은 레오 1세의 딸이자 막 과부가 된 황후 아리아드나에게 새로운 통치자를 선택하라고 강요하면서 새 황제가 정통파 신자이자 이사우리아인이 아닌 로마인일 것을 요구했다. 아리아드나는 발칸반도 디라키움(지금의 알바니아 두러스) 출신으로 나이 많은 관료 아나스타시우스를 선택하고 후에 그와 결혼했다. 아직은 군대의 갈채가 즉위 과정에서 가장 중요한 요소로 남아 있었지만, 아나스타시우스 1세가 총대주교가 주관하는 대관식을 치른 점에 주목해야 한다. 게다가 대관식에 앞서 칼케돈 신경을 인정하는 정통파로 남겠다는 다짐을 하도록 강요받았다.

여하튼 그는 제국 내에 남아 있는 이사우리아인들의 영향력을 성공적으로 다루었다. 제노의 형제 롱기누스는 유배형에 처해졌고, 이사우리아인들은 폭동을 일으켰다가 모두 콘스탄티노폴리스에서 추방당했다. 게다가 492년부터는 이사우리아인 사이에서 전쟁이 벌어졌다. 이 전쟁은 498년에 끝났으며 이후 이사우리아인들은 다시는 제국의 정치에서 주연을 차지하지 못했다. 황제는 비로소 단기적으로는 재정이 풍족해지고 장기적으로도 긍정적인 효과를 미치는 광범위한 개혁에 착수했다.

아나스타시우스의 대외 정책은 동맹 관계를 통해 비잔티움 제국의 영향력을 확대하는 것으로 정리할 수 있다. 이탈리아에서 오스트로고트의 테오도리크는 493년 오도아케르를 살해한 후 왕으로서 이탈리아를 지배했다. 아나스타시우스는 테오도리크를 무력으로 몰아낼 수 없기에 이를 인정했으며, 테오도리크의 이탈리아 지배는 평화로운 번영의 시대였다. 수도 라벤나에 지어진 건물 다수는 아직도 살아남아 그 시대의 영화를 전해 주고 있다.

테오도리크는 서방 황제의 지위에 오르지 않는 대신 서방의 주요한 패권국들(프랑크 왕국 · 비시고트 왕국 · 반달 왕국)과 결혼 동맹을 맺고, 로마의 옛 원로원 귀족들과 협상을 통해 자신의 지위를 공고히 했다. 비잔티움 제국은 이에 대응하여 칼케돈 신경을 따르는 프랑크 왕국(이 시점에서 알프스 이북의 최대 세력이었다)과 외교적 친선을 추구함으로써 아리우스파를 따르는 고트인과의 사이에 적대감을 부추겼다. 아프리카 수복이 당장은 불가능하다는 판단에 반달과의 관계를 정상화했다. 발칸반도 북쪽에서는 튀르크계 불가르*가 비잔티움 제국 영토로 침입하기 시작했다. 콘스탄티노폴리스의 배후지인 트라키아 지역마저 수차례 약탈당할 정도였다.

동방에서는 502~506년 페르시아와의 전쟁이 있었다. 페르시아 왕 카바드 1세는 아르메니아를 침공한 뒤 대대적인 공성전을 통해 메소포타미아 지역의 아미다를 점령했다. 아나스타시우스는 페르시아 군대를 격파하기 위해 대군을 보내 모든 지역을 탈환하는 데 성공했다. 평화 협정이 맺어지기 전에 비잔티움 제국은 페르시아 방면의 국경을 강화하기 위해 요새 아나스타시우폴리스(나중에는 다라라고 불렸다. 지금의 튀르키예 오우즈)를 건설하는 한편, 인근 여러 도시의 성채를 강화했다. 또한 페르시아와의 전쟁 과정에서 아나스타시우스는 아랍계 부락 연맹인 킨다 및 가산과 동맹을 맺었다. 그들은 페르시아 방면의 국경을 지키고 비잔티움 제국과 함께 싸운 대가를 받고 특권을 누렸다.

아나스타시우스 1세는 조카 셋이 제국의 주요한 직위에 올랐는

---

* 당시 그리스어 사료들은 불가르를 캅카스 북방의 초원에서 발칸반도까지 거주하는 다양한 유목 집단을 가리키는 통칭으로 사용했다. 여기에서 불가르는 돈강과 드니프로강 인근에 유목하던 쿠트리구르(Kutrighur)를 의미한다. 이외에도 아조우해 북방에 유목하던 우티구르, 카자흐스탄 초원에 유목하던 온오구르 등이 있다. 온오구르는 7세기 말 다뉴브강을 넘어 발칸반도 북동부에 정착하여 불가르 제국을 세운다. 훈 · 튀르크계 부락이 중심이 된 불가르 제국은 이후 9세기 중반까지 차츰 토착 슬라브 주민들과 결합하고 정교회를 받아들이는데, 이때부터 해당 정치체를 불가리아라 한다. 이 때문에 비잔티움 사료들은 다뉴브강 이남의 불가리아와 흑해 북방에 있던 불가르를 구분하기 위해서 흑해 북방에 있던 시절의 불가르 정치체를 '먼 불가리아(Magna Bulgaria)' 또는 '옛 불가리아(Palaia Bulgaria)'라고 불렀다.

데도 후계자를 세우지 않고 518년 거의 아흔 살 나이로 죽었다. 아나스타시우스가 합성론파의 지지자였던 점이 유스티누스 1세 즉위의 배경이 되었을 것이다. 유스티누스의 출신은 보잘것없었으나(사료들은 그가 달마티아 출신에 문맹이었다는 점을 강조한다), 승승장구하여 근위대장을 지낸 사람이다. 이 선택을 주도한 핵심 세력은 원로원이었으며, 민중의 갈채 의식은 비잔티움 국체의 신성함과 영광을 찬미할 뿐 아니라 새 황제의 정교성과 신의 보호를 결합시켰다.

유스티누스는 아나스타시우스의 대외 정책을 이어 갔다. 그는 서방에서는 아리우스파인 오스트로고트를 고립시키고, 동방에서는 페르시아 방면의 방어를 강화했다. 비잔티움 제국의 영향력은 새로운 동맹을 통해 확대되었다. 제국은 캅카스 지방에서 라지카(조지아어로는 에그리시)와 이베리아의 충성심을 끌어내는 데 성공을 거두어 통치자들을 복속시켰다. 한편 남쪽에서는 그리스도교 악숨 왕국(지금의 에티오피아와 에리트레아)이 유대화된 유일신교를 추종하며 그리스도교를 박해하는 힘야르 왕국(예멘에 있었다)에 대항해 일으킨 전쟁을 지원했다.

최대 영토를 차지한 유스티니아누스 시대

유스티누스 1세의 업적에도 불구하고 그의 재위 시기는 조카이자 후계자인 유스티니아누스 1세(재위 527~565년)에 완전히 가려진

그림 7　라벤나의 산 비탈레 성당 북쪽 벽에 있는 라벤나 주교 막시미아누스와 유스티니아누스 1세, 신하와 군인 들의 모자이크화. 가운데 후광이 있는 인물이 유스티니아누스 1세로, 양옆에 주교와 군인을 거느리고 있는 것은 황제가 교회·제국 행정·군대 사이에서 중심적 위치를 차지하고 있음을 보여 준다.

다. 유스티니아누스 1세의 재위는 공식적으로 527년에 시작되었으나, 학자들은 유스티누스 1세의 재위 기간부터 '유스티니아누스 시대'라고 부르는 경향이 있다. 여기에는 유스티니아누스 시대에 작성된 사료가 꽤 많고 다양하다는 점이 작용한다. 유스티니아누스는 콘스탄티노폴리스로 불려와 외삼촌의 양자가 되어 옥좌 뒤에서 실질적인 권력자로 군림했다.

유스티누스의 재위 동안 유스티니아누스는 로마와의 협상을 지휘하고 콘스탄티노폴리스에 여러 건물을 세웠다. 527년 이전 언제인가 유스티니아누스는 외삼촌을 설득해 원로원 의원이 배우와 결혼할 수 없다는 법을 수정했다. 그 덕분에 그는 히포드로무스에 근무하는 곰 사육사의 딸로 태어나 히포드로무스의 배우로 일한 테오도라와 결혼할 수 있었다. 테오도라에게 호의적인 사료들조차 그녀가 창녀 또는 첩실이었다는 사실을 부인하지는 않는다. 유스티누스가 죽은 527년 그녀는 아우구스타가 되어 남편 유스티니아누스와 함께 통치했다.

유스티니아누스 1세가 비잔티움 황제 중 가장 유명해진 데에는 여러 이유가 있다. 그는 긴 재위 기간 끊임없이 전쟁을 치르며 값비싼 승리를 거두어 최대 영토를 확보했으며, 많은 행정 개혁과 오늘날에도 볼 수 있는 건축물을 남겼다. 또한 이 제국의 통치자가 된다는 것이 무엇을 의미하는지를 기록으로 남겼다. 유스티니아누스는, 자신은 제국을 구원하기 위해 신이 보낸 지도자이고 제국 곳곳에서 자신의 권력을 확인할 수 있으며, 이를 성취하기 위해 온 힘과 제국의 모든 자원을 바쳤다고 주장하고 싶었을 것이다.

하지만 한 권의 책에 의해 이것이 환상임이 드러났다. 궁정 역사가 프로코피우스의 《비사*Historia Arcana*》가 바로 그 책이다. 프로코피우스는 공적으로 유스티니아누스의 전쟁을 다룬 책 여덟 권을 저술하고 황제가 후원한 건축물들을 찬양하는 글을 지었지만, 《비사》에서는 전혀 반대로 온갖 비난을 퍼부었다. 이 책에서 유스티니아누스는 밤만 되면 머리 없이 황궁을 떠돌아다니는 악마의 피조물, 악마의 화신이고 그의 유일한 임무는 모든 존재, 모든 사람을 파괴하는

그림 8　라벤나의 산 비탈레 성당 남쪽 벽에 있는 유스티니아누스 1세의 황후 테오도라와 신하들의 모자이크화(540년대). 매춘부 출신 테오도라의 과거가 사람들의 입에 오르내릴 것을 염려한 유스티니아누스는 자신과 황후를 동등하게 대우하도록 했다. 막시미아누스 주교는 황제와 황후 모자이크가 마주보도록 배치했다.

것이었다. 전직 매춘부(이것은 사실이다) 황후 테오도라는 성적으로 문란한 인물로 묘사했으나, 테오도라에 대한 서술은 악의로 가득 찬 조롱으로밖에 해석할 수 없다. 마지막으로 유스티니아누스 휘하 최고의 장군 벨리사리우스는, 프로코피우스가 오랫동안 그의 밑에서 일했고 앞에서 언급한 전쟁기의 실질적인 주인공이었음에도 테오도라의 절친한 친구이자 허구한 날 불륜을 저지르는 아내 안토니나의 꼭두각시로 묘사했다.

프로코피우스가 《비사》를 쓴 목적은 분명하다. 유스티니아누스는 존경할 만한 인물이 아니라고 이야기하고자 하는 것이다. 눈먼 찬양과 무자비한 비난이라는 두 극단 사이에서 중간 지점을 찾아내기란 어렵다. 유스티니아누스의 긴 재위를 분석하기 위해 제국의 발전 과정을 되짚어 보고, 지역별로 변경과 그 밖에서 일어난 상호작용을 살펴보자.

유스티니아누스가 즉위했을 때 캅카스와 시리아 방면에서 페르시아와의 갈등은 고조되어 있고 이탈리아의 정세는 급변하고 있었으나, 전쟁 자체는 벌어지지 않았기에 황제는 일련의 개혁에 집중할 수 있었다. 유스티니아누스는 관료 카파도키아의 요안네스와 트리보니아누스를 중용했다. 트리보니아누스는 이미 존재하는 모든 법안을 종합하여 최신화하는 업무를 맡았는데, 지금은 볼 수 없는 이 작업물은 529년에 반포되었고 몇 년 뒤인 534년 유스티니아누스의 이름으로 확장된 두 번째 판본이 발표되었다. 그 후 《학설휘찬 *Digesta*》과 《법학제요 *Institutiones*》(초학자를 위한 교과서)도 편찬되었다. 이 서적들은 로마법의 보전과 발전에 대단한 중요성을 지니고 있으며, 대륙법의 기원이 로마법에 있으므로 아직도 학자들은 이 책들을 연구한다. 유스티니아누스는 이 작업을 통해 "법률에 새 생명을 불어넣었다"라고 자평했다.

법전 편찬이 진행되고 있는 와중인 532년 초 콘스탄티노폴리스에서는 민중 봉기가 발생했다. 사건 자체는 새로울 것이 없었다. 정부 당국이 폭력 행위에 연루되어 사형 선고를 받은 대중 정당의 일부 인사를 사면하지 않으려 한 일이 발단이 되었다. 히포드로무스에서 민중과 황제가 만났음에도 해결되기는커녕 봉기는 도시 전역으로 확대되었다. 대중 정당들은 힘을 합쳐 '니카'(승리)를 외치며 온 도시를 불태우고 약탈했다. 황제와 조신들이 황궁에 숨어 있는 사이 콘스탄티노폴리스 중심부는 완전히 파괴되었다. 측근 몇몇을 해임하라는 폭도들의 요구에 유스티니아누스는 동의했지만, 봉기는 끝날 줄을 몰랐다.

민중은 특정한 지도자를 두지 않았다. 원로원 의원을 지도자로 세우려고 시도했지만, 의원들이 모두 숨거나 거부한 탓에 실현되지 못한 것이다. 결국 황제는 트라키아에 주둔 중인 군대를 불러 봉기를 일으킨 민중을 모조리 학살하도록 했는데, 사료에는 3만 명 이상이 살육당했다고 기록되어 있지만 과장으로 보인다. 도시 인구의 거의 10퍼센트에 해당하는 시체를 감당할 수나 있었을까? 아나스타시우스 1세의 조카 가운데 두 명은 봉기를 일으킨 폭도들이 가까이 다가오도록 허용한 탓에 처형당했고, 원로원 귀족들에게도 숙청의 광풍이 몰아쳤다. 이 무시무시한 경험 이후 유스티니아누스는 더욱 단호해지기로 마음먹었던 것 같다.

유스티니아누스 재위 기간의 또 다른 특징은 그가 벌인 여러 전쟁이다. 그의 이름 아래 진행된 대부분의 군사 원정은 자금과 인력 부족에 시달렸지만, 그럼에도 몇몇은 눈부신 결실을 거두었다. 첫 번째는 533년에 시작된 아프리카의 반달 왕국 원정이다. 이 시점에는 아직 니카 봉기의 기억이 생생하여 유스티니아누스는 단호한 의

지를 보이며 당시 호전적인 정책을 요구하는 원로원 일부를 만족시킬 필요가 있었다. 페르시아와의 전쟁이 532년 '영원한 평화' 조약으로 일단락되고 동방 전선이 안정되자,* 비잔티움 제국은 다른 방면에서 전쟁을 일으킬 여유를 얻었다.

벨리사리우스가 지휘한 반달 원정은 빠르게 승기를 잡았다. 이전의 아프리카 원정은 막대한 자금과 병력이 동원되었음에도 실패한 반면, 이번에는 그에 비해 적은 병력이 투입되었으나 반달 왕국 군대를 격파하고 금방 아프리카를 장악하는 데 성공했다. 벨리사리우스는 반달 왕국이 축적한 막대한 재화와 함께 콘스탄티노폴리스로 돌아왔다. 이후 옛 반달 왕국의 영역이 늘 평화로웠던 것은 아니지만(사하라 사막과 비잔티움 제국 영토 사이에 살던 베르베르인은 꾸준히 약탈을 시도했다), 북아프리카 지역은 비잔티움 제국 내에서 안정적이고 부유한 지역으로 남게 되었고 반달 집단은 역사에서 사라졌다.

비잔티움 제국은 이탈리아에서 오스트로고트 왕국과 싸울 때도 같은 일이 일어나기를 바랐을 것이다. 테오도리크의 말년부터 이미 이탈리아의 정치적 상황은 요동쳤고, 그의 사후에 즉위한 후계자가 미성년이어서 혼란은 더욱 심해졌다. 새로 즉위한 왕이 테오도리크의 후계자를 제거했을 때 벨리사리우스가 이끄는 놀랍도록 작은 규모의 군대가 이탈리아에 도착했다. 535년에 시작된 이탈리아 원정

* 프로코피우스는 "그리하여 이후 그들은 '영원한 평화'라 불리는 결론에 이르렀다"라고 했다.

은 아프리카처럼 신속하게 끝나지 않고 20년 동안 이어졌으며, 원정군 사령관도 여러 차례 바뀌었다(벨리사리우스는 초전에서 승리했으나 소환당했고 다시 투입되었다가 환관 장군 나르세스로 교체되었다). 552년 프랑크 왕국과 랑고바르드*에서 모집된 용병의 도움으로 전쟁은 승리로 끝났지만 큰 대가를 치러야 했다. 이탈리아 대부분이 황폐화하여 인구가 급감한 것이다. 554년 황제는 이탈리아 문제를 다룬 문서 〈국사 조칙Pragmatica Sanctio〉에서 마치 고트 집단이 존재하지 않았던 것처럼 가장했다. 몰수한 토지와 노예는 원로원 귀족에게 돌려주고 황제의 지배와 비잔티움의 통치를 강요했다. 유스티니아누스는 아프리카와 이탈리아에서 승리를 거두었지만, 동방의 페르시아 전선과 발칸 전선에서 군사적·정치적 상황은 그리 밝지 않았다.

페르시아와 맺어진 '영원한 평화' 조약은 540년 후스라우 1세가 안티오키아를 공격하여 약탈하고 시민 다수를 페르시아로 끌고 가면서 끝이 났다. 약탈은 계속되었고 비잔티움 군대가 파견되었다. 어느 쪽도 압도적으로 승리할 수 없었기에 545년 이후에는 캅카스 지역에서 아르메니아, 이베리아, 라지카의 패권을 두고 전쟁이 벌어졌다. 이 지역에서 양 제국의 세력은 엎치락뒤치락을 거듭했다. 전쟁은 교착 상태에 빠졌고 마침내 562년 양국은 평화 조약에 합

---

* 현대 이탈리아어식 표기로는 롬바르드(Lombard)이다. 그러나 본문에서는 당대 랑고바르드인들의 표현을 존중하여 '랑고바르드'로 통일했다.

의했는데, 이에 따르면 협정은 30년 동안 유지되어야 했지만 사실 10년도 채 지속되지 못했다.

발칸의 상황도 다르지 않았다. 유스티니아누스 1세는 이탈리아 원정기에 게피드왕국과 동맹을 맺어 고트를 견제했다. 그러나 540년대 게피드 왕국의 세력이 확장(대부분 북방의 랑고바르드인을 대상으로 이루어졌다)되자, 황제는 랑고바르드 집단을 지원해 게피드 왕국의 세력을 견제했다. 이로 인해 게피드 왕국의 세력이 약화되자, 새로운 등장인물이라 할 수 있는 슬라브인이 540년대 말에 다뉴브강을 건너 이 지역을 약탈하기 시작했다. 슬라브인들은 550년대에 트라키아와 마케도니아 지역까지 약탈했고, 550년대 말에는 튀르크계 쿠트리구르*에 합류하여 콘스탄티노폴리스를 공격하기까지 했다.

이제 노인이 된 벨리사리우스가 다시 불려와 이 위협에 맞섰지만, 다뉴브 전선이 강화되지는 않았다. 이때 비잔티움 사료에 아바르라 불리는 집단이 등장한다. 튀르크계 유목민 집단이던 아바르 집단은 돌궐 제국의 확장(결국 북중국과 몽골고원에서 시베리아 남부까지 세력을 넓혔다)에 밀려 서쪽으로 이주하여 흑해 북쪽에 자리 잡았다. 아바르인은 550년대 후반부터 유스티니아누스에게 사절단을 보내기 시작했다. 비잔티움 제국은 공식적으로는 아바르인이 제국

---

* 쿠트리구르(Kutrigur)는 튀르크어로 토쿠르 오구르(Toqur Oğur), 즉 '9(개) 부락 연맹'의 그리스어식 표기로 보인다. 중앙아시아사의 석학인 피터 골든에 따르면 여기에서 언급된 쿠트리구르 부락은 앞에서 언급한 불가르의 일부다.

내에 정착하는 것을 허용하지 않았으나, 그 대신 아바르인은 슬라브와 랑고바르드 · 게피드를 공격하는 대가로 비잔티움 제국으로부터 공물을 받았다.

유스티니아누스 1세 이후의 비잔티움

프로코피우스에 따르면, 니카 봉기 당시 유스티니아누스는 콘스탄티노폴리스에서 탈출할까 고민했지만 테오도라가 "제국은 아름다운 수의壽衣"라며 도망치기를 거부했다고 한다. 그 말마따나 유스티니아누스의 관은 그의 이름으로 거둔 승리의 장면들을 새긴 수의로 덮였다. 유스티니아누스의 뒤는 테오도라의 조카 소피아와 결혼한 조카 유스티누스 2세가 이었다.

유스티니아누스는 자신에게 반대할 기미만 보여도 숙청을 했지만, 막 즉위한 새 황제 유스티누스는 삼촌과는 다른 방식을 선택할 의지를 가지고 있는 것처럼 보였다. 비잔티움 제국이 더 이상 경제적으로도 군사적으로도 번성하지 않기 때문이었다. 아바르인에 대한 연공 지불은 중단되었는데, 이 조치는 예상치 못한 결과를 낳았다. 아바르인이 랑고바르드인과 동맹을 맺고 공통의 적 게피드 왕국을 공격한 것이다.

이후 아바르인은 게피드 왕국이 지배하는 판노니아로 건너가 정착한 뒤 남쪽과 서쪽으로 확장하기 시작했다. 랑고바르드인들은 서쪽으로 도망쳐서 568년 이탈리아를 침입했다. 이미 수십 년간 이어진 전쟁으로 황폐해질 대로 황폐해진 이탈리아에게는 저항할 힘이 없었다. 570년대에 북이탈리아가 랑고바르드인들의 손에 들어갔고, 그다음 20년 동안 남쪽을 압박하여 결국 베네벤토에 공국을 세웠다. 비잔티움 제국은 값비싼 대가를 치르고 겨우 다시 정복한 이탈리아 대부분을 상실했으나(로마와 라벤나만 겨우 지킬 수 있었다), 상황이 여의치 않은 탓에 대응을 할 수 없었다. 유스티누스가 페르시아에 대한 연공 지불을 거부하자 572년 페르시아가 곧장 전쟁을 시작했기 때문이다. 페르시아인들은 아파메이아(지금의 시리아 칼라트 알마디크)와 다라를 점령했다. 비잔티움 제국은 더 많은 연공을 바치며 평화 조약을 애걸할 수밖에 없었다. 이때 스페인 지방과 아프리카의 비잔티움 제국 영토도 공격에 노출되었다.

유스티누스 2세는 정신적으로나 육체적으로나 건강이 좋지 않았다(사료에 따르면 다라를 빼앗긴 후 미쳐 버렸다고 한다). 이 때문에 황제로 적합하지 않다는 의견이 제기되었다. 처음에는 아우구스타 소피아가 권력을 잡았으나, 곧 근위대장이자 유스티누스의 측근인 티베리우스와 권력을 공유하게 되었다. 574년에 부제로 임명되고 황제에게 입양되어 유스티누스가 사망하는 578년까지 실질적으로 제국을 통치했다. 그 후 자연스레 제위에 올라 티베리우스 2세가 되었다.

비잔티움 제국의 군사적 몰락은 계속되었다. 페르시아와의 전쟁은 끝나지 않고 아르메니아 지역으로 옮겨 갔다. 카파도키아 출신 군사령관 마우리키우스가 이끄는 비잔티움 제국의 군대는 마침내 승기를 잡았다. 그러나 평화 조약을 목전에 두고 있는 579년 후스라우 1세가 세상을 떠나자, 그의 아들이자 후계자인 오흐르마즈드 4세*는 전쟁을 이어 갔다. 마우리키우스와 가산 왕국의 왕 문디르가 이끄는 비잔티움 제국의 원정군은 580년과 581년 페르시아 영토로 진군해 상당한 성과를 거두었지만, 승리를 선언할 정도에 이르지는 못했다. 그동안 발칸반도에서는 아바르인에게 그토록 많은 연공을 바쳤음에도 명목상으로 아바르 제국에 복속된 다뉴브강 남쪽 슬라브 제국의 약탈에 시달려야 했다. 아바르 제국은 582년에 시르미움을 점령했다.

티베리우스는 이해에 갑작스레 죽었지만, 이미 마우리키우스를 후계자로 선포한 다음이었다. 이탈리아와 아프리카에 있는 제국의 영토에 가해지는 위협에 대처하기 위해 마우리키우스는 행정부를 재편성하고 584년 그리고 591년 일종의 총독부에 해당하는 엑사르카투스Exarchatus를 라벤나와 카르타고에 설치했다. 총독인 엑사르쿠스Exarchus가 군정과 민정을 총괄하여 엑사르카투스를 다스리게 함으로써 외적의 침략에 유연하게 대응할 수 있게 한 것이며, 이 조치는 아프리카에서는 성공을 거두었다.

* 보통 이 이름은 호르미즈드(Hormizd)라 표기되고 저자 역시 이에 따랐다. 하지만 사산 왕조 시대 기록에는 오흐르마즈드(Ōhrmazd)로 나타나기 때문에 당대의 발음에 가까운 표기를 택했다.

비잔티움 제국은 동맹인 프랑크 왕국의 도움을 받아 북이탈리아에서 랑고바르드인을 격파하긴 했지만, 엑사르카투스는 제국의 지배권이 무너지는 것을 간신히 연기했을 뿐이다. 군사령관 마우리키우스와의 불화를 경험한 로마 교회는, 로마 귀족 출신 교황 그레고리우스 1세(재위 590~604년. 후일 '대교황'이라 불렸다)의 지도 아래 랑고바르드인과의 직접 교섭에 착수했다.

그레고리우스는 통치자들이 교회의 일에 개입하지 못하게 하려고 노력했으며(유스티니아누스 1세의 참견은 아직 생생했다), 그러한 문제에 관해서는 마우리키우스의 정책에 반대하는 한편 콘스탄티노폴리스 총대주교들이 5세기 말부터 사용하기 시작한 '세계 총대주교'라는 칭호에도 격렬하게 반대했다. 특히 세계 총대주교라는 칭호는 보편 교회 전체에 대한 관할권을 주장하여 전통적인 로마의 수위권에 도전하는 처사로 간주했다.

590년 페르시아 왕 오흐르마즈드가 쿠데타로 몰락하며 동방에서 페르시아의 위협은 예상치 못한 방식으로 해소되었다. 나중에 후스라우 2세가 되는 그의 후계자는 비잔티움 제국으로 도망쳐서 마우리키우스에게 지원을 호소했다. 마우리키우스는 젊은 왕자가 옥좌를 되찾을 수 있게 돕기로 결심했다. 서로 끝없는 전쟁을 벌이던 두 제국('세계의 두 눈'으로 비유되기도 한다)이 협조하기로 결심한 것은 이상해 보일 수도 있지만, 그만큼 현상 유지에 대한 욕망이 강했다고 해석할 수 있다. 이듬해에 후스라우는 권좌를 되찾았고, 양 제국은 과거와 정반대 내용의 평화 협정을 맺을 수 있었다. 비잔티움 제국은 옛 영토 다라와 이베리아 지역을 돌려받은 데 더해 페르시아의 아르메니아 지역까지 손에 넣었다.

마우리키우스는 동부 국경 지역의 군대를 자유롭게 움직일 수 있게 되었으므로 발칸 문제로 관심을 돌렸다. 비잔티움 군대는 수차례 원정(몇몇은 황제가 직접 지휘했다)을 통해 슬라브인을 다뉴브강 너머로 몰아냈다. 그러나 황제가 관례상 군대에 휴식이 주어지는 겨울에도 원정을 명령하자 분노한 병사들은 반란을 일으켰다. 602년 겨울 반란군 규모는 더욱 커졌다. 군대에 의해 황제로 추대된 백인대장 포카스가 이끄는 반란군은 심각한 식량 부족 때문에 마우리키우스에 불만으로 충만한 콘스탄티노폴리스에 이르렀다. 포카스는 총대주교의 집전 아래 대관식을 치렀다. 마우리키우스는 아들들과 남자 친척들, 측근들과 함께 처형당했다. 337년 콘스탄티누스 1세의 남자 친척들이 학살당한 이래 처음 있는 피비린내 나는 정권 교체였다.

중앙 집권화

초기 비잔티움 제국의 확장은 6세기에 절정에 이르는 동시에 한계도 명확히 드러냈다. 이 시기는 전근대 사회의 경제적 번영을 평가하는 척도인 인구에 있어 분수령이 되었다. 541년 세계 역사상 최초로 가래톳 페스트가 유행했음이 사료에 나타난다(보통 '유스티니아누스 역병'이라고 한다). 지중해에서 발발한 역병은 당시 비잔티움 제국에 알려진 모든 세계를 휩쓸었다. 750년까지 10년에 한 번꼴로 18차례나 발생한 전염병의 시작이다. 540년대에 발생한 가래톳 페스트는 주요 도시 특히 콘스탄티노폴리스 인구를 20퍼센트 또는 그 이상 앗아 갔으며, 이보다는 덜했지만 이후 역병들도 참담한 결과를 가져왔다.

게다가 역병의 발생을 전후하여 지진이 여러 차례 발생하여 큰 피해를 입혔다. 발칸반도 · 메소포타미아 · 소아시아에서는 약탈이 일어나고 이탈리아와 아프리카에서는 전쟁이 오랫동안 이어지는 등, 시기와 지역에 따라 차이는 있지만 이 문제들로 인해 비잔티움 제국이 심각한 인구 통계적 도전에 직면해 있었다는 것은 부인할 수 없는 사실이다.

경제의 기본 구조는 과거와 달라지지 않아 국고는 거의 전적으로 토지에 의존했다. 아나스타시우스 1세는 콘스탄티누스가 도입한 도시 교역세 흐리사르이론을 철폐하여 저임금 노동에 종사하는 장인과 상인의 부담을 크게 덜어 주었다. 토지세는 긴급한 상황을 제외하고는 현금으로 지불하게 했다. 현물로 받을 경우 필요로 하는 곳으로 물품을 운송하거나 더러는 현금으로 바꾸어야 하는 번잡스러운 일이 따랐기 때문에 현금 납부는 큰 도움이 되었다.

아나스타시우스는 화폐 유통을 원활하게 하는 조치도 내렸다. 이

제 각 동화 표면에는 화폐 가치가 새겨졌다. 대부분의 비잔티움 사람들은 실생활에서 동화만 사용했으므로 이 조치는 화폐 가치 안정화에 크게 기여했을 것이다. 아나스타시우스의 개혁은 명확하고 간결한 수단으로 호응을 이끌어 내는 데 성공했고 이는 11세기까지 유지되었다.

재무 분야는 이 시기에 큰 변화를 경험했다. 국가의 주된 자산은 세수입이었기에 조세 징수는 적당한 시기에 믿을 만한 방식으로 이루어져야만 했다. 아나스타시우스는 지방 도시 의회가 주도하던 지방의 징세 책무를 새로운 관직 빈디케스Vindices에게 맡겼다. 세입은 크게 상승했으나, 이는 비잔티움 제국의 개입주의 정책의 첫 단계였다. 아나스타시우스는 또한 자유민이던 소작농을 토지에 더 강하게 귀속시켰는데, 이는 안정적이고 신뢰할 수 있는 농업 생산과 재정 수입의 증가를 위한 것이었다. 아나스타시우스의 개혁은 확실히 효과를 발휘했다. 유스티니아누스 1세를 비판하기 위해 과장된 측면이 있겠지만, 사료에 따르면 아나스타시우스는 국고에 32만 리트라Litra*에 해당하는 금(230만 솔리두스)을 남기고 죽었다. 그만큼 그의 재무 개혁은 효과적이었다.

535~538년 유스티니아누스와 트리보니아누스는 제국의 행정 구조를 자세히 다룬 열 개 이상의 새로운 법령(그리스어로 작성되고 '신

---

* 고대부터 사용된 로마 제국의 무게 단위로, 로마 파운드라고도 불린다. 1리트라는 323~327그램이므로 32만 리트라는 100톤가량의 무게이다. 2019년 기준 한국은행의 금 보유량이 104톤이다.

법'이라 불렸다)을 입안했다. 지역별 차이가 사라진 것은 아니었지만, 아나스타시우스가 개혁을 통해 행정 구조의 일원화와 관행의 통일을 꾀했음은 분명하다. 아나스타시우스는 이 정책을 따라 제국 행정을 더욱 효율화하고 부패와 부정을 억지하며, 행정과 군정의 균형을 맞추고자 노력했다. 황제가 임명한 지방관에게는 높은 권한과 봉급을 주어 세수입을 넘겨주지 않으려는 지방 엘리트층에 맞서 재정적인 임무를 효율적으로 수행할 수 있게 했다. 사병 보유를 금지하거나(갈취에 이용될 수 있다) 세금 면제 조치를 중단하고, 지방 행정관이 임지에서 토지를 취득하는 것, 심지어 선물을 받는 것도 금지하는 등 지방 엘리트층의 권력을 축소하기 위한 조치가 잇따라 입법되었다.

이는 비잔티움 제국이 엘리트층으로부터 그들이 누리고 있는 특권을 회수하여, 모든 권력은 황제로부터 나오며 특권을 당연하게 여겨서는 안 된다는 사실을 명백하게 밝힌 것이다. 아프리카, 이탈리아, 아르메니아 일부 지역 등 새로 정복된 지역도 즉시 단일한 원칙에 따라 제국의 행정 구조에 편입되었다. 530년대 내내 지속된 개혁은 당시 권한이 점점 커져 가던 프라이펙투스 프라이토리오로 봉직한 카파도키아의 요안네스가 주도했으나, 541년에 그가 몰락하면서 끝이 났다. 540년대가 오자 자연재해와 전쟁이 몰아쳤기 때문에 개혁 의지는 더 지속되기 힘들었다.

엘리트층의 분화

일부 학자는 유스티니아누스 1세와 원로원 귀족 사이에 갈등이 있었다고 여긴다. 만약 유스티니아누스가 원로원의 권력을 제한하고자 한 것이라면 그는 실패했다. 니카 봉기 당시를 제외하고는 황실 역할을 강화하려는 유스티니아누스의 시도에 원로원은 조심스럽게 반응했다. 황제는 니카 봉기 이후 가혹한 정책을 택했고 공포를 야기해 반대파가 싹트는 것을 억지하려고 수차례 숙청을 행했으므로 황제를 직접 공격하는 것은 매우 위험한 일이었다.

황제에 대한 비판이 교묘하고 간접적인 방법으로 이루어졌음은 앞에서 이야기한 《비사》를 저술한 프로코피우스 같은 엘리트 출신 저자들의 저작에서 확인된다. 유스티니아누스의 총애를 받은 신참자들, 이를테면 헨리 8세의 토머스 크롬웰 같은 역할을 한 카파도키아의 요안네스 같은 사람들이 비난의 대상이 되었다. 제국 정부의 프로파간다는 개혁의 목표가 부패를 억제하고 재정 수입을 늘리기 위한 것이라고 주장한 반면, 이에 반대하는 원로원은 이 시도를 순전히 탐욕 때문에 자신들의 재산을 약탈하려는 것으로 간주했다. 동전의 양면과 같이 유스티니아누스 1세는 로마 제국의 영광을 되살린 사람이자 신이 지상에 보낸 대리인인 동시에 수많은 사람을 죽이고 씻을 수 없는 상처를 남긴 악마이며 벼락출세자였다.

그러나 유스티니아누스와 원로원 귀족이 의견의 일치를 본 것도 여럿 있었는데, 정교회에 대한 태도가 그중 하나이다. 칼케돈 이후 보편 교회를 회복하고자 한 노력은 실패로 돌아갔지만 황제와 원로원 모두가 때로는 논쟁을 통해, 때로는 폭력적인 수단을 통해 그리스도교 신앙에 대한 자신들의 해석을 강요하려 들었다는 사실은, 그리스도교 신앙을 어떻게 해석하느냐가 정체성과 직결되었음을 보여 준다. 콘스탄티노폴리스 시민과 원로원 엘리트는 칼케돈 신경을 수용했음이 틀림없다. 유스티니아누스와 같은 황제들은 이 흐름에 동조했으므로 그의 정책을 거부할 수 없었다. 아나스타시우스 1세는 원로원 엘리트층의 기득권을 지지하는 듯 보였으나 분명 이단이었다.

여기저기 간섭하기 좋아하고 이전에 부여한 특권을 제약하든 그에 상관없이 변화를 가져오는 행정 개혁을 수행한 유스티니아누스가 죽은 뒤 그의 후계자들은 원로원 귀족들과 대립할 필요를 느끼지 못했다. 그러자 통치 엘리트와 제국의 관리 모두가 정교회를 수호하는 데 집중한 것은 비잔티움 이념의 중요한 특성이 되었다.

이 시기에 엘리트 내에서는 계층화가 이루어졌다. 가장 부유한 구성원은 고위직에 올라 더욱 부유하고 더욱 강력해짐으로써 한층 막대한 부와 권력을 갖게 될 수단을 손에 넣었다. 569년에 입법된 법안에 따르면, 지방 행정관은 해당 지방의 대지주와 주교 가운데 선발되는 것이 바람직하다고 여겨졌다. 이집트의 아피온 가문과 같은 옛 귀족은 5~7세기까지 지방에 막대한 토지를 보유했다. 교회는 이 시기의 또 다른 승자여서 애초에 그 재산은 박탈할 수 없는 데다 기부까지 받아 한층 불어났다. 예를 들어 로마 교회는 이 시기에 시칠리아와 칼라브리아에서 막대한 토지를 소유하게 되며 이탈리아 최대 지주로 발돋움했다.

종말론과 그리스도교

이 시기를 이해하는 데 중요한 주제 가운데 하나는 종말론이다. 이 시기에 자연재해에 관한 기록이 급증한 이유는 사람들이 서기 500년 즈음에 현세가 멸망하리라 믿었기 때문일 것이다. 비잔티움 사람들은 기원전 5500년경에 세계가 창조되었다고 믿었고 여섯 번째 1천 년기에 심판의 날이 강림할 것이라는 기대를 품었다. 자연재해, 외적의 침입 등 특이한 사건들은 종말이 임박했음을 알리는 징조로 해석되었다.

아나스타시우스 1세 재위 후 작성된 것으로 보이는, 주상 고행자 예슈아(여호수아의 시리아식 표기이다)를 사칭한 이가 시리아어로 적은 책《에데사, 아미다 그리고 전 메소포타미아에서 일어난 재해에 대한 기록*A Historical Narrative of the Period of Distress Which Occurred in Edessa, Amid and All Mesopotamia*》*은 마치 이 시기의 기근, 역병, 메뚜기떼의 창궐, 외적의

* 현재 이 책은 단독으로 남아 있지 않고 775년 완결된 시리아어 서적《주크닌 연대기*Chronicle of Zuqnin*》의 제2부로 남아 있다.

침입, 홍수 등 온갖 시련을 목록화한 것이 아닌가 싶을 정도이다. 프로코피우스가 《비사》에서 유스티니아누스 1세를 악마로 묘사한 것과, 유스티니아누스 1세가 우리(비잔티움 제국 사람들)의 죄가 역병과 지진을 불러왔다며 다른 사람들에게 책임을 전가한 것은 동전의 양면과 같다. 그리고 유스티니아누스는 559년 동성애를 금지하는 법률을 만들었다.

종교적 불만에 대한 유스티니아누스의 대응은 잔혹했다. 이교도라 비난받은 사람들(우리는 이들이 스스로를 그리스도교도라 여겼음을 항상 상기해야 한다)은 주기적으로 박해에 노출되어야 했다. 545년과 562년의 대대적인 박해가 그 대표적인 예로, 이교도로 비난받은 사람들은 설사 엘리트층에 속한다 해도 목숨을 건질 수 없었다. 일부 학자들은 유스티니아누스의 최측근에 속하던 역사가들이 비밀스레 이교 신앙을 지키며 암호를 통해 조심스럽게 불만을 드러냈다고 여긴다.

트리보니아누스와 프로코피우스도 그 역사가들에 속한다. 이 저명인사들이 그리스도교도였느냐 아니었느냐는 중요한 문제가 아니다. 핵심은 이제 공공연히 대중이 다른 신앙을 표출할 수 없었다는 사실이다. 대박해의 위협이 커져 가자 사람들은 발각되지 않거나 발각되어도 조용히 방면되길 바랄 뿐이었다. 529년 아테네의 아카데미가 폐쇄되면서 (이교) 신플라톤 철학 교육의 중심지가 사라진 일은 종교적 통합에 대한 강요가 커진 것으로 해석할 수 있다.

이는 짧은 시간에 이루어진 것이 아니다. 로마 제국이 그리스도교를 정체성의 하나로 받아들인 이상 종교적 다원성은 설 자리가 없어졌다. 비그리스도교 종교 집단 또한 마찬가지였다. 예를 들어 사마리아인들은 529년, 556년 두 차례 반란을 일으켰다가 잔혹한 처벌을 받았다. 일탈 행위 역시 박해 대상이었는데, 이를테면 동성애는 528년(이때의 법안은 모든 주교의 이름으로 통과되었다)과 560년 범법 행위로 규정되었다. 칼케돈 공의회 이후 분열된 교회 사이의 차이는 더욱 깊어졌다.

로마 교회와 콘스탄티노폴리스 교회의 지지를 받는 칼케돈 지지자와 동부 지역의 합성론자를 화해시키는 일은 이제 불가능해 보였다. 어떤 황제는 한쪽을 택해서 반대파를 공격하는가 하면, 어떤 황제는 양측을 조화시키려다가 실패했다. 재정과 행정, 대외 정책에서 성공을 거둔 아나스타시우스 1세는 사실 종교 정책 덕분에 혐오와 증오의 대상이 되었다. 그는 제노의 〈통합령〉을 지지하고 합성론파에 유화 정책을 취했으며, 콘스탄티노폴리스와 안티오키아의 총대주교는 여기에 저항하다가 해임당했다.

512년에는 고대 그리스도교 시절부터 이어져 온 〈삼성송〉(거룩하신 하느님, 거룩하신 이여, 거룩하신 영원자시여, 우리를 불쌍히 여기소서)에 “우리를 위해 십자가에 매달리신 분이여”라는 구절을 덧붙이자 문제가 불거졌다. 신이 십자가에 매달렸다는 진술은 예수의 두 본성이 분명히 구분된다는 칼케돈 신경을 모호하게 만든다는 점에서 합성론파 입장에 가까운 모욕이었다.

이에 콘스탄티노폴리스 시민들이 폭동을 일으키자, 아나스타시우스는 왕관도 없이 히포드로무스에 모인 민중 앞에 나타나서는 이 조치를 취소했다. 그러나 평화는 잠시였다. 514년 저명한 군 지휘관 비탈리아누스는 아나스타시우스 1세의 종교 정책에 반대한다는 명목을 내세워 제위를 노렸다. 비록 아나스타시우스는 515년에 비탈리아누스를 격파했지만, 비탈리아누스가 각계각층의 사회 집단에서 지지세를 규합해 콘스탄티노폴리스를 두 차례나 공격한 사실은 아나스타시우스의 반칼케돈 정책이 얼마나 위험한 일이었는지 분명하게 보여 준다.

유스티누스 1세는 아나스타시우스 1세의 종교 정책을 부정하고 로마 교회와의 화해를 시도했다. 유스티니아누스는 합성론파에게는 놀라우리만큼 유화적인 태도를 보였다. 여기에는 아마 합성론자가 너무 많아서 절멸시킬 수 없으리라는 판단이 작용했을 것이다. 대부분의 사료는 그의 아내 테오도라가 합성론파 지지자였음을 전해 주고 있으며, 그녀는 공개적으로 합성론파를 보호하고 후원했다. 프로코피우스는 유스티니아누스 황제 부부가 의도적으로 입장을 달리했다고 지적했다. 황제 자신은 칼케돈 신경의 수호자 이미지를 유지하면서, 한편으로는 황후(황제와 황후가 얼마나 가까운 관계였는지는 모든 사람이 알고 있었을 것이다)를 통해 간접적으로 동부 지역의 인구를 소외시키지 않음으로써 말 그대로 황제 부부가 '나누어서 지배했다'는 것이다.

지지층을 넓히기 위해 유스티니아누스는 예수가 육신 안에서 고통 받았다(신神 고난설 · Theopaschism)는 설을 내세우며 이미 죽은 신학자들을 네스토리우스파라고 비난하며 단죄했으나 실패했다. 합성론파의 입장은 거의 변하지 않았고, 서방 교회의 신학자들은 칼케돈 신경을 멋대로 바꾼 이 같은 조치와 거리를 두었다. 황제가 533년에 소집한 세계 공의회(제2차 콘스탄티노폴리스 공의회)는 로마 교회와의 거리를 더 벌리기만 했다. 결국 합성론파에 대한 황실의 지지 또는 관용으로 인해 합성론파에 대한 위협은 더욱 커졌다.

유스티니아누스는 540년대에 합성론파 주교 에페수스의 요안네스에게 소아시아 선교 사업을 맡겼다. 543년에는 야코부스 부르드아나를 에데사의 합성론파 주교로 임명하여 합성론 교회와 칼케돈 교회가 유사한 위계를 지니게 했다. 한 세대가량 이어진 박해가 중단되자 합성론 교회의 세력은 더더욱 강해졌다. 6세기 이후 칼케돈 공의회 지지자와 그 반대파를 화해시키려는 모든 시도가 좌절된 것은 아마 이 때문일 것이다.

성당 건축과 새로운 양식의 문화 예술

사람들은 황제들이 거대한 건축물을 건설하기를 기대했고, 그 가운데 아나스타시우스 1세와 유스티니아누스 1세는 위대한 건축가로 알려져 있다. 아나스타시우스는 딸린 해자만 무려 45킬로미터에 달하는 총 65킬로미터의 장벽을 콘스탄티노폴리스 서쪽에 세웠다. 즉 흑해와 마르마라 사이의 보스포루스반도를 육상에서 공략하는 일 자체를 봉쇄하기 위한 것이었다. 설사 성벽을 넘는다 해도 아나스타시우스와 유스티니아누스가 세운 수많은 성채가 남아 있었다. 이는 비잔티움 제국의 주변 세계가 점점 더 위험해져 제국의 심장부마저 위태로워지고 있었다는 점을 방증한다.

유스티니아누스는 종교적 성격을 가진 건축물로 유명하지만, 사실 그의 건축 사업 대부분은 민간과 세속 방면에서 더 활발했다. 니카 봉기로 콘스탄티노폴리스가 크게 파괴된 후 그는 궁정 내에 곡창과 수조 시설을 설치하여 긴급한 상황에 대비했으며, 파괴된 건축물들은 이전보다 거대하고 화려하게 재건했다. 황궁과 콘스탄티누스 포룸, 히포드로무스 사이에 있는 도시의 의례 중심지는 더욱 그랬다.

가장 대표적인 예가 아야 소피아 성당*이다. 이 장엄한 성당은 니카 봉기가 일어났을 때 테오도시우스 성당이 파괴된 지 5년 만에 완공되었다. 비잔티움 제국 건축물 가운데 가장 상징적인 아야 소피아 성당은 지금도 변함없이 이스탄불의 스카이라인을 대표한다. 지

* 본문의 아야 소피아(Agia Sofia)는 현대 그리스어식 표기로, 한국에서 일반적으로 통용되는 하기아 소피아는 고전 그리스어(기원전 550년부터 알렉산드로스 대왕에 이르는 시기의 그리스어를 지칭하는 역사학 용어)식 표기이다.

그림 9 아야 소피아 성당. 360년 콘스탄티누스 2세 때 건설되었으나 532년 니카 봉기 당시 화재로 큰 피해를 입어 유스티니아누스 1세가 재건했다. 유스티니아누스는 537년 열린 헌당식에서 감격에 겨워 "오, 솔로몬이여! 그대에게 이겼노라"라고 외쳤다고 한다. 오른쪽에 보이는 오스만 첨탑이나 부벽은 나중에 추가되었음에도 유스티니아누스 1세에 의해 건립된 형태로 남아 있다(332쪽 그림 28 참고).

상에서 55미터나 띄운 아야 소피아의 거대한 돔을 동시대 사람들은 하늘에서 내려온 사슬에 매달린 것 같다고 묘사했으며, 이를 가능하게 한 공학적인 위업으로 사람들에게 놀라움을 준다.

성당은 색색의 대리석으로 화려하게 장식되었고, 황제의 모노그램은 제국 각지에서 모여든 대리석으로 만든 기둥 꼭대기에 정교하게 새겨졌다. 기하학 문양과 꽃무늬로 장식된 황금빛 모자이크는 말할 것도 없다. 지금은 사라졌지만 제단 앞에는 금박을 입힌

은으로 된 성자들의 그림이 있었다. 유스티니아누스는 콘스탄티누스 1세의 영묘 옆에 세워진 성 사도 성당을 십자가 모양으로 배치한 다섯 개의 돔 구조로 재건했다. 이곳은 12세기 이전 비잔티움 군주들이 가장 선호한 매장지였고, 베네치아의 성 마르코 성당의 모델이다. 548년에 죽은 테오도라는 새로 건축된 성 사도 성당에 최초로 안장된 사람이다.

수도 외곽에는 유스티니아누스의 업적을 기리는 여러 건축물이 있다. 시나이산의 성 카타리나 수도원 안에 있는 성당과 수도원을 둘러싼 성채는 유스티니아누스의 후원 덕택에 탄생했으며, 이곳은 오늘날에도 번화한 중심지이다. 그는 예루살렘에 성모를 기리는 네아 성당(네아는 '새로운'이라는 의미이다)*을 건축했는데, 성당은 솔로몬 성전과 연결되고 동시에 그와 경쟁했다.

6세기 유스티니아누스의 후계자들도 마찬가지로 건축 활동을 지속했지만 훨씬 작은 규모였다. 유스티누스 2세는 콘스탄티노폴리스 블라헤르네(콘스탄티노폴리스 서북 방면)와 할코프라티아(문자 그대로 해석하면 '구리 시장'. 아야 소피아 성당의 서쪽)에 각각 성모를 기리는 교회를 세웠다. 후대의 전례에 따르면 성모 마리아의 성물인 가운과 거들이 두 성당에 안치되었다고 한다. 성모 마리아의 중요성은 유스티누스 2세와 마우리키우스가 그녀의 탄생과 죽음을 기리는

* 바실리오스 1세가 콘스탄티노폴리스에 세운 네아 성당과 구분하기 위해 '성모 네아 성당'이라 부르기도 한다.

기념일을 공식 축일로 만들었음에서도 방증된다.

유스티누스는 더 나아가 콘스탄티노폴리스에 아파메이아에 보관된 성십자가 파편과 카파도키아의 카물리아네에 있던 아히로피이타Acheiropoiēta('인간의 손으로 만들지 않은 작품'이라는 의미이다), 즉 기적의 이콘*을 콘스탄티노폴리스로 옮겨 왔다. 이 같은 성유물은 콘스탄티노폴리스의 존재감을 한층 높여 주었다. 그리스도와 성모의 흔적이 콘스탄티노폴리스에 있다는 것은 곧 이들이 콘스탄티노폴리스를 보호한다는 뜻으로 해석되었다. 나중에 두 성물은 전장으로 나아가는 제국군과 함께 움직였다.

종교 의례의 중요성과 제국 행정에서의 비중 증대는 대관식 의례의 점진적인 변화에서도 관찰된다. 새 황제를 방패에 올리던 군대의 역할은 차츰 총대주교가 집전하는 대관식과 대중 정당의 갈채 의식으로 대체되었다. 대중 정당의 갈채 의식은 대관식 의례에 통합되어 실질적인 의미가 축소된 관례가 되었다. 제국 내 그리스도교화는 6세기에 거의 완료되었다.

이 시기의 수준 높은 문학적·문화적 결과물 대부분은 7세기 초 마우리키우스 재위 시기의 역사를 기록한 프로코피우스로부터 테오필락투스 시모카투스에 이르는 역사가들에 의해 고전기 언어와 양식으로 만들어졌다. 좀 더 일반화하자면 이 시기의 문화는 옛 지

* 동방 교회에서 발달한 예배용 화상(畫像)을 일컫는 말이다.

식의 종합과 정리로 표현할 수 있다. 유스티니아누스 1세의 《로마 법 대전*Corpus Iuris Civilis*》이 대표적인 예이며, 의학과 철학 같은 분야도 그에 못지않았다. 유스티니아누스는 옛 로마법을 종합할 때는 라틴어를 사용했지만, 534년 이후 새로운 법을 입법할 때는 그리스어를 사용했다. 라틴어는 일상생활에서 사라져 갔지만 주화, 군 지휘 구조, 의례 등에서는 여전히 사용되었다.

문학에서는 새로운 문학 양식이 등장했다. 예를 들어 그리스도교도 연대기들은 천지창조부터 당대까지의 역사를 기록했는데, 황제의 공적들과 자연재해 그리고 개가 냄새로 간통을 범한 사람을 잡아냈다거나 주화로 황제를 알아볼 수 있었다는 기이한 이야기들도 다루었다. 유스티니아누스 시대에 활동한 요안네스 말라라스의 연대기가 대표적이다.

이 시대에 새로 등장한 또 다른 문학 양식은 콘타키온Kontakion이다. 콘타키온은 전례에서 음악과 함께 읊는 긴 시를 가리킨다. 6세기 콘스탄티노폴리스에서 아나스타시우스 1세와 유스티니아누스 아래에서 활동한 작곡가 로마누스 멜로두스가 이 양식의 대표적 인물이다. 유스티니아누스는 시리아 출신인 로마누스 멜로두스에게 콘타키온 작곡을 의뢰하기까지 했다. 〈지진과 화재에 대하여Eis ekaston seismon kai emprēsmon〉라는 작품은 니카 봉기 이후 황제의 치세를 찬양하기 위하여 지어졌는데, 그 내용은 비잔티움 사람들이 범한 죄악을 벌하고자 신께서 내린 처벌이 봉기라는 것이었다. 전례용 시들이 이렇게 프로파간다로 이용되었다고 해서 그 아름다움마저 깎아내릴 수는 없는 일이며, 사람들에게 많은 영향을 주었다는 것 또한 명백한 사실이다.

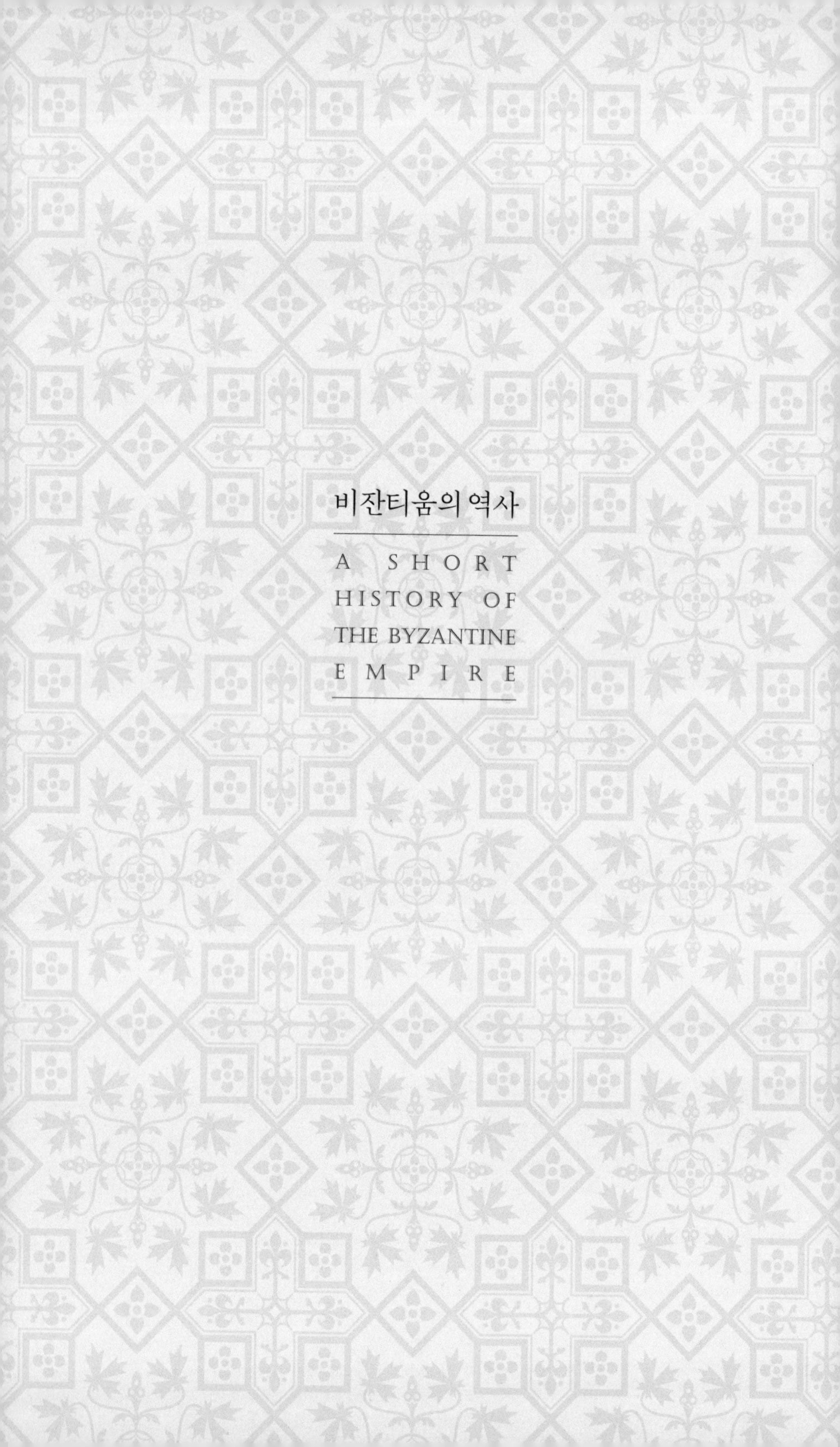

비잔티움의 역사

A SHORT HISTORY OF THE BYZANTINE EMPIRE

제3장

생존을 걸고 투쟁하다
(602~717년)

이슬람 제국의 공세

포카스의 짧은 집권은 재앙으로 끝났다. 동쪽에서 페르시아의 엘리트층에 자신의 힘을 과시할 필요가 있는 후스라우는 마우리키우스에게 복수하겠다는 명분을 내세워 전쟁을 일으켰다. 이 전쟁은 이후 20년간 지속되었다. 처음 몇 년 동안 페르시아 군대는 테오도시오폴리스(지금의 튀르키예 에르주룸)와 다라, 아미다, 에데사를 잇달아 점령했다. 이 지역들의 상실은 재정 위기와 위신 상실을 의미했다. 이탈리아의 상황 역시 비슷하여 랑고바르드인들이 북이탈리아에서 세력 확장을 개시했다.

포카스는 비잔티움 제국 내에서 폭넓은 지지를 받지 못했다. 단지 로마의 그레고리우스 교황만이 세계 총대주교 직함 문제를 해결하고 마우리키우스와 달리 랑고바르드 문제에 적극 개입할 것을 기대하며 포카스에 접근했을 뿐이다. 포카스는 반대파를 잔혹하게 다루었기 때문에 원로원 귀족들이 주도한 반란이 끊이지 않았으며, 그 가운데 가장 심각한 것은 아프리카에서 비롯된 봉기이다. 마우리키우스의 지휘 아래 페르시아 전쟁에서 활약한 카르타고 엑사르쿠스 헤라클리우스는 반기를 들어 아들(아버지와 이름이 같았다)과 조카에게 각각 군대를 맡겼다. 포카스는 육상과 해상 모두에서 포위되었다.

반란은 범상치 않았다. 반란군은 영향력 있고 막대한 부를 가진 이집트 아피온 가문의 막강한 지원을 받아 금화를 포함하여 주화까지 발행했다. 포카스를 끌어내리려는 노력은 본격적인 내전으로 빠르게 번졌다. 성모기를 내건 아들 헤라클리우스의 함대는 머무르는 곳마다 환영받았고 콘스탄티노폴리스에서도 그러했다. 610년 포카스의 지지층은 흩어졌고 그는 콘스탄티노폴리스에 입성해 포카스를 처형했다. 이라클리오스* 재위 첫 2년간 군대에 남아 있는 포카스 지지자가 숙청되는 등 저항 세력은 점차 정리되어 갔다.

비잔티움 제국은 동쪽과 서쪽 모두에서 몹시 끔찍한 상황에 처했다. 페르시아 전쟁과 잇따른 내전으로 병사들이 징발되어 발칸반도 대부분은 텅텅 빈 상태였다. 그 결과 포카스 통치 말기와 이라클리

* 라틴어 헤라클리우스(Heraclius)와 그리스어 이라클리오스(Ērakleios)는 동일한 인명의 서로 다른 표기인데, 이라클리오스의 재위를 기준으로 그 전은 고유명사를 라틴어로, 그 후는 그리스어로 표기하기로 정했으므로 이라클리오스로 한다.

오스 통치 초기에 슬라브인이 대대적으로 그리스로 들어와 정착했다. 이 사태는 느리게 전개되기는 했으나 비잔티움 제국은 실질적으로 이 지역을 상실했다. 단지 제국 해군이 보호할 수 있는 해안가 일부와 슬라브인들이 함락할 수 없는 성벽이 둘러쳐진 몇몇 도시만이 살아남았다. 비잔티움 사료에 따르면 슬라브인들은 성채와 취락을 중심으로 각기 통치자가 다른 스클라비니에Sklaviniai를 형성했고 스클라비니에들은 때로는 일종의 연맹을 맺었다. 그러나 슬라브인들 전체를 묶어 주는 국가와 같은 존재가 없었으므로 그때까지는 거대하고 중앙 집권화된 정치체를 이루어 비잔티움 제국을 위협하지는 못했다는 뜻이다.

동쪽에서는 원로원과 이라클리오스가 굴욕적인 수준의 협상 조건을 제시했음에도, 승리를 거두어 의기양양한 페르시아인들에게는 이를 받아들일 생각이 없어 보였다. 페르시아인들은 몇 차례 저항에 직면한 적이 있지만 이라클리오스 재위 첫 5년 동안 다마스쿠스와 카이사레아(613년), 예루살렘(614년)을 비롯한 주요 도시를 점령하는 데 성공했다. 특히 페르시아인들이 예루살렘을 함락한 직후 주민을 학살하고 성십자가를 수도 티스푼*으로 가져가 버린 일은 칼케돈파 그리스도교도를 충격과 공포에 빠뜨렸다.

* 파르티아 제국과 사산 왕조 페르시아 제국의 수도 가운데 하나로, 지금의 바그다드 남쪽으로 35킬로미터 떨어진 곳이다. 한국에서는 대체로 그리스어 사료의 표기에 따라 크테시폰(Ktēsiphôn)으로 불린다. 사산 왕조 시대 파흘라비어 문헌과 소그드어 문헌에서는 티스푼(Ṭīsfūn)이라 기록했다.

615년에는 페르시아 군대가 콘스탄티노폴리스 건너편 해안까지 약탈할 지경에 이르렀다. 이듬해에는 팔레스타인 지역 전체가 페르시아 손아귀에 들어가면서 이집트로 가는 길이 열렸고, 619년에는 이집트마저 넘어갔다. 이집트의 상실은 콘스탄티노폴리스에서 빵을 더 이상 무료로 배급할 수 없다는 사실을 뜻했다. 이러한 재앙에 마주한 이라클리오스는 콘스탄티노폴리스를 버리고 아직은 안전하고 가문의 세력 기반이기도 한 카르타고로 수도를 옮기는 일을 고려할 정도였다. 그러나 측근들의 조언 덕이었는지 아니면 전해져 내려오는 전설처럼 보물을 실어 미리 보낸 함선이 침몰한 덕이었는지 실행에 옮기지는 않았다.*

비잔티움 제국의 쇠락은 아라비아에서 새로이 성립된 종교 집단에서 반향을 일으켰다. 후일 《코란》이 되는 문서의 한 장(각 장을 수라Sūra라고 부른다)에 따르면, 이 종교 집단의 지도자인 선지자 무함마드가 비잔티움이 패배에도 불구하고 곧 다시 일어설 것이라 예상했다. 일신교 제국이 결국 이교 제국 사산 왕조를 격파하리라는 것이었다. 무함마드의 예상은 적중했지만, 그가 이끄는 공동체(이후 '이슬람을 믿는 사람'을 의미하는 무슬림으로 불린다)가 그 후 또 다른 극적인 반전을 선사하는 것을 생각하면 퍽 아이러니한 일이다.

---

* 전설에 따르면 페르시아 군대가 콘스탄티노폴리스 가까이에 모습을 드러내자 이라클리오스는 전황에 절망하여 고향인 카르타고로 천도하려 했다. 금은보석을 배에 가득 싣고 선발대가 카르타고를 향해 출발했다. 그러나 배가 도중에 난파했고, 이라클리오스는 수도에 머무르라는 신의 목소리를 들었다고 생각해 '로마 황제'로서 난국을 돌파할 결심을 굳혔다.

비잔티움 제국은 외교적으로 확실하게 해 두어야 하는 문제가 있었는데, 아바르 제국과 페르시아 제국이 동맹을 맺고 두 전선에서 동시에 제국을 공격하리라는 소문이 떠돌았고 이는 실제로 일어날 수 있는 일임을 시사했다. 아바르인과 화해하려는 첫 시도는 이라클리오스가 기습 공격을 당해 겨우 목숨만 건져서 도망치는 바람에 실패했지만, 620년에 막대한 공물을 대가로 평화 조약을 맺는 데 성공했다. 더 나아가 이라클리오스는 페르시아의 북방 전선을 위협하는 돌궐 제국과 동맹을 맺어 사산 왕조의 후방을 위협하게끔 했다. 622년 사산 왕조 원정을 위한 물자를 조달하고자 교회에서 막대한 현금과 성찬식에 사용하는 그릇까지 거두어 주화를 발행한 이라클리오스의 조치는 그리 정통 교회 신자답지 못했다.

황제는 소아시아에서 직접 군대를 훈련시키며 원정에 나섰다. 그 군대는 그리스도의 모습이 새겨진 아히로피이타를 내세우고 진군했다. 이라클리오스는 페르시아 측이 전혀 예상치 못한 북쪽으로 진군하여 원정 초기에는 성공했다. 이에 자극받은 페르시아 제국은 626년 아바르인, 슬라브인과 공조해 공격에 대비하지 않고 있던 콘스탄티노폴리스를 급습했다. 이들의 의도는 이라클리오스를 퇴각하게 하는 것이었지만, 황제는 군대 일부를 수도로 돌려보냈을 뿐 원정군 대부분을 그대로 두었다.

놀랍게도 수도는 함락당하지 않았다. 비잔티움 사람들은 신이 도운 일이라고 해석했다. 성모 마리아의 이콘이 성문을 걸어 잠갔고,

예수 그리스도의 이콘은 성벽을 지켜 냈다. 당대인들은 격렬한 폭풍이 슬라브 함대를 파괴하는 가운데 성모 마리아의 모습을 보았다고 기록했다. 이때의 성모 마리아의 도움을 찬양하고자 쓰인 비잔티움 시대의 유명한 시가 한 편 있는데, 이 찬미가에서 마리아는 자신을 기리는 도시 콘스탄티노폴리스의 수호자이자 장군으로 묘사되었다.*

그동안 페르시아 전선에서 비잔티움 군대의 활약은 눈부셨다. 이라클리오스는 페르시아 군대 고위층 내부에서 분열을 일으켰다. 외교와 전쟁 양면에 기울인 그의 노력은 성과를 내서 원정이 시작된 지 6년이 지난 628년 페르시아 측은 591년 마우리키우스와의 협상에서 결정된 영토 분할안에 따라 평화 조약을 수용했다. 황제가 이 승리로 얼마나 득의양양했는지는 그가 사용한 칭호 '그리스도 안의 참신앙을 지닌 로마인의 황제'**로 충분히 알 수 있다. 630년 이라클리오스가 성십자가를 예루살렘으로 다시 가져오면서 20년에 걸친

---

* 〈아카티스토스 찬미가Akathistos Hymos〉로 "하느님의 어머니, 승리자 그리고 지도자이신 당신께, 나, 고난 중에 구원을 받은 당신의 도시(콘스탄티노폴리스)는 승리의 공과 감사를 당신께 돌립니다. 당신은 누구도 넘보지 못할 능력으로 온갖 위험으로부터 나를 구해 주실 줄을 믿기에 나는 이렇게 외칩니다. '혼인하신 처녀 그리고 동정녀, 만세!'"라는 서언으로 시작된다. 8세기경 출현한 전승에 따르면 715~730년 콘스탄티노폴리스 총대주교로 재직한 예르마노스 1세(Germanos I)는 626년의 이 위기를 극복하게 된 것을 감사하는 철야 기도 중에 찬미가를 읊었다.

** 629년 3월 21일에 제정된 신법에서 이라클리오스와 그의 아들 콘스탄디노스 3세는 '참신앙을 가진 바실레프스(Basileus, 황제) 이라클리오스와 이라클리오스 네오스 콘스탄디노스(Irakleios kai Irakleios neos Kōnstantios pistoi en Christō Basileis)'라 불렸다. 여기에 '로마인의'이라는 수식어가 붙어 '로마인의 바실레프스(basileus Romaíon)'라는 칭호가 공식적으로 처음 사용된 것은 654년과 668년 사이의 일이다.

대전쟁은 승리로 끝이 났다.

하지만 곧 승리는 환상이었음이 드러났다. 같은 해에 무함마드가 이끄는 종교 집단이 그의 고향이자 622년〔무슬림들은 이해를 헤지라(도피 또는 이주)력의 시작으로 기억한다〕 무함마드를 추방한 메카를 점령했다. 무함마드는 632년에 죽었지만, 그의 추종자들은 무함마드가 신으로부터 전 인류에 이슬람 신앙을 전파하라는 계시를 받았다고 믿었다. 이들은 우선 아라비아의 부족들에게 이슬람의 가르침을 퍼뜨리고, 634년부터는 비잔티움 제국의 영토 팔레스타인과 시리아를 공격했다. 비잔티움 제국은 시리아에서 저항했지만 636년 야르무크 전투에서 크게 패하면서 물러났으며, 638년 예루살렘이 아랍인 손에 떨어졌다.

그 후 전쟁은 한쪽으로는 이집트로, 다른 한쪽으로는 메소포타미아와 페르시아 방면으로 확대되었다. 642년 알렉산드리아가, 639년 티스푼이 아랍인에게 함락되었고, 북동쪽으로 진군한 아랍인들에게 아르메니아 지역이 점령되었다. 캅카스 방면으로의 확장은, 이라클리오스를 도와 페르시아를 공격했던 옛 돌궐 제국의 일파로 흑해 동쪽과 캅카스 북방에서 유목하던 하자르 제국*에 의해 가로막혔다.

* 한문 사료에는 돌궐가살부(突厥可薩部)라는 이름으로 나타나는데, 돌궐 제국의 황금 씨족인 아사나씨(阿史那氏)가 지배 왕가였던 데에서 기인한 것으로 보인다. 서돌궐 제국이 몰락할 때 왕가 일부가 서쪽으로 도망친 것이 이 집단의 기원으로 보인다.

이라클리오스는 10년도 되지 않아 탈환한 모든 지역을 잃어버렸는데, 이번에는 영구적이었다. 특히 644년 무슬림 칼리프* 우마르가 메카의 항구에서 이집트산 곡물을 받은 것은 매우 상징적인 사건이다. 이 시점부터 오스만 제국이 콘스탄티노폴리스를 점령하는 1453년까지 이집트산 곡물이 콘스탄티노폴리스로 보내지는 일은 없었다.

이슬람의 성장은 비잔티움 제국과 페르시아 제국 모두에게 놀라운 일이었다. 이들은 아라비아에서 일어나는 일에 대체로 무심했기 때문에 각자 가산 왕국 및 라흠 왕국**과 동맹을 맺어 간접적으로 변경을 감독하고 보호하게 했다. 그런데 아랍인들로 인해 국가로서의 페르시아는 16세기까지 출현하지 못했으며, 비잔티움 제국은 살아남았으나 영토의 반이 넘는 3분의 2를 상실했다. 게다가 빼앗긴 영토에는 제국 전체를 통틀어 가장 부유하고 생산력이 높은 지역들이 포함되어 있었다.

이라클리오스가 641년 사망하기 전 10년은 제국 안팎으로 다사다난한 시기이다. 외적으로는 이슬람 세력의 침공으로 평생을 바쳐

---

* '계승자', '대행인', '대리인'을 의미하는 아랍어 할리파(Khalīfa)에서 기원한다. 632년 예언자 무함마드 사후부터 무슬림 공동체의 지도자를 부르는 칭호로 사용되었다. 우마이야 왕조와 아바스 왕조가 칼리프 칭호로 불린 가장 유명한 사례이지만, 1258년 몽골 제국의 바그다드 점령 이전에도 이집트의 파티마 왕조(909~1171년), 스페인 및 북아프리카의 우마이야 왕조[후(後)우마이야 왕조, 929~1031년)] 등 여러 왕조가 칼리프 칭호를 사용했다.

** 이라크 히라(지금의 쿠파 인근)를 수도로 두었던 아랍계 왕국. 일반적으로 라흠 왕조(Lakhmids)라고 불리지만 이들의 시조는 라흠부(Lakhm部) 출신 나스르(Naṣr)였기 때문에 나스르 왕조(Naṣrids)라 적는 것이 맞다.

재건한 제국이 무너지고 있었고, 내적으로는 가족 문제와 종교 정책으로 비난을 받았다. 조카 마르티나와의 두 번째 결혼은 입방아에 올랐다. 또한 칼케돈 신경으로 말미암은 상처를 치유하고자 한 조치도 실패했다. 콘스탄티노폴리스 총대주교 세르요스 1세와 교황 호노리우스 1세는 630년대에 그리스도에게는 두 성질이 존재하지만 하나의 의지, 즉 하나의 에네르게이아Energeia(현실태)만이 있다는 신조를 선언했다. 이라클리오스 황제는 후일 단성설이라 불릴 이 주장을 638년 공식적으로 천명하여 아르메니아와 시리아에서 일부 호응을 이끌어 냈지만, 결국 이전의 화해 시도들과 마찬가지로 통합을 달성하는 데에는 좌절하고 말았다. 오히려 몇십 년간 지속될 분쟁의 빌미를 제공했다.

근친상간을 범했다고 비판받은 결혼의 결과는 그가 죽자마자 비극적인 결말로 마무리되었다. 마르티나는 자신의 아들 이라클로나스와 이라클리오스가 첫 결혼에서 얻은 아들을 공동 황제로 즉위시키려 했으나, 그 시도는 이복아들의 죽음으로 되려 그녀가 추방되는 것으로 끝났다. 대신 이라클리오스의 어린 손자가 641년 콘스탄스 2세로 황제 자리에 올랐다.

640년대부터 650년대 중반까지 비잔티움 제국에 대한 아랍인의 공세를 멈출 줄을 몰랐다. 아랍인들은 소아시아 지역을 공격하고 비록 더디게나마 북아프리카로 확장해 나갔다. 그러나 비잔티움 제국의 입장에서 가장 심각한 문제는 아랍인들이 함대를 편성해 로도스와 코스, 키프로스, 크레타 등을 공격하면서 우세하던 해상 장악력마저 넘어가기 시작한 것이다. 655년 리키아 해안(지금의 튀르키예 안탈리아 · 무글라)에서 벌어진, 소위 '돛대 해전'이라 부르는 싸움에서 황제가 직접 지휘하는 비잔티움 함대는 아랍 함대에게 대패했다. 그러나 비잔티움 제국 입장에서는 다행스럽게도 이 직후인 656~661년 아랍 제국에서 칼리프 직위를 두고 최초의 이슬람 내전(피트나)이 발생하는 바람에 유예 기간을 얻었다.

선지자 무함마드의 사촌이자 사위 칼리프 알리가 살해당하자 무아위야 1세의 칼리프 즉위를 방해하는 존재는 남지 않았다. 무아위야는 다마스쿠스로 수도를 옮겨 우마이야 왕조의 기틀을 마련했으며, 곧 비잔티움 제국의 강력한 적임이 증명되었다. 이슬람의 거침없는 추진력은 세계를 근본적으로 두 영역, 즉 참된 신앙이 이미 일반적으로 퍼져 있는 '이슬람의 집dār al-Islam'과 '전쟁의 집dār al-Harb'으로 나눈 데 있었다. 전쟁의 집은 참된 신앙을 받아들이도록 성전(지하드)을 통해 정복되어야 하며 그래야 비로소 이슬람의 영역이 완전해질 수 있었다.

비잔티움 제국 내에서 종교적 분열 문제는 계속되었다. 단성설은 여전히 제국 정부의 공식적인 신조였고 648년 콘스탄스 2세는 이를 재확인했다. 하지만 각지, 특히 서방에서 반대파가 출몰했다. '증거자' 막시모스가 가장 큰 목소리를 낸 비판자로, 649년 교황 마르티누스 1세가 라테라노에서 교회 회의Synod를 소집하자 여기 참가하여 단성설을 이단으로 선언했다. 콘스탄스 2세는 라벤나 엑사르호스 Exarchos*에게 막시모스와 교황 마르티누스 1세를 체포하라고 명령했고 두 사람은 콘스탄티노폴리스로 이송되어 재판을 받은 뒤 흑해로 추방되었으며 막시모스는 이 과정에서 신체 훼손형을 당했다. 두 사람 모두 유배지에서 죽었는데 후일 참신앙을 옹호하는 고해 사제로 공경받았다. 이 사건은 이후 여러 세기에 걸쳐 로마 교회와 제국의 교회가 멀어지는 계기가 되었다.

비잔티움 제국은 동방 방위를 우선시했기 때문에 서방 지역에 대한 영향력이 약해졌다. 라벤나 엑사르호스의 역할은 여전히 중요했지만, 랑고바르드인의 침공을 막아 낼 정도는 아니었다. 7세기 초반에 비잔티움 제국과 랑고바르드 왕국 사이에 평화 조약이 몇 차례 맺어지고(유스티니아누스가 동방과 서방을 통할統轄하여 세운 보편 제국이 무너졌음을 '사실상' 인정했다), 7세기 중반에는 랑고바르드 왕 아달로알드가 칼케돈 정교회로 개종하기도 했다. 하지만 랑고바르드인이 비잔티움 제국령 이탈리아 땅을 조금씩 갉아먹어 제국 소유의 이탈리아 영토는 서쪽으로는 나폴리와 로마 인근, 동쪽으로는 라벤나와 베네치아 인근뿐이었다.

662년 콘스탄스 2세는 할아버지 이라클리오스가 시도했던 일들을 성취했다. 그는 이탈리아로 건너가 로마에서 교황의 접견을 받

---

* 총독을 의미하는 엑사르쿠스의 그리스어식 표기이다.

은 뒤 랑고바르드계 베네벤토 공작과 평화 조약을 맺고, 이듬해에는 시칠리아의 시라쿠사에 궁정을 세웠다. 지중해 동부에서 비잔티움 제국의 패권이 무너지고 있었음을 생각하면 황제가 그나마 안전한 시칠리아와 북아프리카 해안에서 병력을 재건하려 했음은 그리 놀라운 일이 아니다. 그러나 콘스탄스는 재정 정책 때문에 이탈리아와 제국 각지에서 인기를 잃었고 668년 암살당해 아들 콘스탄디노스 4세가 뒤를 이었다.

콘스탄디노스 4세는 670년대 내내 콘스탄티노폴리스 점령을 시도하는 무아위야를 막기 위해 분투했다. 아랍 군대는 마르마라해의 키지코스반도(지금의 튀르키예 카프다반도)에 기지를 조성하고 겨울을 보낸 뒤 봄에 콘스탄티노폴리스를 봉쇄하고 공격하기 시작했다. 아버지 콘스탄스 2세를 암살한 반란군을 토벌하기 위해 서방에 있던 콘스탄디노스가 귀환하자 아랍 군대는 퇴각했지만, 바다와 육지에서의 공세는 끊이지 않았다.

비잔티움 제국의 비밀 병기 '그리스의 불'*이 아니었다면 아랍의 공세는 성공했을 것이다. 그리스의 불을 만들고 투사하는 방법은 당시 엄격한 기밀로 취급되어 기록조차 남아 있지 않으나, 물로는 끌 수 없는 액체 발화물을 내뿜는 기계로 추측된다. 아마 석유 나프

* 그리스의 불은 십자군 사료들의 표현이고, 그리스어 사료에서는 '바다 불(pyr thalassion)' 혹은 '축축한 불(pyr hygron)', '해군의 불(polemikon pyr)', '가공(加工)한 불(pyr eskevasmenon)', '선명한 불(pyr lampron)' 등의 표현이 사용되었다고 한다.

그림 10　적을 향해 '그리스의 불'을 쏘는 비잔티움 제국 함선을 묘사한 12세기 세밀화. 821년 반란군을 상대로 싸울 때의 장면인 이 그림 위에는 "로마 함대가 적의 함대를 불태우다"라고 적혀 있다. 이 그리스의 불 덕분에 콘스탄티노폴리스는 두 번에 걸친 아랍의 공격에도 살아남을 수 있었다.

타를 기본으로 여러 재료를 섞은 액상 물체를 끓인 뒤 펌프와 이어진 청동관을 통해 적의 배에 살포했을 것이다. 시리아 북부에서 이루어진 비잔티움 제국의 성공적인 역습 그리고 해상에서의 승리 때문에 무아위야는 678년에 30년 연한의 평화 조약에 동의할 수밖에 없었다. 이슬람 제국의 공세가 처음으로 꺾인 순간이다. 이 일로 칼리프의 입지는 크게 약화되어 682~692년까지 이어진 제2차 내전이 발생했다.

동쪽의 위협이 잦아들고 있을 때 비잔티움 제국의 북방에서 또 다른 적이 등장했다. 7세기 중반 다뉴브강 인근의 정치적 상황은 격변했다. 아바르 제국이 626년 콘스탄티노폴리스 점령에 실패하자 휘하에 있는 여러 종족에 대한 통제력이 약화되었다. 그 가운데 하나가 680년대에 하자르 제국의 압력 때문에 서쪽으로 이동해 다뉴브강 어귀에 자리 잡은 튀르크계 불가르이다. 비잔티움 제국은 육상과 해상으로 군대를 보내 불가르 집단을 몰아내려 노력했지만 패배했다. 불가르인은 아바르 제국이 한 것과 같이 오늘날 불가리아의 흑해 연안에 정착하여 이 지역에 사는 슬라브인을 복속시켰다. 상황이 이렇게 되자 비잔티움 제국으로서는 조약을 통해 이 상황을 인정할 수밖에 없었다.

콘스탄디노스 4세가 685년 세상을 떠나고 아들 유스티니아노스 2세가 뒤를 이었다. 이때 내전 중인 아랍 제국에서도 권력 교체가 일어나 유스티니아노스 즉위와 같은 해에 압둘말리크 이븐 마르완이 칼리프로 즉위했다. 유스티니아노스 2세가 즉위 후 가장 먼저 취한 움직임은 하자르 제국의 침공을 받은 캅카스 지방의 그리스도교도를 보호하고자 군대를 보낸 것이다. 여기에서 비잔티움 군대의 위력을 확인한 칼리프는 막대한 연공에다 키프로스와 아르메니아, 이베리아의 공동 통치까지 더해진 혹독한 조건으로 평화 조약을 맺을 수밖에 없었다. 유스티니아노스는 이를 이용해 발칸 문제에 집중했다. 그는 688년 그리스에 자리 잡은 스클라비니에 여러 세력을 공격했다. 여기에서 사로잡힌 수많은 포로는 군인으로서 비티니아에 강제로 정착해야 했다.

692년 압둘말리크가 모든 반란 세력을 분쇄하여 제2차 내전을 끝냈다. 무슬림들은 자연히 비잔티움 제국 정복을 재시도했는데, 처

그림 11 유스티니아노스 2세의 솔리두스로 금화이며 무게는 4.46그램이다. 이 솔리두스는 판크라토르('전능하신 분, 모든 것의 통치자'라는 의미이다) 그리스도상이 새겨진 최초의 주화이다.

음 몇 년간은 상징을 놓고 싸웠다. 압둘말리크는 주화에 "하느님 외에 신은 없고 무함마드는 그분의 사도이다"라는 신앙 고백이자 선언인 샤하다를 주화에 새긴 최초의 무슬림 통치자이다. 이 주화들은 비잔티움 제국에 보내진 연공에도 사용되었을 것이고, 콘스탄티노폴리스 사람들의 마음에 들지 않았을 것이다. 692년 유스티니아노스가 발행한 주화에 새겨진 도상圖像은 그 대답이었을지도 모르겠다. 주화 앞면에는 그리스도의 흉상이, 그 뒷면에는 황제의 초상화가 '그리스도의 종'이라는 문구와 함께 새겨져 있다. 압둘말리크는 694년 칼을 뽑으려는 모습을 새긴 새로운 도안으로 여기에 답했다. 이후 압둘말리크는 주화 도안을 완전히 바꾸어 이때부터 이슬람 세계의 동전에는 그림은 전혀 새기지 않고 샤하다와 《코란》의 문구를 새기게 되었다.

그림 12 압둘말리크 시대의 주화. 왼쪽은 694~695년에 발행된 것으로 압둘말리크를 묘사한 것으로 보이는데, 2~3년 후인 696~697년 다마스쿠스에서 주조된 오른쪽 주화에는 아랍어 문장만 새겨져 있다. 인간의 형상을 새기는 것을 금했기 때문이다.

비잔티움 제국과 이슬람 제국의 영적인 전쟁은 다른 영역에서도 이어졌다. 680~681년 콘스탄디노스 4세는 세계 공의회를 소집해 단성설을 이단으로 단죄했다. 10년 뒤인 692년 유스티니아노스는 새로 공의회를 소집하여 이전 두 차례 공의회가 실패한 교리의 종합과 성문화를 꾀했다. 퀴니섹스툼Quinisextum(제5~6차) 공의회라 불리게 될 이 공의회(트룰로 공의회라고도 불린다)에서는 다양한 주제가 논의되었지만, 특히 중요하게 다루어진 부분은 이교적인 것으로 여겨져 이단으로 낙인찍힌 관행을 제거하고, 이슬람의 정복으로 추방되거나 이제는 이슬람 제국 치하에 편입된 지역에서 살아가는 그리스도교도 공동체가 참고할 수 있는 통일성 있는 관례를 제공하는 것이었다.

또한 성화에 대한 규범도 있는데, 이에 따르면 그리스도는 흔히 비유되는 양이 아닌 인간의 형상으로 묘사해야 하며 바닥에 십자가 형상이 그려져서는 안 되었다. 이전의 규범과 다른 점은 옛 로마(로마시)와 새로운 로마(콘스탄티노폴리스) 교회의 동등함을 인정하던 이전의 교리와 달리 이제 콘스탄티노폴리스는 이슬람 제국의 지배를 받는 세 개의 동방 총대주교구의 상위에 있게 되었다(말할 필요도 없겠지만 로마 교회는 이를 인정하지 않았다). 어쨌든 이는 당시 영적 전쟁의 와중에 올바른 믿음과 실천을 통해 은총을 보장받으려는 노력으로 보아야 한다. 압둘말리크는 그동안(691~692년) 예루살렘에 바위의 돔 사원을 세우고 그 안에는 우상을 모시지 않는다는 원칙('삼위일체의 부정'으로 유명한 제112장 이클라스에 따라 "일러 가로되 하느님은 단 한 분이시고 하느님은 영원하시며 성자와 성부도 두지 않으셨으며 그 분과 대등한 것 세상에 없노라"*)에 따라 《코란》 구절로 장식했다.

유스티니아노스 2세는 여러 면에서 성공을 거둔 황제였음에도 695년 반란으로 혀와 코가 잘린 뒤(그의 별명인 리노트미토스는 '코가 잘린'이라는 뜻이다) 흑해로 유배당했다. 반란은 원로원 귀족들이 주도했기에 그 일원인 레온티오스가 새 황제 자리를 차지했다. 이 사건은 혼란기의 시작이었다. 아랍인들이 698년에 카르타고를 공격하자, 레온티오스는 해군 제독 티베리오스가 지휘하는 함대를 보냈지만 패배하여 카르타고는 함락당했다. 패전에 대한 추궁을 두려워

---

* 이 《코란》 구절은 《성 꾸란 : 의미의 한국어 번역》(최영길 옮김, 파하드 국왕 꾸란 출판청, 이슬람력 1417)의 번역을 가져왔다.

한 함대는 반란을 일으켜 레온티오스를 폐위하고 티베리오스 3세를 옹립했다.

705년에는 실각한 유스티니아노스 2세가 불가르 제국의 도움을 받아 재집권했다. 그의 두 번째 재위는 귀족층에 대한 대숙청으로 제국 전체가 핏빛으로 물들며 불안정했다. 비잔티움 제국의 육군과 해군은 이 시기 수차례 패배했고, 결국 다시 반란으로 이어져 711년 유스티니아노스를 폐위하고 아예 처형해 버렸다. 유스티니아노스와 동맹을 맺은 불가르는 그의 복수를 위해 제국을 공격하여 트라키아를 파괴했다. 불가르 제국은 715년에 유리한 조건으로 평화 조약을 맺고서야 물러났다.

711~717년은 세 황제가 지방군의 반란으로 집권했다가 다른 지방군의 반란으로 몰락한 시대로 정리할 수 있다. 이 혼란은 유능한 군 지휘관 출신 레온 3세가 수도에서 무혈 반란으로 집권하면서 막을 내렸다. 레온이 반란을 일으켜 수도로 진군하자 원로원은 황제인 테오도시오스 3세가 퇴위하도록 설득했다.

영토 상실 극복을 위한 전략

7세기는 비잔티움 제국에게 중요한 변화의 시대였다. 일부는 이미 시작된 변화였지만 이 시기에 더욱 뚜렷해졌다. 그리고 대부분의 변화는 정치적 사건의 결과였다. 자원의 부족과 관리가 이 시기의 주요 테마이다. 게다가 역병이 여러 차례 발생해 인구가 크게 감소하여 우선 제국은 인구가 줄어든 현실에 적응해야 했다. 정확한 수치를 알 수 없으나 전체 인구의 20퍼센트가량이 사망한 것으로 추정된다.

일반적으로 전근대에는 재해로 인구 감소가 발생하면 몇 세대에 걸쳐 회복되는 경향이 있지만, 이 시기에는 이슬람 제국의 정복에 의한 대격변 때문에 그 같은 경향이 사라졌다. 일단 이집트와 팔레스타인, 시리아 그리고 나중에는 북아프리카까지 주요 지역들을 잃은 데다가 아랍인들이 계속해서 소아시아를 약탈하는 등 불안한 상황으로 제국의 나머지 지역들도 결혼과 인구 재생산율이 크게 떨어졌다. 여러 방면에서의 '상실'은 농업 생산성의 감소는 물론 군대에 충원할 인력과 세수의 감소를 야기했다. 그리하여 이전에도 취한 적이 있지만, 7세기 말부터 9세기까지 특정 종족 집단을 인구가 부족한 지역이나 변경으로 이주시키는 정책을 활발하게 펼쳐 확실한 성과를 거둔 것으로 보인다.

비잔티움 제국은 감소한 자원에 빠르게 적응했다. 콘스탄스 2세는 토지에 기준을 두었던 과거와 달리 인력에 근거한 인두세를 도입하여 아랍인들에 대항하기 위한 함대 조성 자금을 마련했다. 황제가 채용한 이 세제는 이슬람 제국이 실시하는 세제와 유사한 것이었다. 비잔티움 제국은 이후 한동안 수세적인 자세를 취했다. 제국에서 가장 많은 자금을 소비하고 또 우선시되는 것은 군대였다.

비잔티움 세계에서는 모병제가 그다지 큰 비중을 차지하지 않았으므로 국가가 군인에게 봉급과 보급품을 지급해야만 했다. 따라서 비잔티움 제국이 몰두한 문제 가운데 하나가 시스템을 확보하여 국가 재정의 부담을 줄이는 일이었다.

콘스탄스 2세는 무아위야가 새로이 편성한 함대에 대항할 전함을 건조하는 과정에서 이와 관련된 조치를 취했다. 함대를 건설하고 운용하는 자금은 주로 이탈리아와 아프리카의 주민들에게 부과된 세금에 기반했다. 카라비시아니라 불린 이 함대는 이 시기 비잔티움 제국의 자원 활용법을 상징한다. 지역 방위 부대 조직도 변화를 겪었다. 이슬람 제국의 정복으로 동방의 야전군은 소아시아로 물러났다. 이 부대들은 각각 아나톨리콘(동방)과 아르메니아콘(아르메니아 출신)이라고 불렸는데, 이름과 구성 모두 고대 후기 로마 제국군의 구성을 보존한 것이다. 680년대에는 트라키아 대부분이 불가르 제국에게 점령당하면서 이 지역의 제국군은 소아시아 서부로 이동하여 트라키시온이라 불리게 되었다.

마지막으로 유스티니아노스 2세의 첫 번째 재위 시기에는 황제 직할의 야전군 옵시키온Opsikion('순종'을 뜻하는 라틴어 옵세퀴움Obsequium이 어원)이 새롭게 편성되어 수도 인근의 비티니아에 주둔하며 제국의 정예군 역할을 했다. 이 집단군은 황제가 직접 임명한 스트라티고스Stratēgos(장군)의 지휘를 받았기에 스트라티이아Stratēgia라고 불렸다. 군대에 무장과 식량을 공급하는 일은 콘스탄티노폴리스에서 직접 관리하는 제국 각지의 아포티카이Apothikai(창고)와 이를 관리하는 코메르키아리이Kommerkiarioi*라는 기구를 통해 이루어졌다. 코메르키아리이는 현물세를 통해 혹은 국가가 설정한 강제 구매를 통해 보급품을 모은 다음 분배했다. 스트라티이아는 소아시아 전역에 전략적이기보다는 보급이 용이하도록 확대·설치되었다. 비잔티움 군대는 회전會戰은 되도록 지양하고 국지화된 방어에 주력했는데, 이 전략은 화려하지는 않았지만 잘 먹혀들었다. 이 때문에 이슬람 군대는 수많은 성채가 촘촘히 배치된 소아시아에서 더 이상 진군하지 못했다.

포위당한 사회

비잔티움 제국이 생존을 위해 싸운 이 시기에 군대는 사회에서 매우 중요한 조직이자 강력하고 성장하는 세력이었다. 이는 687년 유스티니아노스 2세가 교황에게 보낸 편지에 아나톨리콘와 트라키시온, 아르메니아콘, 카라비시아니 함대의 지휘관과 이탈리아와 아프리카, 사르디니아의 사령관의 서명을 담은 점에서 확연히 드러난다. 사료들은 이를 황제와 군대가 신의 보호와 사랑으로 하나가 된 상태라고 묘사했다. 포카스와 유스티니아노스 2세가 가진 원로

* 고대 후기 로마 제국에서 외국 무역에 대한 통행료 징수를 담당하는 관직인 코메스 콤메르키오룸(Comes commerciorum)의 그리스어식 명칭으로 보인다.

원 귀족층에 대한 적대감은 군대와 새로이 엘리트층에 진입한 상대적으로 하류층 출신인 장교들의 화신으로서(포카스의 경우) 또는 대변자로서 보여 준 태도로(유스티니아노스의 경우) 이해할 수 있다.

어떤 면에서 유스티니아노스 2세의 첫 번째 실각은 원로원 귀족들이 벌인 최후의 저항이었다. 원로원 귀족층은 이슬람 제국의 정복으로 심대한 타격을 입은 사회 계층이었다. 분명 많은 귀족이 동방의 새로운 통치자에게 그들의 토지를 잃었지만 일부는 그곳에 남아 새로운 정권에 타협하고 살아남을 길을 찾았다. 이슬람이 출현하고 첫 1세기 동안 성전은 무슬림에게 아주 중요하고 권장할 만한 활동이었다. 정복된 토지는 파괴되지도 무슬림으로 소유주가 바뀌지도 않아 사람들은 경작하던 땅을 계속 경작했고, 다만 세금을 내는 나라만 바뀌었을 뿐이다. 예를 들어 이슬람 제국에 정복된 이집트에서 8세기까지는 종래의 토지 소유에 큰 변화가 없었다.

하지만 시리아와 팔레스타인에서는 페르시아 제국이 점령한 시기에 이미 엘리트층의 토지 장악력이 심하게 훼손된 상태였다. 토지를 잃은 엘리트들은 비잔티움 제국의 남은 영토로 옮겨 가 차츰 행정부와 군부의 요직을 차지했다. 중요한 직책에 적합한 또 다른 엘리트는 아르메니아에서 온 이들이었다. 현존하는 사료에 따르면, 740년대에 아르메니아 지역이 아랍인들에게 정복당한 뒤 많은 귀족이 비잔티움 제국으로 이주했다.

원로원 귀족들은 기울어진 운동장에서 본디 쥐고 있던 권력을 지키기 위해 분투했으나, 이들의 권력 기반은 여러모로 사라져만 가고 귀족도 줄어 갔다. 콘스탄티노폴리스 원로원만이 제국과 운명을 같이할 수 있었는데 그 구성은 이전과 크게 달라져 있었다. 새로운 엘리트들은 황궁이나 군대에서 부와 지위를 쟁취했다.

사료가 부족하여 7세기의 변화 양상을 정확하게 묘사하기는 어려우나 흐름은 명확하다. 우선 콘스탄티노폴리스의 궁정과 황제의 측근 주변으로 권력이 점차 집중되고 있었고, 이 흐름은 지방과 주요 도시의 중심지 그리고 그것들을 통제하는 이들(대개 원로원 토지 귀족 계층)뿐 아니라 정치적 · 경제적으로 연결된 지방 당국에 타격을 주었다. 아마도 이는 얼마간은 필요한 일이었을 것이다. 엘리트층은 도시 중심지에 거주하며 인근 농촌의 영지 등 자산을 관리했는데, 이는 이슬람 제국의 정복으로 거의 사라졌다. 많은 도시 역시 자취를 감추었다. 주민들이 버린 결과일 수도, 겉모습과 형태 · 기능이 크게 달라진 결과일 수도 있다. 어쨌든 제국은 꾸준히 지방에서 자치적으로 보유하던 자원 통제력을 제국의 수도로 가져와 줄어만 가는 자원을 더 정확하고 꼼꼼하게 감독하기 위해 노력했다.

열주 광장이나 극장, 목욕탕과 같이 개방된 문화 공간은 포위당한 사회에 맞지 않는 것이었다. 성벽으로 둘러싸인 작아진 도시, 즉 카스트로Kastro가 군 행정과 교회 행정의 중심지가 되었다. 과거와 달리 성벽이 둘러쳐진 좁은 공간에 적은 인구가 거주하는 것이 평범한 일이 되었다. 남겨진 영토는 이전보다 인구가 덜 밀집된 상태였다. 이 모든 현상이 시기에 따라 또 지역에 따라 다르게 나타났지만(예를 들어 발칸반도는 소아시아보다 훨씬 오래 외적에 시달렸다), 제국 전체를 놓고 보면 전반적인 흐름이 그러했다. 이전보다 규모가 축소된 새로운 도시의 엘리트, 이를테면 주교나 군사령관의 출신 성분 또한 이전과 달랐고 그들의 모습을 공공건물에 장식하는 일도 드물어졌다.

그러나 이렇게 누군가를 기념하는 것이 적어졌다고 단순히 몰락을 의미하지는 않는다. 그보다는 용도를 재설정하여 도시 중심지는 더 상업적이고 생산적인 기능으로 발전했다. 옛 엘리트층은 과거에 권력을 가지고 즐기던 공간에서 할 수 있는 일이 없었다. 이제 국가는 부와 권력을 얻는 데 유리한 기회를 제공했고, 이에 따라 로마 제국의 살아남은 지방 엘리트들은 수도로 옮겨 가 궁정에 진출하거나 군대와 교회에서 길을 모색했다. 680~730년대 사이의 여러 교황이 동방, 특히 시리아 출신인 점에서 이를 확인할 수 있다. 로마에 사는 동방 출신 수도사들이 한층 많아졌으며, 668년 교황은 실리시아 지역(소아시아 동남부 해안 지역) 출신 타르수스의 테오도로스를 캔터베리 대주교로 임명했다. 동방 출신 사람들이 서유럽에서 보여 준 활약에 비하면 콘스탄티노폴리스로 이주한 동방 출신 사람들의 활동은 빛이 바랄 지경이다.

콘스탄티노폴리스가 이 시기에 더욱 눈에 띄는 도시가 되었음은 확실하다. 역병이 여러 차례 발생했음에도 콘스탄티노폴리스는 여전히 많은 인구(아마 그리스도교 세계 최대 도시였을 것이다)와 황제, 궁정, 총대주교와 사제들이 사는 도시였다. 여전히 인접지에서 생산되는 식량은 콘스탄티노폴리스의 인구를 먹여 살리기에 충분하지 않았고, 황제들은 식량 부족으로 봉기가 일어나는 사태를 방지하고자 최선을 다했다. 이집트 상실 이후 콘스탄티노폴리스로 유입되는 곡물 대부분은 시칠리아산과 아프리카산이었다. 콘스탄스 2세가 곡물의 강제 구매와 운송 제도를 도입하려 한 이유도 이 때문일 것이다. 본래 코메르키아리이와 아포티카이와 관련된 조직은 이를 위해 운용되다가 나중에 직능이 확대되어 일반적인 재무 업무 전체를 관장하게 되었다. 콘스탄티노폴리스는 이렇게 곡물을 확보했지만, 이제는 국가의 보조를 이전처럼 충분히 받지 못했고, 수도에 주둔하는 군인이 아니라면 무상 배급이 이루어지지 않았다.

간략하게 정리하면 7세기 비잔티움 제국의 경제는 약화된 상황에 적응하기 위한 과정이었다. 비록 오래 지속되지는 못했지만 엑사그라마Exagramma라는 이름의 은화가 616년에 도입되었다. 엑사그라마는 실질적으로 솔리두스의 절반 가치로 쳐서 봉급을 지급하는 데에도 이용되었다. 본래 일상생활에서 주로 사용된 동화는 꾸준히 가치절하의 대상이 되어 본래 12그램이던 무게가 미처 100년이 안 되는 기간에 3그램 조금 넘는 수준으로 줄어들었다. 이 시기의 주화 유물이 잘 발견되지 않는 것은 앞에서 언급한 이유로 화폐 순환이 정체되었기 때문으로 보인다. 650년대 이후 작성된 것으로 보이는 불가사의한 문서인 〈농민법Nomos Georgikos〉은 소아시아 농촌의 삶을 잘 보여 준다. 화폐를 통한 거래는 거의 보이지 않는데, 이는 그만큼 드물게 이루어졌음을 의미한다. 일부 학자는 7세기 경제와 세제에서 화폐의 역할이 거의 사라졌다고까지 주장하지만 아직까지는 근거가 부족해 보인다. 콘스탄티노폴리스나 660년대의 시칠리아처럼 제국의 통제력이 막강한 지역에서 화폐 경제는 여전히 활발했다. 제국의 세제 또한 마찬가지로 잘 기능했으나, 현물 납부 비중이 높아지고 있었다.

"신이시여, 로마인을 도와주소서"

이 시기에 일어난 극적인 정치 사건들은 당대 사람들에게 당황스러운 일이었을 것이다. 자연히 역사를 종말론적으로 해석하는 경향이 생겨났는데, 종말론적 해석은 현상을 받아들이는 데에는 도움이 되는 동시에 기름을 들이붓는 격이었다. 처음에는 페르시아의 정복과 페르시아 제국의 그리스도교도 학살, 그리스도가 매달렸다는 성십자가의 상실, 그다음에는 이슬람 제국의 정복과 생존을 위한 투쟁, 이 모든 일이 종말을 알리는 계시로 여겨졌다. 이 시대 사람들이 그렇게 생각했음을 많은 문헌과 물건 들이 말해 준다.

이라클리오스가 615년 발행한 은화에는 6세기 후반부터 군대의 전투 구호 중 하나인 "신이시여, 로마인을 도와주소서"라는 문구가 새겨졌다. 실제로 이라클리오스의 기나긴 페르시아 원정과 성공, 마침내 예루살렘으로 성십자가를 되돌려 놓은 일을 많은 사료는 신의 적에 대한 정당한 전쟁으로 묘사하고 있다. 황제가 보여 주고자 하는 측면과 정확히 일치한 것이다. 이 시기 십자가 도안이 널리 이용된 것(예를 들어 콘스탄스 2세가 642년 발행한 주화에는 앞에서 언급한 콘스탄티누스 1세가 그리스도를 상징하는 환영을 보고 전쟁에서 승리한 '정복의 계시'와 십자가가 새겨졌다), 이라클리오스가 카물리아네의 아히로피이타를 원정에서 사용한 것 그리고 626년 콘스탄티노폴리스 공방전에서 성모의 역할을 강조한 일은 제국의 운명과 신의 뜻이 서로 닿아 있다는 당대인의 인식이 반영된 결과이다. 마우리키우스, 포카스 그리고 이라클리오스 세 황제 모두 즉위한 뒤 대중적으로 큰 인기를 모은 시케온의 성자 테오도로스를 찾아가 축복과 예언을 받고자 한 일 역시 마찬가지이다. 황제마저 살아 있는 성자에게서 인정받고 싶어 할 정도로 초자연적 존재의 도움이 모두에게 절실했다.

이라클리오스의 페르시아 전쟁 중에도 이것이 종말 이전 최후의 전쟁이라는 증언이 여럿 등장했다(대체로 성인전에 많이 나온다). 따라서 이라클리오스의 승리는 황제가 구원자 역할을 수행하는 전 우주적 이야기에서 중요한 사건으로 제시되었다. 이 시기 《구약 성경》에서 이스라엘의 왕을 지칭하는 용어로 사용되는 바실레프스Basileus 칭호의 사용도 이런 맥락에서 이해할 수 있다. 이를 통해 이라클리오스는 다윗과 연결될 수 있었는데, 이는 아야 소피아 성당의 부제 예오르요스 피시디스가 632년까지의 사건들을 다룬 서사시에서 확인할 수 있다. 페르시아 원정에서 승리한 황제 이라클리우스를 그리스 고전과 《성경》의 내용을 암시하는 방식으로 기려 그 시대의 노아이자 모세 그리고 헤라클레스이자 페르세우스로 비유했다. 영광의 순간은 이 시기에 제작된 것으로 알려진, 다윗의 삶과 승리를 묘사한 아름다운 은 원판 아홉 개(지금은 메트로폴리탄 미술관과 키프로스 박물관이 나누어 소장 중이다)에서 확인할 수 있다. 이 시기 그리스도교 예술은 승리에 고무되어 과거와 현재의 그리스도교도 영웅을 묘사하는 경향을 띠며 이 같은 사회적 인식을 반영하고 있다.

하지만 축배를 들기는 일렀다는 사실이 곧 밝혀졌다. 이슬람교도는 폭발적으로 증가하고 로마인에게 주어진 신의 선물로 여겨지던 승리는 그들 것이었다. 예상할 수 있듯이 로마인들의 반응은 신학에 기대는 것이었다. 통합, 더 정확하게는 신앙의 단일화를 기대하는 시각이 단성론에 대한 제국 정부의 지지와 그 반대파에 대한 박해로 드러났다. 이슬람 정복이 시작되기 이전인 632년부터 이라클리오스는 아프리카의 유대인들을 강제로 개종시키기 시작했다. 하나의 신앙에 대한 강박이 사고를 지배하고 있었던 것이다. 680년과 692년에 개최된 공의회는 바른 신앙과 행실은 무엇인가, 어떻게 해야 신의 총애를 다시 얻어 승리할 수 있을까를 논의한 자리였다.

비잔티움 제국 정부 역시 칭호와 의례를 통해 통치자의 권위가 신에게서 비롯되었음을 강조하고자 했다. 바실레프스 칭호를 채택한 것과 마찬가지로 아야 소피아 성당에서 대관식을 진행하고(641년이 처음이었다) 주화에 유스티니아노스 2세를 그리스도의 모습으로 묘사하고 '그리스도의 종'이라는 문구를 새긴 것 모두 이러한 이유에서 비롯되었다.

당시에 일어난 사건을 종말론적으로 해석한 것은 7세기 후반 시리아어로 쓰인 《가짜 메토디우스의 묵시록*Apocalypse of Pseudo-Methodius*》으로, 얼마 지나지 않아 그리스어로 번역되었다. 익명의 저자는 4세기의 순교자를 가장해 아담부터 아랍인들의 정복까지 인류의 역사를 저술했다. 그는 아랍인이 로마 제국과 페르시아 제국을 정복할 것이라고 하면서도 끝에 가서 희망의 메시지를 던져 준다. 비잔티움 황제가 일어나 아랍인을 무너뜨릴 것이며, 아랍인은 정복당할 때까지 그 앞에서 도망칠 것이라고 한다. 또한 로마 제국은 결국 승리하고 종말의 때까지 존재하리라는 내용이다.

하지만 현실의 삶, 이슬람 제국의 통치를 받는 그리스도교도의 삶은 달랐고 그들은 협상을 택했다. 시나이산의 성 카타리나 수도원의 사례는 이를 잘 보여 준다. 이 수도원은 선지자 무함마드에게서 안전을 보장한다는 문서를 받았다고 주장하여 이후의 전쟁에서 피해를 입지 않았다. 문서가 진본이냐 아니냐는 중요하지 않다. 중요한 것은 당대인들이 이를 인정했다는 사실이다(현존하는 문서 사본은 16세기에 제작된 것으로, 이 보장 문서의 효력이 여전했음을 보여 준다).

시나이산의 수도사들은 면세 혜택을 받았고, 과거만큼 강하진 않았다 해도 변함없이 그리스도교 세계의 중심지들과 연결되어 교류했다. 이 수도원은 7세기와 그 후에도 문화적으로 중요한 위치를 차지했다. 그 가운데 가장 눈에 띄는 이는 7세기 후반 성 카타리나 수도원에 들어온 키프로스 출신 수도사 시나이의 아나스타시오스 이다. 그는 많은 저서를 남겼는데, 사람들에게서 받은 질문과 그 답을 모은 《문답서*Quaestiones et Resposiones*》가 흥미롭다. 이 책은 주로 신앙과 실천의 문제를 다루며 이 시대 사람들의 현실과 불안을 고스란히 보여 준다.

"역병이 발생했을 때 도망치면 살아남을 수 있을까요?"

— 역병이 자연적인 원인에서 비롯된 결과이고 하느님이 내린 벌이 아닌 때에만 가능합니다.

"사막에서 또는 포로 상태에서 굶주림 때문에 낙타 고기를 먹는 것은 죄악입니까?"

— 그리스도의 가르침을 지킨다면 심판의 날에 그 일로 단죄받지 않을 것입니다.

"모든 지배자는 하느님께서 정하십니까?"

— 자격이 없는 지배자는 그렇지 않습니다.

"포로가 되어 아랍인과 동침한 여자를 어떻게 대우해야 합니까?"

— 강요에 의한 것이라면 죄가 작습니다.

"아랍인이 그리스도교도에게 저지른 모든 죄악은 하느님의 뜻에 따른 것입니까?

— 결코 그렇지 않습니다!

물론 그리스도교와 이슬람의 관계가 항상 폭력적이었던 것은 아니다. 칼리프 왈리드 이븐 압둘말리크(왈리드 1세, 재위 705~715년)는 다마스쿠스의 성 요한 성당을 허물고 그 자리에 우마이야 모스크를 지었다. 이때 유스티니아노스 2세는 막대한 양의 황금색 모자이크용 각석과 모자이크 장인들을 보냈다. 이것이 조약에 따른 일이었는지는 알 수 없지만, 두 국가는 서로 전쟁을 벌이면서도 적의 예술적 성취를 배우는 데에는 주저하지 않았음을 보여 주는 사례이다.

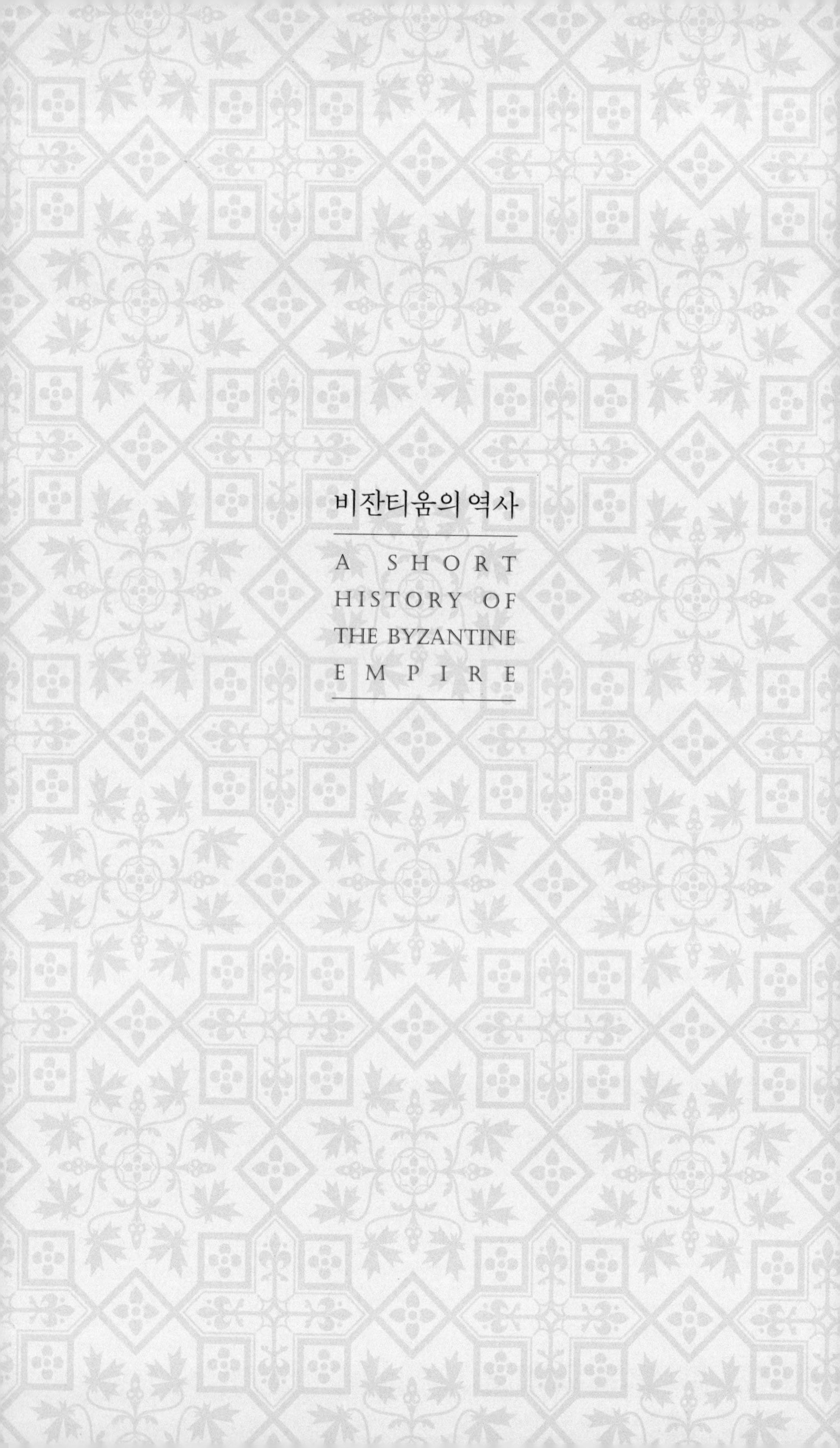

비잔티움의 역사

A SHORT HISTORY OF THE BYZANTINE EMPIRE

제4장

부활의 날개를 펴다
(717~867년)

성상 파괴론자 황제들의 빛과 그림자

시리아 지역의 이사우리아인 집안에서 태어난 군인 출신 황제 레온 3세가 제국 구원의 임무를 짊어지게 되었다. 그는 713년경 아나톨리콘의 스트라티고스로 임명되었고, 아르메니아콘의 스트라티고스 아르타바스도스와 동맹을 맺어 제위에 도전했다. 그가 집권한 717년은 칼리프 왈리드의 형제 마슬라마 이븐 압둘말리크 이븐 마르완이 지휘하는 아랍 원정군의 콘스탄티노폴리스 포위로 제국이 위태로운 시점이었다.

아랍 지상군은 트라키아 방면에서 수도를 포위하고 함대는 마르마라해를 봉쇄한 상태였다. 비잔티움 제국은 또다시 예상을 깨고 승리했다. 그리스의 불이 아랍 함대를 깨부수는 동안 비잔티움 제국의 요청을 받은 불가르 군대가 트라키아 방면의 지상군을 후위에서 공격했다. 하지만 가장 중요한 것은 비잔티움 제국이 아랍 군대의 보급을 차단하고, 717년과 718년 사이 혹독한 겨울이 덮치고 기근이 든 데다 전염병이 돌아 아랍 군대가 막대한 타격을 입은 점이다. 이는 아랍인이 주도한 최후의 콘스탄티노폴리스 공성전으로, 아랍인들의 정복 역정은 크게 어그러졌다.

지중해 반대편에서는 북아프리카를 거쳐 스페인 지역을 정복하던 아랍 군대가 푸아티에 인근에서 벌어진 전투에서 프랑크 귀족이자 카롤루스 마그누스의 할아버지인 카롤루스(마르텔루스Martellus, 즉 '망치'라는 별명으로 유명)가 이끄는 군대에 가로막혔다. 그리스도교 세계 양끝에서 거둔 두 승리가 이슬람 제국의 서쪽 방면으로의 확장에 한계를 드러내 정책에 변화를 가져왔으며, 이후 몇 세기 동안 지중해 세계는 이 상황에서 일진일퇴를 거듭했다.

비잔티움 제국은 당면한 위협은 잘 넘겼지만 변함없이 위태로운 상태였다. 레온 3세는 이를 잘 알고 있었다. 720년대 중반 레온은 콘스탄스 2세의 정책을 계승하여 세수를 늘리고자 인구 조사를 실시하고 인두세를 인상했다. 이번 조치의 특징은 교회 재산도 예외가 아니었다는 점이다. 주교들은 항의했고 교황은 콘스탄티노폴리스에서 요구하는 세금을 한 푼도 내지 않았다. 증거가 충분하지는 않으나 레온이 교황을 해임하거나 아예 살해하려 했던 것으로 보이는데, 콘스탄티노폴리스의 영향력은 전과 같지 않았다. 그리고 시칠리아와 칼라브리아의 세금은 비잔티움 제국의 행정 기구가 거두어들였다. 이 자금은 730년대 초 시칠리아를 약탈한 아랍인들을 막기 위한 함대 조성에 쓰였을 것이다. 로마 교회의 불충을 단죄하기 위해 레온은 동東일리리쿰 교구(달마티아에서 그리스까지의 영역)를 콘스탄티노폴리스 총대주교청 밑으로 편입시켰다. 동일리리쿰 교구의 관할권 문제는 그 뒤 몇 세기에 걸쳐 로마 교회와 비잔티움 제국 사이의 분쟁거리가 된다.

비잔티움 제국을 대상으로 한 아랍인들의 공격은 쉬지 않고 이어졌다. 725년 이코니온(지금의 튀르키예 코니아)이 함락되고 니케아와 케사리아, 키프로스가 약탈당하거나 포위되었다. 레온 3세와 그의 아들 콘스탄디노스 5세는 740년에 함께 원정에 나서 소아시아 중부의 아크로이논(지금의 튀르키예 아피온카라히사르)에서 아랍 군대를 대파했다. 이 승리는 전략적으로도 중요했지만, 오랜 연전연패를 끊었다는 면에서 상징적인 의미가 크다. 레온이 세상을 떠난 741년 계승 구도는 명확했음에도 아르타바스도스는 콘스탄디노스 5세에 도전했다. 주요 지휘관들은 분열되었으나 결국 콘스탄디노스 5세가 승리했다.

740년대 유럽과 중동 각지에서는 중대한 사건이 끊이지 않았다. 우선 743년 이집트에서 시작된 역병이 동서로 퍼져 나가 744~745년에는 시리아 · 이라크 · 튀니지를, 745~746년에는 시칠리아 · 칼라브리아 · 로마를 덮쳤고, 747~748년에는 그리스를 경유해 콘스탄티노폴리스까지 들어와 심각한 인구 손실을 야기했다. 740년대 말에는 아르메니아로 번졌다가 다시 시리아와 메소포타미아, 이라크로 돌아왔다. 이는 14세기에 페스트가 오기 전까지 최악의 규모였고 이와 더불어 호황은 막을 내렸다. 바스라와 다마스쿠스, 로마, 콘스탄티노폴리스 같은 주요 도시는 큰 타격을 입었다.

이 시기 이슬람 세계는 우마이야 왕조에 대한 반란으로 신음하고 있었다. 그 결과 선지자 무함마드의 삼촌 아바스 이븐 압둘무탈리브의 후예들이 아바스 왕조 정권을 세웠다. 아바스 왕조는 수도를 지중해에서 멀리 떨어진 바그다드로 옮겼다. 랑고바르드인이 이탈리아의 비잔티움 제국 영토를 침략해 오더니 751년 엑사르호스의 임지인 라벤나를 점령하면서 상황은 한층 심각해졌다. 비잔티움 제국은 동쪽 국경에서 아랍인들의 위협을 저지하는 데 대부분의 군대를 동원하고 있었기 때문에 여기에 적절하게 대처하지 못했다. 베네치아와 달마티아 등 해안 지역은 해군의 존재 덕에 안전했지만, 내륙의 로마 교회는 위협에 아무 보호책 없이 노출되었다.

같은 해 교황 스테파누스 2세는 프랑크 왕국을 5세기 이래 지배해 온 메로비우스 왕조에서, 지난 몇 세대 동안 실질적으로 프랑크 왕국을 통치한 카롤루스 왕조(카롤루스 가문으로 불리게 된다)로 교체되는 데에 힘을 실어 주었다. 카롤루스 왕조의 왕 피피누스 3세는 754년과 756년 두 차례 이탈리아로 출병하여 랑고바르드인에게 빼앗긴 비잔티움 제국 영토를 손에 넣었지만, 피피누스는 점령지를 비잔티움 제국이 아니라 성 베드로의 후계자들에게 주었다. 770년 피피누스의 아들 카롤루스 마그누스는 랑고바르드의 공주 데시데라타와 결혼했음에도 774년 랑고바르드 왕국을 정복하고 왕으로 즉위했다. 이후 한 세대도 지나기 전에 이탈리아 북부의 비잔티움 제국 영토는 소멸하고, 로마 교회는 프랑크 왕국과의 동맹을 통해 승자로 우뚝 섰다.

대신 콘스탄디노스 5세는 동쪽과 북쪽 국경에서 성공을 거두었다. 아바스 왕조는 750년대와 760년대에도 끊임없이 공격했으나 승자가 없는 싸움이어서 마땅한 성과를 얻지는 못했다. 그 결과 비잔티움 제국과 아바스 왕조 사이에는 차츰 소아시아 남부의 셀레우키아(지금의 이라크 실리프케)와 흑해 남쪽 해안의 트라페준타(지금의 튀르키예 트라브존)까지 얼마 안 되는 무인 지대가 형성되었다. 양쪽 모두 이 지역을 약탈 대상으로 보았기에 실질적으로 이곳은 두 제국의 완충 지대가 되었다. 이는 두 제국 사이의 변경이 얼마나 유동적이었는지를 보여 준다.

한편 발칸반도에서는 불가르 제국의 위협이 심각해 비잔티움 제국은 몇 차례 원정으로 대응했고 몇 번은 성공적이었다. 그리스 지역에 정착한 슬라브인에 대해 비잔티움 제국은 세금 부과 같은 통제력을 확대하는 한편, 대규모 이주 정책을 펼쳐 이 지역에서 비잔티움 문화의 비중을 늘리기 위해 노력했다. 또한 이 시기에 시리아와 아르메니아의 합성론파 주민들이 제국의 동부 지역으로 대대적으로 이주했다. 반면 불가르인과 슬라브인의 약탈을 피해 주민들이 소아시아로 이동하는 바람에 트라키아 지방의 인구는 감소했다. 이 모든 일이 콘스탄디노스 5세가 재위 중인 740~770년대 사이에 일어났다.

이사우리아인들이 새로 배출한 두 황제는 비잔티움 제국의 하락세를 반전시키는 데 성공했다. 하지만 악명 높고 그만큼 큰 오해가 있는 성상 파괴운동 때문에 비잔티움 사료 대부분은 두 황제를 혐오하고 조롱했다. 성상 분쟁은 신성한 존재를 묘사하는 방법과 그 가치를 두고 벌어졌다. 성상을 둘러싼 이 분쟁은 복잡하고 논란이 많은 역사적 주제이지만, 크게 4단계로 구분하는 데에는 논란의 여지가 없다. 우선 754년의 히에리아(그리스어식으로는 이에리아) 공의회에서 공식적으로 성상 파괴주의가 채택되었다. 787년의 제2차 니케아 공의회는 이 조치를 취소했고, 815년의 아야 소피아 공의회는 성상 파괴주의를 다시 채택했다. 그리고 마지막으로 843년에 일어난 일명 '정교회의 승리'로 성상 공경주의가 최종적인 승리를 거두었다.

성상 파괴주의가 언제 시작되었느냐, 좀 더 구체적으로 말하자면 성상 공경론자들이 근거로 드는 것들(모두 800년 이후에 작성된 것들이다)에서 명시하듯이 분쟁의 막을 연 책임이 과연 레온 3세에게 있느냐 하는 점은 여전히 뜨거운 논쟁의 대상이다. 있는 그대로 받아들인다면 분쟁 초기에 대한 증거들은 직접적인데, 많은 학자는 843년 이후 거리낌 없이 성상 공경론에 맞게 역사를 대대적으로 고쳐 쓴 것이라고 주장한다.

720년대에 소아시아의 일부 주교가 성상 사용을 반대하여 관할 교회에서 아예 자취를 없애 버렸다. 콘스탄티노폴리스 총대주교 예르마노스 1세는 이 문제를 대화로 해결하려 했다. 예르마노스는 매우 이례적으로 730년에 퇴임했는데, 배후에 어떤 압력이 존재했으리라고 추측할 수 있다. 성상 공경론자들은 레온 3세 황제가 성상 파괴주의를 강요했기 때문이라고 주장하지만, 레온이 교회의 면세 특권을 부정하는 재정 정책을 취한 점도 고려해야 한다. 교황이 레온 3세에게 보인 강경한 태도는 확실히 레온 3세의 성상 파괴주의에 대한 반응으로 보인다. 사료들은 레온이 성상 파괴주의에 매료된 이유를 727년 산토리니섬에서 발생한 무시무시한 화산 폭발을 신의 분노로 받아들였다거나 그가 동방 출신이기 때문에 성상을 좋아하지 않는 유대교도와 무슬림의 영향을 받았다는 등으로 설명한다. 그러나 이는 아랍인이 승리를 기뻐하는 동안 비잔티움 제국이 한 세기 가까이 패배를 겪은 까닭을 레온에게서 찾는 것이다.

성상 공경은 십계명에서 우상 숭배를 금지한 제2계명를 어기는 것으로 보였다. 요컨대 비잔티움 제국은 우상 숭배를 범하여 단죄당한 것이다. 레온 3세는 콘스탄티노폴리스 황궁의 할키 대문에 걸린 거대한 그리스도상을 제거하고 로마 교회(이를 통해 우리는 제국 전체의 교회에 같은 지시가 내려졌다는 가설을 생각할 수 있다)에 성상을 없애라고 요구함으로써, 성상 파괴주의가 그리스도교 관행에 반한다고 주장한 731년의 로마 교회 회의에 대한 반대 의견을 밝혔다고 볼 수 있다. 사료 대부분이 후대에 작성되어 왜곡되었을 수 있으나 전적으로 창작된 것으로 보이지는 않는다.

성상 파괴론자로서 레온의 위치는 논쟁의 대상이지만, 그의 아들 콘스탄디노스 5세는 그렇지 않다. 그는 성상 공경을 규탄하는 신학 성명을 여러 차례 작성했고, 754년 개최된 히에리아 공의회에 직접 참석하여 성상 공경을 기나긴 이단 목록에 올렸기 때문이다. 히에리아 공의회는 성상 파괴운동의 입맛에 맞는 기록을 수집하여 교리 문집을 작성했다.

760년대 내내 성상 공경론자에 대한 숙청과 처형이 이어졌다. 성상 공경론 측 기록에 따르면 주된 사냥감은 수사와 수녀였다. 수사와 수녀 들은 조롱의 대상이 되어 결혼을 강요받았으며, 몇몇 스트라티고스는 임지에 존재하는 수도원과 그 재산을 압류하기까지 했다. 후대의 성상 공경론자가 삽입한 선전 문구와 실제로 일어난 일을 구분하기는 쉽지 않으나, 황제가 수도원에 적대적이었던 점만은 명백한 사실로 보인다. 수도원장 몇몇은 황제에 반대했다는 죄목으로 박해당했다. 하지만 조금 다른 방향에서 이 문제를 바라볼 수도 있다. 제국의 입장에서 수도사들은 농업 생산에 도움이 되지 않을 뿐 아니라 국가에 가장 중요한 세금과 군 복무 자원을 갉아먹는 존재였다.

콘스탄디노스 5세가 죽은 775년은 한 세기 가까이 영토를 잃기만

그림 13 이스탄불 아야 이리니 성당의 후진(애프스). 중앙 돔에 새겨 넣은 십자가가 유일한 장식이며, 아야 소피아 성당처럼 모스크로 바뀌는 일은 겪지 않았는데 무기고로 사용되었기 때문이라고 한다. 콘스탄티누스 1세 재위 마지막 해인 337년 완공된 후 니카 봉기 당시 소실되고 재건되었다가, 740년에는 지진으로 손상되었고 콘스탄티노스 5세 때 다시 지어졌다.

해 온 비잔티움 제국이 안정된 상태로 진입한 시점이다. 그의 아들 레온 4세의 즉위는 순조롭게 진행되었지만 5년을 못 채우고 끝났다. 그의 후계자 콘스탄디노스 6세는 당시 아홉 살에 불과했으므로 아테네 태생인 그의 어머니 이리니가 공동 황제로 즉위했다. 이리니는 아들 콘스탄디노스를 카롤루스 마그누스의 딸과 결혼시키는 동맹 정책을 추진하는 등 외교 정책 수립에 열중하는 한편, 제위에 도전할 수 없는 환관 출신 관료를 중용했다.

이후 이리니가 등용한 환관 장군은 그리스 지역에서 슬라브계 집단들을 공격해 펠로폰네소스반도를 재정복했다. 그러나 이러한 성공은 780년대 후반부터 790년대까지 아랍 군대의 소아시아 공격을 막지 못하고 대패한 것에 가려졌다. 비잔티움 제국이 소유한 이탈리아 남부 영토와 매우 인접한 랑고바르드계 베네벤토 공국을 프랑크 왕국이 침략하자, 제국은 로마 교회와 서방 세계의 관계를 의심의 눈초리로 바라보면서 우려했다.

이리니는 성상 공경 정책으로 유명해졌다. 그녀는 먼저 자신이 후원하는 귀족 출신 지식인이자 평신도 타라시오스를 총대주교청에 올리고, 이 시기 성상 파괴주의에 대한 반대 입장을 충실히 견지하던 로마 교황과 접촉하여 786년에 세계 공의회를 소집했다. 성상 파괴론자 주교들과 군대 일부가 반대했음에도 이듬해 니케아에서

그림 14　1,100년 제국 역사상 세 여성 통치자 중 한 명인 이리니의 재위 기간에 주조된 주화. 황실 가족이 입는 로로스 차림에 십자가와 펜딜리아로 장식된 관을 쓰고 오른손에는 보주를, 왼손에는 십자형 규(圭)를 들고 있는 모습은 권위와 그리스도교 세계에 대한 지배를 상징한다. 이리니 위에 새겨진 문구는 "이리니 여제를 위하여"라는 의미이다.

공의회가 진행되었다. 성상 파괴론 교리 문집에 맞서기 위해 성상 공경론자 주교들은 교부들의 저서에서 성상 공경 구절을 모아 더 긴 책자를 발간했다. 이때 종합된 성상에 대한 신학 지식은 정교회의 특징으로 남게 되었다. 그에 따르면 성상을 힐난하는 이들의 주장과 달리 성상을 공경하는('숭배하는'이 아니다) 일은 우상 숭배와 별개의 행위로, 그 원형에 대한 경의를 표한다는 의미를 지녔다.

콘스탄디노스 6세가 성년이 되자 이리니는 권좌에서 밀려났다. 790년에 시작된 콘스탄디노스의 단독 집권기는 성공적이지 못했을 뿐더러 792년 불가르 제국 원정은 크게 실패했다. 이리니는 차츰 권력을 확보하며 공동 군주의 역할을 되찾고 나서 797년에는 마침내 아들을 폐위하고 두 눈알을 뽑아 버려 영영 옥좌에서 밀어냈다.

이는 당시 콘스탄디노스가 첫 아내와 이혼한 뒤 다시 결혼한 일과 관련이 있는데, 이를 두고 수도원 사회를 주도하는 귀족 출신 두 수도사 스투디오스의 테오도로스와 사쿠디온의 플라톤(테오도로스의 삼촌이다)을 중심으로 극심한 반발이 일어났다. 콘스탄디노스는 이들의 입을 틀어막기 위해 가혹하게 처벌하고 군대까지 동원했지만 정권 교체를 막을 수는 없었다. 797~802년 이리니는 홀로 통치했다. 여성이 누군가의 어머니나 아내가 아닌 상태에서 남성 친족의 도움도 받지 않고 황제가 된 것은 이때가 처음이다. 이리니는 제국 안팎에서 자신의 지위를 공고히 하기 위해 애썼다. 내부적으로는 세금 감면 정책을 펴고 콘스탄티노폴리스 시민들에게 즉위 하사금을 뿌리는 한편, 앞에서 언급한 수도사 테오도로스를 수도에서 가장 오랜 역사를 가진 스투디오스 수도원으로 다시 불러들였다. 나라 밖에서는 카롤루스 왕조의 국왕 카롤루스 마그누스에게 결혼을 제의하기도 했다.

이러한 노력에도 이리니의 지위가 불안정했음을 가장 상징적으로 보여 주는 사건은 800년 크리스마스에 교황 레오 3세가 프랑크의 왕 카롤루스 마그누스를 '로마인의 황제'로 대관한 일이다. 비잔티움 제국의 입장에서도 이는 얼마간 예상 가능한 일이었다. 레오는 로마의 반대파 때문에 카롤루스의 궁정으로 도망친 적이 있었으며, 카롤루스는 대관식 직전 레오가 교황청을 되찾을 수 있도록 도와주었다. 레오는 교황이 황제를 대관한다는 이전에 없던 의식을 만들어 냈다. 교황청의 입장에서 이 조치는 이후 한 세대 정도 이어질 카롤루스 왕조의 보호를 받는 계기가 되었을 뿐만 아니라, 로마와 로마에서 나오는 자원에 대한 로마 교황청의 통제력이 약화되는 결과로 이어질 수 있는 비잔티움 · 프랑크 동맹의 가능성을 미리 차단한다는 의미가 있었다.

프랑크 사료들은 카롤루스가 '로마인의 황제'로의 즉위를 꺼림칙해하고 놀랐다는 점을 강조하면서 또 여성인 이리니가 황제 자리를 차지하여 로마 제국의 황제가 비어 있는 것으로 볼 수 있었다는 점도 강조한다. 802년 카롤루스 마그누스의 사절이 결혼 문제를 논의하기 위해 콘스탄티노폴리스에 방문했을 때 이리니 정권이 무너진 것은 우연이 아니다.

새 황제 니키포로스 1세는 본래 재무부 장관이라고 할 수 있는 예니코스 로고테티스Genikos logothetēs라는 위치에 있었다. 뒤에서 자세히 다루겠지만 니키포로스의 짧은 재위(802~811년)는 이후 지대한 영향을 가져올 수많은 개혁이 실시된 시기이다. 동쪽에서는 아랍인들이 여전히 승리를 거두고 있고 이탈리아에서는 카롤루스 왕조의 패권이 계속 성장하여 심지어 베네치아에 대한 비잔티움 제국의 수위권까지 위협할 정도였다. 다행히 비잔티움 함대와 베네치아 시민들의 저항으로 베네치아는 비잔티움의 영향력 아래에 남을 수 있었다. 그러나 제국이 당면한 가장 큰 위협은 새로운 칸 크룸(재위 802~814년)의 이름 아래에 뭉친 불가르 제국이었다.

807년부터 크룸은 영토 확장에 매진하며 몇 번이나 비잔티움 제국 군대를 격파했다. 니키포로스는 811년 크룸을 공격하기 위해 원정길에 올랐다. 원정 초반은 불가르 제국의 수도 플리스카를 잠시 점령한 데에서 볼 수 있듯 순조롭게 진행되었으나 곧 복병에 걸려 회복하기 힘든 타격을 입었다. 황제와 측근 몇몇은 전사했고 그의 후계자 스타브라키오스는 치명상을 입었다. 일설에 따르면 크룸은 황제의 목을 베어 두개골을 의례용 잔으로 만들었다고 한다. 스타브라키오스는 반신불수나 다름없는 상태가 되었기 때문에 지지층이 거의 없었다.

불가르 군대에 패배한 지 몇 달 지나지 않아 원로원과 군대는 스타브라키오스의 매형 미하일 1세를 황제로 선출했다. 이렇게 비잔티움 제국의 상황이 크게 악화되자, 그간 로마인의 황제로서 인정받지 못하던 카롤루스 마그누스는 비로소 자타공인 황제라는 지위를 얻을 수 있었다(이전까지 비잔티움 제국은 이 문제에 침묵으로 일관했다). 812년 비잔티움 제국 사절단이 아헨에서 카롤루스를 바실레프스로 인정함으로써 세계에는 다시 한번 동방과 서방의 로마 황제가 존재하게 된 것이다. 5세기 이후 처음 있는 일이었고 기묘한 일이었다. 이후 서방 사료들에서 동방 황제를 로마가 아닌 그리스 황제로 부르는 경우가 부쩍 많아졌다.

미하일 1세의 재위(811~813년) 역시 무척 짧았다. 그는 크룸이 제시한 평화 조약을 거부하고 불가르 원정을 준비했다. 대군을 동원했었음에도 비잔티움 군대는 대패했고, 미하일 1세는 813년 친구이자 동료인 아나톨리콘의 스트라티고스 레온 5세에 의해 폐위당했다. 아르메니아계 혈통의 레온은 니키포로스 1세 재위 시기에 군인으로서의 경력을 쌓았다. 814년 콘스탄티노폴리스 포위를 계획하던 칸 크룸이 죽은 덕분에 잠시나마 불가르 제국의 위협이 잦아들었다. 2년 후 비잔티움 군대는 마침내 이전의 패배를 설욕했고, 크룸의 후계자 오무르타크는 30년 기한의 평화 조약에 동의할 수밖에 없었다.

그동안 레온 5세는 성상 파괴운동 재흥을 꾀했다. 815년 소집된 교회 회의는 이를 다시 한번 공식화했으며 이번에는 교리 문제를 거의 다루지 않았다. 레온은 아마 이를 통해 레온 3세와 콘스탄디노스 5세가 거둔 군사적 승리를 흉내 내어 성상 공경론자 황제들이 맛본 패배의 오명은 피하고자 했을 것이다. 레온의 재위기에는 별다른 사건이 발생하지 않았으나, 당시 콘스탄티노폴리스에 주둔하던 근위대*의 두 지휘관 중 한 명인 미하일 2세가 일으킨 반란으로 레온 5세의 재위는 끝이 났고 실각한 레온은 820년 처형당했다.

이 사건으로 비잔티움 제국 역사상 가장 성공적인 반란 가운데 하나가 일어났다. 소아시아의 중급 장교 '슬라브인' 토마스가 레온의 복수를 위해 들고일어나자, 소아시아에 주둔하는 군대 대부분이 가담했고 그 가운데에는 함대도 있었다. 토마스는 822년 콘스탄티노폴리스를 공격했고 1년가량 이어진 공성전에서 패배했다. 토마스 휘하 함대는 그리스의 불에 의해 파괴되었고, 나머지 군대는 불가르 군대의 공격에 패퇴하여 뿔뿔이 흩어졌다.** 현대의 일부 학자는 토마스의 반란에 소아시아의 농민들이 대거 참여했다고 주장하며 사회사적 의미를 부여한다. 제국 정부에서 부과하는 과도한 세금에 질린 농민들이 토마스를 자신들의 보호자로 보았다는 것인데, 이 학설은 최근에는 거의 인정받지 못하고 있다.

---

* 레오 1세가 창설한 엑스쿠비토레스(Excubitores, 그리스어로는 엑스쿠비티(Exkoubitoi)) 부대를 가리킨다. 창설 당시에는 소규모였으나 6세기와 7세기를 거치며 점차 확장되어 10세기에 이르면 동부와 서부로 나뉘어 각기 다른 지휘관의 통제를 받았다.

** 미하일 2세는 820년 또는 그 후 레온 5세와 오무르타그 칸이 맺은 조약을 인정했으며, 오무르타크는 그 대가로 822년 그를 돕기 위해 토마스의 군대를 후방에서 공격했다.

829년까지 집권한 미하일 2세의 뒤를 이은 아들 테오필로스는 842년까지 정권을 지켰다. 820년대 후반과 830년대에 비잔티움 제국은 또다시 군사적으로 수세에 처했다. 826~827년에 스페인에서 온 아랍 해적들이 크레타를 점령했고, 827년부터는 아프리카의 아글라브 왕조가 시칠리아 정복을 시도하더니 830년 팔레르모를, 843년 메시나를 점령했다. 두 섬이 아랍 해적에게 넘어가자 이제 에게해, 티레니아해, 이오니아해가 위태로워졌다. 그동안 테오필로스는 소아시아 방면으로 직접 원정에 나섰으나 831년 카파도키아에서 패배했다.

더 심각한 사건은 838년 아랍인들이 아나톨리콘 부대의 본부가 있는 아모리온(지금의 튀르키예 히사르쾨이)을 점령하고 파괴했으며, 장교 42명을 사로잡아 처형한 일이다. 이들은 후에 순교자로 추앙받았다. 테오필로스는 살아남은 우마이야 왕조의 지배자, 코르도바를 수도로 둔 안달루스의 아미르Amīr*에게 아바르 왕조를 공격해 달라고 요청했으나 소득이 없었다. 20여 년 전에 미하일과 테오필로스가 함께 이탈리아 카롤루스 왕조의 왕에게 시칠리아와 이탈리

* 8세기 다마스쿠스의 우마이야 왕조 칼리프 정권이 붕괴하자 칼리프 히샴 이븐 압둘말리크(Hishām b. ʿAbd al-Malik, 재위 724~743년)의 손자 '이주자' 압두라흐만(ʿAbd al-Raḥmān al-Dākhill, 재위 756~788년)은 오늘날 이베리아반도에 해당하는 안달루스 지방으로 도망쳐서 코르도바를 수도로 삼아 후(後)우마이야 왕조(756~1031년)를 세웠다. 후우마이야 왕조의 군주들은 929년까지 아미르(Amīr, 지휘관, 총독, 군주) 칭호는 사용하다가 이후에는 칼리프 칭호를 사용했다. 본문에 언급된 비잔티움 제국과 반(反)아바스 왕조 동맹 교섭을 진행한 아미르는 이주자 압두라흐만의 증손자인 압두라흐만 2세(ʿAbd al-Raḥmān II, 재위 822년~852년)이다.

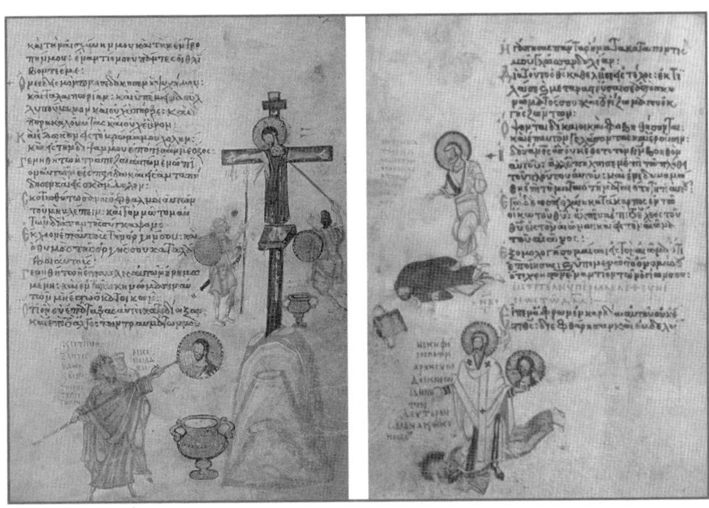

그림 15 843년 이후 제작된 '클루도프 시편'에 실린 성상 파괴론자에 반대하는 시각 선전물. 왼쪽은 성상 파괴론자들이 그리스도 그림을 하얗게 칠하는 모습을 그리스도의 옆구리를 찌르는 군인들과 흡사하게 묘사했다. 오른쪽은 마법사 시몬 마구스가 베드로에게 사도의 치유 능력을 돈으로 살 수 있느냐고 물었다가 짓밟혔다는 일화에 빗대어, 헝클어진 머리를 하여 미치광이로 묘사된 성상 파괴론자 총대주교 문법학자 이오아니스 7세를 총대주교 니키포로스 1세가 밟고 있는 모습이다.

아 남부를 약탈해 대는 아랍인을 물리치는 데 도움을 달라고 요청했을 때와 마찬가지로 말이다.

테오필로스가 죽은 842년이라고 전혀 나을 게 없었다. 그의 후계자 미하일 3세는 당시 두 살배기 어린아이여서 미하일의 어머니 테오도라(323쪽 그림 26 참고)가 그녀의 형제인 바르다스 그리고 페트로나스와 함께 섭정의 지위에 올랐다. 오늘날 정교회에서는 테오도라를 성상 공경론의 승리를 이룩한 인물로 기억한다. 테오도라는 843년 콘스탄티노폴리스에서 교회 회의를 소집해 성상 복권을 천

명하고, 이듬해에 〈정교회 시노디콘Synodikon〉을 발해 성상 공경론자를 교회의 영웅으로, 성상 파괴론자를 이단으로 선언했다. 이 문서는 14세기 중반까지 계속 수정되었는데 오늘날 정교회 신자들은 매해 사순절 첫 번째 일요일마다 이를 낭독한다.

미하일 3세의 재위 동안 공세에 나선 비잔티움 제국은 850년대 초 아르메니아인들이 일으킨 아랍에 반대하는 반란을 지원했다. 855년에 진압된 이 반란은 비잔티움 제국과 아르메니아인이 얼마나 밀접한 관계를 맺고 있었는지를 잘 보여 주는 사례이며, 여기에는 비잔티움 궁정에서 중요한 직위를 차지하고 있는 아르메니아계의 역할도 크게 작용했음은 말할 나위 없다. 예를 들어 테오도라와 두 형제 또한 아르메니아계 혈통이다.

이 시기 이원론을 따르는 소아시아의 바오로파가 탄압의 대상이 되었고, 바오로파는 민병대를 조직해 이에 맞섰다. 비잔티움 제국 군대에 밀려난 바오로파 민병대는 이후 비잔티움 제국과 아바스 제국 사이의 변경 인근에 있는 테프리키(지금 튀르키예 디브리이)의 성채로 숨어든 뒤 수십 년을 버텼다. 856년경 미하일이 성인이 되자 권좌에는 변화의 바람이 불었다. 테오도라는 궁정에서 밀려난 반면 그녀의 두 오빠의 권세는 여전히 강력했다. 863년 페트로나스가 이끈 소아시아 스트라티고스 연합군은 파플라고니아에서 아랍 침공군에 패배했다.

황제를 손아귀에 쥐고 있는 바르다스는 858년 총대주교 이그나티오스(미하일 1세의 아들로 환관이었다)를 해임하고 귀족 출신 포티오스 1세를 총대주교에 앉혔다. 타라시오스 총대주교의 친척이자 평신도이던 포티오스는 학자로 유명했고, 이후 한 세대 동안 비잔티움 제국의 정계와 학계를 주물렀다. 포티오스나 그 동료들과 달리 바닥부터 올라온 새로운 인물들도 궁정에서 활동했다. 가장 대표적인 예가 아르메니아계 농가에서 태어난 바실리오스이다. 바실리오스의 가족은 당시 비잔티움 세계를 가로지르던 인구 이동에 따라 발칸반도에 자리 잡았다.

바실리오스는 거친 매력이 있는 미남이자 말을 잘 다루는 레슬러였다. 바실리오스를 총애하여 측근으로 받아들인 젊은 미하일은 862년 바실리오스를 고위 관직인 파라키모메노스Parakoimōmenos(시종장)로 임명했다. 파라키모메노스는 황제가 가장 공격받기 쉽고 가장 위험한 때인 잠든 동안 황제의 곁에 머물러야 하므로 환관들에게만 주어지는 대단히 중요한 직책이다. 두 사람의 친밀한 관계는 비잔티움 역사상 가장 복잡한 가족 관계로 맺어졌다. 미하일은 바실리오스를 자신의 정부와 결혼시키고(그러나 황제는 계속 정부와 동침했다), 자신은 다른 여자와 결혼했으며, 바실리오스는 미하일의 누나를 정부로 삼았다.

1주일 만에 말단 사제에서 총대주교까지 모든 지위를 거치며 승진한 평신도 출신 포티오스의 총대주교 임명은 교회법에 어긋난 것으로 인식되었다. 이그나티오스를 해임한 것에 대한 교회의 전반적인 여론도 그 배경이 되었다. 해임된 이그나티오스는 복수심에 사로잡혀 로마 교황 니콜라우스 1세에게 교회 회의를 소집해 동일리리쿰 교구를 다시 로마 교회의 관할권으로 선언하고 포티오스를 파문하라고 촉구했다. 이 요청을 받아들인 니콜라우스는 포티오스를 파문했으나, 포티오스는 몇 년 뒤 다시 복귀하여 이번에는 니콜라우스를 파문했다. 867년부터 로마 교회와 콘스탄티노폴리스 교회는 다시 분열 상태에 빠져들었다.

867년은 비잔티움 제국에게 중요한 해이다. 바실리오스는 미하일에게 막강한 영향력을 미치고 있었지만, 이 권력은 전적으로 황제의 총애에 기댄 것이었다. 866년 바르다스를 숙청하고 처형한 바실리오스는 미하일의 총애가 식어 간다는 위기감을 느끼고 미하일마저 살해하고 스스로 제위에 올랐다(바실리오스 1세). 이는 비천한 출신에도 민첩하고 수완이 뛰어난 자가 비잔티움 제국 황제의 자리를 차지할 수 있었다는 증거이다.

상대적 안정기에 이룬 제도 개혁

기나긴 패배의 시간을 거친 비잔티움 제국에게 8세기와 9세기는 상대적으로 안정기였다. 이때 제국은 여러 제도를 개선했는데, 이는 오랜 기간 유지될 중요한 개혁이었다.

750년 페스트가 마지막으로 유행한 후 인구는 회복기에 접어들었으나, 이전 수준으로 회복하는 데에는 거의 한 세기가량이 걸렸다. 특히 막대한 피해를 입은 지역들로 인구 이동이 이어져 인구 밀도가 전반적으로 균일해졌다. 발칸반도를 다시 장악하여 공격에 대한 완충지가 확보되어 약탈이 잦아들면서 소아시아의 핵심 지역들은 한층 안전해졌다. 그러자 농업 생산이 안정되고 세입이 회복되었다. 760년대부터 경제 측면에서 긍정적인 흐름이 보인다. 고대 후기 이슬람의 확장으로 경제 활동과 자원이 집중된 콘스탄티노폴리스의 경우가 더욱 그러했다. 콘스탄디노스 5세는 콘스탄티노폴리스에 대규모 복원 공사(626년 아바르인의 공격으로 파괴되었던 발렌스 수도교는 이때 복원되었다)를 명령하고 그리스 지역 주민들을 수도로 이주시켰다. 이리니는 테오도시우스 항구 인근에 궁정과 공방을 건설하도록 했다.

더 중요한 것은 니키포로스 1세가 취한 조치들이다. 연대기를 저술한 테오파니스는 니키포로스의 개혁이 성가시기만 했다고 평가했지만, 이리니의 방만한 재정 정책을 바로잡아 국고를 튼실하게 하는 데 도움이 되었다. 면세 혜택은 크게 축소되고 세제는 일반화되었으며, 고가이거나 생산성이 좋은 토지들은 몰수되었다. 니키포로스는 여기에 그치지 않고 연안 무역을 촉진하기 위해 강압적인 수단까지 써 가면서 콘스탄티노폴리스에 기반을 둔 상인과 선주 집단을 지원했다.

660년대부터 800년경까지의 시기는 통화 사용 빈도가 떨어진 시기이다. 금화와 동화 모두 일부 거래에서만 사용되었다. 그렇다고 경제가 완전히 상품화폐에 의존하게 되었다는 뜻은 아니다. 수도와 군대에서는 화폐를 활발하게 사용했는데, 군대의 예를 들자면 800년대 초 불가르인이나 아랍인이 제국 군대에 봉급으로 지급할 물자를 약탈하는 바람에 주화 수만 냥이 사라졌다는 기록이 남아 있다. 7세기 비잔티움 제국은 아랍인과 불가르인의 공세에 맞서 살아남아야만 했다는 점에서 유스티니아누스 1세의 고대 후기 로마 제국과 달랐다. 이 시대의 비잔티움 제국은 대도시권에 의존한 이전과 달리 농촌에 의존했으며, 고대 후기 제국의 폴리스(고대 그리스의 도시 국가)들의 자리는 축소된 도시들이 채웠다.

비잔티움 제국은 크게 두 요인 덕분에 생존할 수 있었다. 하나는 수도 콘스탄티노폴리스와 그 자원을 보존하여 그를 기반으로 제국의 남은 영토를 중앙 집권화한 것이며, 다른 하나는 군대 조직에 변화를 가해 변경이 상대적으로 안정되어 외침을 저지하고 잃어버린 영토를 되찾은 것이다. 9세기 후반과 10세기의 사가들은 이슬람 침공 이전에는 존재하지 않던 제도들이 얼마나 안정적이고 믿음직스러운지 자랑스레 기록했다. 시점에 대해서는 논쟁이 분분하지만, 어쨌든 이 시기 비잔티움 제국은 많은 부분에서 진화를 경험했음이 확실해 보인다. 사실 개혁이 언제 이루어졌는지는 그다지 중요한 문제가 아니다. 이 시기의 변화는 황제 한 사람이 세운 계획표에 따라 이루어진 것이 아니라, 변화하는 상황에 따라 필요한 조치가 취해지면서 서서히 이루어졌기 때문이다.

스트라티이아는 소아시아 곳곳에 설치되며 제국의 변경을 안정시켰다. 그러나 한편으로는 앞에서 확인했듯이 스트라티고스들이 더 높은 관직을 위해 반란을 일으키는 근거지가 되기도 했다. 생존 투쟁 시대에 제국은 중요한 자원을 관리했고, 수도의 통제에서 벗어날 만큼 지리적으로 멀리 떨어져 있는 몇몇 개인, 즉 5대 군 지휘관(아나톨리콘 · 옵시키온 · 아르메니아콘 · 트라키시온 그리고 소아시아 남부에 새로 설치된 해군 스트라티이아 키비레오톤의 사령관들)에게 지나치게 많은 권력을 주었다. 콘스탄디노스 5세는 이를 조정하기 위해 여러 개혁을 추진하여 옵시키온을 더 작은 단위로 나누었다.

또한 콘스탄디노스는 새로운 엘리트 직업 군단 타그마타Tagmata를 만들어 수도 인근에 주둔하게 했다. 타그마타 군인들은 궁정에서 직접 봉급을 받았기 때문에 황제에게 전적으로 충성했다. 니키포로스 1세 또한 여러 변화를 가져왔다. 새로 탈환한 발칸반도에 많은 사람이 정착했는데 그중 상당수는 군인이었다. 이주민들은 원래 보유하던 토지는 팔아넘겨야 했으나 발칸반도에서 토지와 세제상 특권을 받았다.

스트라티이아가 테마Thema(그리스어로 '장소, 배치'를 의미한다)로 불리기 시작한 것은 9세기의 일이다. 이러한 변화는 구조적 발전을 반영한다. 각 군단은 주둔 지역에 뿌리를 내리고 동일시하게 되었다. 더욱이 병사는 현지에서 모집되고 현지 공동체는 장비를 구입할 여유가 없는 병사들을 지원할 책임을 지게 되어 이 제도에 구속될 수 밖에 없었다. 이 조치로 지방군의 유지 비용 일부가 해당 지방의 농촌 공동체에 전가된다는 점에서 국가에는 크게 도움이 되었다. 비록 병사들의 봉급은 변함없이 현금으로 지불(직업 군인인 타그마타의 병사들이 여기에 해당한다)되었지만, 전반적으로 볼 때 국가는 훨씬 적은 재정 부담으로 상당수의 무장 병력을 유지할 수 있었다. 스트라티고스들의 역할은 차츰 군 지휘관에서 테마의 행정관을 겸임하는 방향으로 변화했다. 스트라티이아는 이제 재정적으로 완전히 독립되어 평시에는 군대의 보급을 담당하고, 원정 중에는 스트라티고스를 대리하는 프로토노타리오스Prōtonotarios를 두는 행정 구조를 지니게 되었다.

모든 분야가 확산을 경험했다. 687년에만 해도 군사령관은 아나톨리콘 · 아르메니아콘 · 트라키시온 그리고 옵시키온의 4대 스트라티고스들과 카라비시아니 제독이 전부였지만, 8세기와 9세기를 거치면서 새로운 스트라티고스 직이 여럿 만들어졌다. 옵시키온은 770년대에 세 개의 테마로 분할되고 아르메니아콘은 둘로 나뉘었으며, 830년 이후에는 트라키시온 일부가 카파도키아 테마로 따로 편성되었다. 제국의 영토가 확장됨에 따라 이를 통제하기 위해 새로운 테마가 설치되었다. 엘라스(그리스 중부와 펠로폰네소스, 7세기 말), 케팔로니아(콘스탄디노스 5세 재위 시기, 아드리아해와 달마티아해 해안 방위 목적)와 830년대에 설치된 마케도니아, 테살로니키, 헤르

손(흑해의 크름반도)의 테마가 여기에 해당한다.

비잔티움 제국은 모든 영역에서 군사화되었다. 따라서 사회적 · 문화적 가치도 이전과 크게 달라졌다. 8세기 초 옛 원로원 엘리트들이 사라지면서 사회 계층에 몇 가지 중대 변화가 있었고, 그들 중 남은 이들은 궁정과 교회라는 두 개의 안정적인 조직에 흡수되었다. 이 중에서 교회는 유스티니아누스 1세 시대부터 막대한 재산에 대해 면세의 혜택을 받아 왔으므로 경제적인 면에서 덜 약화되었다. 하지만 이 시기 레온 3세와 니키포로스 1세를 비롯한 일부 황제는 교회의 독특한 지위를 그대로 두지 않았다. 이제 교회 재산이나 교회에 소속된 농민들도 과세 대상이 되었다.

군부에서 일부 지휘관은 귀족층이었지만 대다수는 신참자였다. 스트라티고스들을 비롯한 장교들의 지위는 사회적 · 경제적으로 차츰 상승하더니 9세기 후반에 이르러서는 비잔티움 제국의 정치를 결정하는 존재가 되었다. 관직은 세습되지 않았지만 장교들을 중심으로 성씨姓氏가 사용되기 시작한 것은 혈통의 중요성이 커지고 있었음을 반영한다.

한편 고위 성직자들 가운데 세속적 배경을 지닌 사람들이 많아진 점도 특기할 만하다. 어떤 사람은 부유한 귀족 출신이었고, 포티오스 1세 같은 사람은 군부층과 밀접한 관계를 가지고 있었다. 7세기 비잔티움 제국의 농촌에서는 소규모 토지를 갖춘 자유농민이 증가하고 대지주는 감소하는 경향을 띤 반면, 8세기 후반과 9세기에 군부 귀족이 득세하면서 이 경향은 반전을 맞이했다.

"나는 황제이자 사제요"

8세기 비잔티움 제국 사람들을 강렬하게 사로잡은 생각은 크게 두 가지였다. 첫째는 좋든 싫든 이슬람과 공존할 수밖에 없는 상황에 어떻게 대응할 것인가였고, 둘째는 무엇이 잘못되었는지를 밝히고 바로잡는 것이었다. 그들의 눈에 이슬람의 정복은 신의 뜻으로밖에 보이지 않았기 때문이다. 이에 대한 실질적이고 행정적인 개혁은 앞에서 확인했으니 지금부터는 이념과 영적인 측면에서 알아보자.

741년 레온 3세와 콘스탄티노스 5세는 《발췌 법전*Eklogi ton Nomon*》 편찬을 반포했다. 유스티니아누스 1세의 《로마법 대전》이 과거의 법전을 집대성한 것이라면, 이 새로운 법전은 정반대여서 현대 인쇄물로 따지면 50쪽 내외의 적은 분량으로 자주 쓰이는 법령을 요약하여 법관들이 더 쉽게 이용할 수 있도록 한 것이다. 내용도 퍽 흥미롭다. 가족법이 큰 비중을 차지하고(황제는 과부와 고아의 보호자를 자처했다), 사형은 대개 한쪽 팔을 자르는 등 신체 훼손형으로 죄인을 뉘우치게 하는 '더 자애로운 처벌'로 대체되었다. 또한 서문에서 황제는 우주 질서 속에서 자신의 역할을 강조했다. 황제의 직위는 신이 임명한 것이기에 신민을 바른길로 인도하는 양치기가 되어야 한다는 것이다. 레온이 10년쯤 전에 교황에게 보냈다는 편지에서 "나는 황제이자 사제요"라고 적었다. 비록 이 편지는 후대의 날조이지만, 교회와 국가를 상징하는 권위에 대한 근본 개념을 설명하는 데 도움이 된다.

황제는 국가의 생존을 위해 싸우는 보호자이자 선장으로 모든 분야에서 완전한 복종을 요구했다. 신앙이라고 예외는 아니었다. 교회의 일부 지도자는 세속의 권위가 신성한 신의 세계에 개입하지 말아야 한다고 주장했다. 이 시기 두 시각은 첨예하게 대립했다. 780년대에 총대주교가 된 타라시오스까지 8세기의 총대주교들의 지위는 상당히 약했다. 황제들은 제멋대로 총대주교를 임명하고 해임했다. 그러나 타라시오스는 권위를 되살리는 데 성공한 중요한 총대주교들(대개 니키포로스 1세나 포티오스 1세처럼 평신도 지식인 출신이었다)의 등장을 예고하는 총대주교였다. 이런 맥락에서 성상 파괴 운동은 황제가 지지하는 이단이므로 실패는 예견되어 있었다. 결국 총대주교가 승리한 것이다.

787년 니케아 공의회가 다마스쿠스의 이오아니스*의 성화 공경 신학에 근거해 발표한 신경이 아니라 해도, 종교화 전통은 너무나 강했기 때문에 어떤 신학 논리나 정치 논리로도 뿌리 뽑기 어려웠

* 675년경 다마스쿠스에서 태어나 팔레스타인의 성 사바 수도원에서 활동한 수도사이다. 성상 파괴주의에 반대하는 글 세 편을 저술했는데, 이것은 성상 공경주의자들이 확고한 논지를 펴는 토대가 되었다.

을 것이다. 8~9세기에 제국이 경험한 진화의 전반적인 맥락에서 볼 때, 성상 파괴운동은 이 혼란스러운 시기에 발생한 다른 문제들처럼 순조롭게 전환되지 못하고 분쟁과 타협이 거듭된 끝에 종식된 점에서 특이하다.

이슬람의 자극을 받은 문화

성상 논쟁에서 양쪽 모두 성인전을 활발히 작성했다는 사실은 이 시기 도시에 상당한 장서를 갖춘 도서관이 실재했음을 알려 준다. 성인전은 논쟁의 무기로 쓰였지만, 10세기에 폭발적으로 증가할 문예의 기반이 되기도 했다.

이 시기 비잔티움 문화에 있어 또 다른 자극제는 이슬람이었다. 8세기부터 이미 몇몇 비잔티움 작가들(예컨대 다마스쿠스의 이오아니스나 아랍계 그리스도교도 주교 타와두루스 아부 쿠라)은 이미 《코란》의 내용을 학습하고 영적인 분석을 시작한 상태였다. 9세기에는 《코란》의 일부가 시리아 지역에서 그리스어로 번역되었고, 860년대에 니키타스 비잔티오스는 《코란》의 내용에 반박하는 글을 발표했다. 이슬람의 통치를 받는 그리스도교도들은 새로운 종교와의 차이를 통해 자신의 정체성을 확인하고자 했다. 그러나 격렬한 비판만이 가해진 것은 아니었다.

8세기 후반 아바스 제국의 문예 부흥이 일어나 왕가와 엘리트들의 지원으로 고대 그리스 철학, 의학, 과학 분야의 연구서가 잇따라 아랍어로 번역되었다. 이슬람 제국의 군주들은 기회 닿는 대로 사본을 요청하고 도서관을 약탈해 댔으므로 비잔티움 제국이 이를 알고 있었음이 분명하다. 9세기의 비잔티움 사람들이 무슬림들이 번역하고 공부한 연구서에 주목한 사실은 결코 우연이 아니다.

테오필로스와 동시대를 살아간 비잔티움 제국의 학자이자 후일 주교가 된 '수학자' 레온이 대표적인 예이다. 과학을 좋아한 그는 아랍인들이 공격을 개시한 즉시 콘스탄티노폴리스까지 정보를 전달할 수 있는 봉화 체제를 고안했다고 한다. 후일 레온은 바르다스의 후원을 받아 철학, 지리학, 천문학 그리고 문법을 가르치는 콘스탄티노폴리스 마그나브라궁의 교사로 임용되었다.

성상 파괴론자 총대주교 '문법학자' 이오아니스 7세(173쪽 그림 15 참고)나 포티오스 1세 같은 이 시기의 중요 인물들도 이 시기 문예 부흥을 이끌어 나갔다. 포티오스는 성서 해석과 신학을 다룬 편지나 다양한 분야를 언급한 설교 등 방대한 양의 자료를 남겼다. 특히 포티오스의 《문고*Bibliothiki*》*는 이 시기 비잔티움 문화 부활의 가장 훌륭한 예이다. 《문고》는 포티오스가 평신도 시절 세속과 종교를 가리지 않고 읽은 380여 권의 서평을 모은 작품이다. 그가 읽은 작품 중 많은 수는 고대 그리스·로마 시대 작품으로 현존하지 않는

* 《만권초*Myriobiblon*》라고도 부른다. 현존하는 고문서에 따르면 15세기 이전에 《만권초》로 불렸고, 15세기 이후에야 《문고》라는 이름이 등장했다.

다. 따라서 포티오스가 이 책들을 읽을 수 있었다는 점은 9세기에 공공 도서관이나 개인 서재가 존재했음을 말해 준다.

9세기에 고전 작품의 인기가 올라갈 수 있었던 배경에는 소문자와 합자合字의 발명이 있다. 대문자로만 쓰인 글은 아름답지만 실용적이지 못했다(그래서 대문자는 문장 첫 글자로만 쓰이게 되었다). 새로운 문자 체계 덕분에 종이 한 장에 더 많은 정보를 적을 수 있게 된 데다가 필사 작업 속도 또한 빨라졌다. 이 두 가지 효과에 힘입어 제작된 사본의 양은 크게 늘었다.

위태로워지는 두 교회

6세기 이전 비그리스도교도에 대한 선교를 제국이 직접 후원하는 일은 흔치 않았으며, 유스티니아누스 1세와 테오도라가 누비아(지금의 수단 동북부) 북부로 선교사를 파견한 것이 처음이었다. 하지만 미하일 3세의 재위 마지막 10년 동안 포티오스 1세 총대주교의 지휘 아래 선교 활동은 미친 듯이 확장되었다. 포티오스의 지적이면서도 야심 찬 성격이 한몫했겠지만, 이슬람과의 경쟁 역시 비잔티움 제국이 이런 행동에 나선 중요한 요인으로 작용했을 것이다.

비잔티움 제국은 카롤루스 마그누스가 작센에 행한 것과 같은 무력을 이용한 개종보다는 문화적 수단을 선호했다. 여기에서 중요

인물은 테살로니키 출신이자 슬라브어를 구사하는 고위 군 지휘관의 아들 콘스탄디노스(사제명은 키릴로스)이다. 이미 신동으로 유명했던 콘스탄디노스는 곧 콘스탄티노폴리스로 간 뒤 수학자 레온과 포티오스의 지식인 그룹에 들어갔다. 860년대 초반 콘스탄디노스는 하자르와 모라비아 궁정에서 선교 활동을 펼쳤다가 실패한 경험이 있다. 이때 그는 슬라브어를 위한 알파벳을 창안했다. 이 문자는 그를 기리는 의미에서 키릴 문자로 불리게 되는데, 콘스탄디노스와 그의 형 메토디오스는 이 문자를 이용해 《성경》과 《발췌 법전》 등 주요 문서를 슬라브어로 번역했다.

정치적 압력 때문이기는 했지만 864년 불가르 제국의 군주 보리스는 그리스도교를 받아들였다. 보리스가 동프랑크의 왕 루도비쿠스 2세 게르마니쿠스와 사절을 교환하며 로마 교회를 통해 그리스도교를 선택할까 고민하고 있음을 알게 된 비잔티움 제국은 군대를 불가르 제국 방면으로 보내 이를 좌시하지 않겠다는 뜻을 내비친 것이다. 포티오스가 신앙에 대해 설명하는 길고 지루한 서신을 보냈으나, 보리스는 설득당하지도 약속하지도 않았다. 그는 자신의 선택지를 열어 두고 로마에 신앙에 대해 설명해 달라고 요청했다. 교황 니콜라우스 1세는 마찬가지로 길지만 훨씬 쉽게 쓰인 답신을 건넸고 보리스는 로마를 선호하는 듯 보였다.

보리스가 비잔티움 선교사들을 추방하자 포티오스는 대노했다. 동방의 총대주교들에게 보낸 편지에서 그는 로마 교회의 불가르 문제 개입을 저주했다. 게다가 포티오스는 이 편지에서 로마 교회가 필리오케Filioque("또한 성자에게서") 구절을 사용하는 것을 불평했는데, 이것은 불가르 제국 선교 문제 이상으로 오랫동안 양대 교회 사이에서 논란이 되었다. 필리오케는 프랑크 신학자들이 성령이 성부'와' 성자에게서 발한다는 점을 강조하기 위해 처음 삽입한 구절이었다.* 비잔티움 교계는 여기에 극렬히 반발했다. 로마 교회의 독단적인 결단이라는 사실도 문제였지만, 처음 두 번의 세계 공의회가 채택한 신경을 함부로 변경하는 뻔뻔함에 대한 분노 때문이었을 것이다. 9세기 초반 로마 교회가 공식적으로 필리오케를 채택하지는 않았지만, 불가르 제국에 파견된 프랑크인 선교사들은 이를 관례적으로 사용했다.

로마 교회와 콘스탄티노폴리스 교회 사이의 견해 차이가 위태로울 정도로 커지고 있었음은 명백한 사실이다. 포티오스는 선교와 직접 개입을 통해 정교회의 영역을 바깥세상으로 넓히는 데 성공한 첫 총대주교이다. 로마 교회는 로마의 수위권을 보편 교회 전체에 대한 최고 권위로 해석했는데, 콘스탄티노폴리스 교회는 이를 5대

---

* 381년 콘스탄티노폴리스 공의회는 신경에 "주님이시며 생명을 주시는 성령을 믿나니, 성령은 성부로부터 발현하시고, 성부와 성자와 더불어 경배와 영광을 받으시며 예언자들을 통하여 말씀하셨나이다. 하나이요 거룩하고 보편되며 사도로부터 이어오는 교회를 믿나이다. 죄를 사하는 하나의 세례를 믿으며, 죽은 이들의 부활과 내세의 삶을 기다리나이다. 아멘"이라는 내용을 삽입했다. 스페인 교회는 447년에 콘스탄티노폴리스 신경을 라틴어로 번역하며 "성부로부터(to ek tou Patros)"라는 구절을 "성부로부터(qui ex Patre)"가 아니라, '또한 성자에게서(Filioque)'를 삽입하여 "성부와 성자에게서(qui ex Patre Filioque)"라고 옮겼다.

총대주교구에 기반한 세계 공의회 체제에 대한 위협으로 여겼다. 다른 총대주교구들 모두 이슬람 정치 체제에 속하게 되었으므로 여기에서까지 밀리면 끝장이라고 느꼈을 것이다.

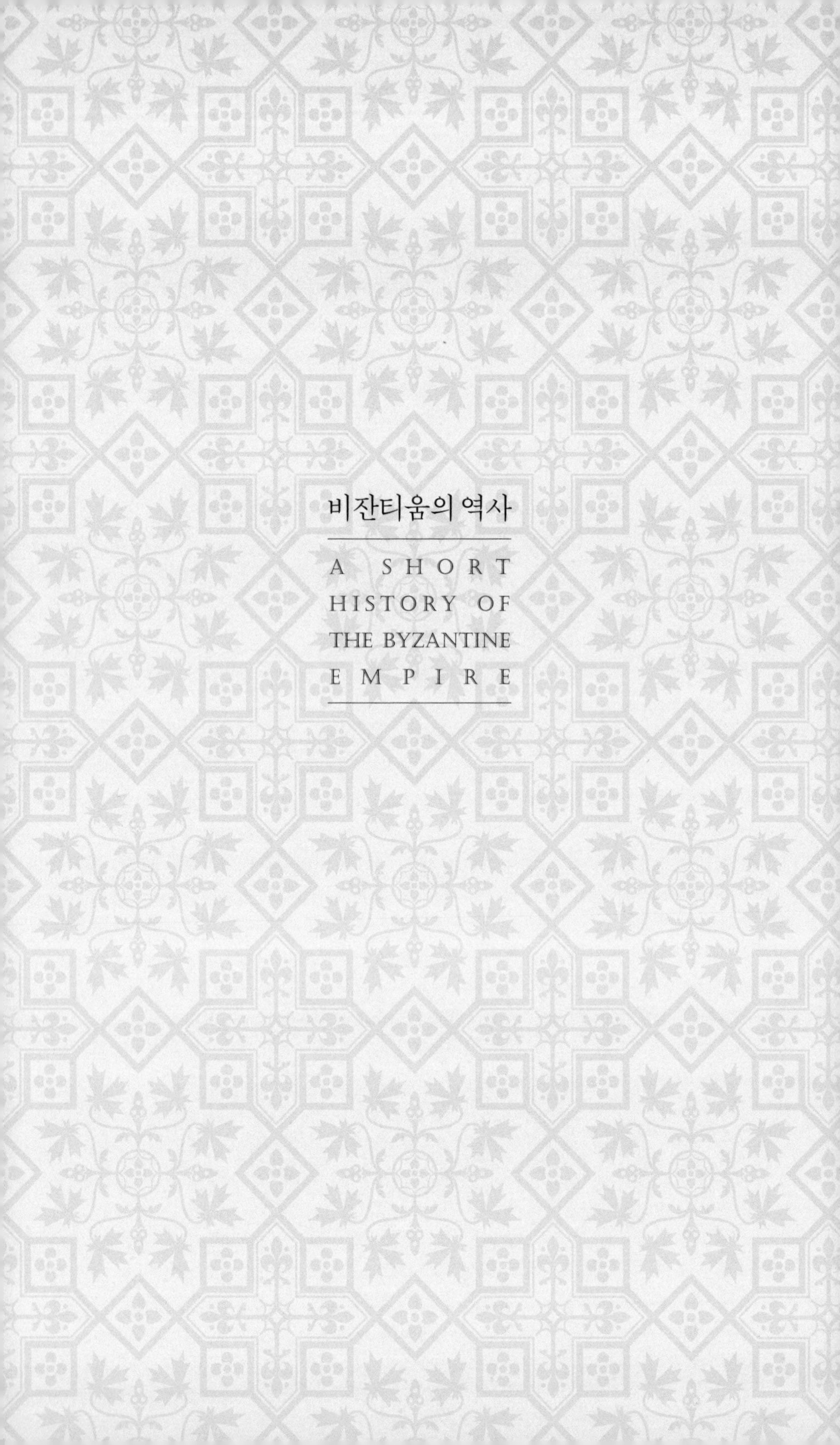
비잔티움의 역사
A SHORT HISTORY OF THE BYZANTINE EMPIRE

제5장

제국의 영광이 찬란하게 빛나다
(867~1056년)

비잔티움의 전성기 마케도니아 왕조

바실리오스 1세는 마케도니아 왕조의 문을 열었다. 마케도니아 왕조는 비잔티움 제국 역사상 가장 오래 지속된 통치 왕가이고, 그들이 통치하는 동안 제국은 눈부실 정도로 군사적 확장, 경제 호황 그리고 문예 부흥을 누렸다. 여러모로 마케도니아 왕조 시대는 중세 비잔티움 제국의 전성기로 평가할 수 있다. 그러나 2세기 동안 지속된 마케도니아 왕조의 통치는 끝없는 폭력과 반란, 황제 시해가 이어진 시대이기도 하다. 이 복잡한 시대를 이해하기 위해 먼저 각 황제를 간략하게 다루는 과정이 필요할 듯싶다.

바실리오스 1세가 제위에 올랐을 때 그에게는 이미 네 아들이 있었기에 계승이 문제 될 여지는 없었다. 그러나 후계자로 지명된 콘스탄디노스는 879년에 요절했고 또 다른 아들 스테파노스는 거세당하고 계승권에서 제외되어 남은 두 아들 레온 6세와 알렉산드로스가 886년 공동으로 제위를 이었다. 그러나 알렉산드로스는 실질적으로 통치 업무에서 밀려났다. '현자'라 불린 레온의 삶은 파란만장했다. 그는 20년 동안 아내를 셋이나 두었음에도 남성 후계자를 두지 못했다. 그러던 중 마침내 정부 조이 카르보놉시나('석탄같이 까만 눈의 조이'라는 의미이다)에게서 아들 콘스탄디노스 7세가 905년에 태어났다. 레온은 조이와 결혼하여 아들을 적자로 만들고자 했으나 당시 교회법이 두 번째 결혼은 부적절한 것으로, 세 번째 결혼은 거의 허락할 수 없는 일로 여기고 있는 상황에서 네 번째 결혼은 논할 가치도 없는 일이었다. 레온의 학우이기도 했던 총대주교 니콜라오스 1세 미스티코스가 결혼을 허락해 달라는 레온의 요구를 거절하자, 레온은 그를 해임하고 새로운 총대주교를 세워 겨우 허락을 얻어 냈다.

912년 레온이 죽은 뒤 동생 알렉산드로스가 잠시 혼자 집권(912~913년)했다. 해임된 니콜라오스는 총대주교청으로 돌아온 뒤 어린 콘스탄디노스의 섭정으로 취임하고 그의 어머니 조이를 추방했다. 하지만 조이는 바실리오스 1세가 중용한 군 지휘관 씨족인 포카스 일족의 도움을 받아 권좌로 돌아와 드룽가리오스Droungarios(제독) 로마노스 1세 레카피노스가 반란을 일으키는 919년까지 아들의 이름으로 제국을 지배했다. 로마노스는 조이를 제거한 직후 콘스탄디노스와 자신의 딸을 결혼시키고 처음에는 바실레오파토르Basileopatōr(상보(尙父)로, 920년부터는 황제로 자칭했다. 로마노스의 세 아들은 이듬해에 공동 황제로 임명되었다.

로마노스가 사위 콘스탄디노스를 후계자로 여겼는지에 관해서는 논란의 여지가 있다. 최소한 그의 세 아들은 그렇게 여겨 944년 궁정에서 반란을 일으켰다가 콘스탄디노스 7세(실제 통치 기간은 945~959년)에 의해 폐위당했다. 30년 가까이 권좌에서 밀려났던 데다가 사생아라는 오명을 의식한 콘스탄디노스는 마케도니아 왕조의 진정한 후계자라는 가계를 강조하는 포르피로예니토스Porphyrogennētos('보라색 출생'이라는 의미이다)라는 별명으로 알려지게 되었다. 포르피로예니토스는 아버지가 황제로 재위 중이고 황제의 색 보라색으로 치장된 황궁의 특별한 방에서 출생했다는 뜻이다. 콘스탄디노스는 타고난 군인은 아니었으나 소수의 유능한 장군들에게 군무를 맡길 안목은 있었다. 그 장군들 대부분은 포카스 일족이었다. 7세기의 처절한 패배 이후 이어질 대대적인 정복은 10세기 중반부터 시작되었다.

콘스탄디노스의 아들 로마노스 2세(재위 959~963년)의 즉위는 순조롭게 이루어졌지만 문제는 그다음이었다. 로마노스는 963년 독살 의혹이 생길 정도로 젊은 나이에 죽었다. 여관 주인의 딸 출신으로 한때는 조롱거리였던 로마노스의 아내 미녀 테오파노는 제국에 승리의 영광을 안겨 준 유능한 장군 니키포로스 2세 포카스(재위 963~969년)에게 밀려날 때까지 어린 두 아들 바실리오스 2세와 콘스탄디노스 8세의 섭정 역할을 했다. 테오파노는 로마노스 1세의 사생아이자 권력을 쥐고 있는 환관인 또 다른 바실리오스가 그런 것처럼 니키포로스를 지지했고, 니키포로스는 과부가 된 황후와 결혼했다. 니키포로스의 재위는 조카이자 피후견인, 아내의 정부인 이오아니스 1세 지미스키스가 이끄는 군사 귀족들에게 살해당하면서 969년 끝이 났다. 콘스탄티노폴리스 총대주교는 이오아니스에게 테오파노를 포기한다면 제관을 내려주겠다고 했다. 테오파노는 황궁에서 쫓겨났고 이오아니스는 콘스탄디노스 7세 프로피로예니토스의 딸과 결혼했다. 이오아니스는 매우 짧은 기간 집권하고 976년에 죽었기 때문에 혹자는 여기에도 음모가 숨어 있었다고 생각한다.

그리하여 다시 한번 마케도니아 왕조가 권좌를 차지할 수 있게 되었다. 바실리오스 2세(재위 976~1025년)는 동생 콘스탄디노스 8세와 공동으로 제위에 올랐지만, 동생은 실질적으로 통치 업무를 수행하지 않았다. 바실리오스는 비잔티움 제국 황제 가운데 가장 오래 재위했지만 재위 내내 끊이지 않는 반란에 시달린 황제이다.

재위 첫 10년 동안은 이오아니스 1세의 친척인 바르다스 스클리로스의 반란이 문제였다. 바실리오스는 군사 귀족인 바르다스 포카스를 진압군 사령관으로 임명했지만, 두 바르다스는 전투를 벌이지 않는 정도가 아니라 아예 동맹을 맺어 버렸다. 바실리오스의 자원은 빠르게 줄어들어 모험을 걸 수밖에 없었다. 제국 군대의 충성심을 믿지 못하는 황제는 상상도 못할 방식으로 위기를 극복했다. 여

동생 아나 포르피로예니티를 루시* 대공 볼로디매루**에게 시집보낸 것이다. 볼로디매루는 그 대가로 그리스도교로 개종하고, 아마 이쪽이 더 중요했겠지만 바실리오스에게 지원 병력을 보냈다. 후일 바랑기 군단이라고 불리는 존재의 탄생이다. 바실리오스는 이를 이용해 군사 귀족들의 반란을 분쇄했다.

바실리오스는 결혼도 하지 않았고 후계 문제를 공론화하지도 않았으며, 동생 콘스탄디노스 8세 역시 생전에 딸들을 결혼시키지 않았다. 콘스탄디노스는 말년에서야 딸 조이를 로마노스 3세 아르이로스와 결혼시켜서 후계자를 두었다.

마케도니아 왕조 최후의 20년을 돌이켜 보면 마치 소설을 읽는 듯한 기분이 드는데, 이 시기의 주요 사료인 미하일 프셀로스의 《연대기*Chronographia*》 덕분에 더욱 그렇다. 프셀로스는 비잔티움 시대의 작가 가운데 가장 재기 넘치는 인물임이 분명하다. 간략하게 이야기하자면 이렇다. 권력을 틀어쥔 환관은 스스로 통치자가 될 수 없기에 미남으로 유명한 동생을 궁정으로 불러들이고, 중년의 여제 조이는 금세 그와 사랑에 빠져 남편을 목욕탕에서 살해하는 음모에 가담한다. 남편이 죽은 후 그녀는 어린 정부 미하일 4세(재위 1034~1041년)

* 저자는 9~13세기에 있었던 중세 동슬라브 세력을 '키이우 루시(Kievan Rus)'라 적었다. 이는 18세기 이후 근대의 사학자들이 만들어 낸 명칭으로, 역사학적으로 정확한 표현은 아니다. 따라서 한국어판에서는 '루시(Rusĭ)'라는 중립적인 용어를 택했다.

** 일반적으로는 러시아어식으로 '블라디미르'라 불리지만, 루시 시대는 동슬라브계 종족이 아직 러시아 · 우크라이나 · 벨라루스로 분화되기 이전이므로 본문에서는 고대 동슬라브어식 표기를 따랐다. 이후로도 13세기 이전의 루시 인명에 대해서는 고대 동슬라브어식 표기를 따랐다.

그림 16　아야 소피아 성당의 조이 모자이크화. 그리스도 양옆에 조이와 남편 콘스탄디노스 9세를 배치한 것으로, 자세히 보면 콘스탄디노스 9세의 얼굴과 이름이 나중에 더해진 것임을 알 수 있다. 원래는 조이의 첫 남편 로마노스 3세가 묘사가 되어 있었을 것이다. 조이와 그리스도의 얼굴 역시 변경된 남편 얼굴과 제작 스타일이 비슷해 보이도록 수정한 것으로 추측된다. 그녀 주위에는 "가장 경건한 아우구스타 조이"라고 적혀 있다.

와 결혼했으나, 미하일은 조이가 생각하는 남편이 되지 못했다. 그는 전임 황제 살해의 죄책감에 몸부림치는 간질 환자일 뿐이었다.

미하일은 물러나기로 결심하고 이미 조이의 양자로 입적된 조카 칼라파티스('빈틈을 메우는 사람'이라는 의미이다) 미하일 5세(재위 1041~1042년)를 황제로 세웠다. 하지만 그는 자신의 권력을 과신해 의붓어머니 조이를 수도원으로 쫓아내려 들었다. 이에 반발한 콘스탄티노폴리스 시민들은 봉기를 일으켜 황궁을 포위하고 미하일을 잡아 장님으로 만들었다. 조이는 세 번째 남편으로 콘스탄디노스 9세 모노마호스(재위 1042~1055년)를 택한 1042년 여동생 테오도라와 공동 황제로 즉위했다. 조이와 콘스탄디노스 9세는 조이가 죽는 1050년까지 공동 황제로 재위했으며, 조이가 죽은 뒤 다시 결혼하지 않았기 때문에 후계자를 두지 못했다. 그가 죽자 테오도라가 다시 황제로 즉위해 1년가량(1055~1056년) 재위했으며, 그녀가 죽으면서 마케도니아 왕조 시대는 끝이 났다.

비잔티움의 역습

9세기 말부터 11세기 초까지 이어진 비잔티움 제국의 영토 확장은 역사학계가 마케도니아 왕조를 긍정적으로 보는 주된 이유 중 하나이다. 비잔티움 제국은 서쪽으로는 이탈리아와 아드리아해, 북쪽으로는 발칸반도와 흑해, 동쪽으로는 소아시아와 시리아 · 캅카스, 3면 모두에서 성공을 거두었으며 거기에는 여러 이유가 있다. 먼저 인구와 경제가 호황기를 맞이했고 그에 발맞추어 행정 체제도 적절히 변화했다. 다른 중요한 요소는 시기였다. 과거 비잔티움 제국을 위협하던 강력한 국가들이 이 시기에 쇠약해져 비잔티움 제국 확장의 먹잇감으로 전락했다. 예를 들어 프랑크 제국에서 카롤루스 왕조가 단절되면서 혼란기에 빠진 덕분에 비잔티움 제국은 이탈리아에서 다시 세력을 확장할 수 있었다.

프랑크 제국의 후계 왕국들은 이탈리아를 중시하지 않았고, 로마 교황청은 로마와 인근 지역 귀족 가문들 사이의 분쟁에 휩싸인 상태였다. 또한 9세기 이래 동쪽에서는 아바스 제국이 서서히 무너져 내렸다. 명목상 아바스 왕조 칼리프좌에 충성했지만 실질적으로는 독립국이나 다름없는 지역 국가들이 등장하여 비잔티움 제국은 이전과 같이 방대한 자원을 조직하고 통제하는 거대한 국가와 싸우지 않아도 되었다. 북방의 상황은 조금 달랐다. 불가리아*가 강력해지면서 비잔티움 제국의 확장을 방해하는 주요한 경쟁국으로 진화했으며, 그런 불가리아를 정복하기 위해 1세기 이상의 시간이 요구되었다. 더 북쪽에서는 유라시아 전역을 가로지르는 이주의 행렬로 정치적 지형이 계속해서 변화하고 있었으므로 비잔티움 제국은 끊임없이 이에 대처해야만 했다. 여기에서 핵심 문제는 제국의 확장이 아니라 새로운 위협을 무력화하고 영토를 보호하는 한편 상업적 · 외교적 · 문화적 교류를 촉진하는 것이었다.

비잔티움 제국의 확장은 이탈리아에서 시작되었다. 시칠리아를 지배하는 아랍 세력의 존재는 칼라브리아와 달마티아에서 비잔티움 제국의 이권을 위협했다. 비잔티움 제국은 876년 바리를 점령하여 이탈리아 남부에서 아랍인과 카롤루스 왕조 둘 다 쫓아내 버렸다. 880년대에 바실리오스 1세는 대大니키포로스 포카스(훗날 황제가

* 다뉴브 이남에 정착한 불가르인들이 그리스도교로 개종한 시점을 기준으로, 그 이전은 '불가르,' 그 이후는 '불가리아'라고 한다. 이 같은 구분은 1930년대 영미권에서 최초로 중세 불가리아에 대한 학술서를 집필한 스티븐 런시먼(Steven Runciman)이 처음 제시했다.

되는 니키포로스 2세 포카스의 할아버지) 장군을 이탈리아로 보냈다. 니키포로스는 칼라브리아 지방에서 비잔티움 제국의 영역을 크게 넓혔다. 바리는 880년대 말 랑고바르디아 테마의 수도가 되어 남부 이탈리아에서 제국 행정의 중심지로 기능했다. 비잔티움 제국은 이제 이탈리아 남부에서 아랍인과 싸울 수 있는 유일한 열강이 되었고, 교황청을 비롯한 이탈리아의 모든 세력이 그 점을 인정했다.

이 균형은 오토 1세가 이탈리아에 출현하면서 깨졌다. 오토는 955년 마자르 연맹*을 격파하여 서방의 신성으로 떠오른 인물로, 카롤루스 왕조의 소멸 이후 한 세대 만에 처음으로 정치적 안정을 이루는 데 성공했다. 962년 로마에서 황제의 제관을 받은 후 이 독일인 황제는 이탈리아 정치에 깊숙이 개입하기 시작했다. 964년부터 이듬해까지 이어진 비잔티움 제국의 시칠리아 원정이 처음에는 순조로웠지만 재앙으로 끝난 틈을 타, 오토는 이탈리아 남부로 진군하여 랑고바르드계 공국들의 복속을 받아 내고 비잔티움 제국의 칼라브리아를 위협했다. 이는 오토 1세가 이룬 외교적 업적의 기반이 되었다.

수차례 비잔티움 황실 여인과의 결혼을 거절당한 끝에 아버지와 공동 황제에 오른 오토 2세의 결혼이 성사되었다. 오토 2세는 '보라색 출생'은 아니지만 이오아니스 지미스키스의 조카인 테오파노(독

---

* 마자르는 헝가리를 의미한다. 헝가리는 외국의 사료들이 마자르를 가리킬 때 사용한 명칭인데, 튀르크어 온오구르(Onoğur, 10성 연맹)에서 나온 말이다. 마자르 연맹은 본래 볼가강 인근에 살던 핀우그르계 삼림민과 5세기 중엽 흑해 북방으로 이주해 온 튀르크어를 사용하는 유목민이 형성한 유목 연맹이다. 본래 하자르 제국의 휘하에 있던 마자르 연맹은 9세기 말 페체네그인에게 밀려 서진해 카르파티아 분지를 정복했다.

일어식으로는 테오파누) 공주와 972년 로마에서 성대한 결혼식을 올렸다. 오토 1세는 이듬해에 죽었으며 이탈리아에서 공세를 이어 나가던 오토 2세는 982년 아랍인에게 파멸적인 패배를 경험하고 겨우 목숨만 건졌다. 후계자 오토 3세는 나중에 로마와 이탈리아 북부를 다시 손에 넣으려 시도했지만, 이탈리아 남부의 비잔티움 제국 영토에 개입하려 들지는 않았다. 오토 3세와 비잔티움 제국의 관계는 전반적으로 우호적이었다. 실제로 1002년 오토 3세가 로마에서 죽음을 맞이했을 때, 비잔티움 제국의 사절단은 오토 3세와 조이 공주(바실리오스 2세의 조카이자 콘스탄티노스 8세의 딸. 1028년 콘스탄티노스가 죽은 뒤 로마노스 3세와 결혼하며 여제가 된다)의 결혼을 준비하기 위해 이탈리아에 막 도착한 참이었다.

이탈리아에서의 패권을 유지하려면 아드리아해에 해군을 주둔시켜야 했기 때문에 엄청난 비용이 요구되었다. 이에 비잔티움 제국은 공통의 목표를 지닌 우호국에게 위임하는 해결책을 선택했고 이 시기에는 베네치아 공화국이 최적의 후보였다. 물론 비잔티움 제국과 베네치아의 관계가 항상 장밋빛이었던 것은 아니다. 예를 들어 971년 이오아니스 1세 지미스키스는 베네치아 공화국이 함선과 무기 생산에 이용되는 목재와 철을 아랍인들에게 공급한 일을 크게 비난했다. 그러나 992년 결국 두 나라 사이의 관계를 규정하는, 현존하는 가장 오래된 문서가 작성되었다. 자격을 갖춘 상대에게 일방적으로 특권을 부여하는 내용으로 쓰인 이 문서를 보면 비잔티움 제국은 베네치아 상인들에게 관세를 내려 주고 행정에서도 특혜를 주었다. 그 대가로 베네치아 공화국은 비잔티움 제국의 병력을 이탈리아로 수송하는 등 도움을 줄 것으로 기대되었다.

칼라브리아는 그리스계 인구가 많이 거주하고 있어 비잔티움 제국의 통치에 순응적이었던 반면, 풀리아는 인구 대부분이 라틴계이고 교황청에 충성하고 있어 반란의 온상이었다. 랑고바르드계 귀족 멜로는 바리 공세에서 패배한 이후인 1014년 노르만 용병을 고용했다. 노르만인들이 처음으로 이탈리아 문제에 개입한 것이다. 멜로의 군대는 1018년에 대패했지만, 노르만인들은 이를 계기로 이탈리아 남부의 권력 균형이 얼마나 취약한 상황인지, 얼마나 많은 기회가 있는지를 알게 되었다.

시칠리아 역시 잊히지 않았다. 바실리오스 2세는 죽기 직전 1025년 섬을 재정복하기 위해 군대를 꾸렸고 비잔티움 제국은 1030년대 말 시칠리아 탈환을 거의 목전에 두고 있었다. 유능한 장군 예오르요스 마니아키스는 여러 차례 승리를 거두었는데, 너무나 성공적이라 오히려 1040년 귀환을 명령받았다. 1042년 멜로의 아들 아르이로스는 이탈리아로 돌아온 뒤 랑고바르드와 노르만 양쪽의 지지를 얻어 반란을 일으켰다. 노르만인들은 1029년 이래 아베르사에 영구적인 기반을 다진 상태였다.

마니아키스는 다시 이탈리아로 파견되어 반란군을 잔인하게 진압하는 듯했으나, 1043년 또다시 귀환을 명령받는 바람에 중단되었다(이번에는 마니아키스가 진짜로 반란을 일으키려 했다*). 다른 편에선 아르이로스는 이탈리아의 카테파노Katepanō(총독)**로 임명되었다. 그러나 그는 노르만인을 과소평가했다. 11세기 중반 독일 황제는 노르만인들이 이탈리아 일부를 차지하는 것을 인정했다. 교황청은 비잔티움 제국만이 노르만 세력을 제압할 수 있다고 판단하여 콘스탄티노폴리스로 사절단을 파견했지만, 아무 일도 일어나지 않았다.

북쪽에서 불가리아는 그리스도교를 받아들였음에도 비잔티움 제국을 계속 공격했다. 특히 불가리아의 시메온 1세(재위 893~927년)가 펼친 공세는 심각했다. 시메온은 어린 시절 콘스탄티노폴리스에 인질로 보내져 성장했기 때문에 친비잔티움 정책을 펼칠 것으로 기대되었으나, 그는 즉위 초인 894년부터 트라키아와 마케도니아를 침공했다. 이를 견제하기 위해 비잔티움 제국이 마자르 연맹에 접근하자 불가리아는 페체네그인에게 접근했고 결국 페체네그인이 마자르를 격파했다. 시메온이 죽은 927년까지 불가리아는 자주 비잔티움 제국을 약탈했고, 심지어 913년과 920년대에는 콘스탄티노폴리스를 위협하기까지 했다. 비잔티움 제국은 막대한 양의 공물을 몇 번이나 제공할 수밖에 없었다.

* 열세에 몰린 아르이로스가 1042년 9월 직접 콘스탄티노폴리스로 가서 황제에게 이 사실을 일러바쳤다.

** 카테파노는 9세기경에 출현한 관직명이다. 처음에는 일정 기관의 장을 가리키는 칭호로 사용되었는데, 주로 군 지휘관인 스트라티고스와 거의 동일한 의미로 쓰였다. 그러나 10세기 말이 되면 주요 지역의 행정관을 가리키는 칭호로 변화한다.

눈부신 업적을 이룬 시메온은 콘스탄티노폴리스를 본떠 프레슬라프에 수도를 조성했고, 913년에는 콘스탄티노폴리스 성벽 바깥에서 총대주교 니콜라오스 1세가 집전하는 차르 대관식을 치르기까지 하며 자신의 칭호를 비잔티움 제국으로부터 인정받았다. 그뿐만 아니라 불가리아 내에서 교회를 후원하면서 토착민들을 사제로 길러 냈으며, 실현되지는 못했지만 자신의 딸을 콘스탄디노스 7세 프로피로에니토스와 결혼시키기로 합의도 이루어 냈다. 927년 시메온의 뒤를 이은 아들 페테르 1세(재위 927~967년)는 즉위 직후 비잔티움 제국을 공격하여 부황 이상의 성과를 이룬 뒤에야 군대를 물렸다. 비잔티움 제국은 프레슬라프 총대주교청의 탄생을 인정하고 막대한 연공을 제공해야 했으며, 황제 로마노스 1세의 손녀를 시집보냈다. 그리하여 페테르가 재위하는 동안 불가리아 방면 전선은 상대적으로 평화로울 수 있었다.

비잔티움 제국은 이 유예 기간을 이용해 불가리아와의 관계를 재설정할 기회를 잡았다. 우선 북방의 동맹이던 하자르 제국과의 관계를 청산하고 루시인과 접촉했다. 8세기만 해도 믿음직스러운 동맹이던 하자르 제국은 860년대에 유대교를 받아들이며 9세기 후반과 10세기에 적으로 돌아섰다. 그렇다고 루시인과의 관계가 긍정적인 것도 아니어서 루시인은 860년대 초 침략을 해 왔고 10세기 초에는 상업 조약을 맺었으며, 미망인이 된 키이우 대공비 올리가가 세례를 받는 957년까지는 비잔티움 제국의 동맹이 아니었다. 니키포로스 2세 포카스는 966년 불가리아에 대한 연공을 중단하고 이듬해에 올리가의 아들인 키이우 대공 스벤토슬라브 1세로 하여금 불가리아를 약탈하도록 했다. 그러나 루시 군대가 마자르인과 페체네그인이 맺은 동맹군의 공격으로 퇴각하고 불가리아가 잃은 땅을 되찾으면서 니키포로스의 계획은 일그러졌다.

니키포로스의 후계자 이오아니스 1세 지미스키스의 시대에 스벤토슬라부는 다시 불가리아를 침공하여 수도 프레슬라프를 차지했다. 그러자 이오아니스는 971년에 직접 군대를 이끌고 프레슬라프를 점령한 뒤 스벤토슬라부를 격파하고 협상을 강요했다. 이오아니스는 여세를 몰아 불가리아 대부분을 비잔티움 제국에 병합하고, 프레슬라프 총대주교청을 대주교청으로 격하한 다음 콘스탄티노폴리스 총대교구 휘하의 대교구로 편입시켰다. 그러나 이오아니스가 죽은 뒤 지금의 소피아 인근 지역을 통치하던 귀족 코미토풀리 가문의 네 아들*이 반란을 일으켰다. 네 형제 가운데 사무일이 승자로 떠올라 불가리아 지역을 다시 장악했다. 바실리오스 2세는 이를 진압하기 위해 불가리아로 진군했다가 패배했다.

---

* 반란을 일으킨 네 형제의 아버지 니콜라가 불가리아의 코미스(장교)였기 때문에 비잔티움 제국의 역사가들은 이 형제를 '코미스의 아들들(Komētopouloi)'이라 불렀고, 그것이 가문(후에 왕조가 된다)의 명칭이 되었다. 이 가문의 기원에 대해서는 크게 두 가지 설이 있다. 첫째는 11세기 아르메니아 사가 〈스테파노스 타로네치(Stepanos Tarōnetsi)〉의 기록에 따른 것이다. 스테파노스는 본래 니콜라가 비잔티움 제국의 아르메니아계 군인 가문에 속했다고 주장했다. 그에 의하면 니콜라는 비잔티움 제국에 의해 불가리아 서부의 코미스로 임명된 것이다. 두 번째 설은 니콜라가 본래부터 불가리아의 봉건 귀족인 볼랴르(Bolyar)로, 불가리아 통치자의 코미타투스(친위 집단)에 속했다는 것이다. 이 경우 그리스어 사가들의 '코미스'는 볼랴르의 번역어이다.

어쨌든 989년에 있었던 아나 포르피로예니티와 볼로디매루의 결혼 그리고 볼로디매루의 개종은 이후 2세기 동안 비잔티움과 루시가 안정적인 관계를 유지하게 하는 원동력이 되었다. 이 동맹의 결과로 비잔티움 해군의 지원을 받은 루시는 하자르 제국을 멸망시켰다. 그렇지만 비잔티움 제국의 북방 전선은 계속 남쪽으로 확장하는 불가리아 제국을 997년에서야 겨우 억제할 수 있었으므로 990년대에는 안정과 거리가 멀었다. 이에 자신감을 얻은 사무일은 스스로 불가리아인의 황제라 선언했다.

불가리아와의 분쟁이 마무리 단계에 이른 것은 11세기 들어서였다. 동쪽의 상황을 안정시킨 1001년 바실리오스 2세는 불가리아 방면으로 군대를 전개하기 시작하여 1005년까지 불가리아 동부를 재장악하고 행정과 군사 기구를 다시 설치했다. 최후의 원정은 10년가량 지난 1014년 시작되었다. 불가리아 군대는 클레이디온(지금의 북마케도니아 벨라시차. 불가리아와의 국경에 위치)에서 대패했다. 바실리오스는 1만 5천 명에 달하는 포로를 100명당 한 명은 한 눈을 멀게 하고 나머지 99명은 두 눈 모두 멀게 하여 한 눈만 먼 사람이 나머지를 인도하여 고향으로 돌아가게 했다고 전해진다. 그 모습을 본 사무일은 심장마비로 죽고 말았다. 이 정도로 엄청난 숫자의 신체 훼손이 가능하느냐 하는 논리적인 의문은 차치하더라도, 이후 4년 동안 불가리아의 저항이 멈추지 않은 점은 조미료가 좀 쳐졌을지언정 이 이야기가 믿을 만하다는 것을 보여 준다. 아무튼 바실리오스는 이 일로 죽은 후에 '불가리아 학살자'라는 의미인 불가록토노스라 불리게 되었다.* 불가리아는 다시 제국에 합병되어 테마로 편성되고 총대주교청 역시 해체되어 오흐리드 대주교구로 재편되었다.

평화는 오래가지 못했다. 1020년대 말부터 1036년까지 북방의 페체네그인은 여러 차례 비잔티움 제국령을 침략하며 테살로니키까지 진격해 왔다. 비잔티움 제국 정부가 연공을 지불하는 동안 약탈에 노출된 주민들이 살던 곳을 떠나 요새화된 도시로 이주하여 다뉴브강과 발칸산맥 사이의 땅은 무인 지대가 되었다. 비잔티움 군대는 페체네그 군대와 싸웠다 하면 패배했다. 결국 비잔티움 제국은 1053년 페체네그인과 30년 기한의 평화 조약을 맺을 수밖에 없었다. 비잔티움 제국의 허락 아래 페체네그인들은 다뉴브강과 발칸산맥 사이 지역에 정착했다.

한편 비잔티움 제국은 과거 몇 세기 동안 칼리프들에게 빼앗긴 동쪽의 영토를 되찾아 나갔으며, 이는 갑작스레 찾아온 성공은 아니었다. 바실리오스 1세는 이미 아랍 제국과의 접경 지대에 있는 바오로파 성채들을 공략하여 큰 성공을 여러 차례 거두었다. 870년대 초 바실리오스는 바오로파 세력을 괴멸시키고 사로잡은 포로를 발칸반도로 보내 버렸다. 900년에는 킬리키아 지역에서도 큰 승리를

---

* 바실리오스 2세를 불가록토노스라고 지칭하는 기록과 비문 들은 13세기 후반에서 14세기 초반 사이에 처음 등장했으므로 비잔티움 제국에서 이러한 인식이 확산된 것은 14세기 초반의 일로 보인다. 한편 학자에 따라 비문의 불가록토노스 부분을 불가로흐토노스(Boulgarochthonos)로 판독하는 경우가 있는데, 이 경우에는 '불가리아 정복자'로 해석할 수 있다.

여러 번 거머쥐었고, 아르메니아를 제국의 동맹으로 끌어들이는 데에 성공했다. 그러나 이 시기에 심각한 실패도 여럿 있었는데, 904년 아랍 함대가 테살로니키를 공격해 온 사건이나 911년 크레타를 탈환하려는 비잔티움 함대가 패배한 사건이 대표적인 예이다. 927년 발칸반도에 평화가 정착되자 비잔티움 제국은 동쪽에 자원을 집중할 수 있었고, 곧 결실이 맺기 시작했다.

비잔티움 군대는 930년대에 조심스럽게 시리아를 침공하더니 940~960년대 대대적으로 메소포타미아까지 진출했다. 알레포와 모술 사이의 지역을 다스리는 함단 왕조는 비잔티움 제국에 대항하여 몇 차례 승리했으나 전쟁의 향방을 바꾸지는 못했다. 니키포로스 2세 포카스는 961년 마침내 크레타를 탈환했다. 비잔티움 제국 군대는 이듬해에 키프로스와 아다나 · 타르소스를, 그 후에는 니시비스와 다라를 되찾았다. 3세기가량 아랍의 통치를 받은 안티오키아를 969년에 장악한 것은 그 절정이었다. 이오아니스 1세 지미스키스는 안티오키아 남쪽으로 진군했고 죽기 직전에는 예루살렘 원정을 준비했다.

바실리오스 2세는 그때까지 탈환한 영토를 확고히 장악하는 한편, 파티마 왕조*와 1001년, 1011년 그리고 1023년에 평화 조약을

* 파티마 왕조는 선지자 무함마드의 딸 파티마의 후예를 자칭한 12이맘 시아파 이슬람 왕조로, 909~1171년까지 북아프리카를 다스렸다. 10세기 초반 마그레브 지역을 통치하다가 969년 이집트를 정복하고 시리아까지 진출했다. 973년 이집트에 카이로를 건설하여 그곳으로 수도를 옮겼고, 1040년대에 마그레브 지역을 잃었다. 1171년 장기 왕조 통치자 누루딘의 부하 살라후딘(일명 살라딘)의 손에 멸망당했다.

맺었다. 이로써 파티마 왕조, 비잔티움 제국 모두와 적대하던 함단 왕조의 몰락에는 가속도가 붙었다.

바실리오스는 캅카스 방면에서는 돋보이는 성공을 거두었다. 11세기 초반 20년간 외교와 군사 작전을 펼쳐 조지아와 아르메니아 일부 지역을 비잔티움 제국의 품에 안았다. 1045년에는 바그라트 왕국의 수도 아니가 항복했고, 1050년대를 거치며 아르메니아 지역 대부분은 비잔티움 제국의 땅이 되었다. 그동안 시리아 방면에서도 성공은 계속되었다. 비잔티움 제국은 1032년에 에데사를 점령했고, 1036년에는 파티마 왕조와 10년 기한의 평화 협정을 맺었다.

그러나 1040년대 초원에서 중동으로 새로 진입한 튀르크계 셀주크 왕조*가 아르메니아 방면을 위협하기 시작하면서 동방에 새로운 위험 요소가 출현했다. 이때는 비잔티움 제국이 승리를 거두었지만 셀주크 제국은 한 세대 뒤에 다시 돌아왔다.

광활한 땅과 영광

이 시기 인구 팽창이 일어났다는 증거는 충분하다. 예를 들어 농촌 지역 발굴지에서 꽃가루를 분석한 결과는 850년 이후 농업 생산을 늘리기 위해 삼림 개간이 이루어졌음을 말해 준다. 현대 그리스

* 일명 대셀주크 제국(Great Seljuq Empire)으로, 지금의 우즈베키스탄에서 세력을 일으켜 11세기 중앙아시아 · 이란 · 이라크 · 시리아 등지를 정복하여 12세기까지 통치했다.

와 튀르키예 각지의 고고학 발굴 결과 역시 취락과 마을이 지속적으로 확산되고 도시 중심지가 확대되었음을 알려 준다. 가장 좋은 예는 콘스탄티노폴리스이다. 콘스탄티노폴리스 인구는 지속적으로 증가하여 12세기경에는 '유스티니아누스 역병' 이전과 비슷한 수준에 도달한다. 콘스탄티노폴리스 수도교는 11세기 초반에 두 차례 보수되었는데, 이는 인구 증가로 사회 기반 시설의 개선이 필요했음을 시사한다.

안보 상황이 안정되자 한층 빠른 속도로 증가하는 인구는 경제 성장의 기반이 되었다. 이를테면 961년 아랍으로부터 크레타를 되찾은 것은 지속적인 해적의 위협 때문에 버려진 그리스와 소아시아 남부 해안의 정착지에 긍정적인 영향을 미쳤다.

비잔티움 제국의 꾸준한 영토 확장 또한 눈에 띈다. 각 테마의 규모는 줄어들었지만 그 수는 점진적으로 불어나 775년 11개에 불과하던 것이 867년에는 22개로, 10세기 후반에는 40개 이상으로 증가했다. 이는 비잔티움 제국의 농업 생산과 세입이 크게 늘었음을 말해 준다. 특히 새로 정복한 지역에서 생산성이 높은 곳은 황궁이 직접 관리하는 왕령으로 분류되었다. 11세기 초반에는 도시의 교역과 제조업이 번성했다는 증거도 있다. 아테네, 테베, 코린트 등 그리스 지방의 도시들은 비단 생산의 중심지로 성장했다. 이탈리아의 아말피와 베네치아 등지에서 온 상인들은 동방과 서방을 연결했다. 그들은 콘스탄티노폴리스와 트라페준타에 상품을 공급하며 이집트와 북아프리카까지 교역망을 넓혀 나갔다. 베네치아 상인들은 값비싼 크레타 치즈를 콘스탄티노폴리스로 수입하고 많은 사람이 탐내는 비잔티움산 비단을 서방으로 수출하는 식으로 비잔티움 제국 영토 간 장거리 교역을 촉진했다. 루스인 역시 비잔티움 제국과 직접 교역하여 멀리 북방에서 흑해로 이어지는 강을 이용해 모피와 노예를 수출했다. 비잔티움 상인들도 교역에 종사했지만 그들의 활동은 좀 더 현지 중심적이고 지역적이었다.

912년에 쓰인 것으로 보이는 《에파르호스의 책*To Eparchikon Biblion*》(에파르호스Eparchos는 다양한 관직에 사용된 명칭이나, 여기에서는 '콘스탄티노폴리스 시장'을 의미한다)에는 식료품과 빵집, 잡화점부터 환전상까지 콘스탄티노폴리스의 주요 길드에 대한 법령들이 적혀 있다. 이 자료는 비잔티움 제국이 중요한 상품이나 서비스의 생산 및 판매를 규제하고 특정 물품에 대해서는 이익을 최대화하기 위한 마진(이윤)까지 규정했음을 보여 준다. 비잔티움 제국 바깥으로 비단이 나가는 길이 있었다는 증거는 많지만, 법령은 비단의 수출을 엄격히 금지하고 있다. 비잔티움 경제는 전반적으로 정부가 주도했다는 인상이 있기는 하나 교역을 통해 활기를 띠었음이 확실하다.

이 시기는 전염병과 정치적 불안으로부터 많은 사람이 도피한 결과 너무 넓은 토지에 너무 적은 인구가 살던 과거와 정반대의 일이 벌어졌다고 간략하게 말할 수 있다. 따라서 인력은 전혀 부족하지 않기 때문에 토지 관리가 중요한 문제가 되었다. 비잔티움 제국은 군대, 사회 기반 시설, 관리의 급료 그리고 막대한 비용이 소요되는 외교 정책을 위해 세금을 거두었다. 즉 인구의 대부분인 농촌 지역 소작농이 내는 세금이 필요했다는 뜻이다. 그러나 이렇게 거둔 세금의 잉여를 앞다투어 사용私用하려고 했고, 비잔티움 제국의 엘리트층은 국가를 적대시했다. 이것은 새삼스러운 일은 아니었으나 10세기에는 중대한 국면을 맞았다. 마케도니아 왕조 시대 황제들이 발행한 신법 모음집에서 그들의 공통된 목표는 디나티Dynatoi(권세가)였음을 알 수 있다.

전환점은 자연재해였다. 927년과 928년 사이의 겨울은 유달리 혹독해서 100일 넘게 얼어붙었다고 한다. 극심한 기근이 비잔티움 제국 전역을 덮쳐 많은 사람은 살아남기 위해 헐값에 토지를 팔아넘겼다. 신법은 이처럼 힘겨운 시대에 토지를 살 수 있는 계층, 말하자면 원로원 의원, 테마들의 관리, 고위 문관과 무관, 주교, 수도원장 등 엘리트층을 겨냥했다. 934년 로마노스 1세 레카피노스가 포고한 최초의 신법은 가난한 사람들에게서 땅을 취득한 모든 사람은 공정한 가격을 치르지 않으면 어떤 보상도 받지 못하고 마을 공동체에서 쫓겨날 것이라고 정하고 있다. 또한 그러한 일이 반복되지 않게 하기 위해 취락 밖 사람들이 토지를 구매할 수 없도록 조치했다. 만약 누군가 토지를 팔거나 빌려주어야만 한다면 해당 취락이 최우선의 구매권을 지닌다는 것이다.

콘스탄티노스 7세 프로피로예니토스나 니키포로스 2세 포카스 같은 후대의 황제들도 유사한 규제책을 내놓았는데, 콘스탄디노스는 또 다른 중요한 규정을 도입했다. 그것은 농민이 강압에 의해서 혹은 바람직하지 못한 조건으로 토지를 판 경우, 이후 40년 이내에는 토지 소유권을 주장할 수 있다는 것이었다. 이 같은 신법은 바실리오스 2세의 가혹한 조치로 절정과 동시에 최후를 맞았다. 바실리오스는 콘스탄디노스의 규정에서 연한을 없애는 한편 928년의 기근 이래 판매된 토지 전부를 아무 대가 없이 원주인에게 되돌려 주라고 명령했다. 이 혹독한 조치는 바실리오스가 포카스 가문, 스클리로스 가문과 10여 년에 이르는 기나긴 내전을 벌이다 988년에 겨우 진압한 경험과 관련이 있을 것이다. 바실리오스는 그 직후 두 가문의 자산을 몰수해 버렸다.

이 모든 신법을 통해 황제들은 스스로를 가난하고 힘없는 계층의 전사이자 보호자로 묘사했다. 그러한 이미지가 비잔티움 제국의 덕목 가운데 하나였음은 분명하다. 이 같은 입장은 도의적 측면 이상의 의미를 지녔다. 촌락 사회는 비잔티움 제국의 재정에서 가장 기본이 되는 단위여서 촌락을 단위로 세금이 정해지고 거두어졌다. 촌락 주민은 여러 부류로 나뉘었는데, 그 가운데 군역 토지를 보유한 이들에 주목해야 한다. 이 시기 들어서 군역 토지가 상속 가능한 소유 재산으로 변화하며 군역은 토지와 연관되기 시작했기 때문이다. 10세기 어느 시점에 군역은 군인 명부에 올라 있는 사람에게서 토지로 옮겨졌다.

비잔티움 제국의 입장에서 보면 군역이 차츰 금납화되었다는 점에서 이 변화를 긍정적으로 평가할 수 있다. 즉 군역 부담이 금납 세금으로 대체되자, 비잔티움 제국은 이를 이용해 직업 군인을 고용하고 그 급여를 지불하는 데 사용할 수 있었다. 농민 군인이 주를 이룬 테마 군단이 여전히 유지되고 있었지만, 점차 공세를 취하던 비잔티움 군대가 그들을 주력으로 삼지 않았음은 확실하다. 말하자면 테마 군단은 7세기 이래의 전쟁에서와 같이 방어전이나 약탈 등에 주로 활용되고, 야전이나 공성전에서는 용병을 포함한 직업군이 주력이 되었다.

이 같은 상황에서 토지가 촌락 사회로부터 디나티들에게로 넘어가는 경향은 세수와 군역을 통제하는 비잔티움 제국의 능력을 약화시켰다. 영향력 있는 엘리트들은 권력자들에게 아부하여 법령을 빠져나가거나 아예 특권을 얻어 냈다. 지방 유지들을 탄압하는 신법이 두 세대 내내 계속해서 갱신된 것은 그만큼 이 일이 힘들었다는 것을 보여 준다. 물론 언제나 디나티들은 해답을 찾아냈다. 비잔티움 제국은 디나티들에게 주어진 특권이나 면세 조치를 모조리 중단하여 대대적인 반발을 불러일으키는 위험을 감수하지 않았다. 오히려 한편으로 토지를 몰수하고 다른 한편으로는 주요 관리나 기관에 관대하게 토지를 나누어 주었다.

결과적으로 군사 귀족의 상승세는 계속되었다. 예컨대 바실리오스 1세가 중용한 포카스 가문은 두각을 나타내고 몇 세대 뒤 황제를

그림 17 그리스도가 독일 황제 오토 2세와 이오아니스 1세의 조카 테오파노에게 대관하는 모습의 상아 명판. 982~983년에 제작된 것으로 그리스도의 양옆에는 “예수 그리스도(IC XC)”가, 오토의 머리 위에는 “로마인의 황제 오토 아우구스투스(OTTO IMP RMAN AC)”가 적혀 있다. 또 테오파노의 머리 위에도 “여제 테오파노 아우구스타”가 적혀 있다.

배출했다. 군사 귀족의 존재는 9세기 이후 더욱 명확하게 확인할 수 있다. 성씨의 출현과 확산은 문헌과 인장(공문서를 발효하고 진본임을 입증하는 데 사용되었다) 모두에서 확인된다. 성씨 사용의 확산은 귀족과 그 동맹의 네트워크가 공고해졌음과 혈통이 사회의 덕목으로 강조되었음을 보여 준다. 새롭게 부상하는 사회적 유력 집단에 대한 마케도니아 왕조 황제들의 입장은 모호했다. 그들에게는 뛰어난 군사 지도자가 필요했지만, 많은 군사 귀족이 토지에서 나온 부와 권력으로 얻은 성공을 등에 업고 종종 제국의 권력에 도전했기 때문에 황제 자리를 놓고 다투어야 했다. 비잔티움 제국은 귀족 가문을 만들면서도 때로는 무너뜨리려 노력했다. 예를 들어 비잔티움 제국은 아르메니아 · 파플라고니아 지휘관들(스클리로스

가문이 대표적)과 카파도키아 귀족(포카스 가문이 대표적)을 의도적으로 분열시키고 경쟁을 붙여서 둘 사이에 강한 적개심을 심으려 들었다.

하지만 이들은 항상 국가의 의도대로 꼭두각시가 되지는 않았다. 오토 2세의 신부 테오파노가 포카스 가문과 스클리로스 가문 사이의 동맹에서 태어났듯이, 두 가문은 때로는 인척 관계를 형성하거나 때로는 바르다스 포카스와 바르다스 스클리로스가 바실리오스 2세에 대항한 것과 같이 동맹을 맺어 제국 정부에 맞서 싸웠다. 이 군사 귀족들은 독립된 군벌이 아니라 국가의 관리였고, 그들의 권력은 소유한 관직에서 비롯되었다. 수많은 귀족이 일으킨 반란을 면밀하게 검토하면 이 사실은 명백하게 드러난다. 반역자가 가장 위협적일 때는 반역자 자신의 사병만으로 싸울 때가 아니라 국가의 군대를 지휘할 때였다. 이 시기 비잔티움 군대에서 용병의 비중은 점차 커졌다. 이들은 대개 서쪽이나 북쪽에서 왔다. 바이킹 사회에서 비잔티움 제국에서 복무하는 것은 마치 그랜드 투어*와 같았다. 예오르요스 마니아키스와 함께 시칠리아 및 동방의 전장에서 활약한 하랄드 하르드라디가 나중에 노르웨이의 왕이 된 것이 대표적인 예이다.

* 그랜드 투어는 17세기 중반부터 19세기 초반까지 유럽, 특히 영국의 상류층 자제들이 사회에 나가기 전에 프랑스나 이탈리아를 돌아보며 문물을 익히는 여행을 뜻한다. 19세기 증기선과 철도가 등장하여 여행에 드는 비용이 감소하면서 귀족층의 특권으로 여겨지던 그랜드 투어는 막을 내렸다.

황제, 총대주교, 교황 사이의 갈등

이 시기 황제와 교회의 관계는 이전에 비해서는 덜 극적이었지만 세속의 권위마저 손에 넣으려는 교회의 도전으로 요약할 수 있다. 교회 지도자 일부는 단순한 일꾼으로 머물렀는데, 포티오스 1세는 이 분야에서 유달리 눈에 띈다. 포티오스는 867년에 잠시 해임당했다가* 곧 총애를 되찾았다. 바실리오스 1세는 포티오스를 황궁으로 불러들여 어린 두 황자의 교육을 맡겼고, 877년에는 다시 총대주교로 임명했다. 포티오스는 바실리오스의 말년 내내 강력한 영향력을 펼쳤다. 포티오스는 황제를 새로운 다윗, 새로운 콘스탄티노스와 새로운 유스티니아누스로 포장하는 등 이념적 선전에 온 힘을 기울이는 한편으로는 교묘하게 황제의 지위를 깎아내렸다. 885년과 886년에 간행된 법률서 《서문*Eisagogi*》**에서 포티오스는 황제가 아니라 총대주교를 '그리스도의 살아 있는 성상'으로 묘사했다.

레온 6세는 제위에 오른 886년 또다시 포티오스를 해임했다. 이는 후에 네 번째 결혼을 반대하는 총대주교 니콜라오스 1세 미스티코

---

* 이해에 황제로 즉위한 바실리오스 1세는 총대주교 포티오스를 전임자인 이그나티오스로 교체했다. 전임 황제 시해로 정통성이 결핍된 바실리오스는 교황 하드리아노스 2세와 협조하여 즉위를 인정받는 한편, 아랍의 공세에 노출된 이탈리아 남부 문제를 해결하고자 했다. 이에 바실리오스는 교황에게 세계 공의회 개최를 위한 특사 파견을 요청했고, 869년 후반에 열린 제4차 콘스탄티노폴리스 공의회(제8차 세계 공의회)를 통해 포티오스는 단죄되고 이그나티오스의 재착좌(再着座)가 공인되었다.

** 888년 공포된 《제국 법전*Ta Basilika*》의 서문 격으로 간행된 책이기에 이 같은 제목이 붙여졌다.

스를 제거한 일과 흡사하다. 이후 무력을 이용해 집권한 황제들은 교회의 일에 직접 개입했는데, 그렇다고 교회가 전적으로 황제에게 복종하지는 않았다. 이를테면 니키포로스 2세 포카스가 전투에서 쓰러진 군인들을 성인의 반열에 올려 달라고 요구했을 때, 총대주교 폴리에프크토스는 단호히 거절했고 이 일은 그 뒤 더는 거론되지 않았다. 하나의 기관으로서 교회는 장기적으로 세속의 압력을 버텨 낼 여력이 충분했다.

이 시기는 로마 교회와 콘스탄티노폴리스 교회의 상호 파문으로 시작해서 상호 파문으로 끝난다. 포티오스 해임과 관련한 로마 교회와 콘스탄티노폴리스 교회의 갈등은 수습되었지만 긴장과 이견이 사라진 것은 아니었다. 이 문제가 1050년대에 재등장한 것은 교황권이 10세기부터 11세기 초반까지 줄곧 하강 국면에 있었기 때문이다. 위기를 넘긴 교황청은 부르고뉴 클뤼니 수도원에서 퍼져 나간 개혁 정신을 강조하기 시작했다. 순수한 교회로 돌아가기 위해 성직자들에게는 독신 의무가 강요되고 성직 매매가 금지되는 한편 예배와 자선 관행이 강조되었다. 그러나 무엇보다 중요한 점은 이 모든 일에 지방의 군주나 주교의 개입을 금지한 것이다. 클뤼니 정신의 본질이 여기에 있었다. 개혁 운동에 처음 동참한 교황은 레오 9세(1049~1054년)이다. 레오와 그의 조언가들은 로마 교회의 우위를 강조했다. 교황은 다른 주교들뿐만 아니라 모든 세속 군주보다 위에 있었다.

이런 면에서 로마 교회와 콘스탄티노폴리스 교회가 이념 면에서 부딪친 것은 당연한 일이다. 이 충돌은 실바 칸디다의 훔베르투스가 이끄는 교황 사절단이 1054년 콘스탄티노폴리스에 당도했을 때 일어났다. 본래 이들의 임무는 노르만에 대항하는 동맹을 맺는 것이었지만, 교회 개혁을 지지하는 훔베르투스는 그 생각을 숨김 없이 드러냈다. 로마 교회의 사절단은 인기가 높은 총대주교 미하일 1세 키룰라리오스의 반발에 부딪혔다. 미하일은 다른 무엇보다 얼마 전까지만 해도 제국의 땅이던 이탈리아 남부 주민들에게 라틴식 전례를 강요한 일에 분개했다. 두 교회는 필리오케 문제, 성체 성사에 쓰는 빵에 누룩을 넣는 문제(비잔티움 사람들은 누룩을 넣지 않는 무교병을 사용하는 것을 유대교의 잔재로 여겼다), 성직자의 독신 의무 등에 대해서도 논쟁을 벌였다. 양쪽 모두 완강했고, 특히 미하일 1세 키룰라리오스는 라틴 성직자들을 의도적으로 도발했다. 그 결과 양 교회는 서로를 파문했다. 이전에도 이 같은 일이 있었으므로 이 사건은 전혀 특별한 일이 아니었다. 하지만 장기적으로 볼 때 1054년의 분열은 확실한 균열을 남겼다. 상호 파문은 1964년에야 철회되었다.

강력한 제국을 위한 예술과 이념

성상 파괴운동의 종말은 경제적 호황기와 더불어 시작되었다. 비잔티움 제국과 엘리트들은 늘어난 수입을 건축과 예술에 대한 후원으로 소비했다. 바실리오스 1세는 수도를 중심으로 여러 건축물을 세웠다. 그는 아야 소피아 성당이나 성 사도 성당 같은 콘스탄티노폴리스의 주요 건축물을 보수하고 장식하는 데 후원했을 뿐 아니라 기존의 수많은 교회들에도 눈을 돌렸고 여러 교회와 수도원을 설립했다. 바실리오스가 새로 세운 다섯 돔으로 장식된 네아 성당과 황실 가족의 매장지로 기능한 네아 수도원 모두가 '새로운'이라는 뜻을 가진 '네아'라는 이름으로 불린 점이 눈에 띈다. 바실리오스는 이 수식어를 사용하여 자신의 재위를 성상 파괴운동의 시대의 종말과 새로운 시작으로 강조하고자 했다.

마케도니아 왕조 시대 내내 황실이 후원하는 기념비적인 건축 사업은 활발하게 이루어졌다. 로마노스 1세 레카피노스의 미렐레우 성당(지금의 이스탄불 보드룸 자미) 지구 개발, 로마노스 3세 아르이로스의 페리블렙투 성모 수도원(지금의 그리스 수르프 케보르크) 지구 개발, 콘스탄디노스 9세 모노마호스의 망가나 지구 개발 등이 그 결과이다. 대부분 오늘날까지 남아 있지 않으나 사료는 황실의 지원으로 조성된 지구들이 이후에도 활용되고 확장되었음을 전해 주고 있다. 지구의 중요한 성당은 돔 지붕을 갖춘 십자식 구조로, 이러한 구조는 이 시기에 정형화되어 비잔티움 제국의 말기까지 이어졌다. 성당들의 돔에는 전능자 그리스도를, 후진에는 성모를, 신랑身廊의 벽에는 그리스도의 삶과 수난을 그려 넣는 관례가 차츰 확립되었다.

이 시기 비잔티움 제국 각지에 지어진 성당들은 아직도 남아 있으며 그 가운데 아테네의 다프니, 보이티아의 호시오스 루카스, 키오스의 네아 모니, 테살로니키의 파나이하 할케온과 같이 중요한 성당 몇몇은 그리스에서 찾아볼 수 있다. 이 성당들은 고대 후기를 모델로 하되 과하다 싶을 정도로 화려한 색채와 도상으로 호화롭게 장식되었다. 이러한 특징은 이 시기에 개인을 위해 만들어진 예술품에서도 확인되는데 10세기에 제작된 필사본, 인물이나 도상이 새겨진 상아가 대표적인 예이다.

앞에서 언급한 성당들 대부분은 수도원의 부속 시설이었다. 다시 말해 이 시기에 가장 두드러진 그리고 가장 오래 지속된 변화는 비잔티움 제국 전역에서 새로운 수도원이 다수 설립된 것이다. 수도원 설립은 황실과 엘리트층에게 이중의 이익을 주었다. 수도원에 거주하는 수도사나 수녀는 빈민층에 대한 자선 활동을 하면서 설립자를 기념했다. 그 숫자가 증가하자 니키포로스 2세 포카스는 964년 새로운 수도원의 설립과 기부를 금지하고(아마 그에게는 허영으로 보였을 것이다) 자금 부족에 허덕이는 기존의 수도원을 돕는 선을 기꺼이 행할 것을 권장하는 신법을 발했다. 하지만 니키포로스의 조치가 모든 종류의 수도원의 설립 자체를 막은 것은 아니다. 해당 신법에서 그는 사람이 거의 살지 않는 지역에 지어진 수도사들이 거주하는 라브라Lavra(정교회 수도원의 한 형태로 성당, 식당, 공회당 등을 갖추고 있다)를 찬양했다. 실제로 니키포로스는 후일 자신의 심장이 안치될 테살로니키 인근 아토스반도에 위치한, 친구이자 영적 스승

그림 18 《파리 시편*Paris Psalter*》(10세기 후반 콘스탄티노폴리스 제작)의 세밀화. 그리스어로 번역된 다윗의 시편 150편을 필사한 《파리 시편》은 마케도니아 왕조 문예 부흥기의 중요한 유물이다. 머리 위에 성령의 비둘기가 있는 다윗이 왼쪽에는 지혜, 오른쪽에는 예언을 거느리고 있다. 또 손에 들고 있는 것은 71편으로 "그는 바다에서 바다까지, 그리고 강에서 땅끝까지 다스릴 것이다"라고 쓰여 있다.

아타나시오스가 세운 라브라에 막대한 기부금을 바쳤다. 대라브라 수도원이라고 불리는 아타나시오스의 라브라가 생긴 이후 아토스산에 대규모 수도원 20개가 뒤따라 설립되며 수도사 수천 명이 살게 되었다. 이들은 비잔티움 제국 마지막 세기 동안 비잔티움 사람들의 영적 세계와 성직 분야를 지배한다(제8~9장 참고).

마케도니아 시대 비잔티움 문화의 또 다른 특징은 황실의 후원 아래 이루어진 방대한 양의 서적 편찬 사업이다. 이 시기에 제작된 서적들은 과거 서적의 집성이었지만 공통점은 그뿐이다. 일부 책은 단순한 필사에 불과했지만, 대다수는 문체의 수준을 높이기 위해 많은 부분을 수정했다. 의학과 농업에 대한 백과사전, 모음, 성인의 전기와 시 모음, 주목할 만하지만 분류하기 곤란할 정도의 일반 상식을 망라한 사전(《수다*Souda*》), 군사 전략서 등으로 미루어 보면 비잔티움 제국 역사상 이만큼 다양한 분야에서 자신들의 지적 유산을 면밀하게 조사하고 종합한 때는 없었다고 해도 과언이 아니다.

또한 황제들의 후원으로 유스티니아누스의 《로마법 대전》이 그리스어로 번역되었고(60권으로 구성된 《바실리카 법전*Basilika*》) 황실 의례 사전, 비잔티움 제국의 이웃 국가 또는 종족과의 외교 관행에 관한 전문 서적 등이 편찬*된 것 또한 빠뜨릴 수 없다. 10세기에 선보인 서적들 가운데 새로 작성된 작품이 상대적으로 적은 것은 사실이다. 하지만 이 시기에 이루어진 고전 서적의 종합은 단순한 수집이 아니라 나름의 체계를 가진 것이므로 전혀 새로울 것 없는 수준 낮은 작업으로 격하하는 것은 온당치 못하다. 정보가 넘쳐나는 오늘날도 과거의 것을 새롭게 만들고 뒤섞는 작업이 큰 비중을 차지한다.

현존하는 고대 그리스 문헌의 상당 부분이 10세기에 복사된 필사본이라는 점은 이 부흥의 또 다른 중요한 측면이다. 비록 비잔티움 사

---

* 황실 의례 사전과 비잔티움 제국의 이웃 국가 또는 종족과의 외교 관행에 대한 서적은 각각 《제국 행정*De Administrando Imperio*》과 《비잔티움 의전서*De ceremoniis aulae Byzantinae*》를 가리키는데, 콘스탄티노스 7세 포르피로예니토스의 이름으로 쓰였다.

람들은 자신들의 미적 · 정치적 기준으로 고대 그리스의 고전을 선택하고 보존했지만, 그들이 없었더라면 남아 있는 고대 그리스의 고전 작품은 얼마 되지 않을 것이라는 점은 사실이다. 독창적인 비잔티움 사상가들은 고대 그리스의 고전 작품에 비판적이었지만 문헌 보존에 참여한 이들도 그랬다는 것을 의미하지는 않는다. 1040년대 이후 마케도니아 왕조 황제들의 궁정에서 중요한 역할을 한 미하일 프셀로스는 비잔티움 문화사에서 독특한 인물 중 한 사람임이 분명하다. 그에 대해서는 다음 장에서 다룰 것이다.

고전 문화의 부활에는 다양한 요소가 작용했다. 성상 파괴운동 시대에 시작된 플로릴레기아Florilegia류 서적의 탄생, 바르다스 치하 콘스탄티노폴리스에서의 교육 활성화(제4장 참고) 그리고 성상 파괴운동이라는 암흑기와 문화를 억압한 황제들로부터 해방시키려는 존재로 자신들을 선전하려는 마케도니아 왕조 황제들의 다분히 의도적인 노력이 바로 그 요소들이다. 증명하기는 어려우나 카롤루스 르네상스*의 활기가 학교와 학자 들의 네트워크를 통해 비잔티움 제국에 전해졌을지도 모른다. 비잔티움 세계이든 그 바깥이든 마케도니아 르네상스**는 새로이 피어난 강력한 로마 제국 자체인 비잔

---

* 프랑크 제국의 카롤루스 왕조의 후원 아래 4세기 로마 제국을 모범으로 삼아 8세기 후반부터 9세기까지 진행된 고전 부흥과 문화 융성을 가리킨다.

** 863년 바르다스가 콘스탄티노폴리스 교육의 중심이 되는 마그나브라궁을 재건한 이래 10세기까지 이어진 중세 로마 제국, 즉 비잔티움 제국의 문화적 전성기를 가리킨다. 베네치아의 성 마르코 성당에서 볼 수 있듯이 서유럽까지 영향을 주었다.

티움 제국이 지성 세계에서도 서방을 압도할 수 있음을 보여 준 사례라고 할 수 있다.

이념 전쟁의 상황도 이 가설을 지지해 준다. 교황 니콜라우스 1세가 라틴어가 곧 로마어라며 로마어를 쓰지도 않는 비잔티움 사람들이 로마를 자칭하는 것은 우스운 일이라 주장하자, 미하일 3세는 라틴어는 이방인의 언어라고 불렀다는 이야기가 전해진다. 이 일화는 어느 쪽이 로마 제국이냐 하는 문제가 비잔티움 제국 입장에서도 미묘했다는 사실을 시사한다.*

여기에서는 동방과 서방 모두의 시각이 첨예하게 부딪혔다. 오토 왕조의 사절단이 니키포로스 2세 포카스와 빚은 갈등에 대한 크레모나의 주교 리우트프란트의 기록 또한 같은 관점에서 해석할 수 있다. 이야기 자체는 왜곡되었을지언정 오토 1세가 왕이냐 황제냐 하는 문제, '그리스인'은 약삭빨라서 도통 신뢰할 수 없다는 리우트프란트의 묘사 등을 통해 양쪽 사이의 긴장을 엿볼 수 있다. 이 같은

---

* 총대주교 포티오스 1세 취임과 관련한 갈등인 포티오스 분열 중 교황과 황제 사이 서신 교환에서 비롯된 일이다. 미하일 3세의 서신은 남아 있지 않으나, 니콜라우스 1세의 서신을 통해 미하일이 그리스어가 라틴어에 비해 우월하며, 라틴어는 '야만적'이고 '스키타이적'이라 주장했음을 알 수 있다. 니콜라우스는 "하지만 폐하께서 라틴어를 이해하지 못하기 때문에 이를 야만적 언어라 하신 것이라면, 로마인의 언어를 알지 못한 채로 스스로를 로마 황제라 부르는 것이 얼마나 우스운 일인지 생각해 보십시오", "서두에서 스스로 로마 황제라 칭했으면서도 어찌 로마어를 야만족의 언어로 부르는데 거리낌이 없으신지", "그 말대로라면 야만족이 로마 황제였다는 것인데, 그렇다면 스스로 로마인의 황제라 칭하는 것을 멈추십시오. 폐하께서 야만족과 스키타이족의 언어라 부른 이 언어는 로마인들이 쓰던 것입니다"라 적으며 분노를 드러냈다. 이 같은 비잔티움 제국의 로마다움에 대한 로마 교황의 공격을 비잔티움 제국 측은, 비잔티움 제국의 법제가 로마 공화정을 넘어 로마 왕국까지 거슬러 올라가며 로마 왕국 시절의 법령은 그리스어로 작성되었을 것이라는 논리로 반박했다.

반목은 비잔티움 제국과 오토 왕조의 영향력이 선교 사업을 통해 확장됨에 따라 더욱 불타올랐다. 마케도니아 황제들은 마자르인과 루시인을 개종시키기 위해 노력했다. 그러나 마자르인은 동쪽의 폴란드나 북쪽의 덴마크와 같이 독일의 구심력에 포섭되어 로마 교회를 영적인 중심지로 받아들였다. 반면 비잔티움 제국은 루시인을 개종시키는 데에 성공했다. 이것이 이른바 '비잔티움 공동체'의 시작이다. 이제 동유럽 국가들이 콘스탄티노폴리스를 정치적 · 문화적 지향점으로 삼게 되었는데, 그렇다고 그들이 비잔티움 제국을 공격하지 않은 것은 아니다. 비잔티움인의 입장에서는 실로 안타까운 사실이다.

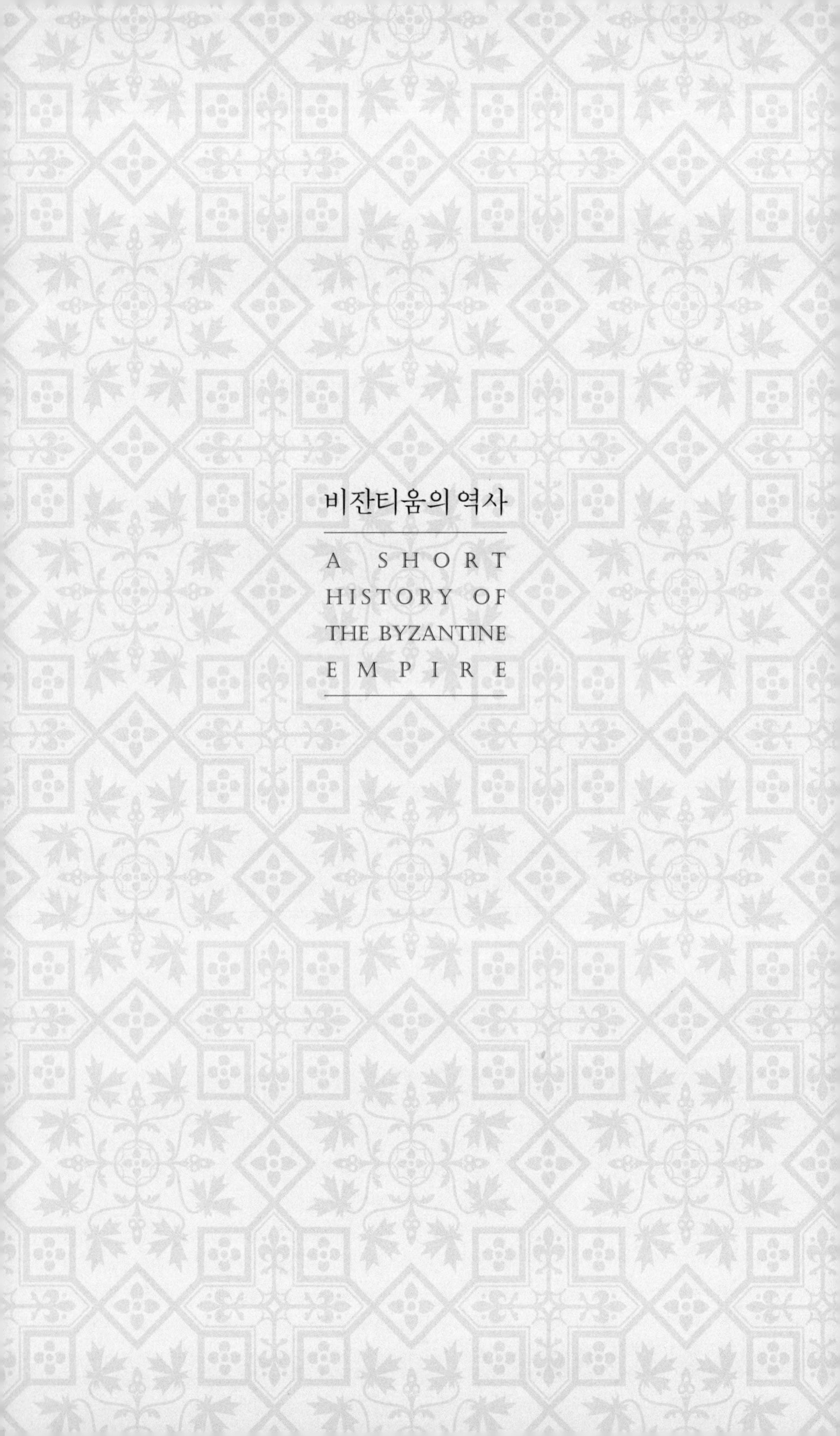

비잔티움의 역사

A SHORT HISTORY OF THE BYZANTINE EMPIRE

제6장

강인함 속에 나약함이 깃들다
(1056~1204년)

군벌 가문의 득세와 십자군 원정

테오도라가 선택한 후계자 미하일 6세 브링가스(즉위 시 이미 나이가 많아 '노인'을 뜻하는 게론타스로 불렸다)는 파플라고니아 출신 군사 귀족의 일원인 이사키오스 콤니노스가 이끄는 소아시아 군 지휘관들의 반란 때문에 황제의 자리를 오래 지키지 못했다. 이사키오스 1세 콤니노스(재위 1057~1059년)는 1057년 제위에 올랐다. 콤니노스 가문은 하급 군사 귀족 가문으로 이사키오스는 바실리오스 2세의 총애를 받아 출세 가도에 올랐다. 바실리오스는 포카스나 스클리로스 등 강력한 군벌 가문(제5장 참고)에 대한 견제의 일환으로 이같이 하급 귀족을 등용했다.

이사키오스의 재위는 아주 짧았지만, 조이의 첫 남편 로마노스 3세 아르이로스가 즉위한 1028년부터 유지된 콘스탄티노폴리스

문관 귀족이 주도하는 흐름을 지방 군벌 가문 주도로 돌려놓았다. 이는 비잔티움 제국이 멸망할 때까지 유지되었다. 이사키오스는 궁정의 혼란을 다스리기 위해 총대주교 미하일 1세 키룰라리오스와 고위 관료 미하일 프셀로스에게 의지했다. 군인다운 면모를 가진 이사키오스는 엘리트층 대부분의 이익을 침해하려 들었기에 결국 몰락했다. 프셀로스의 설득으로 이사키오스는 제위에서 물러나 스투디오스 수도원에 은거했다. 옥좌는 프셀로스의 새로운 후원자이자 파플라고니아에 기반을 둔 또 다른 귀족 가문 두카스의 손에 들어갔다.

1059년에 즉위한 콘스탄디노스 10세 두카스는 동생 이오아니스를 최고위직인 카이사르로 임명했다. 콘스탄디노스는 이사키오스의 반귀족 정책과 달리 콘스탄티노폴리스에서 지지를 얻기 위한 정책을 폈다. 비잔티움 제국 밖에서는 정치권력의 심각한 재구성이 일어나고 있음이 분명해졌다. 새로 바그다드를 지배하게 된 셀주크 제국은 비잔티움 제국의 심장부인 소아시아 남서부와 아르메니아를 직간접적으로 공격해 왔다. 이탈리아의 노르만인들은 이제 교황으로부터 정복을 인정받았고 그들을 막을 수 있는 존재는 없어 보였다. 1059년 공세를 시작한 그들은 1060년에 칼라브리아를 정복하여 북쪽의 풀리아와 남쪽의 시칠리아로 나아갈 문을 열어젖혔다. 로베르토 기스카르도('족제비 로베르토'라는 뜻으로 그의 교활함을 상징한다)와 루제로 1세 형제가 노르만인들의 남이탈리아 정복을 진두지휘했다. 그동안 발칸반도는 페체네그인의 약탈에 시달렸다.

콘스탄디노스가 1067년에 죽자 어린 그의 후계자들에게는 위기가 닥쳐왔다. 총대주교 미하일 1세 키룰라리오스의 조카이자 과부가 된 콘스탄디노스의 아내 에브도키아 마크렘볼리티사는 아들(미하일 7세)의 제위 계승을 확실히 하기 위해 재혼하지 않겠다고 다짐했다. 하지만 남편이 죽은 직후 에브도키아는 저명한 귀족 가문 출신의 군 지휘관 로마노스 4세 디오예니스와 결혼하여 그에게 제위를 주었다. 로마노스는 비잔티움 제국 군대의 상태로는 두 전선을 감당할 수 없다는 점을 깨달았다. 테마군은 10~11세기 내내 끊이지 않은 내전과 원정의 여파로 도외시되었으므로 군인 대부분은 용병으로 구성되었다. 황제와 측근이 소아시아 출신이기 때문인지 로마노스는 우선 소아시아 방면에 집중했다. 그 틈을 타 노르만인들은 방치되어 있는 이탈리아 남부를 조금씩 정복하더니 1071년에는 마침내 최후의 비잔티움 제국 땅 바리까지 차지했다.

로마노스는 소아시아에서 셀주크인을 상대로 소소한 성공을 거두었다. 여기에 고무된 그는 동원할 수 있는 모든 병력을 모아 튀르크인을 아르메니아에서 몰아내는 것을 목표로 본격적인 공세를 준비했다. 그러나 1071년 시작된 원정은 재앙으로 끝났다. 반호 인근에서 벌어진 만지케르트(지금의 튀르키예 말라즈기르트) 전투에서 비잔티움 군대는 대패하고 황제는 포로가 되었다. 후위를 지휘하던 카이사르 이오아니스의 아들 안드로니코스 두카스가 황제가 사로잡혔다는 소문을 퍼뜨려서 비잔티움 군대의 사기를 땅에 떨어뜨렸다는 주장도 있다. 만지케르트에서 전사한 군인이 그리 많지 않았음에도 이 사건은 비잔티움 제국령 소아시아의 종말로 여겨져 왔다. 하지만 전투 자체보다는 그 후의 이야기가 더 중요하다. 이 소식이 콘스탄티노폴리스에 도착하자 두카스 가문은 다시 권력을 잡고 포로로 잡혔다가 풀려난 로마노스와 내전을 벌였는데, 이때 주로 아르메니아인과 노르만인 용병이 싸웠다. 로마노스는 내전에서 패한 뒤 장님으로 만들어졌고 그 직후 1072년에 죽었다. 미하일 7세 두카스가 1071년 제위에 올랐다.

이후 이어지는 10년 동안 비잔티움 제국은 벼랑 끝으로 몰렸다. 소아시아에서 일어난 튀르크인들의 약탈에 대응하기 위해 노르만인이 대부분인 용병 군단이 조직되어 1073년 출병했다. 용병의 지휘관 바이을의 루셀은 용병 군단을 떠나 소아시아 북동 지역에 노르만 왕국을 세우기 시작했다. 옛 황제 이사키오스 1세 콤니노스의 조카인 청년 장군 알렉시오스 콤니노스는 튀르크인 용병을 고용해 루셀을 진압했다. 미하일 7세는 심각한 곤경에 직면했다. 용병을 많이 고용한 탓에 세금은 인상되고 물가가 치솟으면서 경제적 어려움을 가져왔으며, 솔리두스는 더욱 평가절하되었다. 곡물 가격이 크게 오르자 미하일은 '마이너스 4분의 1', 즉 4분의 1을 잃어버렸다는 의미인 파라피나키스라는 별명을 얻었다.

미하일의 지위가 위태로워지자 권위에 도전하는 이들이 하나둘 나왔다. 1077년과 1078년에는 귀족 가문 출신의 주요 군벌 두 사람이 반란을 일으켰다. 트라키아에서는 니키포로스 브리에니오스가, 소아시아에서는 니키포로스 3세 보타니아티스가 노르만과 튀르크 용병대를 주력으로 반군을 꾸렸다. 여기에서 승리한 니키포로스 3세는 1078년 미하일을 퇴위시키고 수도원으로 보낸 뒤 그의 아내인 조지아의 공주 마르타와 결혼했다. 거의 여든 살에 육박하는 나이의 니키포로스는 미봉책만 제시할 뿐이었고 유혈 쿠데타가 일어나 자리에서 물러나기까지는 그리 오래 걸리지 않았다. 1081년 4월 알렉시오스 1세 콤니노스가 형제들과 마르타, 두카스 가문(알렉시오스는 3년 전 이리니 두케나와 결혼했는데, 이리니는 전임 황제 미하일 7세와 마르타의 아들이자 후계자인 콘스탄디노스 두카스의 사촌이다)의 지지를 받아 군대를 이끌고 콘스탄티노폴리스를 장악했다.

알렉시오스는 귀족 가운데 대단히 유능한 군인이었지만, 재위가 시작될 무렵 그의 앞날은 그리 밝지 못했다. 로베르토 기스카르도가 그간 방치되어 있던 노르만 군대를 이끌고 1081년 아드리아해를 건너 발칸반도의 해안과 콘스탄티노폴리스를 이어 주는 에그나티아 가도의 입구인 디라키움의 중요한 항구를 점령한 다음 그리스를 공격했다. 이에 알렉시오스는 서둘러 군대를 꾸려 떠나며 수도를 어머니*에게 맡겼다.

---

* 아나 달라시니(Anna Dalassēnē)를 가리킨다. 달라시노스(Dalassēnos) 가문 출신인 아나는 네 아들을 당대 가장 출중한 가문의 딸들과 정략 결혼시켜 차남인 알렉시오스 1세 콤니노스의 집권을 이끌어 냈다. 이후에도 아나는 알렉시오스의 섭정으로 11세기 말까지 궁정에서 활동했다.

알렉시오스와 노르만의 첫 격돌은 비잔티움 제국의 패배로 끝났고 로베르토는 그리스 중부로 진군했다. 알렉시오스는 교회의 재산까지 몰수해 가며 모은 돈으로 튀르크 용병을 고용해서 겨우 노르만인들을 몰아낼 수 있었다. 그러나 앞으로 노르만인의 협박을 더 심각해질 것이 명백했다. 1082년(일부 학자에 따르면 1092년) 알렉시오스가 바실리오스 2세와 마찬가지로 베네치아에 교역 특권을 부여했다. 이 덕분에 베네치아 상인들은 모든 세금에서 면제되고 제국의 어디에서나 자유로이 교역할 권리를 얻었으며, 나아가 콘스탄티노폴리스에 거주지와 상업 지구를 마련했다.

알렉시오스의 별은 계속해서 빛을 잃어만 갔다. 1087년 그는 다뉴브강 남쪽 페체네그인의 침공을 막으려다 궤멸당하고 말았다. 이 지역에 새로이 등장한 튀르크계 큽차크 연맹*과의 동맹 덕분에 페체네그 위기는 1090년대 초 겨우 일단락되었다. 재위 첫 10년 동안 패배를 거듭했음에도 알렉시오스가 제위를 지킬 수 있었던 이유는 여럿이다. 우선 알렉시오스가 부재중일 때 황궁에서 유능한 행정가의 면모를 보여 준 그의 어머니를 꼽을 수 있다. 알렉시오스의 권력은 몇몇 주요 귀족 가문과의 동맹에 그 기반을 두고 있는데, 그의 가문인 콤니노스와 두카스가 중심에 있고 다른 유명한 가문도 결혼

* 큽차크(Qıpčaq)는 지역에 따라 캉르(Qaŋlı)나 쿠만(Quman, Cuman), 폴로브치(Pólovtsy) 등 다양한 이름으로 불렸다. 저자의 경우 쿠만이라는 표기를 사용했으나, 본문에서는 가장 용례가 많은 큽차크를 택했다. 9~10세기에 시베리아 남서부의 토볼강과 이심강 인근에 유목하던 큽차크 연맹은 11세기 남진하기 시작해 11세기 중반에는 흑해 북안의 초원 지대를 지배했으나 몽골 제국에 몰락한다.

을 통해 동맹에 합류했다.

1090년대는 상황이 나아졌다. 발칸반도 방면의 상황은 얼마간 안정된 데다가 셀주크 왕조와 이집트의 파티마 왕조 모두 계승 분쟁에 빠져들었기 때문에 동부 방면에서의 위험은 줄어들었다. 덕분에 1090년대 초반 비잔티움 제국은 해안가의 통제를 얼마간 회복하고 소아시아 서북부에 대한 공세를 시작했다. 하지만 서방에서 일어난 십자군이 이슬람 세계와 비잔티움 세계 즉 동방 전체에 큰 충격을 주었다. 십자군은 대단히 거대한 주제라 이 책에서는 비잔티움 제국 역사와 직접 연관이 있는 부분만을 간략히 다루도록 하겠다. 따라서 이 책의 십자군 서술은 매우 한정적인 면만 담고 있음을 유념하기 바란다. 우선 비잔티움 제국이 십자군(특히 제1차 십자군)의 출현에서 어떤 역할을 수행했는가와 비잔티움 사람들의 십자군에 대한 인식과 반응을 알아보자. 비잔티움 제국은 소아시아의 셀주크계 집단들과 싸우기 위한 군대가 필요했다.

서방인 특히 노르만인이나 앵글로색슨인(1043년 갑작스러운 공격으로 비잔티움과 제국과 루스의 관계가 틀어지고* 1066년 노르만인이 영국을 정복한 후)을 용병으로 고용하는 관행은 낯설지 않았다. 서방인 사이에서도 비잔티움 궁정에서 일하는 것이 꽤 수지 맞는 일이라는

---

* 1043년 야로슬라부 볼로디미로비추(Jaroslavŭ Volodimirovičŭ, 일명 야로슬라프 현공)는 맏아들 볼로디매루(Volodiměrŭ, 나중의 노브고로드 공후)에게 군대를 맡겨 콘스탄티노폴리스를 포위하게 했다. 원인은 분명치 않으나 콘스탄티노폴리스 시장에서 루시 상인이 살해당한 일과 관련이 있는 것 같다. 이후 양쪽의 교류가 완전히 끊어지지는 않았다.

것은 이미 유명했다. 알렉시오스 1세는 몇 세대 동안 이용해 온 방법을 구사하여 서방의 유력자들에게 서신과 사절을 보내 용병을 청했다. 그가 교황 우르바누스 2세에게 사절단을 보내 이교도가 그리스도교도를 얼마나 억압하는지, 성묘 교회와 성지를 순례하기가 얼마나 어려워졌는지를 강조하며 도움을 청한 것도 마찬가지 일이다. 그러나 비잔티움 제국으로서는 이 요청이 제1차 십자군으로 진화하리라고는 상상도 못 한 일이었다. 이는 알렉시오스가 요구한 바 이상이었고 감당하기에 벅찬 일이었다.

은자 피에르가 이끄는 군중 십자군(제1차 십자군의 선발대 격)은 1096년 여름 콘스탄티노폴리스에 처음 도착했다. 알렉시오스는 최대한 빨리 이들을 소아시아로 실어 날랐고, 군중 십자군은 튀르크인의 손에 완전히 붕괴했다. 몇 달 뒤 정식 십자군이 차례로 콘스탄티노폴리스에 당도했다. 알렉시오스는 수단과 방법 가리지 않고 십자군 지도자들에게서 개인적인 맹세를 받아 냈는데, 이는 분명 그의 곁에 있던 서방 출신 조언가들의 공로일 것이다. 십자군은 황제로부터 군사력과 보급을 받는 대신 옛 비잔티움 제국 영토(아마 이같이 모호한 표현이 최선이었을 것이다)에 속한 도시와 지역을 제국에 돌려주겠다고 약속했다.

처음에는 모든 일이 순조로웠다. 1097년 셀주크 왕조*는 프랑크

* 룸 셀주크 왕국을 의미한다. 저자는 이란의 대셀주크 제국과 룸 셀주크 왕국을 구분하지 않고 셀주크 왕조라고 부르고 있으나, 당시 두 정치체는 통치 왕가만 같고 다른 왕통을 가지고 있어 서로 전쟁을 벌이기도 한 별개의 국가다.

군대(즉 십자군)의 위협에 니케아를 비잔티움 군대에 넘겼다. 알렉시오스는 이후 십자군을 따라가며 소아시아 서부와 북부에서 비잔티움 제국의 영토를 단단히 다졌다. 문제는 안티오키아에서 터졌다. 안티오키아는 10년쯤 전에 셀주크 왕조에게 함락된 전략적 요지였다. 십자군은 안티오키아 공격이 매우 힘들다는 것을 직감했다. 사료의 증언은 여기에서 결정적으로 갈린다. 비잔티움 사료들은 십자군이 무너졌다는 소식을 들었을 때만 비잔티움 군대가 퇴각했다고 주장하는 반면, 십자군 사료들은 비잔티움 군대가 협정을 어기고 무단으로 퇴각했다고 주장한다. 어쨌든 노르만 영주이자 알렉시오스의 최대 적수 로베르토 기스카르도의 아들 타란토의 보에몬도가 안티오키아를 손에 넣었다. 십자군은 이후 독자적으로 예루살렘으로 계속 진군했고, 마침내 1099년 자신들의 소망인 예루살렘 정복을 실현해 냈다. 예루살렘 함락 직후의 유혈 참사는 동방의 무슬림들을 공포에 떨게 했다. 그리고 이 기억은 진화하여 지금까지 남아 있다.

제1차 십자군은 모두의 예상을 깨고 어마어마한 승리를 거두었으며, 그 결과 레반트 지역에 라틴계 식민 국가 다수가 수립되었다. 이들 가운데 몇몇은 이후 여러 세기에 걸쳐 살아남았다. 이 십자군 국가(제1차 십자군의 성공 이후 시리아와 팔레스타인 지역 해안가에 성립한 국가)들과 비잔티움 제국은 이제 공존을 생각해야만 했다. 십자군 대부분은 유럽으로 돌아갔으나, 십자군 국가에 필요한 도움은 유럽에서 오지 않았다. 따라서 비잔티움 제국은 십자군 국가들과의 관계에서 우월한 입지를 차지할 수 있었다. 비잔티움 제국과 십자군 국가들은 수 세기 동안 서로를 비난하고 때로는 전쟁을 치르면서도 정치적 · 경제적 · 문화적으로 활발히 교류했다.

비잔티움 제국에 있어 타란토의 보에몬도와 안티오키아 문제가 일단락된 것은 1107년이었다. 보에몬도는 아버지 로베르토 기스카르도가 그랬듯이 이탈리아 방면에서 비잔티움 제국을 공격했다. 하지만 이번에는 알렉시오스 1세 콤니노스의 준비가 더 철저하여 곧장 보에몬도의 군대를 격파했고, 보에몬도는 안티오키아를 제국에 넘기겠다는 조건으로 평화 협정을 구걸할 수밖에 없었다. 그러나 1111년 보에몬도가 요절하는 바람에 안티오키아는 비잔티움 제국의 손에 넘어가지 못했다.

말년의 알렉시오스는 상황을 바꿀 수 없음을 깨달았다. 십자군 국가들에 개입하기 위한 입구인 안티오키아는 그의 통제권 밖에 있는 데다 소아시아 중부에서 영토를 탈환하려는 노력은 거의 성공을 거두지 못했다. 그리하여 알렉시오스는 1115년 룸 셀주크 왕국과 평화 조약을 맺고 소아시아 중부의 비잔티움계 인구를 피난시키는 선에서 만족해야 했다. 그나마 해안 지역의 안정만이라도 확보하려 한 것이다.

콤니노스 가문은 표면적으로 화목했지만 제위 계승 문제는 심각했다. 알렉시오스의 아들이자 그가 택한 후계자 이오아니스 2세 콤

그림 19　성모 양옆에 이오아니스 2세 콤니노스와 아내 이리니(피로슈커라는 이름의 헝가리 공주)가 있는 모자이크화(1120년대 제작). 성모 무릎 위 아기 그리스도 주위에는 십자가 형태의 후광이 있고 오른손으로는 축도를 하고 있다. 또 돈주머니를 바치는 모습인 이오아니스 2세 주위의 비문은 "그리스도 하느님의 신실한 바실레프스, 포르피로예니토스이자 로마인의 아프토크라토르, 이오아니스 콤니노스"라는 내용이다.

니노스는, 1070년대에 반란을 일으킨 귀족의 아들로 누나 아나 콤니니의 남편이 된 니키포로스 브리에니오스를 지지하는 어머니를 상대하여 옥좌를 쟁취해야만 했다. 1118년 이오아니스가 즉위한 뒤에도 음모는 이어졌고 결국 어머니와 누나는 자신들이 세운 케하리토메니 수도원에 갇히는 처지로 전락하고 말았다.

헝가리 공주 피로슈커(콘스탄티노폴리스에서 이리니로 개명)와 결혼한 이오아니스는 꽤 성공적인 재위 시기를 보냈다. 운 좋게도 그는 생전에 또 다른 십자군을 상대하지 않아도 되었고 아버지 알렉시오스 1세 콤니노스의 업적을 토대로 동방에서 비잔티움 제국 영토를 확장했다. 이오아니스는 1120년대에 큽차크의 공격과 헝가리의 침공을 물리쳤고, 세르비아와 달마티아에 대한 비잔티움 제국의 영향력을 유지했다. 1130년대에는 소아시아 북쪽에서 다니슈멘드 왕조와의 전쟁을, 남쪽에서 킬리키아의 아르메니아계 공국들과의 전쟁을 승리로 끝냈다. 물론 십자군 국가들과 함께였다. 다만 안티오키아를 점령할 정도까지는 이르지 못했다. 1130년대에 시칠리아의 루제로 2세가 이끄는 노르만 왕국이 재부상하자, 이오아니스는 여러 세력과 동맹을 맺으며 선수를 쳤다. 그 가운데 가장 중요한 것은 독일 황제 콘라트 3세와의 동맹으로, 이를 위해 이오아니스는 막내아들 마누일과 콘라트의 처제 줄츠바흐의 베르타를 결혼시켰다. 영토를 점진적으로 확장하는 정책은 이오아니스가 1143년 킬리키아에서 사냥 중에 사고로 사망하면서 급작스레 막을 내렸다.

이오아니스의 살아남은 아들들 가운데 막내아들 마누일 1세 콤니노스가 제위를 계승했다. 새 황제는 시리아와 킬리키아 방면에서는 부황의 정책을 그대로 이어 나가며 결실을 거두었다. 에데사 백국의 탈환을 목표로 한 제2차 십자군(1145~1149년) 소식이 비잔티움 제국에 닿자, 마누일은 노르만 왕국의 루제로 2세를 그 모험에서 배제하는 데 성공했다. 콘라트 3세는 군대를 이끌고 콘스탄티노폴리스를 거쳐 소아시아로 건너갔다가 패배하고 비잔티움 제국으로 돌아왔다. 마누일은 독일 군대와 프랑스 국왕이 이끄는 군대가 합쳐진 십자군을 해로를 통해 시리아에 이송해 주었으나, 그들은 거기에서 다시 패배하여 목표를 이루지 못했다. 비잔티움 제국은 군사적으로 손해를 보지 않았지만 십자군이 실패하여, 비잔티움 제국이 십자군에게 도움을 주지 않았다거나 애초에 지지하지 않았다는 식의 비난을 받았다. 진실 여부와 관계없이 라틴 그리스도교권에는 이 같은 믿음이 퍼져 나갔다.

제2차 십자군이 진행되고 있는 1147년 루제로 2세는 그리스 연안과 섬들을 약탈해 댔고 이 과정에서 테베의 비단 직공들을 데리고 시칠리아로 돌아갔다. 마누일은 베네치아 그리고 콘라트 3세의 독일과 동맹을 맺었는데, 이후 노르만인들이 비잔티움 제국에 출몰하지 않은 것을 보면 동맹이 효과적이었음은 분명하다. 하지만 루제로 2세가 죽는 1154년까지 노르만 왕국은 비잔티움 제국을 불안하게 하는 요소였다. 그뿐만 아니라 1150년대 초반 세르비아에서 일어난 반란(1160년대와 1170년대 초까지 끊이지 않았다)을 비롯해 1155년 프리드리히 바르바로사가 독일 황제로 즉위하기까지 사건이 연달아 발생하며 서방의 상황은 불안정해져만 갔다. 마누일은 노르만 왕국의 약화를 틈타 재빨리 움직여 1155년 바리를 점령했으나, 이를 유지할 능력은 없었다.

이탈리아 문제를 둘러싼 복잡한 정치적 · 외교적 관계의 거미줄 속에서 비잔티움 제국은 어떻게든 동맹을 찾으려 애썼다. 때로는 바르바로사에 맞서 베네치아 그리고 교황청과 동맹을 맺었고, 때로는 노르만 왕국을 견제하기 위해 다시 바르바로사와 제휴를 맺었으며, 또다시 노르만과 협조해 바르바로사를 견제했다. 원칙은 간단했다. 이탈리아에 존재하는 열강들은 한 세력이 너무 강해지는 것을 원치 않았고, 그 때문에 균형이 무너질 것 같은 기미만 보여도 동맹의 반전이 일어났다. 마침내 1160년대가 되자 비잔티움 제국의 희망이나 기대와 달리, 서방 열강 가운데 누구도 그들이 이탈리아에 손을 뻗치는 것을 원치 않는다는 사실이 명확해졌다.

반면 마누일 1세는 동방에서 좀 더 나은 결과를 얻어 냈다. 1150년대에 이르러 킬리키아의 아르메니아인과 살아남은 십자군 국가들은 비잔티움 군대의 힘 앞에 무릎을 꿇었다. 1159년 마누일은 이윽고 아버지와 할아버지의 숙원인 안티오키아 입성을 실현해 냈다. 그뿐만 아니라 그는 비록 실패에 그쳤지만 1169년 이집트의 다미에타항을 공격하는 등 서방 군주들과의 공조도 성공적으로 실현했다. 그러나 이집트의 재상으로 처음 등장한 살라후딘(일명 살라딘)은 1171년 이집트의 군주로 즉위해 시리아와 팔레스타인의 십자군 세력을 위협했는데, 아무도 그를 막아 내지 못했다.

같은 10년간 비잔티움 제국과 베네치아와의 관계는 최고조를 맞았다. 베네치아는 많은 특권을 비잔티움 제국에서 받아 내면서도 자기들의 이익을 추구해 동맹국의 이해에 반하는 행동을 취했다. 베네치아는, 비잔티움 제국이 피사와 제노바를 이용해 견제하자 폭력적인 수단으로 맞섰다. 마누일은 영악한 술수를 부려 1171년 비잔티움 제국 전역에서 베네치아 소유의 물품과 자산을 모두 압수했다. 이는 비잔티움 제국의 기구가 얼마나 유능한지 여실히 보여 주는 사례이다. 베네치아는 극렬히 저항했지만 마누일이 살아 있는 동안에 상황은 나아지지 않았다.

마누일의 말년은 그리 성공적이지 못했다. 소아시아 중부에서 룸 셀주크 왕국을 멸망시키려던 그의 노력은 1176년 미리오케팔로스 전투에서 재앙으로 끝났다. 비잔티움 군대는 막대한 인명을 잃어 소아시아 해안으로 밀고 내려오는 룸 셀주크 군대의 진군을 멈출 여력이 없었다. 마누일이 죽은 1180년에는 그의 후계자 알렉시오스 2세 콤니노스가 아직 어린 나이여서 상황은 또 한 번 위태로워졌다. 마누일의 두 번째 아내 안티오키아의 마리(안티오키아 공작의 딸)가 알렉시오스 콤니노스(이오아니스 2세 콤니노스의 아들 안드로니코스 콤니노스의 아들이다)와 같이 섭정이 되었으나, 이들의 정권이 얼마나 허약한지는 곧 증명되었다. 1183년 이오아니스 2세 콤니노스의 형제이자 적인 이사키오스 콤니노스(이사키오스 1세 콤니노스와는 다른 인물이다)의 아들 안드로니코스 1세 콤니노스가 제위에 올랐다. 안드로니코스가 콘스탄티노폴리스에 도착하기 직전에 봉기가 일어나 도시에 거주하던 라틴인(그들은 대부분 피사인이나 제노바인이었다)은 학살당했지만, 베네치아인은 10여 년 전 마누일이 내린 추방령 덕분에 큰 피해를 입지 않았다.

안드로니코스 즉위 초의 유혈 사태는 여기에서 그치지 않았다. 곧 어린 황제 알렉시오스 2세 콤니노스(당시에는 알렉시오스와 안드로니코스 1세 콤니노스가 공동 황제로 재위 중이었다)와 어머니 마리는 곧 처형당했고, 알렉시오스와 결혼해 어린 나이에 황후가 되었던 프랑스의 아녜스는 새 황제 안드로니코스의 아내가 되었다. 안드로니코스가 국내외에서 마누일의 정책 대부분을 뒤집으려고 하자, 콤니노스 체제에서 소외당했다는 이유로 그를 지지하던 이들이 돌아섰다. 이제 비잔티움 제국의 이웃과 적 모두가 공격의 기회가 왔음을 직감했다. 노르만 왕국은 1185년에 그리스를 공격해 테살로니키를 약탈하고 점령했다. 헝가리 왕국은 스테판 네마냐를 지원해 세르비아가 비잔티움 제국으로부터 벗어나게 도와주었다. 그리고 이해에 수도에서 반란이 일어나 안드로니코스가 군중에게 린치를 당해 죽음을 맞이하며 콤니노스 시대는 끝이 났다.

콤니노스 시기는 귀족 간 동맹에 기반한 강력한 중앙 집권화 정책과 서방의 정치적 자원 활용 정책을 두 축으로 삼았다. 그러나 콤니노스 시대가 끝난 뒤 20년 동안의 사태는 그 근간이 매우 취약했음을 잘 보여 준다. 1185년에 즉위한 이사키오스 2세 앙겔로스(재위 1185~1195년)는 알렉시오스 1세 콤니노스의 막내딸을 할머니로 두었다. 귀족 간 동맹에도 불구하고 비잔티움 제국의 상황은 악화 일로였다. 1187년 하틴에서 살라후딘이 십자군을 처참할 만큼 무너뜨리고 예루살렘을 점령하자 제3차 십자군(1189~1192년)이 소집되었다. 바르바로사가 이끄는 군대는 육로로, 영국의 사자심 왕 리처드와 프랑스 왕 필리프 2세는 해로로 진군했으나 예루살렘 탈환에는 좌절했다.

그들은 비잔티움 제국에도 악영향을 끼쳤다. 바르바로사는 이사키오스가 살라후딘과 협상에 들어갔다는 이유로 콘스탄티노폴리스를 위협했지만, 콘스탄티노폴리스는 위험을 모면했다. 바르바로사가 성지에 도착하기 전 1190년에 익사하는 바람에 비잔티움 제국은 외교적으로 고립되었다. 이것이 바로 영국의 사자심 왕 리처드가 1191년에 키프로스를 점령할 수 있었던 이유이다. 그때 키프로스는 비잔티움 제국에 반기를 든 콤니노스 가문 출신 반역자가 지배하고 있었다. 마침내 키프로스 왕국은 예루살렘 왕위에서 밀려난 뤼지냥의 기 손에 넘어갔고 그는 1473년까지 이를 지켜 냈다.

비잔티움 제국이 나약하다는 사실이 명백해졌고, 그것을 알아차린 이웃 국가들은 제국의 지배로부터 자유로워지려고 신속하게 움직였다. 네마냐가 이끄는 세르비아와 칼로얀이 이끄는 불가리아가 대표적인 예이다. 이사키오스의 형 알렉시오스 3세 앙겔로스(재위 1195~1203년)가 반란을 일으켜 동생의 눈을 뽑고 정치적으로 제거했으나 상황을 개선하지는 못했다. 이사키오스 2세의 아들 알렉시오스 4세는 이탈리아로 건너가 아버지의 제위를 되찾으려 했다. 그는 지원을 받기 위해 교황에게는 비잔티움 교회를 굴복시켜 교회 통합을 이루어 내겠다고, 다른 서방의 군주들에게는 막대한 보수를 지불하겠다고 미끼를 던졌다. 비잔티움 제국에게는 불행하게도, 유럽에서는 해로로 이집트를 직접 타격하여 아이유브 왕조를 붕괴시키고 십자군 국가를 구원하겠다는 목표로 십자군이 준비되고 있었다. 베네치아는 엄청난 여비를 받기로 하고 십자군을 이송할 함대를 채비하고 있었다.

그러나 베네치아에 모인 군대는 기대보다 수가 적었고, 베네치아에 지불할 돈은 충분히 모이지 않았다. 상황이 이렇게 되자 달아오른 십자군의 열기는 이집트 공격에서 비잔티움 제국 공격으로 옮겨 가더니 결국 목표가 콘스탄티노폴리스로 '전환'되었다. 여기에는 알렉시오스 4세가 콘스탄티노폴리스 점령에 성공하면 후한 보상을 하겠다고 유혹한 것도 영향을 미쳤다. 십자군이 도착하자 알렉시오스 3세 앙겔로스는 도망쳤다. 하지만 알렉시오스 4세와 그의 아버지 이사키오스 2세 앙겔로스는 십자군에게 약속한 보상을 지불할 여력이 없었다.

십자군의 대군이 성벽 밖에 주둔한 가운데 긴장은 고조되어 갔고, 수도 콘스탄티노폴리스의 시민은 봉기를 일으켜 알렉시오스 4세와 이사키오스 2세를 죽이고 알렉시오스 5세 두카스 무르주플로스를 황제로 옹립했다. 새 황제는 라틴인에 대한 저항을 준비했다. 십자군 내부에서도 환멸이 점차 커졌다. 프랑스인이 대부분인 지휘관과 베네치아인 사이에서 합의가 이루어짐에 따라 교황의 승인이 없음에도 십자군은 비잔티움 제국 영토를 나누어 가지기로 합의했다. 한 차례 실패하기는 했지만 1204년 4월 십자군은 콘스탄티노폴리스를 공격해 함락했다. 며칠에 걸쳐 수많은 주민이 학살당하고 재화가 약탈당했다. 동정녀 성모 마리아가 지켜 주는 난공불락이라 불리던 도시들의 여왕이 마침내 무너졌다.

주화의 가치 하락과 경제 재구축

바실리오스 2세의 재위가 끝나는 1025년만 해도 강력하던 제국이 두 세대도 지나지 않아 거의 붕괴 직전에 몰린 과정은 그 자체로 흥미롭다. 콤니노스 가문의 첫 세 황제 아래에서 성공적으로 부활한 제국이 마누일 1세 콤니노스가 죽은 지 미처 한 세대가 되지 않아 그렇게 어이없게 붕괴된 것 또한 흥미롭다. 이 과정에 제국의 힘을 뛰어넘는 외부 요인이 있었던 것은 확실하지만, 그렇다고 비잔티움 제국 자체의 구조적 문제를 지적하지 않는 것은 현명한 일이 아니다.

대규모 역병이 창궐하지 않았고 제국의 핵심 지역은 전쟁에 상대적으로 덜 노출되어 인구 증가 경향은 이어졌다. 콘스탄티노폴리스를 비롯한 그리스 지역과 소아시아 서안의 도시들은 여전히 번성했다. 교회 건축물과 비잔티움 제국 각지에서 발굴되는 화려한 식기류가 이를 방증한다. 경제도 전반적으로 호황이었을 것이다. 여러 분야에서 호황기의 근거를 찾아볼 수 있기 때문이다.

하지만 비잔티움 국가 자체는 큰 위기에 봉착했는데, 그 양상은 주화의 가치 하락 경향에서 확인할 수 있다. 1040년대부터 하락하기 시작한 솔리두스의 금 함유량은 알렉시오스 1세가 즉위하기 직전인 1081년이 되면 절정에 달해 명목 가치의 3분의 1인 8캐럿에 불과했다. 화폐의 가치 하락을 야기한 요인이 무엇이냐에 대해서는 일부 학자는 금 부족 그리고 시장 경제와 교역에 더 많은 돈을 공급해야 할 필요성이 겹친 것으로 생각하고, 다른 학자들은 적국들에게 지불할 더 많은 돈을 마련하기 위한 필사적인 노력이었다고 생각한다. 이 사태를 촉발한 직접적인 원인이 무엇이든 비잔티움 제국은 금에 대한 신뢰를 저버리는 방식으로 문제를 해결하려 했다는 점만은 확실하다.

알렉시오스 1세의 이름 아래 1090년대부터 1109년 사이에 이루어진 화폐 개혁과 재정 개혁은 제대로 먹혀들어 최소한 1세기 동안은 안정적으로 운영되었다. 다양한 주화가 발행되었지만, 주요 통화인 이페르피론Yperpyron*은 20.5캐럿짜리 금화(콘스탄디노스 9세 모노마호스 시기에 가치 하락이 시작되던 시점의 함유량과 같다)였다. 이 주화는 제국에 꽤 쏠쏠한 이익을 안겨 준 데다가 주화 체계가 잡히자 거래는 명료해졌다. 알렉시오스 1세는 더 나아가 재정 구조를 단순화하고 과세 추산 방식을 고쳤다. 통화 체제와 경제 체제의 안정을 도모하는 이 모든 조치는 경제적 이익을 산출해 내기 위함이었다. 하지만 얼마 안 가 이 같은 흐름을 거스르는 조치가 취해졌다.

알렉시오스 1세는 비잔티움식 작위 체제를 개혁했다. 이 악명 높

---

* 공식 명칭은 '고도로 정련된 주화'라는 뜻을 가진 노미스마 이페르피론(Nomisma yperpyron)이다. 알렉시오스 1세가 1092년에 도입한 후 노미스마(즉 솔리두스)를 대체한 것으로 보이며, 14세기 중반 비잔티움 제국이 금화 발행을 중단할 때까지 사용되었다.

은 제도는 개인이 관직과 별개로 작위를 구매하고 매해 10퍼센트의 수익을 비잔티움 제국으로부터 받는 것이었는데, 사실 알렉시오스 1세 이전에 지나치게 남발되었다. 비잔티움 제국은 전통적인 엘리트층에 속하지 못한 상인이나 장인 들이 이를 이용할 수 있도록 하는 대가로 현금 서비스를 받은 셈이었다. 이 제도를 이용하는 사람이 많아지자 결국 각 개인에게 떨어지는 수익도 감소했고, 결국 비잔티움 제국은 투자받은 금액을 상환하지 못하는 처지가 되었다.

알렉시오스 1세는 이 고리를 끊었다. 대신 관직과 작위에 세바스토스Sebastos라는 호칭을 붙여서 자신의 가족에게만 하사했다. 예를 들어 알렉시오스 1세의 형 이사키오스 콤니노스는 세바스토크라토르Sebastokratōr라는 칭호를 수여받았다. 이는 세바스토스와 아프토크라토르Autokratōr의 합성어로, 둘 다 본래는 황제를 지칭하는 데 사용되었다. 이 같은 칭호의 소유자는 비잔티움 사회의 제일가는 계층을 차지하고 방대한 토지를 받았다. 훗날 사가들은 이 때문에 알렉시오스 1세가 비잔티움 제국을 자신의 가문을 운용하듯 다루었다고 비난했다. 하지만 이는 알렉시오스 1세가 측근에 합류하는 것이 그에 대항하는 것보다 이익이 된다는 신호를 보낸 것이라 해석할 수도 있다. 어쨌든 콤니노스 가문의 첫 세 황제가 집권하는 10세기 내내 고질병처럼 제국을 괴롭힌 정변이 발생하지 않은 것은 사실이다. 문제는 콤니노스 가문 내부에서 발생했다.

또한 콤니노스 시대에는 기부, 수여, 면세가 흔해지는 후기 비잔티움 제국의 경향이 나타났다. 황제의 일가친척이 당연히 가장 큰 이익을 보았다. 그들은 한 지역 전체 또는 거기에서 나오는 수익과 면세 조치를 받아 냈다. 주요 수도원도 비슷한 방식으로 기부를 받았다. 좀 더 신중한 사람들 역시 국가로부터 이득을 얻을 수 있었다. 이 시기에 처음 등장했거나 이미 광범위하게 확대되어 있던 프로니아Pronoia 제도는 토지 이용권 또는 토지에서 나오는 세금 수익을 국가를 위한 봉사(대부분 군 복무) 등 직무의 대가로 일정 기간 개인에게 부여하는 것이다. 때로는 토지에 파리키Paroikoi 즉 소작농까지 포함되었다. 이 제도 덕분에 국가는 더 이상 세금을 거두어 봉급의 형태로 재분배할 필요가 없었는데, 경제의 상당 부분은 여기에서 제외되었다. 그리고 의도했는지 아닌지에 관해서는 이론의 여지가 있지만, 시장과 거래 과정에서 많은 돈이 풀렸다는 부작용이 있었다.

비잔티움 제국은 관세와 거래에 부과되는 금을 통해 수익을 거둘 수 있었고, 또 이전까지는 그렇게 해 왔었다. 그러나 여기에서 가장 큰 이익을 얻은 쪽은 이탈리아, 특히 베네치아 상인이었다. 베네치아는 992년 여러 특권을 얻어 냈고, 알렉시오스 1세 콤니노스 재위 때 더 많은 것을 얻어 낸 바 있다. 베네치아 상인들은 비잔티움 제국 각지에 정착하여 경제 호황을 도시 밖으로 전파했다. 이들은 때로는 생산 수요를 자극하고 때로는 아예 상품 생산에 직접 투자했다. 예를 들어 12세기 베네치아인들은 키프로스와 펠로폰네소스반도의 라코니아에서 지방 유력자로부터 올리브유를 선도 거래한 뒤 알렉산드리아로 수출했다.

베네치아에 준 특권으로 인해 비잔티움 제국은 그만큼 세금 수입을 잃어버린 반면, 제국의 지주들은 쏠쏠한 이득을 보았다. 피사나 제노바 등 다른 이탈리아 해양 도시 국가들 또한 로비를 통해 이 같은 특권을 받아 냈는데 1111년 피사가, 1155년 제노바가 그랬다. 하지만 결코 베네치아만큼의 면세 혜택은 얻지 못했다. 베네치아도 그동안 이전에 받은 특권을 공고히 하고 확대하기 위해 폭력을 불사하며 노력했기 때문에 1126년, 1147년, 1187년, 1189년, 1198년, 매번 비잔티움 제국이 양보하도록 만들었다. 1204년 제4차 십자군이 콘스탄티노플리스를 정복하는 데 큰 역할을 하여 비잔티움 제국의 정복자 중 하나가 되기 전까지 말이다.

지방 분권화의 가속화

정력적인 첫 세 황제 이사키우스 1세, 알렉시오스 1세, 이오아니스 2세 치하에서 콤니노스 체제는 잘 작동하는 듯 보였다. 경제는 호황이었다. 토지는 증가하고 거대한 사유지가 형성되며 생산성은 향상되었다. 부유한 지주들은 투자 여력 정도가 아니라 초과 생산물을 위한 새로운 시장을 만들어 낼 수 있었다. 주화의 실질 가치가 하락했음에도 물가는 안정적이었다. 하지만 부정적인 측면도 많았다. 비잔티움 제국은 국가가 특정 지역의 세수를 정하고 세금 징수는 개인에게 위탁하는 조세 징수 도급에 점점 더 의존하는 경향이 생겨났다.

기본적인 토지세는 고정되었으나 잡세와 노동 징발은 그렇지 않았으므로 부패의 가능성은 항상 열려 있었고, 앙겔로스 시대의 위기에는 한층 심해졌다. 지방 경제가 성장했음에도 소비의 중심지인 콘스탄티노폴리스의 수요가 항상 최우선인 점 또한 문제였다. 이러한 요소들은 정치 체제의 안정성을 저해하는 요소로 작용했다. 일련의 과정은 두 단계에 걸쳐 발생했다. 먼저 황실 인척과 외척에게 방대한 토지를 하사하는 관행이 시작이었다. 그 토지들은 행정적 · 재정적으로 독립성을 띠기 시작하더니 지역적 정체성을 강화하여 비잔티움 제국의 중심부가 가진 구심력을 저해했다.

12세기 들어 군사 행정 기구인 테마 체제가 붕괴하며 이 경향은 더욱 두드러졌다. 종래에 각 테마의 스트라티고스나 행정관은 콘스탄티노폴리스 정부에게 임명받았기에 주변부는 중앙 정부에 구속되어 있었는데 그것이 제거된 것이다. 그리고 그 역할은 엘리트층 출신으로 콘스탄티노폴리스에서 교육받고 총대주교청, 즉 수도와 연결된 권력과 후원의 네트워크 안에 있는 주교가 일부 수행했다. 하지만 지방 도시에서 지역 엘리트층인 아르혼테스Archontes가 출현하며 지방의 원심력은 강해졌다. 아르혼테스 일부는 수도의 귀족 가문과 연결되어 있었으나, 이 시기 들어 지방의 경제와 사회가 부흥하면서 지방 정체성을 강하게 의식했다.

콤니노스 황제들, 그중에서도 마누일 1세 콤니노스가 추구한 강력한 중앙 권력은 오랜 기간 제국을 틀어쥘 자질과 카리스마를 갖추지 못한 황제가 들어서자 반발에 부딪혔다. 반발은 앞에서 언급한 원심력과 함께 비잔티움 제국의 역사를 완전히 새로운 방향으로 몰고 갔다. 10세기 귀족 반란은 정치 체제를 바꾸는 것이 아니라 체제의 중심부를 장악하려는 목적에서 발생했다. 반면 12세기 후반에 발생한 지방 반란들은 지방에 독립된 정권을 수립하고자 하는 목적을 가졌다.

1204년 시점에서 비잔티움 제국령 상당수는 이미 콘스탄티노폴리스에 있는 황제의 직접적인 통제를 벗어나 있었다. 주요 지방 세력만 꼽아 보아도 키프로스의 이사키오스 콤니노스, 트라페준타의 다비드 콤니노스, 필라델피아(지금의 튀르키예 알라셰히르)의 테오도로스 망가파스, 로도스섬의 레온 가발라스, 그리스 중부와 펠로폰네소스반도의 레온 스구로스가 있다. 이 통치자들은 중앙 정부가 나약해지자 이득을 얻었다. 일부 학자는 이들의 반란이 대개 상징적인 수도를 중심으로 한 서방식 지방 분권적 체제의 영향을 받은 것이라 해석한다. 이 반란은 비잔티움 제국의 속국들[예컨대 세르비아나 불가리아, 킬리키아 아르메니아(아르메니아인이 킬리키아로 이주해서 세운 국가)]에서 해방 운동이 폭발하고, 각지의 적국(예로 들자면 헝가리는 마누일 1세 콤니노스가 죽은 직후 달마티아를 차지했다)이 재기하면서 한층 거세졌다. 이 같은 움직임의 원인이 비잔티움 제국 내부의 반란과 달랐다 해도 결국 영토와 패권의 상실을 낳은 것은 마찬가지이다.

억압과 인문주의 사이에서 꽃피운 문화

이 시기의 문화사는 억압과 인문주의라는 어울리지 않는 두 경향의 역학으로 요약할 수 있다. 바실리오스 2세 재위까지 계속된 전쟁이 진정세에 접어들자 비잔티움 제국은 1050~1070년대 후반에 상대적으로 사회 · 문화 분야가 개방되었다. 아랍어 문헌의 번역이 활발해지거나 이단 논란이 잦아든 것이 그 예이다. 교육 분야도 발발달하여 1040년대부터 비잔티움 문화계를 주도하는 새로운 세대의 학자들이 탄생했다.

그 가운데 가장 눈에 띄는 인물이 바로 미하일 프셀로스이다. 프셀로스가 비잔티움 작가들 가운데 가장 천재적인 인물이라는 사실은 부정할 수 없다. 게다가 그는 대단히 성공한 정치인이었다. 명망 높은 교육자였던 프셀로스는 뛰어난 친화력을 무기로 정계에 성공적으로 안착했다. 그의 가장 유명한 저작은 물론《연대기》이다.《연대기》의 내용이 황제들의 일대기를 종합한 것은 사실이나, 단일 사건이나 전투 자체에 대한 서술은 없기 때문에 단순한 역사서 이상의 저작으로 평가하는 것이 맞다. 프셀로스는 서술 대상의 심리를 꿰뚫어 보았으며, 황제 개인보다는 군주정 자체를 비판하는 데 주안점을 두었다. 또한 다양한 분야에서 방대한 양의 저작을 남겨 자신의 천재성을 드러냈다. 그는 철학 특히 플라톤의 저작에 대한 애정을 공공연히 드러냈고, 고전 문헌 독해에 있어 비잔티움 세계의 전통적인 시각에 도전했다. 프셀로스의 견해는 상당히 유용하지만 그만큼 체제 전복적이고 위험한 측면도 있어서, 이 문제로 교회 당국과 갈등을 빚고 한때 유배를 당하기도 했다.

콤니노스 중흥은 다양한 문화적 가치가 강조된 시대였다. 신앙심(특히 수도사적 신념), 순수성, 정교 신앙, 귀족 혈통, 군사적 열정 등이 새로이 주목받게 되었는데 이는 시대적 변화를 방증한다. 알렉시오스 1세 콤니노스는 그리스도교 신앙의 수호자로서 황제의 역할에 역점을 두었다. 이단 심판이 시작된 것은 이때로, 알렉시오스 재위기에만 거의 30건이 넘는 이단 심판이 있었다.

최초의 피해자는 미하일 프셀로스의 제자인 이오아니스 이탈로스이다. 그는 스승 이상 가는 플라톤주의자여서 결국 이단으로 규정되어 유배형에 처해졌다. 이후 그의 행적은 기록되지 않았다. 눈에 띄는 점은 이오아니스 이탈로스의 이름을 추가하기 위해 《정교회 시노디콘》(제4장 참고)을 수정했다는 점이다. 콤니노스 시대에 《정교회 시노디콘》은 네 번 더 수정되었고 공식 정교회에 도전한 이들은 영원히 이단으로 규정되었다. 재위 후반 알렉시오스는 콘스탄티노폴리스의 보고밀파를 탄압했다. 보고밀파는 이원론을 추종한 그리스도교 종파로, 과거 소아시아에서 유행한 파울로스파(신도 다수가 870년대에 권력층에 의해 발칸반도로 이주했다)와 당대 프랑스에서 유행한 카타르파와 연관이 있는 것으로 여겨진다. 이 교파는 상당한 교세를 확보했으나, 교회 제도와 전례를 부정했기 때문에 경계의 대상이 되었다.

알렉시오스 1세는 1100년 책략을 이용해 콘스탄티노폴리스 보고밀파의 지도자 바실리오스*를 체포한 뒤 히포드로무스에서 화형에 처했다. 몇 년 뒤 알렉시오스는 〈성직 개혁 교서〉를 반포했다. 신실했던 어머니 아나 달라시니의 영향력에서 벗어난 알렉시오스는 수도원의 지도자들보다는 총대주교청의 성직자들과의 동맹을 추구했다. 더 젊고 교육받았으며 야심만만한 성직자들은 지방 주교들은 물론 총대주교와 갈등을 빚으면서까지 황제를 옹호했다. 교서는 올바른 설교를 강조하면서 설교자는 정교 확산에 힘써야 한다는 명목을 내세워, 설교 내용을 규정하고 그에 반대되는 발언을 한 이들을 감독하고 보고하라고 명령했다. 교회가 콤니노스 황제들의 엄격한 통제에 언제나 순응한 것은 아니어서 1080년대에 알렉시오스가 교회의 접시까지 거두어 갔을 때처럼 공개적으로 반대의 뜻을 밝힌 일도 있다. 콤니노스 시대는 포티오스 1세, 니콜라오스 1세 미스티코스 또는 미하일 1세 키룰라리오스의 시대처럼 총대주교가 위세를 부릴 수 있는 시기(제4~5장 참고)는 아니었으므로 적잖은 총대주교들이 황제의 뜻에 대적했다가 압력을 받아 사임했다.

콤니노스 황제들은 교육, 그중에서도 경전 교육을 후원했다. 궁정과 엘리트층은 테오도로스 프로드로모스 같은 학자들을 후원하

* 직업이 의사였기 때문에 의사(醫師) 바실리오스(Basileios iatros)라고도 한다.

고 작품을 의뢰했다. 특히 수사나 시 작품이 그랬는데 모두 대중을 대상으로 했다. 수사는 선임 황제나 황실, 특히 전쟁에서 펼친 그들의 활약을 찬양하기 위해 쓰였다. 시의 경우 귀중한 물건이나 작품의 장식을 위해 쓰였다. 고대에 대한 연구는 여전히 활발했다. 이 시기에는 풍자나 낭만 등 고대의 장르가 재발견되고 다시 쓰였다. 특히 일부 작품은 고전 그리스어를 선호하던 당대까지의 관행을 극복하고 민중이 일상에서 사용한 그리스어를 사용하기 시작했다. 그러나 이 시기 작품들은 새로워 보일 수 있으나, 사실 전통을 파괴했다기보다는 전통에서 파생된 것에 가까웠다.

그러한 맥락에서 콤니노스 시대에 재능이 만개한 사가로 두 사람을 들 수 있다. 첫째는 알렉시오스 1세 콤니노스의 딸 아나 콤니니이다. 고등 교육을 받은 이 여인은 자신의 지성을 허투루 쓰지 않았다. 그녀는 약학과 아리스토텔레스 철학에 관심을 두었고, 학자들에게 아낌없는 후원을 주었다. 또한 부황의 재위, 특히 제1차 십자군을 전후한 서술에 공을 들인 대역사서 《알렉시아스*Alexias*》를 스스로 짓기도 했다. 책의 제목이 호메로스의 《일리아스》와 비슷한 것은 우연이 아닐 것이다. 둘째는 아테나 대주교의 형제이자 궁정의 고위 관료였던 니키타스 호니아티스이다. 그는 1204년의 재앙을 설명하기 위해 그 이전 시대인 12세기의 역사를 기록했다. 현대 학자들은 니키타스 호니아티스가 연대를 뒤섞었을 뿐 아니라 자신이 보기에 콘스탄티노폴리스 약탈에 원인을 제공한 인물들, 특히 마누일 1세 콤니노스에 대해 왜곡된 시선을 가졌다는 점을 밝혀냈다.

플라톤보다 덜 신비롭고 덜 위험한 아리스토텔레스 연구로 전환되는 눈에 띄는 변화가 있었지만, 이탈로스의 침묵이 곧 철학이 버려졌다는 뜻은 아니다. 아리스토텔레스 또한 자연사 분야에서 저서를 다수 남겼기 때문에 아리스토텔레스 연구가 증가함에 따라 곧 자연계, 특히 인간 본성에 대한 탐구가 이루어진 것은 놀라운 일이 아니다. 이러한 경향은 문학에서 생물과 비생물을 묘사하는 방식이나 약학에 대한 관심이 부활한 데에서 확연히 드러났다. 어쩌면 인간이란 무엇인가 하는 주제에 천착한 점이 콤니노스 시대 예술이 문헌과 시각적 이미지를 통해 감정을 드러내게 하는 데 영향을 준 까닭일 것이다.

콤니노스 시대 정교회의 방어적 태도는 분명 타자, 그중에서도 강세를 보이던 라틴 그리스도교와의 접촉에서 비롯되었다. 십자군 때문에 동방과 서방은 이전보다 가까워졌지만 더 잘 이해하게 된 것은 아니었다. 콤니노스 시대 반라틴적 입장을 밝히는 신학 문헌은 30종 넘게 발간되었다. 비잔티움 신학자들이 라틴 그리스도교권에 관심을 가질수록 그들이 가진 선민의식과 경계심은 커졌다. 하지만 12세기 서유럽에서 일어난 르네상스는 단순히 과거의 유산을 통합하는 것을 넘어 정교하고 인상적이면서도 전혀 새로운 지평으로 나아간 반면, 비잔티움 세계에서는 이와 유사한 운동이 발생하지 않았기 때문에 그런 태도는 더 이상 정당화될 수 없었다.

1204년 이전에 콘스탄티노폴리스를 방문한 이들은 황제의 권력과 권위를 보여 주는 그 부에 압도당했을 것이었다. 이 도시의 훌륭한 모습은 가까이에 자선 기관과 귀족을 위한 묘지를 둔 대규모 수도원 시설을 지향하는 추세가 만들어 낸 것이다. 알렉시오스 1세 콤니노스와 그의 어머니, 아내, 아들, 손자, 모든 황족이 콘스탄티노폴리스에 수도원을 세웠다(지도 5 참고). 이들은 대체로 도시 서쪽 금각만 연안의 건축 프로젝트를 후원했다. 비잔티온 아크로폴리스 자리(지금의 튀르키예 이스탄불 톱카프궁)에 세워진 사도 바오로 고아원은 알렉시오스의 명으로 확장·재건되었다. 아나 콤니니가 '도시 안의 도시'라고 표현한 이 고아원에서는 궁핍한 이들도 보살핌을 받을 수 있었다. 이오아니스 2세 콤니노스와 그의 아내가 1130년대에 세운 판토크라토르 수도원은 세 개의 성당(지금도 남아 있다)과 황가의 능묘 건물로 기획되었는데 이곳에는 중세 유럽에서 가장 전문화된 병원 시설과 노인을 위한 집, 나환자 피난처도 있었다. 이 건물들은 남아 있지는 않으나 판토크라토르 수도원의 《티피콘*Typikon*》(정식서)을 통해 이 같은 기능들을 확인할 수 있다.*

콘스탄티노폴리스의 매력은 11세기 말부터 12~13세기까지의 비

* 판토크라토르 수도원은 오스만 제국 정복기에 제이레크 자미(Zeyrek Camii)로 변경되었다. 《티피콘》에 따르면, 판토크라토르 수도원에 딸린 병원은 5개 진료소로 구성되었고, 각 진료소에는 병상이 10~12개가 있어 총 병상 수는 50~60개였다. 이 병원에는 의사가 35명 근무했으며 그중에는 여성도 있었다. 의사들은 눈병, 소화기, 여성 질환(부인과인지 산부인과인지는 확실치 않다), 응급을 요하는 질병, 일반적인 질병 등을 구분하여 환자를 각기 다른 진료소에 수용했다고 한다.

그림 20　12세기 후반 행진에 사용되던 양면 이콘(12세기 후반 제작). 한 면(왼쪽)은 십자가에 매달린 그리스도를 묘사한 '애통하는 자(Man of Sorrows)', 한 면은 호데게트리아 마리아상(Virgin Hodegetria,. 인도하는 여인)이다. 그리스도의 팔이 몸 옆에 있는 것으로 보아 특정 사건이 아닌 수난 전체를 표현한 것이며, 아기 그리스도를 안고 있지만 슬픈 표정의 성모는 '애통하는 자'에 대한 묘사이다. 두 이콘에 드러나는 깊은 감정 표현은 콤니노스 시대 예술의 특징이다.

잔티움 광풍으로 이어졌다. 시칠리아(체팔루 · 카펠라 팔라티나 · 몬레알레 그리고 마르토나라)부터 베네치아(성 마르코 성당), 키이우, 노브고로드(두 도시의 대성당 모두 콘스탄티노폴리스의 아야 소피아 성당과 마찬가지로 성스러운 지혜에 봉헌되었다)까지, 더 나아가 북쪽의 아이슬란드와 스웨덴의 주요 성당들은 비잔티움 예술을 모델로 하여 모자이크화(덜 중요한 곳에서는 프레스코화)로 장식되었다. 이 성당들의 모자이크화 대부분이 비잔티움 제국에서 훈련받은 장인들의 손에서 제작되었다는 가설이 있으나, 그보다 중요한 점은 이 같은 비잔티움

그림 21 서쪽에서 판토크라토르 수도원의 세 성당을 바라본 모습. 비잔티움 제국 건축의 대표적 사례인 이 수도원은 1120년대와 1130년대 초 사이에 이오아니스 2세 콤니노스와 황후 이리니가 세운 것으로, 아야 소피아 성당 다음으로 규모가 크다. 또한 이곳은 황실 영묘로 사용되어 이오아니스 2세와 황후 이리니, 두 사람의 아들 마누일 1세와 황후 베르타 등이 묻혔다.

양식 예술이 비잔티움 제국의 적과 동맹 모두에서 관찰된다는 사실이다. 이 성당들 일부가, 그들에게 영감을 주었지만 이제는 사라져 버린 콘스탄티노폴리스의 기념비적 건축물이 지닌 화려함과 디자인을 현재에 되살리는 데 이용되고 있다는 사실이 아이러니하다.

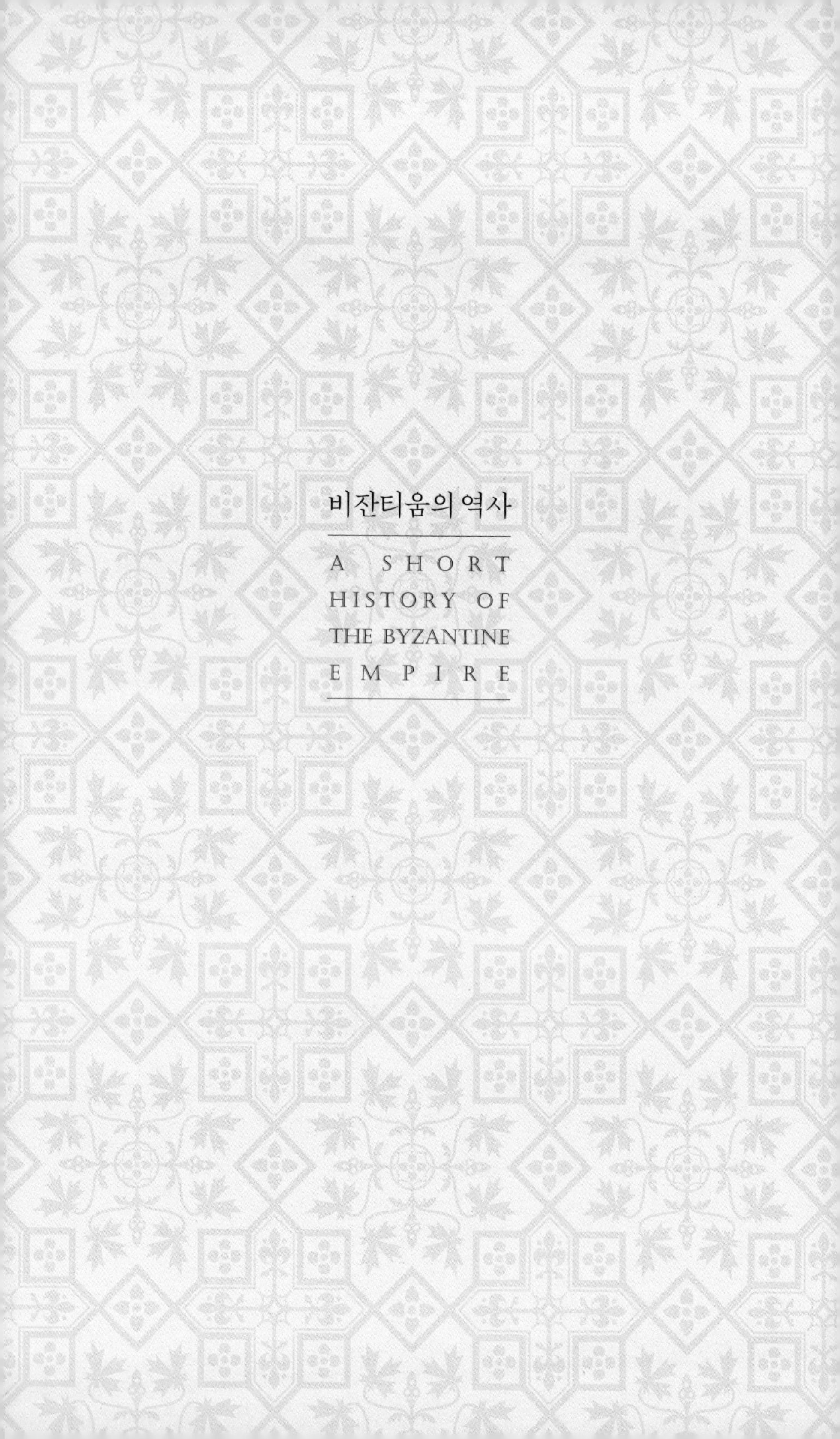

비잔티움의 역사

A SHORT HISTORY OF THE BYZANTINE EMPIRE

제7장

분열의 유산이 수면 위로 떠오르다
(1204~1341년)

비잔티움 세계에 출현한 국가들의 권력 투쟁

1204년 4월에 일어난 십자군의 콘스탄티노폴리스 정복과 약탈은 비잔티움 제국의 역사를 결정지었다. 도시 자체는 1261년에 탈환되었지만, 함락에서 비롯된 정치적 · 경제적 · 인구적 · 문화적 여파는 중세 이후까지 비잔티움 세계에 남아 있었다.

1204년 이후 비잔티움 제국의 영역을 그려 보기는 쉽지 않다. 제국은 수십 개의 파편으로 산산이 분열되었다. 이 소국들을 크게 분류하면, 하나는 라틴인 즉 제4차 십자군을 주도한 프랑스인과 이탈리아인이 이끄는 국가이고, 다른 하나는 비잔티움인들이 세우고 통치한 국가로 최소한 처음에는 옛 황가와의 연관성을 통치 근거로 삼았다. 이 국가들의 목표는 당연히 제각기 달랐다. 모두 자국의 영토를 확장하고 단단히 굳히는 것을 목표로 삼았으되, 그리스계 후계국들은 콘스탄티노폴리스의 탈환을 지상 과제로 삼았다.

결과론적인 시각이지만 그 가운데 니케아 제국이 단연 돋보인다. 결국 니케아 제국이 콘스탄티노폴리스를 탈환했기 때문이다. 니케아 제국의 첫 번째 지도자는 알렉시오스 3세 앙겔로스의 사위 테오도로스 1세 라스카리스로, 그는 1203년 소아시아로 도주하여 니케아를 중심으로 라틴인들에 대항했다. 1207년 니케아에서 신임 총대주교가 선출되어 테오도로스의 대관식을 주관했다. 콘스탄티노폴리스에서 망명한 엘리트층이 테오도로스의 궁정으로 모여들었다. 테오도로스는 소아시아 지방에 할거한 그리스계 토착 귀족들을 제압하고 자신의 종주권을 받아들이도록 했다. 후퇴가 없지는 않았으나 테오도로스의 재위 기간은 니케아 제국이 확장되고 확립된 시기이다.

한편 테오도로스는 교회 통합을 목표로 프란치스코회를 중재자로 삼아 교황청에 접근했다. 이유야 여럿 있었다. 영적으로 비잔티움 교회에 속한다고 여겨지나 실제로는 라틴계 국가의 통치를 받는 정교회 신민들을 보호하기 위해서라는 이유가 있는가 하면, 동맹도 필요했고 보편 교회에 대한 열망도 존재했다. 1222년 테오도로스가 죽은 뒤 사위 이오아니스 3세 두카스 바타지스가 그의 자리를 이어받아 1254년까지 재위했다. 이오아니스의 지휘 아래 니케아 군대는 라틴인들을 소아시아에서 몰아내고 1235년에는 트라키아를 수복했으며, 콘스탄티노폴리스를 1235년과 1236년에 두 차례 포위하고 1246년 테살로니키를 탈환했으며, 마케도니아 지역까지 영토를 넓혔다. 이오아니스의 뒤는 아들 테오도로스 2세 라스카리스가 이었다.

그다음으로 다룰 그리스계 후계국은 이피로스이다. 이피로스의 첫 번째 수장은 이사키오스 2세 앙겔로스와 알렉시오스 3세 앙겔로스의 사촌 미하일 1세 콤니노스 두카스였다. 처음에는 몬페라토의 보니파초 휘하 군대에서 종군했으나, 1205년 이후 아르타로 도망쳐 그리스 서북면에 독립 국가를 세웠다. 미하일은 처음에는 라틴 제국(콘스탄티노폴리스 제국*)의 봉신이자 동맹이었으며, 죽기 직전인 1215년까지 그리스 동북쪽과 코르푸까지 영토를 넓혔다. 그의 뒤를 이어받고 영토를 계속 확장해 가던 동생 테오도로스 콤니노스 두카스는 1217년 콘스탄티노폴리스의 황제로 즉위할 예정이고 실제로 대관 받은** 쿠르트네의 피에르를 사로잡았다. 이 기세를 몰아 1224년에는 테살로니키를 점령한 뒤, 니케아의 총대주교와 다른

* 사실 '(콘스탄티노폴리스의) 라틴 제국'이라 불리는 이 국가의 정식 명칭은 비잔티움 제국과 마찬가지로 로마 제국이었다. 일부 라틴 자료에서 이 제국은 콘스탄티노폴리스 제국(Imperium Constantinopolitanum)이라 불리지만, 사실 이는 12세기 서방 사료들이 비잔티움 제국을 부르는 일반화된 명칭이었다. 당대 십자군은 자신들이 비잔티움 제국 즉 로마 제국을 멸망시켰다는 인식보다는 자신들이 로마 제국을 정복하고 이어 나간다는 인식을 가졌다. 다만 본문에서는 비잔티움 제국과 라틴 제국을 구분하기 위해서 저자의 표현을 따랐다.

** 라틴 제국의 황제 에노의 앙리 1세(Henri I de Hainaut, 재위 1206~1216년)가 후계자 없이 죽자 매제 쿠르트네의 피에르가 후계자가 되었다. 프랑스에 살던 피에르는 로마를 들러 교황에게서 대관 받은 뒤 발칸반도로 갔다. 그러나 콘스탄티노폴리스로 도착하기 전에 테오도로스에 의해 포로가 되었다. 저자는 "즉위할 예정이고 실제로 대관 받은"이라고 표현했다.

그리스계 주교들은 거부했으나 오흐리드 대주교가 주관하는 대관식을 통해 황제로 즉위했다.

이때만 해도 이피로스가 콘스탄티노폴리스를 탈환할 것만 같았으나, 1230년 불가리아의 차르 이반 아센 2세(재위 1218~ 1241년)에 대패하면서 이 꿈은 깨졌다. 이반 아센은 테오도로스의 눈을 뽑아 장님으로 만들었고, 그와 함께 이피로스의 영토 마케도니아와 트라키아도 붕괴했다. 그의 조카 미하일 2세 콤니노스 두카스가 새로이 지도자 자리를 꿰찬 뒤 그리스 방면에서 니케아에 빼앗긴 영토와 도시 일부를 탈환했다.

세 번째로 다루어 볼 그리스계 후계국은 트라페준타 제국이다. 안드로니코스 1세 콤니노스의 손자인 알렉시오스와 다비드 콤니노스가 조지아의 여왕 타마르의 지원을 받아 트라페준타 제국을 세웠다. 흑해 동남 해안에 자리 잡고 폰토스산맥의 보호를 받는 이 작은 나라는 콘스탄티노폴리스와는 얼마간 단절된 상태였다. 사실 다비드가 죽은 1212년 니케아 제국이 파플라고니아 지방을 합병하여 콘스탄티노폴리스로 통하는 길을 완전히 끊어 버린 뒤 트라페준타 제국은 정치 무대에서의 역할은 보잘것없어졌다. 그러나 이 단절이 부정적인 결과만 낳은 것은 아니다. 트라페준타 제국은 이후 정치적으로 매우 안정된 상태로 남아 조지아와 소아시아의 룸 셀주크 왕국과 교류하고 발전해 나갔으며, 1258년 이후에는 비단길의 서쪽 종착지가 되어 상업 측면에서 크게 번영했다. 트라페준타 제국은 오스만 제국에 정복당하는 1461년까지 존속하여 비잔티움 제국보다 몇 년이나마 오래 살아남았다.

라틴계 국가들은 언어와 종교 면에서 차이를 보였다. 응당 처음 다루어야 할 곳은 라틴 제국이다. 라틴 제국은 콘스탄티노폴리스가 함락된 직후 수립되었다. 플랑드르의 보두앵 1세(재위 1172~1205년)는 아야 소피아 성당에서 1204년 5월 최초의 황제로 즉위했다. 보두앵의 몫은 비잔티움 제국의 4분의 1로 트라키아 내륙 지역과 소아시아와 에게 군도의 일부였다. 베네치아와 십자군에 참여한 다른 군주들은 균등하게 8분의 3씩을 차지했다. 콘스탄티노폴리스를 제외하면 이는 우선 정복해야 할 지역들로서 서류상 권리였다. 보두앵은 봉신 군주들에 대한 수위권을 지녔으나 명목상일 뿐, 그의 권한은 극히 제한적이었다.

라틴 제국은 초기에 그리스와 소아시아에서 일부 영토를 정복하는 성공을 거두었지만, 니케아 제국과 이피로스가 세력을 확장하면서 곧 밀려났다. 이후 인구와 경제는 악화 일로를 걸어 1235년이 지나면 콘스탄티노폴리스만 겨우 통제했을 정도이다. 이 때문에 라틴 제국의 황제들은 서방에 도움을 구걸했음에도 실질적인 도움을 받은 적이 없다. 쿠르트네의 보두앵 2세(재위 1237~1261년)는 재정적 어려움 때문에 지원을 얻기 위해 베네치아에 처음에는 나뮈르의 영지를 담보로 넘기고, 나중에는 아들 필리프를 보증인으로 세워야 했다.

몬페라토의 보니파초는 십자군의 지도자로 한때는 라틴 제국 황제 후보이기도 했으나, 곧 테살로니키에 거점을 마련하고 시민들의 추대를 받아 1204년 여름에 테살로니키의 왕으로 즉위했다. 보니파초는 그리스 중부 방면으로 영토를 확장했다. 여기에는 아테네와 에비아섬도 포함되었는데, 각기 부르고뉴 출신 귀족 라로슈의 오통과 아벤느의 자크에게 분봉했다. 그러나 보니파초가 1207년 불가리아와의 전쟁에서 전사하자, 그의 세력은 곧 붕괴하여 이피로스가 테살로니키를 점령하면서 테살로니키 왕국은 멸망했다.

이 혼란을 틈타 오통이 그리스 중부 대부분을 큰 저항 없이 정복해 냈다. 그가 차지한 땅은 이후 아테네 공국이라 불렸지만, 사실 아테네 공국 지배자의 거주지는 테베 인근이었다. 그는 1225년 조카 라로슈의 기에게 양위한 뒤 은퇴했다. 라로슈 가문은 1308년까지 아테네 공국을 지배하며 때로는 북쪽과 펠로폰네소스반도로 영토를 확장하기도 했다. 라틴 사료에서 네그로폰테라 불리는 에비아섬은 세 사람의 롬바르디아 귀족이 나누어 가졌으며, 전략적 요충지인 할키스(때로는 할키스만이 네그로폰테라 불린다)는 베네치아 공화국이 가졌다.

그리스 지역에 성립한 라틴계 국가들 가운데에는 아하이아 공국이 가장 중요할 것이다. 1204년 여름에 출현한 이 공국은 곧 펠로폰네소스반도 전역을 지배했다. 샹플리트의 기욤과 빌라르두앵의 조프로아가 나라를 세웠으나, 1209년부터 1228년 사망할 때까지 조프로아가 단독 통치했다. 여기에서도 정복자들은 심각한 저항에 거의 마주치지 않고 아르혼들과도 잘 협조했다. 조프로아의 후계자들은 1278년까지 아하이아 공국을 통치했다. 열두 제후가 나누어 다스리는 공국을 교황은 '새로운 프랑스'로 여겼다. 아하이아 공국 내부에는 성채 수십 개가 건설되어 소수의 프랑크 지배층이 그곳에 살았다.

이 지역에서 가장 오래 버텨 낸 라틴계 국가는 베네치아 공화국이 세운 식민지였다. 이들은 연속된 하나의 영토가 아니라 정치적 · 경제적 · 행정적으로 베네치아 본토와 연관이 있는 여러 영토의 총체였다. 베네치아 공화국은 콘스탄티노폴리스의 8분의 3(그리고 베네치아인을 총대주교로 선출할 권리) 외에도 아드리아노플과 디라키움에서 나프팍토스(이탈리아어로는 레판토)에 이르는 그리스 서부, 이오니아제도, 펠로폰네소스반도 서부 해안가, 메토니(이탈리아어로는 모도네이고 베네치아 사투리로는 모돈)와 코로니(이탈리아어로는 코로네이고 베네치아 사투리로는 코론) 같은 주요 항구와 몇몇 섬을 확보함으로써 동방의 주요 교역 도시와 장거리 교역을 장악하는 데 필요한 지역을 손에 넣었다. 게다가 베네치아 공화국은 몬페라토의 보니파초에게 크레타를 사들여 제노바가 지중해 동부 교역망에 접근도 못하게 했다. 크레타 정복을 굳히고 식민화하는 데에는 많은 비용이 들었으나 오스만 제국에게 빼앗기는 1669년까지 베네치아 공화국의 수중에 남아 많은 이익을 안겨 주었다. 에게해에서 일부 베네치아인은 봉건 군주가 되기도 했다. 예컨대 도제Doge(중세 이탈리아 도시 국가의 지도자를 부르는 명칭이다)의 친척 마르코 사누도는 1210년부터 에게해 곳곳의 섬을 정복하여 낙소스를 수도로 한 군도 공국을 세웠다.

한때 중앙 집권화를 이루었던 비잔티움 제국은 이제 모자이크화처럼 군소 정치체로 나뉘었다. 이웃 국가들은 이 틈을 타 영토를 확장했다. 불가리아는 차르 이반 아센 2세 재위기에 마케도니아와 트라키아 일부를 정복했고 세르비아는 독립국이 되었다. 소아시아에서 룸 셀주크 왕국은 트라페준타 제국의 영토를 빼앗는 데 성공했으나, 내부에서 계승 분쟁이 잇따랐기 때문에 니케아 제국에는 위협이 되지 못했다. 몽골 제국은 1230년대 후반부터 루시 지역을 정복하고 헝가리를 침공했으며 불가리아와 룸 셀주크 왕국, 조지아, 아르메니아 일부를 속국으로 삼았다.

비잔티움 세계에 출현한 다수의 국가는 어지러울 정도로 재빨리 동맹을 바꾸어 가며 권력 투쟁을 벌였다. 이들은 때로는 군사 또는 결혼 동맹을 맺고 때로는 영토를 두고 다투었다. 꼭 라틴계 국가와 그리스계 국가로 나누어 싸운 것도 아니어서 그리스계 국가 사이에도 갈등은 있었다. 니케아와 이피로스는 누가 비잔티움 제국을 복원할 것인가 하는 문제를 두고 군사적은 물론 이념적으로 격렬하게 대립했고, 이 상황 덕분에 약화된 콘스탄티노폴리스의 라틴 제국은 1261년까지 살아남을 수 있었다.

마지막 왕조 팔레올로고스 가문의 영광

1258년 비잔티움 세계의 세력 균형에 변화가 일기 시작했다. 이 해에 니케아 제국의 테오도로스 2세 라스카리스는 일곱 살 난 아들 이오아니스 4세 라스카리스를 남기고 죽었다. 섭정으로는 그가 가장 신뢰한 관료 무잘론 형제를 지목했다. 니케아 제국의 고위 귀족들은 귀족 출신이 아닌 이 형제를 몹시 증오했다. 황제의 장례가 끝난 지 며칠 안 되어 콤니노스 가문과 혈연관계를 가진, 니케아 제국 테살로니키 프라이토르Praitōr(총독)의 아들이 반란을 일으켰다. 그는 라틴 용병대의 사령관이었는데, 곧 궁정의 권력을 장악하고 처음에는 어린 황제의 보호자 역할을 하더니 얼마 지나지 않아서는 황제 미하일 8세 팔레올로고스로 즉위했다.

이듬해 미하일의 군대는 마케도니아 지역의 펠라고니아에서 아하이아, 이피로스, 아테네, 시칠리아 연합군을 대파했다. 수많은 기사가 전사했을 뿐 아니라 아하이아 공국의 통치자 빌라르두앵의 기욤 2세는 포로로 사로잡혔다. 기욤은 펠로폰네소스반도의 모넴바시아와 미스트라스, 마니 등의 성채를 넘겨주는 조건으로 풀려났다. 팔레올로고스 가문은 이 성채들을 이용해 펠로폰네소스반도를 탈환하기 시작했다. 이피로스는 이 전투 이후 마케도니아와 트라키아로의 확장 정책을 포기하고 이피로스와 테살리아로 후퇴했으며, 이웃한 프랑크계 국가들처럼 서서히 이피로스와 테살리아 둘로 나뉘어 통치되었다.

이제 콘스탄티노폴리스를 라틴인들에게서 탈환한다는 목표가 목전에 다다른 듯했다. 1261년 미하일 8세 팔레올로고스는 해상을 장악한 베네치아 공화국의 개입을 막기 위해 제노바 공화국에게 콘스탄티노폴리스의 일부를 거주지로 할양하고 베네치아 공화국에 준하는 상업 특권을 보장한다는 조건을 내걸고 님페온 조약을 맺어 해군 지원을 얻어 냈다. 나중에 드러난 사실로 보면 이 정도 조치까지 필요하지도 않은 일이었다. 베네치아 함대가 콘스탄티노폴리스를 떠났다는 소식을 그리스계 주민으로부터 확보한 니케아 제국의 군사령관은 1261년 7월 말 별 저항 없이 콘스탄티노폴리스에 입성했다. 궁정 사람들은 도주했으나 가스물로스Gasmoulos(비잔티움인과 라틴인의 혼혈)를 포함한 라틴계 주민들은 안전을 보장받고 도시에 남았다.

미하일은 성모 안식일인 1261년 8월 15일에 맞추어 콘스탄티노폴리스로 돌아왔다. 황제 미하일은 사도 루카스가 그린 것으로 여겨지는 호데게트리아 마리아상을 앞세우고 걸어 들어갔다. 그 직후 미하일과 이오아니스 3세 두카스 바타지스의 종손녀이자 미하일의 아내 테오도라 바타제나 그리고 두 사람 사이에서 태어난 어린 아들 안드로니코스 2세 팔레올로고스는 아야 소피아 성당에서 황제 대관식을 거행했다.

1261년 크리스마스 미하일은 적법한 황제로 여겨지던 이오아니스 4세 라스카리스를 장님으로 만들어 영영 제위에서 쫓아냈다. 황제는 자신의 만행을 정당화할 수 없었다. 총대주교 아르세니오스는 미하일을 파문했는데, 이 사건은 1310년까지 해소되지 않을 분열의 시작이었다. 미하일은 아르세니오스를 축출하고 추방했으나, 수도사와 평신도가 주축이 된 아르세니오스의 추종자들은 이를 부정하며 오히려 반팔레올로고스 운동을 전개했다. 황제는 이들을 아르세니오스파라 부르며 박해하는 한편, 지지자를 강화하기 위해 어마어마한 특권을 제공했다.

미하일은 보편 제국의 부활을 선언했으나, 1204년부터 두 세대 동안 존재해 온 라틴인을 몰아내고 옛 영토를 모두 통합하는 일은 해내지 못했다. 이피로스와 테살리아를 정복하겠다는 황제의 도전은 처참한 실패로 끝났으며, 그나마 에게해를 장악하고 해적들을 진압하는 데 성공을 거두었을 뿐이다.

외교 분야에서 미하일은 약삭빠른 면모를 보여 주었다. 그는 결혼 동맹을 통해 새 동맹국을 만들거나 기존의 동맹을 비잔티움 제국에 단단히 결속시켰다. 그의 딸들은 불가리아 · 이피로스 · 트라페준타의 통치자 가문에 시집갔고 두 사생아 딸 중 하나는 몽골 제국의 조치 울루스에게, 다른 하나는 훌레구 울루스에게 시집갔다. 그는 또한 비잔티움 제국에 거주하는 라틴계 신민을 포섭하여 지지층으로 삼아야 했다. 아마 이것이 그가 1262년 이후 교회 통합을 논의하기 시작하면서 교황과 화해하려 한 이유 가운데 하나일 것이다. 그러나 이 도전은 역효과를 낳았다. 니케아 제국 시절에 이 문제가 공론화되었다면 심각한 저항을 낳지 않았을지 모르지만 때가 적절하지 못했다. 통합 반대파는 이미 목청을 높이고 있던 아르세니오스파와 함께 이후 몇십 년이나 황실에 저항했다. 공식적인 박해조차 그들을 막을 수 없었다.

하필 이때 미하일 생애 최악의 위협이 출현했다. 프랑스의 성왕 루이 9세의 동생 앙주의 샤를(이탈리아어로는 앙조의 카를로)은 1266년 시칠리아를 정복하고 영토를 상실한 라틴 제국 황제를 부하로 삼았다. 샤를은 라틴 제국 황제가 자신의 부하가 되었으므로 자신이 라틴 제국의 영토, 즉 콘스탄티노폴리스를 지배할 권리를 가진다고 주장하며 콘스탄티노폴리스를 탈환하기 위한 십자군을 선언했다. 이피로스와 아하이아 공국이 동맹으로 참여했다. 미하일은 홀로 적들의 모든 군세를 감당할 수 없었기에 두 가지 계책을 이용했다. 우선 그는 1274년에 개최된 제2차 리옹 공의회에 사절을 파견하여 교회 통합을 논의하도록 했다. 샤를의 명분 가운데 하나가 종파 분열 문제였는데, 이를 적확하게 파고든 것이다. 이렇게 시간을 번 미하일은 다음 책략으로 외교적 승리를 거두었다. 미하일은 비잔티움 제국 내에서 교회 통합 반대파를 박해하는 한편, 앙주 가문이 차지한 시칠리아 왕 자리를 주장할 명분을 지닌 아라곤 왕국을 충동질하며 금전적인 도움까지 주었다.

그러던 중 1282년 '시칠리아 만종 반란'이 일어나 섬에 있는 프랑스인에 대한 대대적인 학살이 벌어져 앙주 왕조의 시칠리아 지배는 완전히 막을 내렸다. 근 10년에 걸쳐 서방에서 일어난 불길을 피하고자 노력한 미하일은 시칠리아 만종 반란이 일어난 지 몇 달 뒤 죽었다. 그리고 그 대가는 국가와 황제 모두에게 혹독했다. 아르세니오스파를 지지하고 교회 통합을 반대한 총대주교 이오시프 1세 갈리시오티스를 따르던 이오시프파는 여전히 강력하며 재정은 악화일로였다. 미하일 8세가 반앙주 정책을 유지하는 과정에서 어마어마한 뇌물을 뿌린 데다가 재정을 방만하게 운영한 탓이었다. 여하튼 황제는 파문 상태에서 죽었기 때문에 그리스도교식 장례도 거부당했다.

그의 아들 안드로니코스 2세 팔레올로고스의 긴 재위(1282~1328년)는 여러모로 아버지와 다른 정책이 추진된 시기이다. 안드로니코스는 이전에도 교회 통합 정책에 찬성하지 않았으나, 미하일이 죽자마자 교회 통합 정책을 공개적으로 부인하고 이 때문에 추방당한 이들을 복권시켰다. 그 가운데에는 후일 메사존Mesazōn(총리)의 지위에 오를 테오도로스 메토히티스도 있었다. 안드로니코스는 아르세니오스파와 이오시프파의 출현으로 인한 분열상을 회복하기 위해 애썼다. 아르세니오스파의 경우 1310년 공식적으로 용서받았지만, 어쨌든 양쪽 파벌의 지도자들은 후일 성인이 되었다. 이 시기에 주목해야 할 또 다른 인물은 콘스탄티노폴리스 총대주교 아타나시오스 1세로, 완고한 금욕주의자이자 빈민층 보호에 평생을 바친 인물이다. 그가 추진한 엄격한 재분배 정책은 총대주교청의 성직자와 주교를 직접 겨냥한 것이었기에 사회적 · 경제적 하위층에게 큰 인기를 얻었다. 반대로 교회 안팎의 엘리트층은 그를 증오하여 1293년과 1309년 두 차례나 퇴위당했다.

미하일은 소아시아를 방치했다. 그곳의 주민들은 라스카리스 가문에 충성하며 그들을 영웅으로 기억하는 한편으로 막대한 세금 부담이라는 값비싼 대가를 치렀다. 말년에서야 그는 소아시아에 관심을 기울였다. 안드로니코스는 영토 상실을 막아 내려 분투했지만 여러 이유로 실패했다. 우선 재정 압박으로 해군을 해체하고 군대의 규모를 줄였기 때문에 용병의 비중이 커졌는데, 이것이 재앙을 낳았다. 게다가 1290년대에 비잔티움 군대는 여러 지역에서 성공을 거두었으나, 지방 아르혼테스 계층의 비협조와 성공을 거둔 군 사령관들의 반란으로 이 기회를 활용하지 못했다.

동쪽에서 불어온 광풍은 치명적이었다. 몽골 제국이 1258년 바그다드를 정복하고 1300년대에 룸 셀주크 왕국이 실질적으로 소멸해 버리자 군소 규모의 튀르크계 공국들이 출현해 훌레구 울루스와 비잔티움령 소아시아 사이의 변경 지대를 메우기 시작했다. 그 가운데 소아시아 북동부를 오스만(오스만 왕조의 첫 번째 군주)이 차지했고, 그의 후예들은 결국 비잔티움 제국을 정복해 버린다. 스미르니(지금의 튀르키예 이즈미르)를 수도로 두고 해안을 지배한 아이든 공국은 에게해를 위협했고, 결국 비잔티움 제국은 14세기 초에 실질적으로 해안의 통제력을 상실하게 된다.

튀르크계 세력들의 약진에 대응하기 위해 안드로니코스는 1303년 로제로 데 플로르*가 이끄는 6,500명가량의 카탈루냐 용병대를 고용했다. 로제로는 그 대가로 비잔티움 제국의 고위직에 임명되고** 황제의 조카와 결혼까지 했다. 카탈루냐 용병대는 소아시아로 돌입한 초기에는 성공을 거두었으나, 얼마 안 가 그리스계 주민들을 약탈하기 시작했다. 로제로는 1305년 살해당했는데 황제의 사주가 있었을 것으로 의심되었다.*** 불가리아 제국을 침공하려고 트라키아에 있던 카탈루냐 용병대는 로제로가 죽자, 트라키아를 약탈해대는 데에서 그치지 않고 이듬해에는 마케도니아와 테살리아까지 활동 반경을 넓혔다가 이윽고 1311년 아테네 공국을 정복하고 눌러앉아 버렸다.

튀르크인의 침공으로 발생한 피난민들이 콘스탄티노폴리스로 몰려들고 수도 배후에 있는 농경지들이 파괴되자 식량 부족 사태가 발생했으며, 부유층의 매점매석으로 민심이 악화되었다. 총대주교

---

* 로제로 데 플로르(Rogero de Flor)는 호헨슈타우펜 가문의 프리드리히 2세 아래에서 활동한 독일 군인과 이탈리아 귀족 여인 사이에서 태어났다. 처음에는 성전 기사단의 군인으로 활동했으나, 이후에는 프리드리히 2세 아래에서 아라곤인과 카탈루냐인으로 구성된 용병대를 이끌고 이탈리아에서 앙주 가문과의 전쟁에 참여했다.

** 메가스 둑스(Megas doux)로 임명되었다. 메가스 둑스는 본래 해군 사령관을 가리키는 직함이었으나, 차츰 주요한 외국인에게 부여하는 명예직으로 변화했다.

*** 1305년 4월 30일 로제로 데 플로르는 안드로니코스 2세 팔레올로고스의 아들로 불가리아 전선을 담당하던 미하일 9세 팔레올로고스의 진영을 방문했다가 알란인 군인들에게 살해당했다. 안드로니코스와 미하일이 살해의 배후에 있는지는 사료상에 명확하게 드러나지 않으나, 카탈루냐 용병대는 그렇게 믿었다.

아타나시오스 1세가 나서서 무료 급식소를 운영하는가 하면 부패한 관료를 질타하고 이들에게서 기부금을 받아 냈다. 암울한 상황은 1307년 불가리아에 영토를 할양하고 결혼 동맹을 맺는 대가로 식량을 공급받고 나서야 간신히 매듭지어졌다. 몇 해 전 세르비아 왕국이 마케도니아를 점령했을 때 유사한 협상이 이루어진 적이 있었다. 세르비아의 왕 스테판 밀루틴이 1299년 안드로니코스 2세 팔레올로고스의 딸 시모니스 팔레올로이나와 결혼하며 정복한 마케도니아 지역을 지참금 조로 인정받은 일이 바로 그것이다. 다섯 살짜리 신부와 마흔여섯 살짜리 신랑의 결혼이었으니 뒷말이 있었음은 당연지사다.

안드로니코스 2세 재위 말기는 더욱 어지러웠으며, 세금은 지나치게 무겁고 고위 관료 사이에서는 부정부패가 횡행했다. 1320년 후계자 미하일 9세 팔레올로고스가 요절했다. 미하일은 장남 안드로니코스 3세 팔레올로고스의 부하들이 차남 마누일 팔레올로고스를 살해한 것을 알고 비통해하다 죽었다고 전해진다. 이름이 같은 할아버지 안드로니코스 2세와 손자 안드로니코스 3세의 사이는 날이 갈수록 나빠졌다. 젊은 안드로니코스는 절친한 친구이자 대토지를 소유한 부자 이오아니스 칸타쿠지노스(나중에 이오아니스 6세가 된다)를 비롯한 젊은 귀족층에 둘러싸여 있었다. 그들은 늙은 안드로니코스와 그의 총신 테오도로스 메토히티스로는 위기를 극복할 수 없다며 그들에게 국정을 맡기지 않기로 했다. 반면 안드로니코스

2세와 측근들은 젊은 황제를 치기 어리고 경솔한 존재로 여겼다. 양쪽의 갈등은 곧 내전으로 불거졌다. 비잔티움 제국에 재앙을 가져올 팔레올로고스 가문의 내분은 이렇게 막이 올랐다. 할아버지와 손자가 비잔티움 제국을 불평등하게 둘로 나누며 내전은 잠시 중단되었다가 1323년 다시 맞붙은 후 불안한 평화가 그럭저럭 1327년까지 이어졌다.

그동안 오스만 왕조는 콘스탄티노폴리스에서 고작 200킬로미터 가량 거리에 있는 푸르사(지금의 튀르키예 부르사)를 점령하고 수도로 삼았다. 결국 내전에서 승리를 거둔 쪽은 젊은 안드로니코스였다. 할아버지 안드로니코스는 폐위당한 뒤 수도원에 유폐되고 패한 쪽 사람들은 재산을 빼앗긴 채 유배당했다. 테오도로스 메토히티스도 마찬가지 신세였다. 젊은이들이 국가에서 가장 높은 지위를 하나둘씩 차지했다.

안드로니코스 3세의 짧은 재위(1328~1341년) 동안 오스만인은 1331년 니케아를, 1336년과 1337년에는 니코메디아와 펠가몬을, 1341년 흐리소폴리스(지금의 튀르키예 위스퀴다르)*를 함락시키며 소아시아에 남은 비잔티움 제국 영토를 차례차례 정복했다. 세르비아와 불가리아는 세르비아의 왕 스테판 두샨의 주도로 동맹을 맺고 그리스 북부를 차츰 정복했다. 안드로니코스는 1337년에 아이든

* 비잔티움 제국 시대에는 주로 스쿠타리온(Skoutarion) 또는 스쿠타리(Skoutari)라고 불렸다.

공국에서 고용한 튀르크 용병으로 구성된 군대를 이끌고 이피로스를 복속시켜 겨우 체면치레를 했다.

외부의 위협이 비잔티움 제국을 갉아먹는 동안 내부에서는 신학 논쟁이 비잔티움 제국을 둘로 쪼갰다. 그러나 이 분란은 비잔티움인의 영적 세계와 정체성을 규정하는 데 큰 기여를 했으며, 이는 헤시카즘이라는 용어에 전통적으로 포함되어 있는 관행과 신념을 둘러싼 논쟁이다. '정적, 침묵'이라는 뜻을 가진 그리스어 이시히아 Isychia에서 유래된 헤시카즘은 고대 후기에 묵상과 기도라는 수도원의 주된 측면을 특징짓기 위해 처음 등장했다. 그러나 13세기 이후 이 용어는 '예수 기도'("하느님의 아들이신 주 예수 그리스도여, 우리를 불쌍히 여기소서, 우리 죄인을")를 반복하며 신의 환영을 느끼기 위해 애쓰는 묵상법을 이르는 말로 주로 사용되었다. 이 신비주의적 실천의 옹호자들은 '예수 기도'를 신의 의지를 학구적이고 이성적인 수단으로 읽을 수 있다는 이들에 반대하는 논거로 사용했다. 아리스토텔레스 철학을 신학에 맞추어 체계화한 서방 교회의 스콜라 전통에 반대하는 방법이었음이 분명하다. 헤시카즘의 승리는 아토스산의 수도원을 중심으로 시작되어 차츰 비잔티움 제국의 중앙으로 퍼져 나갔다.

콘스탄티노폴리스에서 철학 교수로 활동하던 이탈리아 출신 칼라브리아의 바를라암은 1330년 헤시카즘식 기도법에 반기를 들어 이를 이단이라 주장했다. 콘스탄티노폴리스 귀족 가문 출신으로 정교회 신학계의 총아 아토스산의 수도사 그리고리오스 팔라마스는 이에 분개했다. 1204년 이후 수도사들은 종교계의 고위직을 차지하기 시작했는데, 이들이 대체로 헤시카즘를 강력히 지지한 점이 주요하게 작용했다. 바를라암은 로마 교회와의 통합 논의를 1334년 콘스탄티노폴리스에서 그리고 1339년에는 교황청이 있는 아비뇽에서 새로 부활시키고 주도했다. 사실 이는 헤시카즘을 공격하기 위한 스콜라 전통의 공격으로도 해석할 수 있다. 1341년 안드로니코스 3세 팔레올로고스가 콘스탄티노폴리스에서 소집한 공의회는 바를라암의 사상을 단죄하고 팔라마스의 가르침을 공인했다. 1주일 뒤인 1341년 6월 안드로니코스는 두 번째 아내 사보이아의 안나와의 사이에서 태어난 아홉 살짜리 아들 이오아니스 5세 팔레올로고스만 남긴 채 죽었다.

정치적 파편화가 가져온 다양한 결과

1204년 제4차 십자군의 콘스탄티노폴리스 점령으로 빚어진 비잔티움 제국의 정치적 분열은 불가피하게 서로 다른 사회적 · 경제적 관행을 낳았다. 라틴계 국가들은 자신들의 출신지의 다양한 사회 규범을 옮겨 와 지역 상황에 맞게 이식했다. 예를 들어 정복이나 정복 이후의 수비를 위한 인력 부족 문제 해결을 위해 때로 저항이 있기도 했으나 비잔티움 아르혼테스 계층을 수용했다. 그러나 다른 대부분의 인구는 예속인으로 전락했다. 이는 이전의 농촌과는 전혀 다른 모습이었으며, 비잔티움 세계는 점차 엄격한 계층 사회로 변모해 갔다. 빈번한 정복과 약탈의 결과 노예의 수가 증가했다. 비잔티움 세계의 분열은 동시에 중앙 집권화된 관행의 종말을 의미했다. 그리고 경제 분야에서는 독점이 소멸하고 사유화와 분산화가 진행되었다.

에게해의 베네치아 식민지를 중심으로 교역이 번성하며 상업망이 확장되었다. 펠로폰네소스의 클라렌차(지금의 그리스 킬리니 인근)나 미스트라스 같은 새로운 도시가 출현했고, 아테네 · 파트라 · 코린트 · 모넴바시아 등 일부 유서 깊은 중심지는 수명을 연장했다. 하지만 이 과정에서 비잔티움 제국 특유의 경제 양상은 서서히 변화하여 과거에는 비잔티움 제국의 지역 내에서 완제품을 생산하던 데 반해, 1204년 이후에는 원재료를 이탈리아에 수출하고 이탈리아에서 가공한 완제품을 다시 비잔티움 세계로 수입했다. 1220년대 후반 이후 중국부터 동지중해에 이르는 거대한 영토를 하나로 묶는 팍스 몽골리카*가 성립되어 유라시아를 오가며 협상하는 일은 이전과 비교할 수 없이 안전하고 용이해졌고, 그 결과 교역량은 크게 팽창했다. 서방의 상업 활동이 내륙 아시아로 차츰 진출하며

* 팍스 몽골리카는 몽골 제국의 정복에 의해 유라시아 대륙 대부분이 정치적으로 단일한 제국 영역 안으로 편입되고, 이에 따라 정치적 · 경제적 · 문화적 교류가 광범위하고 긴밀하게 일어난 역사적 현상을 가리킨다.

흑해와 트라페준타 제국 등의 중요성이 커졌다.

그리스계 후계국의 경우 현존하는 자료는 니케아 제국과 관련된 것이지만, 그것을 그리스계 후계국의 특징으로 간주해서는 안 된다. 정치적 · 경제적으로 얼마간 위축된 상태에서 대체로 사회 구조는 유지되기 마련인데, 니케아 제국 황제들(특히 이오아니스 3세 바타지스)은 사회 · 경제 정책에서 자신들의 목소리를 냈다. 정치적 혼란기를 거치며 니케아 제국의 재산은 점점 불어났고, 황제는 이를 충실한 신하들에게 하사했다. 농업 공동체는 국가에 의해 더욱 발전했고 엘리트들은 그 본보기를 따랐다. 제국은 강력해져서 경제적으로 보호주의를 수행할 여력을 갖추었다. 이오아니스 3세 바타지스의 사치 규제법은 이탈리아산 섬유 수입을 금지하여 제조업의 부흥을 노린 것이었다.

관료와 상류층의 지위 남용을 상대로 한 엄격한 정의 실천과 마찬가지로 경제적 자급자족은 이상적인 것으로 칭송되었다. 이로 인해 자신의 이익이 우세한 이 허약한 국가에 익숙해진 귀족과 지배자 들은 한 세대 동안 갈등을 빚었다. 이오아니스 3세와 테오도로스 2세 라스카피스는 궁정 요직에 총애하는 무잘론 형제와 같은 '신참자'를 기용해 귀족층의 권력을 축소시키려 들었다. 두 황제는 귀족 개인의 잘못에 체벌이나 재산 몰수, 하류층과의 강제 결혼 등 강력한 처벌을 내려 황실의 권력을 과시하고자 했다. 당연히 귀족들은 반발했다.

이는 테오도로스가 죽은 뒤 폭발하여 귀족층의 대표라 할 수 있는 미하일 8세 팔레올로고스가 집권했다. 이어지는 한 세기 동안 귀족층에 도전하는 이는 다시 나오지 않았으며, 이후의 권력 투쟁은 통치 계층 내에서 발생했다. 팔레올로고스 가문을 포함한 귀족들은 끝없이 상호 간에 결혼 동맹을 맺었다. 당대 귀족들이 앙겔로스 두카스 콤니노스 팔레올로고스 같은 긴긴 성을 사용한 점은 이를 증명해 준다. 후기 비잔티움 귀족층은 폐쇄적 집단이어서 벼락출세자는 전혀 받아들이지 않았다.

1261년 콘스탄티노폴리스 탈환 이후 비잔티움 제국은 니케아 제국 시절의 정치 모델을 버리고 전통적인 중앙 집권화로 노선을 바꾸었다. 그러나 해체로의 흐름은 되돌려지지 않았다. 겉보기에는 중앙 집권화된 행정과 권위가 돌아왔으나, 실제 행정과 권위는 분리된 상태였다. 팔레올로고스 가문이 집권하기 이전부터 존재한 분권화 경향은 1261년을 기점으로 한층 거세졌다. 비잔티움 제국은 테살로니키, 베리아, 모넴바시아, 요아니나 등 주요 도시에 특권적 지위를 부여했다. 이로써 국가가 그 도시들 안팎의 특정 영토 내 토지의 자유로운 소유를 보장했으며, 지방 도시 엘리트층은 이 같은 약속을 토대로 성장했다. 그 결과 그들은 경제적으로 독립성을 가지게 되었고 이는 강력한 지방 정체성으로 이어졌다. 비잔티움 제국이 날이 갈수록 허약해지는 동안 일부 도시와 개인은 더욱 부유해지고 더욱 강력해졌다. 국가 경제의 하락세는 주화의 평가절하에서 명확하게 드러난다. 니케아 제국 시대에 18캐럿이던 금화가 14세기 중반에는 12캐럿으로 하락했다. 신뢰가 사라지자 차츰 이탈리아산이나 프랑스산 주화가 통용되기 시작했다.

이 시기 비잔티움 제국과 토지의 관계는 프로니아 제도를 통해 톺아볼 수 있다. 프로니아는 본래 예외적이고 개인적인 토지 수여 제도로 상속이 불가능했다. 하지만 이 시기에 이르면 관료들에게 현금으로 급료를 지급하기 어려워지면서 프로니아 수여가 만연해졌을 뿐 아니라 일부 예외적인 경우에는 상속까지 가능했다. 미하일 8세 팔레올로고스는 일부 프로니아를 두 세대에 걸쳐 향유할 수 있도록 수여했는가 하면, 안드로니코스 2세와 3세는 내전기에 서로 많은 지지자들을 끌어모으기 위해 영구히 인정되는 프로니아를 빈번하게 수여했다. 그렇지만 프로니아의 수여를 취소하거나 교체 또는 재수여했다는 기록이 있는 것으로 보아 프로니아에 대한 국가의 통제력이 사라지지는 않았다. 즉 프로니아 수혜자의 지위는 전적으로 비잔티움 제국의 의지에 달려 있었다는 뜻이다. 심지어 황제들은 새로운 프로니아 수여를 위해 교회를 포함한 사유 재산 몰수 조치도 서슴지 않았다.

이 시기 농민 인구는 여전히 늘어나고 있었다. 아토스 수도원 기록 보관소에서 발견된 문서들은 마케도니아 지역의 상황을 상세히 묘사하고 있다. 일부 지역에서 카탈루냐 용병들의 약탈로 인구가 준 경우가 있음에도 14세기 중반까지 마케도니아의 인구는 전반적으로 증가 추세에 있었다. 이 시기 세금 부담이 증가한 것은 비잔티움 제국 역시 이 지역의 경제적 산출량이 증대되었음을 인지했다는 점을 시사한다. 그러나 농민 개인의 재산은 하락세에 있었다. 인구 증가와 상속 관행의 변화가 문제였다. 모든 자녀가 재산을 균등하게 나누어 받는 경향이 확산되면서 각 개인이 소유한 토지는 점차 작아졌다. 소규모 토지를 보유한 자영농의 수가 줄어드는 현상이 지속되었다. 자영농이건 소작농이건 대토지 소유자의 보호를 받기 위해 그들에게 토지를 팔아넘겼다. 특히 안드로니코스 2세 팔레올로고스의 시기에는 세금 부담이 증가한 것이 원인이었던 것으로 보인다. 게다가 조세 징수 도급이 일반화되면서 관리와 세리의 부패가 만연해졌다. 안드로니코스가 해군 해산과 급료 지급 중단, 화폐 가치절하, 프로니아에 대한 십일조 부과 등 수단과 방법을 가리지 않고 수입은 늘리고 지출은 줄이기 위해 애쓰는 동안 그 측근인 테오도로스 메토히티스나 니키포로스 훔노스를 비롯한 고위 관료들은 관직 매매로 큰돈을 벌었다.

비잔티움 제국의 알짜배기 수익은 토지에서 나왔으나(세금과 현물 모두 해당한다), 이 시기 교역의 비중은 그 어느 때보다 높아지고 있었다. 베네치아와 제노바는 특권적 지위를 최대한 활용하여 교역량을 늘렸는데, 어떤 면에서 이들이 비잔티움 국가의 잠재적인 수익을 갉아먹고 있었다고 볼 수도 있다. 여하튼 처음에는 이탈리아, 나중에는 서방의 상인들이 콘스탄티노폴리스와 다른 중요 항구들의 경제적 · 전략적 지위를 한껏 이용하는 동안 비잔티움 제국의 중요성은 차츰 하락했다. 물론 일부 비잔티움 사람들은 이익을 보았다.

이 시기에 중산층에 해당하는 메시Mesoi라고 불리는 새로운 사회 집단이 사료상에 출현한 것이 그 예이다. 이때 비잔티움 제국 내에서 식량을 중심으로 한 교역업 · 고리대금업 · 제조업의 활성화 덕택에 다수의 도심이 성장했으며, 이윽고 전통적인 엘리트층과 달리 토지에 의존하지 않는 엘리트층이 나타났다는 사실은 상당히 큰 의의를 지닌다고 평가할 수 있다. 메시 계층은 이탈리아 상인과 거래하는 중개인 또는 그들의 대리인으로 활동했다는 점에서 아르혼테스 계층과 달랐다. 또한 그들은 토지에서 생산된 농산물을 시장에 내다 팔지 않았다는 면에서 서방의 토지 귀족들과도 달랐다. 메시 계층은 아르혼테스 계층을 대신하지도 않았다. 아르혼테스 계층은 이 시기에도 분명 활발한 활동을 전개했다. 반면 메시 계층은 비잔티움 세계의 다른 사회 집단들과 마찬가지로 공통의 이해나 목표가 존재하지 않았고, 이 때문에 뒤이은 시기에 자연스러운 소멸을 맞이했다.

이 시기 비잔티움 교회는 국가 이상으로 믿음직한 기관으로 여겨졌는데, 특히 아타나시오스 1세와 같은 총대주교의 시대에 더욱 그러했다. 교회는 자신들의 권한을 최대한 이용해 영적 측면뿐만 아니라 직접적으로 빈민층을 지원하면서 이들을 착취하려는 국가에 대항하고 사회의 양극화를 저지하기 위해 애썼다. 또한 테살로니키 출신 일련의 학자 집단은 경제 활동에 관한 저술을 시작하면서 개인의 재산권을 옹호하고 사유 재산 몰수와 같은 국가의 개입을 비판했으며, 고리대금업(서방 세계와 달리 비잔티움 제국에서는 합법이었다)을 비난했다. 이는 경제가 비잔티움 제국의 사회생활에서 점점 더 중요해지고 있었음을 보여 준다.

팔레올로고스 시대 초기의 문예 부흥

1204년 이후 문화는 각 지역의 지정학적 조건에 따라 달리 진화했다. 예를 들어 비잔티움 제국의 옛 영토에 정착한 프랑스 기사와 베네치아 엘리트와 그 가족 들은 관습과 서적을 가지고 들어왔으며, 종교와 세속 건축 방면에서 서방에서 유행하는 방식으로 건물들을 세웠다. 오늘날에도 그리스 본토나 크레타, 키프로스 등지에서 지중해식 고딕 양식 건축물을 확인할 수 있다. 정복 이후 라틴 세계 출신 정복자들이 그리스인들과 결혼하고 또 영구히 그 땅에 정착하게 되면서 그리스어로 읽고 쓰고 말하는 법을 배우고 그리스식 학문에 친숙해지기 시작했다. 이 시기에는 그리스 방언으로 된 연대기가 출현했고, 그 이야기 속에서 라틴 귀족 정착민들은 영웅으로 묘사되었다.

그리스계 후계국들 특히 니케아 제국에서 가장 긴요한 문제는 모든 면에서의 재건이었다. 어떻게든 문화를 1204년 콘스탄티노폴리스 상실 이전의 비잔티움 제국과 그 수도의 수준으로 끌어올려야만 했던 것이다. 이를 위해 니케아 제국 황제들은 교육에 많은 투자를 감행했다. 단순히 위신의 문제가 아니라 행정 운용을 위해서는 식자층 젊은이가 절대적으로 필요했다. 이 시기 니케아 제국 교육계의 자랑이라 할 수 있는 니키포로스 블레미디스(1220~1270년에 활동)는 세속과 신학 분야 모두에서 저술 활동을 펼쳤고 자서전까지 남겼다. 비록 독창적인 사상가라 평할 수는 없으나, 후일 니케아 제국의 학계를 이끌어 갈 학자들을 길러 낸 뛰어난 교육자였음은 분명하다. 그의 제자 가운데에는 니케아 제국 황제 테오도로스 2세 라스카리스도 있었다.

콘스탄티노폴리스 약탈로 촉발된 강력한 반라틴 정서는 비잔티움 세계 구성원들의 정체성 형성에 당연히 큰 영향을 주었다. 각 계승국 내에서 정교회는 그 중심에 있었고, 로마 가톨릭 그리스도교는 완전히 반대편에 있는 적이었다. 한계가 있을 수밖에 없으나 헬레니즘이라는 정체성이 싹튼 것은 주목할 만하다. 니케아 내륙 소아시아의 폐허가 된 고대 도시에서 볼 수 있는 그리스의 업적을 향한 경이와 존경은, 미수복지 회복이라는 이상 그리고 전투적인 정교회와 융합하여 일종의 원시 민족주의를 유발했다.

1261년 콘스탄티노폴리스를 되찾자, 파괴된 도시를 고치는 일이 급선무가 되었다. 당대 사람들은 미하일 8세 팔레올로고스를 새로운 콘스탄디노스 대제로 치켜올렸지만, 사실 그는 꼭 필요한 일이

아니면 거의 돈을 쓰지 않았다. 아야 소피아 성당에서 가장 눈에 띄는 모자이크화가 이 시기의 성과이다. 반면 그의 아들 안드로니코스 2세 시대에 수도는 활발한 건축 활동의 장이 되었다. 귀족들은 수도원 10여곳을 새로 짓고 22곳을 복구했다. 이 가운데 상당 부분을 여성 후원자가 담당한 점도 언급할 필요가 있다. 이 시기 단장된 수도원의 성당 중 호라 성당(지금의 튀르키예 카리예 박물관. 라틴어 표기인 코라 성당으로 많이 알려져 있다), 파마카리스토스 성당(지금의 튀르키예 페티예 자미)은 아직도 굳건히 남아 있다. 테오도로스 메토히티스의 후원으로 재건된 호라 성당은 후기 비잔티움 예술의 걸작이다. 본당을 화려하게 장식한 모자이크화와 대리석 벽, 제실 묘역의 프레스코화 등은 아름다울 뿐 아니라 이것들을 가능하게 할 만큼 부유했다는 증거이다. 물론 이는 비잔티움 제국의 농민 인구를 쥐어짠 결과였다. 어쨌든 총대주교 니폰 1세가 창건한 테살로니키의 성 사도 성당이나 아토스산에 새로 세워진 힐란다르 수도원, 바토페디 수도원, 프로타토 주교청 성당은 이 시기의 성과이다.

이 시기의 예술적 성취는 회화나 모자이크화에 한정되지 않았다. 화려한 수가 놓인 직물, 금박으로 장식하거나 들고 다닐 수 있게 만든 이콘, 삽화가 포함된 필사본, 아주 작은 모자이크 등 호사스러운 전례 용품이 콘스탄티노폴리스 공방과 테살로니키 등지에서 생산되었다. 비잔티움 예술의 흔적은 세르비아나 불가리아 등 정교회 세계와 베네치아의 성 마르코 성당의 모자이크화는 물론 13세기 후

그림 22 아야 소피아 성당에 있는 〈데이시스Deisis〉 모자이크화 중 그리스도. 부활한 예수 그리스도에게 성 요한과 성모 마리아가 모든 인류를 위해 데이시스('간절한 기도, 청원'이라는 의미이다)를 올리는 모습을 묘사한 이 모자이크화는 1261년 미하일 8세가 콘스탄티노폴리스를 라틴인으로부터 되찾은 데 감사의 뜻으로 제작을 의뢰했다. 황제처럼 보석으로 장식된 왕좌에 앉은 그리스도 양옆에 있는 IC XC는 '예수 그리스도'의 그리스어 약자이다.

반 시에나 학파의 회화에서도 관찰된다. 비잔티움 제국은 분열되고 경제적 여건은 악화되고 있었으나, 비잔티움 세계는 여전히 탐낼 만한 상품을 생산해 낼 수 있었다.

팔레올로고스 시대 학자들은 이전 시대는 문화적으로 불모지였다고 주장했지만, 니케아 제국에서 시작된 그리스 고전 문헌에 대한 연구는 콘스탄티노폴리스 탈환 이후에도 지속되었다. 이 시기에

그림 23 테오도로스 메토히티스를 묘사한 호라 성당의 모자이크화. 메토히티스가 그리스도에게 호라 성당을 봉헌하는 모습을 담은 모자이크화 중 일부로, 안드로니코스 2세 시기 메사존이라는 고위직을 지낸 메토히티스는 화려한 옷과 터번을 걸친 채 무릎을 꿇고 있는데 이는 그의 높은 지위 그리고 그리스도에 대한 복종을 보여 준다. 그는 1320년대 성당을 확장하고 화려한 장식을 덧붙이는 공사를 후원했다.

무더기로 쏟아져 나온 뛰어난 학자들은 고대의 문헌 사본을 만들고 주석을 달아 교육에 사용했다. 어떤 이들은 독립적으로 연구를 진행했고, 또 어떤 이들은 황실이나 엘리트층의 후원을 받았다. 이 학자들 대다수는 콘스탄티노폴리스에 살았지만, 테살로니키의 문화적 역량 또한 그에 못지않았다. 지식인들은 제자나 지지자들로 이어진 네트워크를 형성했으며, 이들은 각자의 작품을 서로 읽고 의견을 나누었다. 지식인들이 모이는 곳은 테아트라Theatra라 불렸는데, 황실이나 귀족이 이끄는 일종의 살롱이라 할 수 있다.

테아트라에서는 수사학적으로 유려하고 완벽한 고전 그리스어로 쓰인 시가 울려 퍼졌고 13세기 후반에는 활기를 띠었다. 그리고 이곳에서 얻은 명성은 궁정에서의 경력을 보장해 주었다. 이전에 비잔티움사를 연구한 학자들은 이를 과거의 영광을 그리워한 현실 도피이자 언어적 · 문화적 매너리즘으로 해석했다. 그러나 최근 비잔티움사를 연구하는 학자들은 이 같은 경향을 세속적 교육의 중요성을 다시 부각시키기 위한 노력으로 본다. 이 맥락에서 보면 이 시기의 비잔티움 문화는 일종의 회광반조回光返照의 한때를 누린 것이다. 이 시기 활동한 학자들은 현실 정치에 무감각하지 않았다. 예컨대 14세기 초반에 활동한 토마스 마이스트로스는 아이스킬로스*의 비극 〈페르시아인들Persai〉을 인용해 테살로니키로 쇄도하는 튀르크인을 묘사하기도 했다. 토마스 마이스트로스의 다른 작품을 살펴보면 그가 지방의 시민 정체성과 토지 몰수 등 사회 문제를 얼마나 강하게 의식하고 있었는지가 드러난다.

막시모스 플라누디스(1260~1300년 활동)는 이 시기 문인들 가운데 가장 유명할 것이다. 그는 콘스탄티노폴리스의 저명한 교육자로, 제자 가운데 일부는 스승만 한 성과를 거두지 못했으나 스승의 학풍을 이어 나갔다. 막시모스 플라누디스는 프톨레마이오스의 《지리학*Geōgraphikē Hyphēgēsis*》을 재발견하고 보급한 것에서 그치지 않고 수

* 고대 그리스의 대표적인 비극 작가로 오늘날에는 일곱 편의 비극 작품이 남아 있다.

그림 24 1330년대 알렉시오스 아포카프코스의 후원으로 필사된 히포크라테스 저작에 수록된 세밀화. 메가스 둑스 즉 제국 함대 사령관 차림을 하고 자리에 앉아 있는 아포카프코스에게 시종이 그리스어로 "인생은 짧은데 배움은 멀고, 기회는 흘러가니(Ho bios brachus, hē de technē makrē, o de kairos oxu)"라고 쓰인 히포크라테스의 격언을 보여 주기 위해 펼쳐 놓은 책을 가리키고 있다.

학, 웅변, 문법, 시에 이르기까지 탐구하지 않은 분야가 없다. 게다가 이 학자는 고대 후기 이후 처음으로 철학, 신학, 시 등 라틴어 문헌을 그리스어로 번역했다. 과거 비잔티움 제국이 자신감이 충만하던 시절의 학자들은 로마 가톨릭 그리스도교권을 야만족이라며 그들의 업적을 하찮은 것으로 무시한 반면, 막시모스 플라누디스는 서방의 학문 수준이 발전 중에 있음을 인정했다. 다른 학자들은 이탈리아 북부의 공화국에서 일어나는 정치적 사건에까지 관심을 가졌다. 이오아니스 6세 칸타쿠지노스나 테오도로스 메토히티스는 무시와 불만의 태도를 버리지 못하기는 했으나, 베네치아나 제노바의 관습에 관심을 표했다.

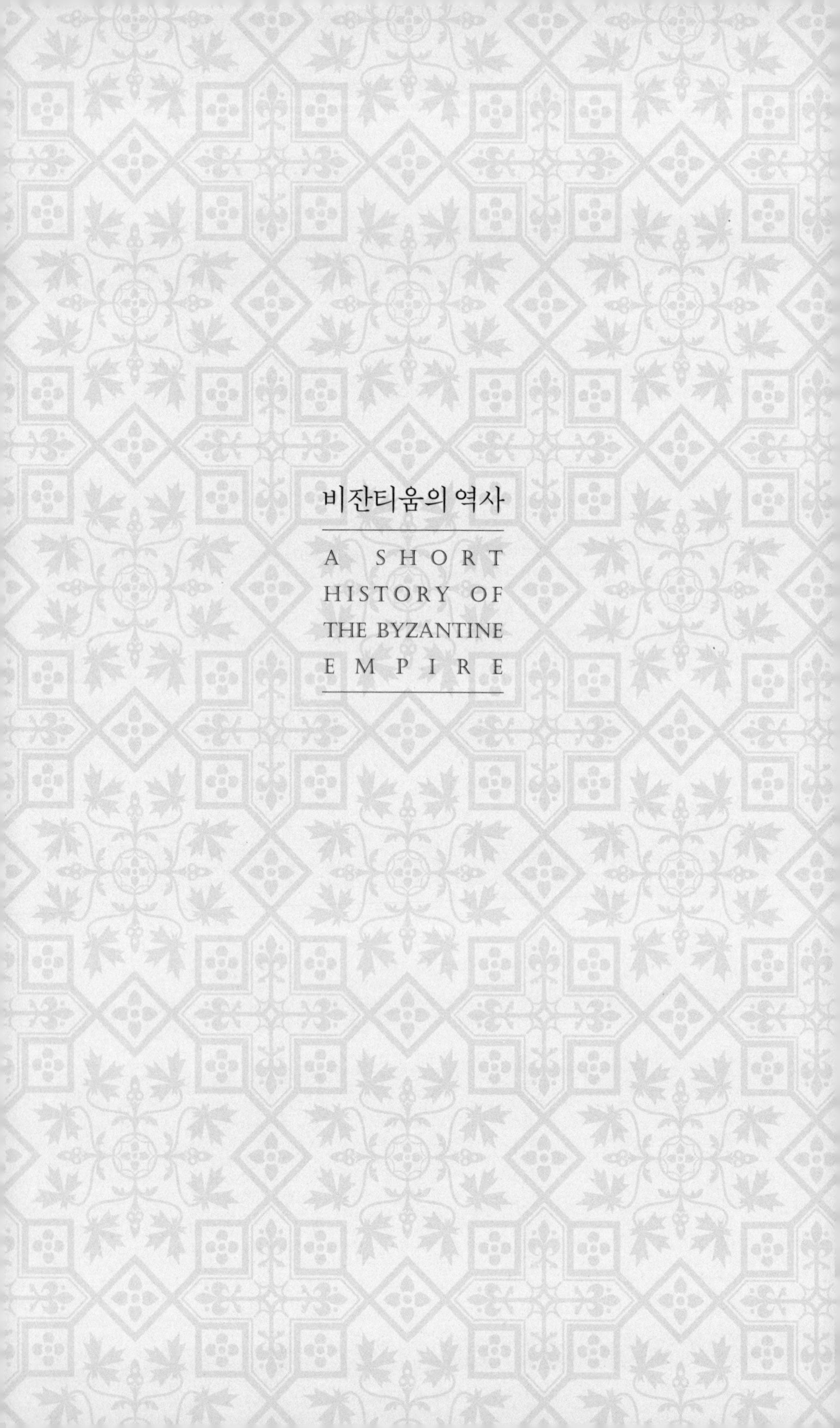

비잔티움의 역사

A SHORT HISTORY OF THE BYZANTINE EMPIRE

제8장

몰락을 향해 나아가다
(1341~1453년)

놓쳐 버린 기회들

1341년 안드로니코스 3세 팔레올로고스가 죽자 곧 두 파당이 권력 투쟁을 벌이기 시작했다. 한 세력은 이오아니스 6세 칸타쿠지노스(이하 칸타쿠지노스)가 이끌었다. 죽은 황제의 절친한 친구이자 정권의 척추이던 칸타쿠지노스는 선황 안드로니코스가 1330년 중병을 앓을 때 자신을 섭정으로 지목했으므로 어린 황태자의 섭정이 될 것으로 기대했다. 그러나 칸타쿠지노스에 반대하는 파벌이 서서히 형성되고 있었다. 이 세력에는 남편을 잃은 황후 사보이아의 안나, 총대주교 이오아니스 14세 칼레카스 그리고 놀랍게도 칸타쿠지노스의 후원으로 출세하여 메사존의 지위에 오른 알렉시오스 아포카프코스(292쪽 그림 24 참고, 이하 아포카프코스)가 속해 있었다. 이 섭정단이 명확한 정치적 청사진을 갖고 있었던 것 같지는 않다. 굳이

찾자면 아마도 강력한 칸타쿠지노스의 그늘로부터 벗어나 권위를 유지하고 키우는 것이 목표였을 것이다. 미하일 8세 팔레올로고스가 니케아 제국의 정당한 황제 이오아니스 4세 라스카리스를 제거하여 몹시 놀랐던 일이 아직 기억에 생생했다.

1341년 말 칸타쿠지노스가 세력 기반인 트라키아의 디디모티호에 머무는 동안 섭정단이 그의 관직을 박탈하면서 충돌은 시작되었다. 칸타쿠지노스의 친인척과 파당은 체포되고 그의 어머니는 아예 감옥에 갇혔으며 재산은 몰수되었다. 이에 칸타쿠지노스가 자신의 지휘하에 있는 군대에 의해 황제 자리에 오르면서 내전의 막은 올랐다. 섭정단은 이 갈등을 고위 귀족층과, 경제적으로는 부유해지고 있지만 정치적으로는 권리를 박탈당한 메시 계층을 포함한 사회적 · 경제적 하위층이 이익을 두고 다투는 사회적 분쟁으로 만들었다. 칸타쿠지노스는 귀족, 군대, 고위 성직자 등 폭넓은 지지 기반을 확보했다. 게다가 그리고리오스 팔라마스와의 우정 덕분에 아토스산의 수도사들도 그를 지지했다. 메시 계층을 포함한 도시민들은 아포카프코스를 지지했다. 사회는 이미 양극화되어 가고 있었으나 양측은 불쏘시개를 던져 파멸을 불러왔다.

유럽은 내전의 무대가 되었고 식량 생산은 심각하게 감소했다. 양 파당은 세르비아와 오스만 왕조 같은 주변의 강국에서 용병을 고용했는데, 들여오기는 쉽지만 돌려보내기는 어려웠다. 어느 쪽을 지지하는 도시건 간에 무질서와 폭력이 들끓었다. 지방은 대체로 칸타쿠지노스 편에 섰으나 중요 도시들은 달랐다. 처음에는 아드리아노플에서, 그다음은 테살로니키에서 귀족에 대한 반발이 일었다. 특히 테살로니키에서는 귀족들이 1342년에 도시를 칸타쿠지노스에게 바치려 하자 놀랄 만한 봉기가 발생했다. 많은 서민과 도시 노동자(사료에서는 선원와 항만 근로자를 구체적으로 언급한다), 일부 귀족이 칸타쿠지노스파에 반대하여 들고일어났다. 질로테Zilotai(열심당)라 불리는 이들은 1349년까지 테살로니키를 장악했다. 아포카프코스의 아들 이오아니스 아포카프코스는 질로테의 초창기 지도자 중 한 명이다. 질로테는 귀족들을 학살하고 재산을 몰수했다. 심지어 수도원과 교회 재산은 도시의 방어를 강화하는 데 이용되었다.

칸타쿠지노스가 내전에서 승기를 잡는 동안 세르비아의 왕 스테판 두샨은 남쪽을 휩쓸며 '세르비아인과 로마인의 황제'로 즉위했다. 스테판 두샨의 제국은 다뉴브에서 코린토스, 아드리아해에서 테살로니키 인근 카발라에 이르렀다. 테살로니키만이 그의 압박을 견뎌 내고 있었다. 섭정단은 점차 정치적 입지가 작아져 가고 있음을 느꼈다. 아포카프코스의 권력이 강해질수록 콘스탄티노폴리스 내에서조차 그를 적대하는 귀족의 수는 많아졌다. 결국 칸타쿠지노스가 수도 점령을 위해 진군을 시작한 직후인 1345년 아포카프코스는 살해당하며 이 폭력적 정서에 희생되었다. 칸타쿠지노스가 1347년 초 콘스탄티노폴리스에 입성하기 몇 달 전 아야 소피아 성당의 동쪽 돔 절반이 무너져 내렸는데 종말론적 광분의 물결이 퍼져 나갔다. 그리고 몇 달 뒤 흑사병이 타고 있는 제노바 함선이 흑해에서 콘스탄티노폴리스로 왔다가 이탈리아로 향했고 곧 유럽 전체에서 어마어마한 인구를 희생시켰다. 콘스탄티노폴리스가 함락당할 때까지 비잔티움 제국에서는 열 차례가 넘게 흑사병이 유행했다.

칸타쿠지노스가 성공을 거두자 섭정단과 대립해 온 그리고리오스 팔라마스의 주장이 다시 힘을 얻었다. 1347년과 1351년에 개최된 종교 회의는 팔라마스의 교설이 정통이고 그 반대자는 이단이라 선언했다. 이후 팔라마스와 그 제자들은 한 세기가량 교계에 군림했다. 팔라마스 자신은 테살로니키 대주교로 임명되었고(그러나 질로테 정권이 붕괴하는 1350년까지 임지에 부임하지 못했다), 제자 일부는 나중에 콘스탄티노폴리스 총대주교로 선임되기도 했다.

이오아니스 6세 칸타쿠지노스는 짧은 재위(1347~1354년) 동안 함대 재건을 시도했지만, 흑해의 상업과 정치적 지배권을 두고 벌어진 베네치아와 제노바 사이의 전쟁으로 뜻을 이루지 못했다. 둘 사이의 전쟁 초기인 1350년대에 제노바 함대가 갓 싹을 틔운 비잔티움 함대를 빼앗거나 파괴해 버린 것이다. 반면 발칸반도에서의 성과는 좋았다. 칸타쿠지노스는 스테판 두샨이 북쪽에서 헝가리와 전쟁을 치르는 동안 빼앗긴 영토를 일부 복구하고 질로테 정권을 테살로니키에서 몰아냈다.

칸타쿠지노스의 딸과 이오아니스 5세 팔레올로고스가 결혼하는 등 화합하려고 노력을 기울였음에도 두 황제 사이의 갈등은 점점 깊어졌다. 노회한 칸타쿠지노스는 젊은 황제를 안심시키는 한편으로 자신의 아들들을 위한 지배 정책을 추진해 나갔다. 1349년 이오아니스 6세 칸타쿠지노스의 아들 마누일 칸타쿠지노스를 모레아의 데스포티스Despotēs(주인)로 임명하여 미스트라스로 보냈고 모레아는 그의 통치하에 1380년까지 번성했다. 이오아니스 5세 팔레올로고스는 테살로니키를 확보했으나, 나중에 칸타쿠지노스의 맏아들 마테오스 칸타쿠지노스가 통치하던 디디모티호와 교환했다.

칸타쿠지노스가 1353년 마테오스를 공동 황제로 선임하자 이오아니스 5세가 움직이기 시작했다. 그해 이오아니스 5세는 제노바의 도움을 받아 콘스탄티노폴리스를 장악하고는 칸타쿠지노스를 수도원으로 은퇴시켰다. 그러나 칸타쿠지노스는 수도사 이오아사프라는 이름으로 숨을 거두는 1383년까지 무대 뒤편에서 정국을 좌지우지하며 황제가 된 친족들에게 정치적 · 사상적 지원을 아끼지 않았다. 마테오스는 제위에 대한 욕심이 없다고 선언하도록 강요당한 뒤 미스트라스를 지배하는 아버지와 형제에게 합류했다.

이오아니스 5세의 쿠데타 직전에 지진이 일어나면서 칼리폴리스(지금의 튀르키예 겔리볼루) 성채가 붕괴했다. 칸타쿠지노스의 딸과 결혼한 오스만 왕조 통치자 오르한의 아들 술레이만 파샤는 이 기회를 이용해 군대를 이끌고 다르다넬스해협을 건너 대단히 중요한 전략적 요지인 칼리폴리스를 점령했다. 그리고 인질들을 사로잡았는데, 포로들 가운데 팔라마스 같은 고위층 인사들도 있었다. 칼리폴리스 점령은 오스만 왕조의 발칸 정복의 첫걸음이었고, 한 세기도 되지 않아 발칸반도 전체가 그들의 손에 들어갔다. 오스만 왕조의 패권이 확립되는 동안 무너져 내리던 거대한 세르비아 제국은 1355년 스테판 두샨이 죽자 반목하는 여러 개의 공국으로 나뉘었다.

이후 수십 년간 오스만 왕조는 그리스, 라틴, 슬라브 등 동지중해 모든 세력에게 최대의 위협이 되었다. 이제 지휘할 군대가 더 이상 없는 비잔티움 제국에게는 외교만이 유일한 해결책이었다. 기댈 언덕이라고는 서방으로부터의 도움밖에 없는 상황에서 교황이 그 역할을 해 주기 바랐기에 교회 통합 문제는 다시 한번 시급한 문제로 부각되었다. 이 정책들의 궁극적 목표는 전진을 멈추어 세울 수 없을 것 같아 보이는 오스만 왕조를 상대로 한 십자군이었다. 1362년 디디모티호와 아드리아노플(오스만 왕조는 곧 이곳을 수도로 삼았다)이, 1363년에는 플로브디프가 함락되었는데 그제서야 십자군이 소집되었다. 이오아니스 5세의 외척인 사보이아의 아마데오 6세의 군대가 1366년 칼리폴리스를 점령했다. 점령군에는 헝가리군과 제노바령 레스보스의 병사들이 포함되어 있었다. 이 성공이 오스만 제국에 대한 유일한 군사적 승리 사례이다.

이오아니스 5세 팔레올로고스는 1369년 직접 로마에 가서 로마 교회의 수위권을 인정했다. 하지만 이는 개인적인 행동일 뿐이어서 비잔티움 제국에서는 아무런 반향을 이끌어 내지 못했다. 심지어 베네치아에 진 막대한 빚을 갚지 못해 콘스탄티노폴리스로 돌아오지 못할 위기에 처한 이오아니스는 어린 아들 마누일을 인질로 남겨 두고야 돌아올 수 있었다. 이오아니스 5세의 마지막 20년은 오스만 제국의 거침없는 진격과 가족 사이의 불화로 얼룩졌다. 1372년(또는 1373년) 이오아니스는 오스만 제국의 통치자 무라드 1세의 속신이 되었는데, 그저 조공을 바치는 정도가 아니라 원정 시에는 군사를 보내야 하는 수준이었다. 이때 이오아니스가 맏아들 안드로니코스 4세 팔레올로고스를 제위 계승에서 제외해 버리자, 안드로니코스는 오스만 왕조의 왕자*와 결탁하여 반란을 일으켰다. 이오아니스가 서유럽을 떠도는 동안 안드로니코스가 비잔티움 제국을 맡아 다스렸기에 권력을 다시 나누기 싫었을 것이다. 반란은 곧 진압되어 안드로니코스는 죄인이, 그의 동생 마누일 2세 팔레올로고스는 공동 황제가 되었다.

안드로니코스 4세는 1376년에 오스만 왕조의 도움을 받아 다시 한번 반란을 일으켜 콘스탄티노폴리스를 장악했다. 그 대가로 칼리폴리스는 다시 오스만 왕조의 땅이 되었다. 이오아니스 5세와 마누일은 1379년 무라드에게 달려가 안드로니코스보다 더 많은 것을 넘기겠노라 약속했으며, 그중에는 소아시아 최후의 그리스도교령 필라델피아가 있었다. 얼마 뒤 마누일은 오스만 군대를 도와 필라델피아를 점령했다.

---

* 무라드 1세의 맏아들 사브즈로 반란이 실패로 돌아간 뒤 처형당했다.

가문의 내전은 1381년에야 겨우 봉합되었다. 안드로니코스는 이오아니스의 후계자 지위로 복귀하고 트라키아의 실림브리아(지금의 튀르키예 실리브리)를 봉토로 받았다. 마누일 2세는 1382년에 테살로니키를 차지했으며, 오스만 왕조의 압박을 이겨 내고 마케도니아에서 일부 영토를 확보하는 데 성공했다. 아토스산의 수도사들은 1386년 오스만 왕조와 조약을 맺고 재산을 지켜 내는 데 성공했다. 1387년 오스만 군대의 테살로니키 정복이 목전으로 다가오자 마누일은 레스보스로 도망쳤다. 테살로니키가 오스만 군대의 손에 떨어지자 오스만 왕조를 막을 수 있는 존재는 사라졌다. 불가리아는 1388년에 오스만 제국의 속국이 되었으며, 1389년 코소보 전투에서 오스만 군대와 세르비아 군대 모두 심대한 타격을 입은 뒤 세르비아는 불가리아와 같은 운명을 맞았다.

마누일 칸타쿠지노스가 1380년 미스트라스에서 죽자, 형 마테오스 칸타쿠지노스가 이을 요량이었다. 그러나 팔레올로고스 가문이 이를 좌시할 리 없었고 곧 두 가문 사이의 계승 전쟁이 발발했는데, 팔레올로고스 가문이 승리를 거두어 이오아니스 5세 팔레올로고스의 아들 테오도로스 팔레올로고스가 모레아의 데스포티스가 되었다. 테오도로스는 1407년에 죽을 때까지 펠로폰네소스반도 정복에 매진하며 옛 아하이아 공국의 영역 전체를 다스리게 되었다.

안드로니코스 4세 팔레올로고스가 1385년에 죽고 1391년 아버지 이오아니스 5세가 죽자 즉시 마누일 2세 팔레올로고스가 제위에 올랐으나, 오스만 제국의 통치자 바예지드 1세는 이를 거부했다. 바예지드는 기정사실이나 다름없는 마누일의 즉위를 거부하는 모양새를 취하여 연공 액수를 높이고 콘스탄티노폴리스 내에 오스만 구역을 두고 독자적인 법관을 둘 수 있다는 양보를 얻어 냈다. 한편으로는 정복도 계속되었다. 1390년대 초 테살로니키가 오스만 군대의 손에 넘어가고 불가리아 또한 오스만 제국에 합병되었다. 그동안 오스만 군대는 모레아를 빈번하게 공격했다.

1394년 술탄*은 아예 콘스탄티노폴리스마저 포위했다. 이를 위해 바예지드는 보스포루스해협의 아시아 쪽 해안에 요새 아나돌루히사르를 건설했다. 비잔티움 제국 수도의 운명은 종말에 이른 것만 같았다. 이에 유럽의 열강들은 깜짝 놀랐다. 만약 콘스탄티노폴리스가 넘어간다면, 레반트를 중심으로 구축된 서방의 교역로가 위태로울 터였다. 1380년대 오스만 왕조와 무역 협정을 체결한 베네치아와 제노바 역시 이 같은 인식을 공유했다. 불가리아와 세르비아가 이미 멸망한 마당에 비잔티움 제국마저 무너질 위기에 처했을 때, 오스만 제국의 공세에 노출된 헝가리와 왈라키아 공국이 십자군을 모집했다. 부르고뉴의 장 1세와 프랑스 원수 장 부시코가 이끄는 부르고뉴의 기사들과 1309년 이후 로도스섬에 머물고 있던 병

* 술탄(Sulṭān)은 본래 '권력, 권위'를 의미했으나 10세기 이후 '권력과 권위를 보유한 사람'이라는 뜻으로 변화하여 이슬람 세계의 세속 권력자들을 지칭하는 칭호로 사용되었다. 현대 연구자들은 오스만 왕조의 군주를 술탄이라고 부른다. 그러나 오스만 왕조의 군주는 경우에 따라 다양한 칭호를 사용하며 중층적이고 복합적인 의미의 지배자로 군림했는데, 술탄은 그 복합적인 면의 한 면만을 드러내는 편의적인 명칭이라는 점에 주의해야 한다.

원 기사단 그리고 베네치아가 이에 호응해 군대를 보냈다. 1396년 십자군은 다뉴브 강변의 니코폴리스(지금의 불가리아 니코폴) 전투에서 바예지드의 군대에 괴멸했다. 헝가리 국왕 룩셈부르크의 지기스문트는 콘스탄티노폴리스로 도주하는 데 성공했지만, 부르고뉴의 기사들 대부분은 포로가 되어 몸값을 치른 뒤에야 풀려날 수 있었고 병사 대부분은 학살당했다.

승자 바예지드는 콘스탄티노폴리스 전선으로 복귀했다. 마누일 2세는 아버지 이오아니스 5세와 마찬가지로 이 절망적인 상황의 타개책은 서방의 지원밖에 없다고 생각하고는 유럽 각국을 방문할 계획을 세웠다. 마누일은 부재 기간 동안 조카 이오아니스 7세 팔레올로고스를 섭정으로 세웠다. 1400년 마누일은 모스크바 대공에 도움을 요청하는 사절단을 파견한 후 장 부시코의 호위를 받으며 가족과 함께 펠로폰네소스의 베네치아 영토 메토니를 경유해 베네치아로 이동했다.* 황제 일행은 2년 동안 서방에 머무르며 베네치아, 파두아, 밀라노, 파리, 런던을 방문했다. 위엄 있고 다소 이국적인 모습의 동방 황제와 그 일행은 동정심을 불러일으켰고 말뿐이었지만 지원 약속을 받아 냈다. 마누일은 서방 군주들과의 협상 과정에서 병원 기사단 고위직에 의존했다. 동방에서 상황의 심각성을

* 장 부시코(Jean Boucicaut)는 니코폴리스 전투에서 포로가 되었다가 몸값을 치르고 풀려난 후 프랑스에 머무르다가 1399년 프랑스 왕의 명령으로 콘스탄티노폴리스로 재차 파견되었다. 그리고 마누일과 함께 콘스탄티노폴리스를 떠났다. 그는 1400년 1월 23일 베네치아에 도착했으나, 마누일은 모레아에 가족을 남겨 두는 문제로 좀 더 늦게 도착했을 것이다.

절실하게 깨달은 이들만이 열심이었기 때문이다.

비잔티움 제국의 운명은 전혀 예상치 못한 사건으로 연장되었다. 강력한 몽골인 통치자 테뮈르*가 바예지드의 공세에 노출된 소아시아의 튀르크멘 공국들을 구하기 위해 직접 나선 것이다. 테뮈르는 1402년 앙카라 전투에서 오스만 군대를 격파하고 바예지드를 사로잡았다. 이후 10여 년간 바예지드의 아들들은 오스만 왕조의 지배자 자리를 두고 싸움을 벌였다. 그동안 소아시아 각지의 옛 통치자들도 오스만 왕조로부터 영토를 탈환했다.

허울뿐인 제국 비잔티움의 멸망

마누일 2세는 그해에 콘스탄티노폴리스로 돌아왔다. 그가 다스리는 비잔티움 제국은 콘스탄티노폴리스와 트라키아의 배후지 약간, 에게해 북부의 몇몇 섬 그리고 펠로폰네소스반도의 모레아 데스포티스령에 불과했고 그나마 서로 화합하지 못하고 있었다. 이제 '제국'이라는 말은 공허했다. 비잔티움 제국의 몰락이 명백하다는 사실은 이웃과 동맹 모두가 자각하고 있었다. 바예지드1세가 콘스탄티노폴리스를 포위한 동안 모스크바 대공 바실리 1세는 정교회

* 테뮈르(Temür)의 이란어 음독인 티무르(Tīmūr)라 표기하는 것이 일반적이다. 그러나 테뮈르는 차가타이 울루스에서 태어나 튀르크어를 사용하는 몽골인의 정체성을 보존했고, 그의 후손들 또한 마찬가지였다. 따라서 본문에서는 튀르크어 원형에 가까운 테뮈르라는 표기를 사용했다.

신자들에게 교회는 있으나 황제는 없다고 주장했을 정도이다. 이 말에 황제가 아닌 총대주교 안토니오스 4세는 "그리스도교도에게 교회는 있되 제국이 없다는 것은 불가능한 일"이라고 반박했다.

테뮈르는 소아시아를 떠나기 전에 스미르니를 약탈하고 이를 점거한 병원 기사단을 쫓아 버렸다. 이로써 소아시아에서 라틴계 세력의 흔적은 사라졌다. 바예지드의 아들들 쉴레이만, 이사, 메흐메드 1세 그리고 무사는 각기 오스만령 유럽과 소아시아에 할거하며 아버지의 지위를 계승하기 위해 다투었다. 처음에 마누일은 발칸반도에 자리 잡은 쉴레이만을 지지하여 테살로니키를 돌려받고 공동황제 이오아니스 7세 팔레올로고스를 테살로니키로 파견했다. 이오아니스는 1408년에 죽었는데, 아들 안드로니코스 5세 팔레올로고스는 그에 앞서 1407년에 세상을 떠났다. 덕분에 마누일 2세와 그 아들들은 오롯이 제위를 향유할 수 있었다. 오스만 제국의 공위空位 시대는 1413년 메흐메드 1세(재위 1413~1421년)의 승리로 끝났다. 이는 지중해 전역의 그리스도교 국가들을 공포에 떨게 했다. 마누일은 펠로폰네소스반도로 진입하는 길을 보호하는 엑사밀리온 성벽*을 보강하고 자식들을 모스크바 대공 가문, 이탈리아의 몬페라토 변경백邊境伯 가문 그리고 말라테스타 가문의 일원과 결혼시켜

* 6마일 성벽. 사로니코스만에서 코린트만까지 세운 성벽으로 실제 길이는 5마일가량이었다. 비잔티움 제국의 '3세기의 위기' 시기 펠로폰네소스반도로 적들이 침입하는 것을 방지하기 위해 기획되었으나, 5세기 초 알라리크의 침입 이후에야 수도의 테오도시우스 성벽과 함께 준공되었다. 성벽의 두께는 3미터, 높이는 8미터였다. 슬라브인의 진입이나 13세기 십자군의 공격을 막아 내지 못한 데에서 볼 수 있듯이 그다지 효능을 발휘한 것 같지는 않다.

향후 자신을 보호해 줄 동맹으로 활용할 수 있게 조처했다.

1421년 메흐메드가 죽자 비잔티움 제국은 무스타파*를 지지했는데, 또 한 번 패배자 편에 선 것이다. 승자가 된 무라드 2세는 이를 허투루 넘기지 않고 1422년 콘스탄티노폴리스와 테살로니키를 포위했다. 콘스탄티노폴리스는 저항에 성공했지만, 테살로니키의 주민들은 1423년 도시를 베네치아에 넘겼다. 테살로니키가 지중해의 주요 항구 도시인데도 기이할 정도로 그다지 이용하지 않고 마지못해 도시를 떠안고 있던 베네치아는 오스만 군대가 점령하는 1430년까지 테살로니키를 지켜 냈다.

1425년 마누일 2세의 아들 이오아니스 8세 팔레올로고스가 제위에 올라 동생들에게 비잔티움 제국의 나머지 영토를 나누어 주었는데, 콘스탄디노스 11세 팔레올로고스와 토마스 팔레올로고스는 모레아(두 사람의 형인 테오도로스 팔레올로고스가 이미 통치 중이었다)를, 디미트리오스 팔레올로고스는 실림브리아를 받았다. 이 시기 모레아 데스포티스령은 군사 원정과 결혼을 통해 남은 라틴계 영역을 모조리 흡수하며 영토를 넓혔다. 1430년이 되자 펠로폰네소스반도 전

---

* 일명 가짜 무스타파 첼레비(Düzme Muṣṭafā Čelebī)는 바예지드 1세의 아들로 일부 기록에는 앙카라 전투에서 전사한 것으로, 다른 기록에는 부왕과 함께 포로가 되어 사마르칸트로 끌려간 것으로 되어 있다. 그런데 1415년 이 무스타파가 트라페준타에서 다시 출현하는데, 테뮈르 왕조의 기록에 따르면 1405년에 테뮈르가 죽은 뒤 풀려나서 귀환한 것이고, 오스만 왕조의 기록에 따르면 무스타파의 이름을 사칭한 가짜이다. 여하튼 이때 출현한 무스타파는 바다를 건너 왈라키아로 간 뒤 군대를 모아 다뉴브강을 넘어 남하했다. 그러나 메흐메드가 테살로니키 인근에서 무스타파의 군대를 깨부쉈고, 무스타파는 겨우 탈출해 비잔티움 제국으로 망명했다. 이후 비잔티움 제국에 머무르던 무스타파는 메흐메드가 죽은 뒤 비잔티움 제국의 후원을 받아 또다시 제위 계승 경쟁에 뛰어들었으나, 무라드 2세에 패배한 뒤 처형당했다.

그림 25 그리스 미스트라스의 판타나사 수도원. 판타나사(Pantanassa)는 '만인의 여왕'이라는 의미를 가졌는데, 이 수도원은 1428년 모레아 데스포티스령의 고관 이오아니스 프랑고풀로스의 후원으로 지어졌다. 이 수도원의 외부는 비잔티움 건축 양식에 서방의 장식 요소를 수용한 모습이며 종탑에서는 고딕 양식을 엿볼 수 있다.

체가 1204년 이래 처음으로 다시 비잔티움 제국의 통제 아래에 놓이게 되었다. 같은 해 테살로니키가 함락되어 약탈당했다. 이오아니나 주민들은 오스만 제국과의 항복 협상에 나서서 일부 특권을 유지할 수 있었다.

비잔티움 제국이 외부의 도움을 받지 못한다면 멸망하리라는 것은 이제 명확해졌다. 이 같은 도움을 줄 세력은 서방밖에 없었고 유일한 방도는 십자군이었다. 1378년 이후 서방 교회는 대분열의 상태에 빠진지라 비잔티움 제국에 관심을 쏟을 여력이 없었으나, 1414~1418년 진행된 콘스탄츠 공의회를 통해 분열에 종지부를 찍으면서 상황이 달라졌다. 비잔티움 사절단 역시 공의회에 초대받아 교회 통합과 서방의 지원을 협의했다. 과거 교황청은 교회 통합이 아니라 비잔티움 교회의 굴복을 원했기 때문에 비잔티움 측이 요구하는 교회 통합 논의를 위한 세계 공의회 개최를 거부해 왔다.

그러나 이제 양자 모두 크게 약화된 상태인지라 1438년 페라라에서 공의회를 열기로 합의했다. 황제 이오아니스 8세 팔레올로고스와 총대주교 이오시프 2세가 비잔티움 대표단을 직접 이끌었다. 대표단에는 주교와 학자 700명 정도가 참가했다. 로마 교회와 콘스탄티노폴리스 교회는 양자 사이에 상당한 차이가 존재함을 확인했고, 충분히 예상할 수 있듯이 총대주교 이오시프가 교황의 발에 입을 맞추기를 거부하는 등 충돌이 발생하기는 했으나, 신학과 관련한 안건 대부분에 관한 논의가 진행되었다. 1439년 페라라에서 페스트가 발병하자 공의회는 피렌체로 옮겨 갔다. 끝없는 논쟁은 비잔티움 측에 불리했고 비잔티움 대표단의 체류 비용이 바닥을 드러내면서 토론에서 발휘할 힘도 사라졌다. 결국 비잔티움 측이 거의 모든 안건에 굴복하는 식으로 교회 통합이 합의되었다. 그러나 콘스탄티노폴리스로 돌아간 대표단은 황제의 아우 디미트리오스 팔레올로고스가 이끄는 교회 통합 반대파 대중의 압력에 굴복해 통합 찬성 의견을 철회했다.

1443년 교황 에우게니우스 4세는 십자군을 선언했다. 헝가리 왕국 · 왈라키아 공국 그리고 일부 독립을 유지하고 있는 세르비아의 통치자들이 군대를 보냈고, 베네치아와 제노바 · 부르고뉴가 해군을 파견했다. 십자군은 트란실바니아에서 처음으로 승리를 거두었으나, 1444년 불가리아의 흑해 연안 바르나에서 벌어진 전투에서 대패했다. 비잔티움 제국의 소득은 전무했다. 비잔티움 제국 영토에서 오스만 군대의 약탈은 곧 재개되었다. 1446년에는 모레아를 침입해 아예 엑사밀리온 성벽을 파괴해 버렸는데, 당시 사로잡혀 노예로 전락한 비잔티움 제국 신민의 수가 6만 명에 이르렀다고 전해진다. 이듬해에 이오아니스 8세 팔레올로고스가 죽자 다른 형제들의 반발에도 동생 콘스탄디노스 11세 팔레올로고스가 제위에 올랐다.

콘스탄디노스는 마지막 황제인 동시에 1261년 이후 처음으로 콘스탄티노폴리스의 아야 소피아 성당에서 대관식을 치르지 못한 황제이다. 교회 통합 반대파의 저항이 너무 격렬한 탓에 교회 통합파인 총대주교 그리고리오스 3세는 로마로 도망친 상황이었다. 콘스탄디노스의 두 동생 디미트리오스와 토마스는 모레아 데스포티스령을 맡기로 했다. 1451년 무라드 2세가 죽고 젊은 아들 메흐메드 2세가 제위에 올랐다. 메흐메드는 즉위 직후 콘스탄티노폴리스 정복을 천명하고는 증조부가 보스포루스해협의 아시아 쪽 해안에 세운 아나돌루히사르 건너편에 루멜리히사르를 세워 해협을 장악했다. 다루기 버거울 정도로 거대한 대포를 포함한 수많은 대포가 콘스탄티노폴리스 성벽을 향했다. 콘스탄티노폴리스 성벽은 대포의

포격에 견딜 수 있게 세워지지 않았다. 오스만 해군은 금각만 입구를 막은 방재를 피하기 위해 함선을 도시와 마주보고 있는 페라 후방 보스포루스로부터 육로로 옮겼다. 고대하던 서방의 지원군이 도착했음에도 수적인 면에서 콘스탄티노폴리스 방어군은 절망적이었다. 콘스탄티노폴리스 주민 모두가 최선을 다해 도왔지만 도시의 거대한 성벽을 지킬 수는 없었다. 1453년 5월 29일 화요일 콘스탄티노폴리스는 함락됨으로써 천년 제국 비잔티움은 사라졌다. 이 사건은 세계 곳곳에서 그 의미가 기록되었다.

가난한 국가의 부유한 신민

내전을 사회적 · 경제적 차원에서 보면 이오아니스 6세 칸타쿠지노스는 토지에서 나오는 부와 혈통에 의존하는 오랜 귀족 가문을 대표하고, 알렉시오스 아포카프코스는 덜 전통적인 방식으로 돈을 쓸어 모은 신참자를 상징한다(아포카프코스의 경우 소금을 전매했다). 사회적 · 경제적 하층이 부유한 귀족들에게 품은 불만은 테살로니키의 질로테 정권의 예와 같이 계급 간 증오로 변했다. 따라서 칸타쿠지노스의 승리가 새로 형성된 사회 집단에 영향을 미친 것은 그리 놀라운 일이 아니다. 내전 이후 사료에서 메시 계층은 언급되지 않지만 그들이 지상에서 사라졌다고 볼 수는 없다. 그보다는 다른 형태의 발전이 있었는데, 이전에 없던 완전히 새로운 활동은 아니지만 비잔티움 제국의 경제생활을 지배하는 소위 귀족 기업가라고 불리는 강력하고 새로운 집단이 등장한 것이다.

비잔티움 제국이 오스만 제국과 세르비아 제국의 출현으로 영토를 상실하자 귀족들은 더 이상 토지에서 나오는 수익으로 종래의 생활 방식을 유지할 수 없었다. 게다가 비잔티움 제국은 예전처럼 많은 관직을 운용할 수 없기에 관료계의 경쟁이 치열해졌다. 메시계층의 전략을 채용하여 이탈리아 상인이나 은행에 자본을 투자하기 시작한 많은 귀족의 존재감은 콘스탄티노폴리스 함락에 가까워질수록 커졌다.

니콜라오스 노타라스와 아들 루카스 노타라스, 예오르요스 구델리스와 아들 이오아니스 구델리스 그리고 손자 프란체스코 드라페리오처럼 막대한 부를 이룬 인물들도 있다.* 어떤 사람들은 비잔티움 제국의 관료로 일하면서도 베네치아나 제노바 시민권을 얻어 상당한 자본을 이탈리아 은행에 맡겨 놓았다. 비잔티움 제국의 마지막 한 세기는 한 국가가 경제적으로 또 물리적으로 차츰 소멸하는 과정이지만, 귀족 기업가들의 입장에서는 그만큼 좋은 시절도 없었다. 비록 알짜배기는 이탈리아인들의 손에 들어갔을지언정 이 시기 비잔티움 제국으로 들어오는 수입 대부분은 교역을 통해 형성되었

---

* 노타라스(Notaras) 가문은 이오아니스 7세 팔레올로고스와 영합하여 부와 권력을 얻었으며, 제노바 공화국을 상대로 밀 수출을 주도하여 중세 후기 발칸반도의 큰손으로 대두했다. 구델리스(Goudelis) 가문은 14세기 말부터 이탈리아 공화국들과의 거래를 통해 성장했다. 특히 이오아니스 구델리스는 바예지드 1세가 콘스탄티노폴리스를 포위하여 콘스탄티노폴리스에 식량이 부족해지자 제노바 공화국과의 인연을 이용해 곡물을 수입하여 큰 부를 얻었다.

다고 보아도 과언이 아니다.

비잔티움 제국이 가난해져 가고 있는 징후는 여러 사례를 통해 확인할 수 있다. 이오아니스 6세가 내전에서 승리하고 제위에 오를 때, 그와 그의 아내가 쓴 왕관에는 보석이 아니라 색을 넣은 유리가 박혀 있었다. 왕관을 장식해야 할 진짜 보석은 베네치아에 저당 잡혀 있었다. 또 몇 년 뒤에는 금화 발행을 중단했는데 4세기 이래 처음 있는 일이었다. 콘스탄티노폴리스의 인구는 줄어만 갔다. 도시 대부분이 버려졌다. 과거의 영화를 간직한 거대한 건축물은 공허 속에 외로이 서 있고 텅 빈 물탱크는 채소를 가꾸는 텃밭이 되었다. 그나마 입지상 교역에 유리한 덕분에 15세기의 콘스탄티노폴리스는 소규모 교역 도시 국가로 진화했다. 비유하자면 보스포루스의 베네치아 정도로 부를 수 있을 것이다. 마누일 2세 팔레올로고스가 국가에 필요한 것은 황제가 아니라 관리자라고 부르짖은 것*은 이러한 변화를 느꼈기 때문이다.

몇 세기 동안 비잔티움 제국의 동력이 되어 온 교외 지역의 상황은 혼란스러웠다. 1340년대 내전과 페스트의 도래로 지역의 인구 상황이 바뀌었다. 마케도니아의 세르비아인처럼 비그리스어를 사

---

* "나의 아들 황제(이오아니스 8세 팔레올로고스)는 정말로 황제에 적합한 인물이지만, 지금 이 시점에는 아닐세. 아들의 원대한 꿈과 계획은 우리 조상들이 살던 좋았던 옛 시절에나 알맞지. 오늘날 비잔티움 제국은 황제가 아니라 관리자(Oikonomos)를 필요로 하는 것 같다네. 난 아들의 생각과 행동이 우리 가문의 몰락을 초래할까 무서워. 그의 계획과 무스타파를 통해 이루고자 하는 목표를 보면 그의 행동은 결국 우리에게 재앙을 불러올 거야"〔Geōrgios Phrantzēs, *The Fall of the Byzantine Empire*, Marios Philippides, trans. (Amherst : The University of Massachusetts Press, 1980), pp. 50–51〕.

용하는 인구가 소수나마 존재했고 다른 종족들은 아예 식민화를 시작했다. 그 가운데 가장 눈에 띄는 것은 알바니아인으로, 그들은 처음에는 그리스 북부와 이피로스를 집어삼키고 나중에는 그리스 중부와 펠로폰네소스반도까지 진출했다. 튀르크인들은 처음에는 콘스탄티노폴리스의 배후지인 트라키아에 발을 들여놓더니 비잔티움 제국이 멸망하기 직전에는 펠로폰네소스반도까지 집어삼킬 기세였다.

이 같은 인구 변동을 가져온 원인은 전쟁만이 아니어서 내전과 페스트를 농업 인구의 분수령으로 볼 수 있다. 전염병으로 인한 죽음과 군대의 약탈로부터의 도피는 마케도니아와 트라키아의 농업 생산을 크게 약화시켰으며, 해적의 공격에 대한 두려움 때문에 일부 섬과 해안 지역은 버려졌고 많은 주민이 사로잡혀 소아시아 등으로 끌려갔다. 더구나 오스만 제국의 지배를 받게 된 지역의 세제는 간소화된 데다가 실질적으로 비잔티움 제국에서 내야 하던 금액의 절반으로 감소했으니 새로운 지배자를 향한 저항감은 줄어들고 적응하게 된 것은 의심의 여지가 없다.

비잔티움 제국의 행정 기구는 여전히 중앙 집권화를 공식적인 원칙으로 삼았으나, 사실 정치적 분열은 현실이었고 그 현실은 중앙 정부가 조장했다. 비잔티움 제국이 일부 영토라도 보전하고 있을 때 이를 왕조의 구성원들에게 하사하고, 그들이 거의 독립적으로 다스리게 한 것이 바로 비잔티움 제국의 행정 기구이다. 테살로니키와 미스트라스는 이로 인해 성립한 작은 황궁 가운데 가장 눈에 띠는 존재였고, 독자적인 엘리트층과 문화유산을 지니고 있었다. 게다가 여러 도시의 자치권이 강해지는 흐름은 여전했다. 이들은 각 지역의 아르혼테스 계층이 대표하는 어떤 협동체의 형태를 띠게 되었을 것이다. 이는 콘스탄티노폴리스와 육상으로 이어진 연결이 끊긴 이후 한층 강화되었으며, 테살로니키와 미스트라스와 교류할 방법은 해로밖에 없었다. 많은 도시가 오스만 왕조에 항복하느냐 마느냐를 두고 협상에 들어갔다. 테살로니키, 세레스, 이오아니나는 항복하여 도시를 지켜 냈을 뿐만 아니라 얼마간의 특권을 손에 쥘 수 있었다. 무력으로 정복당한 도시의 주민들은 노예가 되어 쫓겨났고 그 빈자리를 튀르크계 주민들이 채웠다. 라리사가 대표적인 예로, 1453년으로부터 수십 년 뒤 실시한 인구 조사에 따르면 튀르크계 주민의 비중이 80퍼센트가 넘었다. 펠로폰네소스의 인구 조사 관련 문서는, 새로 건설된 마을들에서 알바니아계 인구가 다수를 차지하며 그들은 그리스계 인구와 분리된 채 살았다고 전한다.

비잔티움 제국의 기본적인 사회 구조는 변하지 않았지만 빈부 격차는 매우 커졌다. 콘스탄티노폴리스의 일부 부유층은 군중으로부터 자신을 보호하기 위해 집을 요새화하고 탑까지 만들었다. 이전 시기에도 그러했지만 국가가 위태로운 가운데 교회는 안전한 기구라는 인식이 강해졌다. 사람들은 재산의 일부라도 지켜 보겠다며 교회에 재산을 기부했다. 이 희망에 근거가 없지 않았던 것이 아토스산의 수도원들에서 볼 수 있듯이 오스만인들은 군사적으로 도시를 정복하더라도 교회 재산에는 손을 대지 않았다. 협상에서 오스만 왕조는 주요 수도원들이 자산을 그대로 보유하고 존속할 수 있게 해 주었다. 아토스산의 수도원들은 헤시카즘을 지지하는 과정에서 발칸반도에서 러시아와 그리스도교 세계 동방 전체를 포괄하는 정교회 정체성의 중심지로 자리매김했다. 비잔티움 제국뿐만 아니라 세르비아, 불가리아, 왈라키아 등지에서도 상당한 규모의 기부가 아토스산으로 유입되었다.

이들은 자신의 정체성을 배반하고 생존하는 것보다 정교회를 보전하는 일을 최우선의 과제로 삼았으므로 팔레올로고스 가문이 주도하는 서방과의 화해에 반대하는 세력을 형성했다. 교회 통합이 실현되면 잃어 버리게 될 권력과 특권을 소유한 총대주교청의 성직자들이 이 같은 여론을 주도했다. 서방으로의 재접근을 반대하는 사람들의 반대편에는, 황제만이 아니라 서방과의 교역에서 많은 이익을 얻고 있는 귀족 기업가들과 서방 십자군이 오스만 왕조라는 위협으로부터 비잔티움 제국을 구원해 주리라고 기대하며 새롭게 개종한 지식인들이 있었다. 그러나 그들의 기대가 틀렸다는 사실이 곧 증명되었다.

변화와 정체의 공존

비잔티움 문화계에 있어 내전과 페스트 이후는 다사다난한 시기였다. 황실의 후원은 모든 학자를 만족시키기에는 충분치 않았다. 황제와 그 일가를 찬양하는 작품을 쓰는 등 후원을 얻어 낼 기회는 여전히 있었지만, 과거에 비하면 보잘것없었다. 지식인들은 여러 사료에서 볼 수 있는데 팔레이올로고스 전 시대를 통틀어 남아 있는 6천 통 이상의 서신을 통해서도 그들의 존재는 분명해 보인다. 귀족 기업가들의 부상과 그들의 막대한 부는 교육에 대한 전통적인 인식에 큰 충격을 주었다. 이제 청년들은 시간도 오래 걸리고 고되기까지 한 그리스 고전의 지식을 정복하는 순수한 일보다는 상업에 더 관심을 가졌다. 이전 시대 사회에서 메토히티스, 훔노스, 심지어 아포카프코스처럼 권력과 부를 거머쥔 인물들 중 몇몇은 학식과 교양으로도 명성을 떨친 반면, 노타라스 가문이나 구델리스 가문은 이 방면에서 딱히 내세울 게 없었다.

이러한 현상은 헤시카즘 즉 팔라마스주의가 완전히 패권을 장악한 데 대한 반발로 해석할 수도 있다. 헤시카즘은 세속적 지식을 깎아내리고 현재와 미래에 대한 신비주의적 지식을 공부하는 데 전념했다. 이러한 자기 성찰적 시각은 당대에 드러난 인간의 죄악에 대해서는 비난을 아끼지 않았지만, 다른 사상가들과 달리 약자를 억압하고 국가를 돕지 않는 부유한 사람이 있다며 특정 집단을 비난하는 데에는 인색했다. 헤시카즘은 고의든 아니든 체념을 불러일으키고 현상 유지를 주장했다. 당시 수도원을 지배하고 있는 이상은 여기에 반대하는 모든 이를 강하게 몰아붙여 다른 의견이 존재하기

조차 어렵게 했다. 그렇다고 이 시대에 지적인 성취가 전혀 없었다거나 신학이 문학을 지배했다는 의미는 아니다. 이를테면 15세기 초에 활동한 수도사 이오아니스 호르타스메노스는 지리학 · 천문학 · 아리스토텔레스 철학 · 수사학 · 시 등 다양한 분야에 관심을 가졌고, 문헌을 수집하고 필사하는 데에도 열심이었다.

자포자기라는 전염병이 퍼지며 극단적인 반응이 나오기 시작했다. 일부 비잔티움인, 그중에서도 지식인들은 대체로 로마 가톨릭으로 개종했다. 어떤 이들은 마법에서 위안을 찾았고 총대주교청은 마녀사냥으로 대응했다. 의식에 참여하거나 동조하는 자를 솎아 내자 엘리트층뿐만 아니라 성직자와 수도사 들도 관여되었음이 드러났다. 이주를 선택한 사람들도 있었다. 지식인들은 적들에게 포위되어 가망 없는 비잔티움 제국을 떠나 이탈리아에서 그리스어 교사로 취업했다. 그리스어를 배우고자 하는 수요는 14세기 중반 이래 점차 증가하고 있었다. 최초로 이 길을 택한 사람 가운데 하나가 조반니 보카치오의 스승 칼라브리아의 바를라암이다. 1396년경 피렌체는 비잔티움 제국의 귀족이자 외교관 마누일 흐리솔로라스를 그리스어 교수로 초빙했으며, 그는 강의를 위해 그리스어 문법서를 저술하여 큰 인기를 끌었다. 1438년과 1439년에 걸쳐 진행된 페라라 · 피렌체 공의회에 많은 학자가 방문하자 이 경향은 더욱 강해졌다. 이 학자들은 어디 하나 빠질 것 없는 학식을 지녔던 데다가 서방 세계가 수 세기 동안 갈망해 온 희귀한 사본을 잔뜩 들고 있었다.

예미스토스 플리톤(이 인물에 대해서는 이 장의 마지막 부분에서 다루겠다)은 피렌체에서 플라톤 강의를 했는데, 전해지는 바에 따르면 이에 감탄한 메디치 가문이 피렌체에 플라톤 아카데미를 세웠고 이탈리아 르네상스를 이끈 학자들이 배출되었다. 여하튼 1350년대의 정치인이자 학자 디미트리오스 키도니스부터 1430년대의 바실리오스 비사리온까지 이탈리아로 이주한 학자 중 꽤 많은 수가 콘스탄티노폴리스 교회를 버리고 로마 교회를 받아들였다. 이들은 다시 한번 라틴어 서적 번역 운동을 주도했다. 이번에는 신학 관련 서적, 특히 스콜라 철학의 교부 성 토마스 아퀴나스의 가르침과 관련된 서적을 주로 번역했으며 이는 당대 학자들이 신학에서 대안을 찾는 데 개방적이었음을 보여 준다.

같은 시기에 이탈리아인들은 그리스어를 배우고 서적을 확보하기 위해 비잔티움 제국으로 몰려들었다. 1423년 조반니 아우리스파는 콘스탄티노폴리스에서 서적을 248권 구해 이탈리아로 돌아갔다고 전해진다. 또 15세기에 활동한 프란체스코 필렐포는 1420년대 콘스탄티노폴리스에 머무르며 그리스어를 배우다 비잔티움 제국의 귀족 여성과 결혼해 외교관으로 활동했으며, 나중에 이탈리아로 돌아가 그리스어 교사가 되었다. 그가 남긴 수많은 편지 가운데 일부는 그리스어였다. 놀랍게도 이 인물은 가끔 이탈리아인 친구에게 보내는 편지도 그리스어로 적었는데, 이는 당시 그리스어를 안다는 것 자체가 사회적으로 인정받는 능력이었음을 보여 준다. 필렐포는 1453년 이후 그리스인 장모를 구할 속셈으로 그리스어로 적은 상당히 아첨하는 내용의 시를 메흐메드 2세에게 보내기도 했다. 한편 그는 1453년 이전부터 서방으로 피난 온 비잔티움인들을 적극 지원하며 "나는 그리스인이 되었다"라고 선언했다.

이 같은 문화적 경향에서 중요한 또 다른 인물은 15세기 초에 활동한 치리아코 데 피치콜리로, 사업을 위해 동방과 서방을 오가며 그리스어를 배워 학자가 되었다. 치리아코가 남긴 편지와 기록의 중요성은 이루 말하기 힘들다. 이 인물은 병적인 기록광이어서 자신이 방문한 곳에 있는 비문이나 고대의 폐허를 전부 기록하고 때로는 그림까지 그렸다. 그가 기록한 유물들 중 현존하는 것은 얼마 안 된다. 그리고 치리아코의 글을 읽다 보면 고대 님프나 여신에 대한 언급이 자주 나와서 반쯤 이교도가 되지 않았나 싶을 정도인데, 사실 치리아코는 오스만 제국으로부터 비잔티움 제국을 구하기 위해 십자군을 결의할 세계 공의회 개최를 위해 열심히 뛰어다닌 로비스트였다. 그가 세상을 떠날 무렵 세계 공의회와 십자군은 모두 실현되었지만, 안타깝게도 비잔티움 제국을 구하겠다는 뜻은 이루지 못했다. 그나마 다행이라면 콘스탄티노폴리스가 튀르크인의 손에 들어가는 것을 보지 않고 죽었다는 사실이다.

동전에는 양면이 있는 법이다. 이처럼 로마 가톨릭 서방권 그리고 이슬람 오스만 왕조와 더 밀접해지자 반대로 자신의 정체성을 극히 제한된 방식으로 규정함으로써 반대편에 서는 길을 택한 사람들이 있었다. 팔레올로고스 시대 후기 문학의 주요 테마는 타자와의 대비, 즉 로마 교회와의 통합이냐 이슬람이냐 하는 문제였다. 마누일 2세 팔레올로고스는 무슬림 학자와 가졌던 대화를 세심하게 다듬은 《페르시아인과의 대화*Dialogōn me eva Persē*》를 펴냈다. 이 책은 과거 비잔티움 제국의 반이슬람 작품보다 덜 공격적이었지만, 황제는 그리스도교도가 더 우월하다는 입장을 견지했다. 그리고 2006년 교황 베네딕토 16세가 독일에서 연설을 하며 문맥과는 상관없이 일부 문장을 인용하여 유명해졌다.* 수많은 무슬림 학자가 이를 반박했는데, 마누일 2세는 그 어느 때보다 많은 독자를 얻었다.

이 시기 제작된 미술 작품들 또한 자연히 비잔티움 제국의 정치적 · 사회적 · 경제적 발전의 영향을 받았다. 오늘날 콘스탄티노폴리스 시대의 유적은 얼마 되지 않는다. 14세기 중반에 발생한 지진으로 큰 피해를 입은 후 아야 소피아 성당은 복구되었다는 기록이 있으나, 세속적인 것이든 종교적인 것이든 그 외의 건물은 거의 살아남지 못했다. 그럼에도 영국 박물관에 소장되어 있는 이콘 〈정교회의 승리〉와 같이 수준 높은 이콘이나 값진 물건은 변함없이 콘스탄티노폴리스에서 생산되었다. 서방인의 수요 역시 여전했다. 비잔티움인들 역시 해외여행이나 비잔티움 제국 영토에 있는 서방의

* 교황 베네딕토 16세가 인용한 마누일 2세 팔레올로고스의 문장은 다음과 같다.
"무함마드가 가져온 새로운 것이 무엇인지 보여 달라. 그러면 그가 설파하는 신앙을 칼로 전파하라는 명령과 같은 사악하고 비인간적인 것만 보게 될 것이다."

성당을 통해 서방 예술을 접할 수 있었다. 오늘날 르네상스의 걸작이라고 여겨지는 작품들을 접한 비잔티움인들의 기록은 많지 않은데, 그들은 노골적인 반감은 아니지만 모호한 태도를 보였다. 이를테면 페라라 · 피렌체 공의회에 파견된 비잔티움 사절단은 베네치아를 방문했을 때 성 마르코 성당을 보고 경탄을 표하면서 그 가운데 가장 아름다운 것은 1204년 콘스탄티노폴리스에서 약탈당한 것이라고 주장했다. 사절단의 일원이자 후일 최후의 교회 통합파 콘스탄티노폴리스 총대주교 그리고리오스 3세는 서방 교회의 성화를 인정할 수도 공경할 수도 없다는 건조한 증언을 남겼다.

어쨌거나 서방 예술의 요소가 차츰 비잔티움인의 시각 세계로 진입하고 있었음을 시사하는 증거가 있다. 콘스탄티노폴리스 호라 성당에는 받침대 위에 앉은 인물을 원근법에 따라 묘사한 프레스코화가 있는데, 이는 비잔티움인들의 공간 묘사와 어울리지 않는 이탈리아의 새로운 기법이었다. 비잔티움 엘리트층이 아토스산 수도원들에 기부한 많은 귀중한 작품들에서도 서방의 문물과 모티프는 적잖이 발견된다.

이 시기 비잔티움 세계에서 가장 중요한 문화적 진화 가운데 일부는 콘스탄티노폴리스 궁정의 쌍둥이라 할 수 있는 펠로폰네소스 남부 고대 스파르타와 멀지 않은 미스트라스 궁전에서 발생했다. 십자군이 지은 성벽을 두른 이 도시는 13세기 말 팔레올로고스 왕조의 어린 왕자들이 다스리는 독립 궁정이 되었다. 비잔티움 제국

그림 26 성상 공경주의의 승리(843년)를 묘사한 이콘 〈정교회의 승리〉(14세기 후반 제작). 왼쪽에는 테오필로스의 황후 테오도라와 아들 미하일 3세, 오른쪽에는 총대주교 메토디오스와 테오도로스 주교, 수사 두 명, 아래에는 성인과 순교자 열한 명이 있는데 이들은 대부분 동시대인이 아니다. 또한 이콘 속 이콘은 성 루카가 그린 것으로 추정되는 호데게트리아 마리아상이다.

최후의 50년 동안 미스트라스는 예술과 학술 모두에서 문예 부흥을 경험했다. 이 같은 사실은 교회(308쪽 그림 25 참고)와 팔레올로고스 왕조의 궁정 등 세속 건축에서 확인할 수 있다. 15세기에 지어진 이 성당들은 재료비가 너무 비싸서 비록 모자이크나 다색 대리석을 과거처럼 쓰지 못했지만 아름다운 프레스코화로 장식되었다.

그림 27 1300년경 제작된 성자 데메트리오스의 이콘. 10세기에 데메트리우스가 테살로니키의 원로원 의원이자 군인이었다는 전승이 등장하는데, 이 때문에 대부분의 도상에 로마 군인의 갑옷을 입고 창을 들고 있는 군인 성인의 모습으로 묘사된다. 데메트리우스는 갈레리우스 황제 치하에 있은 그리스도교 박해로 306년경 창에 찔려 죽었다.

또한 미스트라스 궁정은 언제나 무시무시한 총대주교청의 감시에 시달리던 콘스탄티노폴리스보다 학문적으로 자유로웠다. 이곳에서 활동한 학자 중 가장 유명한 이는 예미스토스 플리톤이다. 이 인물은 학문적으로는 미하일 프셀로스나 이오아니스 이탈로스의 뒤를 따랐으나(제6장 참고) 성품만은 비잔티움 제국 역사에서 손꼽을 만큼 독특했다. 플리톤은 여러 곳을 오가며 수학했고, 한때는 오스만 왕조의 수도 아드리아노플에서도 활동했다. 그는 상대를 가리지 않고 비판했으므로 사회와 국가의 문제를 해결하고자 제시한 방안에는 체제 전복적 성격이 다분했다. 비잔티움인들의 삶에서 떼려야 뗄 수 없는 수도원주의는 물론이고 팔라마스파당이 국가의 생존에서 중요하다고 주장해 온 모든 것이 그의 비판 대상이었다.

예미스토스 플리톤은 고대 그리스 철학에 대단한 지식을 갖추고 재구성하기 위해 노력했기 때문에 '최후의 헬라스인'이라고 불렸다. 그의 별명 플리톤 역시 플라톤에서 따온 것이다. 그를, 비잔티움 제국의 미래에 대해 독창적인 비전을 가졌던 급진적 사상가로 평가하는 것이 더 온당해 보인다. 이 '최후의 헬라스인'은 사회, 정치, 경제 등 전방위적으로 모레아 데스포티스령을 개혁하여 헬레니즘의 부흥을 선도할 모범으로 만들려는 계획을 지녔었다. 이 시도가 실현되지 않았다는 점은 굳이 적을 필요도 없겠지만, 플리톤의 급진적 사상은 철학과 정치학 연구자들의 연구 대상으로 인기 있다. 그는 미완성 유작 〈법률에 관한 논문Nomon syngrafi〉에서 이교에 대해 상당한 분량의 긍정적인 서술을 남겼다. 콘스탄티노폴리스 함락 이후 처음 임명된 콘스탄티노폴리스 총대주교가 〈법률에 관한 논문〉을 불태운 것은 놀라운 일이 아니다. 또한 플리톤의 유해를 인수한 것이 리미니의 위대한 용병 대장이자 교황청의 대원수 시지스몬도 판돌포 말라테스타였다는 사실도 의외는 아니다. 시지스몬도는 플리톤의 유해를 말라테스타 성당에 안치했는데 두 사람은 지금도 그곳에 잠들어 있다.

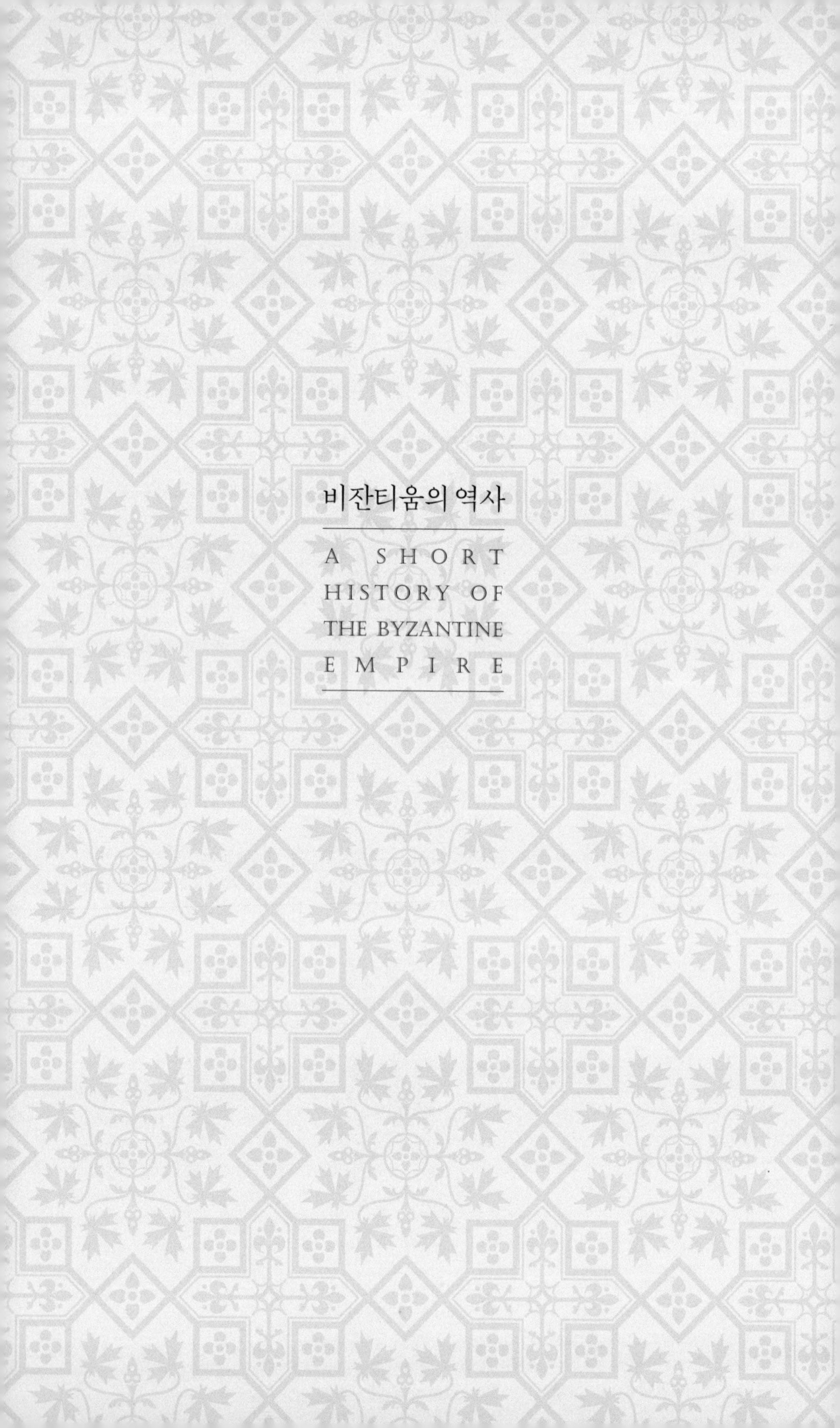
비잔티움의 역사
A SHORT
HISTORY OF
THE BYZANTINE
EMPIRE

제9장

천년 제국의 멸망과 그 후

함락당한 콘스탄티노폴리스의 사람들

콘스탄티노폴리스 함락은 비잔티움 제국의 종말이었지만, 비잔티움 세계의 끝은 아니었다. 1453년에는 아직 정복되지 않은 비잔티움 제국의 여러 영토가 있고, 주민 대부분이 비잔티움인인 라틴계 국가 다수가 존재했다. 1453년을 기나긴 비잔티움 제국의 역사가 마감되는 시점으로 보는 것은 타당하지 못하다. 인물과 사회 구조 등 비잔티움 제국의 흔적은 더 오랫동안 살아남았다. 이들의 숙명을 따라가 보지 않고서는 비잔티움 제국이 존재했던 지역 그리고 그보다 더 넓은 유럽 전체의 맥락 속에서 비잔티움 제국 역사의 마지막 단계와 그 이후에도 이어진 유산을 이해하기 어렵다.

콘스탄티노폴리스는 무력으로 점령되었고 이슬람 세계의 전통에 따라 사흘 간 약탈이 허락되었다. 남아 있는 사료가 너무 감정적이기 때문에 어떤 일이 일어났는지는 정확하게 파악하기 힘들다. 공성전의 트라우마를 생각할 때 이해 못 할 일은 아니다. 사흘 내내 약탈이 이어졌건 메흐메드 2세가 이를 일찍 끝내게 했건 그 결과는 파괴적이었다. 전투 중에 잡힌 포로는 모조리 죽임을 당하고 모든 시민은 노예의 처지로 전락했으며, 도시 자체 특히 성벽 인접 지구들은 철저히 파괴되었다. 옮길 수 없는 것들은 모두 술탄에게 귀속되었고 메흐메드 2세 역시 그 점을 분명히 했다. 그는 콘스탄티노폴리스를 오스만 제국의 새로운 수도라 선언했으나, 실제로 행정 기관이 콘스탄티노폴리스로 옮겨진 것은 1460년 이후의 일이다. 무슬림 기도자들이 전투가 끝난 직후 청원한 대로 아야 소피아 성당에서 최초의 금요 기도회가 열렸다.

마지막 황제의 운명은 알려지지 않았다. 대부분의 그리스 사료들은 황제가 전사했다며 순교자로 추켜세우고, 몇몇은 황제의 주검을 알아보지 못하도록 모든 휘장을 떼어 냈다고 기록했다. 튀르크 사료들은 황제의 시신을 확인하여 잘린 목은 메흐메드 2세에게 전달되었다고 기록했다. 황제의 명성을 고려할 때 신원이 밝혀지지 않았다는 기록은 믿기 힘들다. 콘스탄디노스 11세 팔레올로고스가 죽음을 맞은 상황은 분명하지 않으나 공개적으로 장례가 이루어지지 않았음은 확실하다. 따라서 그가 묻힌 장소 또한 알려져 있지 않다. 이 덕분에 천사가 나타나 콘스탄디노스를 대리석상으로 변신시킨 뒤 동굴에 숨겼다거나 때가 오면 신이 그를 살려 내어 그의 도시를 해방시키리라는 전설이 생겨났다.

비잔티움 제국의 엘리트들이 염려했던 바와 달리 메흐메드 2세는 살아남은 고위 귀족과 고위 관직자를 개인적으로 해방시켰다. 그들 가운데 총리대신 루카스 노타라스와 그 아들들이 있었다. 노타라스는 각기 다른 오스만 군인에게 사로잡혀 뿔뿔이 흩어진 가족이 다시 만날 수 있도록 귀족과 그 가족 들의 목록을 작성하는 일을 맡았다. 며칠 동안 루카스 노타라스는 메흐메드를 위해 콘스탄티노폴리스를 다스릴 수 있는 인물처럼 보였지만, 일은 예측대로 흘러가지 않았다. 일부 사료는 오스만 제국 측에서 그가 결코 받아들일 수 없는 요구를 건넸다고 증언한다. 출신을 막론하고 오스만의 지배층이 보기에 루카스 노타라스처럼 멸망당한 비잔티움 제국의 주요 인사에게 중요한 직위를 맡긴다는 것은 위험한 일이었을 것이다. 그 결과 루카스 노타라스와 그의 두 아들 그리고 사위들은 다른 고위 귀족층의 성인 남성들과 함께 처형당했다.

루카스 노타라스의 아내와 두 딸은 술탄의 노예가 되어 오스만 왕조의 수도 에디르네로 끌려갔고, 막내아들은 오스만 제국의 궁정으로 끌려가 강제로 이슬람교를 받아들여야 했다. 두 딸 엘레니와 아나는 살아남은 가족의 몸값을 치르기 위해 고된 일을 했으나, 그녀들의 어머니는 이미 에디르네로 가는 도중에 죽었다. 루카스 노타라스는 상당한 재산을 베네치아와 제노바의 은행에 맡겨 놓았지만, 콘스탄티노폴리스가 점령되는 혼란 통에 적절한 상속자가 나타날 때까지 동결되어 있었다. 엘레니는 여러 해 동안 갖은 고생을 한 끝에 메흐메드 2세가 요구하는 값비싼 몸값을 지불하고 여동생들(노타라스에게는 엘레니와 아나 외에 딸이 둘 더 있었다)을 구해 내는 데 성공했다. 그녀들은 그 뒤 수녀가 되었다.

현존하는 1455년의 인구 조사 결과 일부로 볼 때, 콘스탄티노폴리스 대부분은 폐허가 된 채 남아 있었던 것 같다. 콘스탄티노폴리스 도심지는 기능을 회복할 필요가 있었다. 또한 살아남은 비잔티움 제국 신민들은 새로이 오스만 제국에 통합되어야 했다. 콘스탄티노폴리스의 인구를 늘리기 위해 메흐메드 2세는 세제 혜택 등을 통해 이주를 장려했다(콘스탄티누스 1세가 4세기에 내렸던 조치와 크게 다르지 않다). 또한 다른 지역으로 도피한 사람들을 다시 불러 모으기 위해 주택을 제공하기도 했다. 물론 이때 주어진 주택이 전에 살던 집인 경우는 많지 않았을 것이다. 이러한 조치는 최소한 도시가 함락되고 20년 이상 유지되었다.

콘스탄티노폴리스의 인구는 그리스와 소아시아 지역의 인구를 강제로 이주시키는 정책(쉬르귄sürgün)에 의해 증가했다. 사료에 따르면 5천~8천 가구가량이 콘스탄티노폴리스로 이주당했다. 메흐메드가 죽는 1481년 무렵이 되면 콘스탄티노폴리스는 약 6만~7만 명의 인구를 거느린 오스만 제국에서 가장 큰 도시가 되어 있었다. 이 수치는 1492년 스페인에서 추방된 유대인 약 3만 6천 명을 받아들이며 다시 한번 크게 늘었다. 메흐메드는 도심을 부흥시켜 늘어나는 인구를 수용하기 위해 노력했는데, 가장 주요한 수단은 건축이었다. 1459년 이후 메흐메드는 콘스탄티노폴리스의 중심인 옛 황소 포룸(지금의 튀르키예 이스탄불 베야즈트 광장) 자리에 새 궁정 지구를, 콘스탄티누스의 성 사도 성당(비잔티움 제국 황제들의 영묘이기도 했다) 자리에 자신의 모스크 지구(지금의 이스탄불 파티흐 자미)와 지붕이 있는 시장(지금의 이스탄불 제바히르 베데스탄. 그랜드 바자르에서 가장 오래된 지구이다) 등을 비롯해 길과 다리, 공중목욕탕과 수도교를 지었다. 또한 성벽을 재건했는데 특히 흐리시아 필리 인근에는 유럽 최초로 별 모양星形 요새가 지어졌다.* 오스만 통치 엘리트층 역시 콘스탄티노폴리스에 개인적으로 건축을 후원했다. 그리하여 콘스탄티노폴리스는 차츰 오스만 제국의 수도로 변해 갔다.

오스만 제국의 콘스탄티노폴리스 통치의 첫 단계는 재개발과 옛 사회 기반 시설의 개·보수로 특징지을 수 있다. 교회와 수도원이 모스크로 바뀐 것은 아야 소피아 성당을 제외하면 메흐메드가 세상을 떠난 이후의 일이다. 도시의 인구 집단은 다양했지만 오스만 색채가 강했다.

1453년은 오스만 제국에게도 중요한 분수령이었다. '그 도시'(콘스탄티노폴리스의 별칭)를 손에 넣은 메흐메드는 비잔티움 제국으로

* 오늘날 튀르키예에서는 흐리시아 필리, 즉 '금문(金門)'을 튀르키예어로 직역한 알튼 카프(Altın Kapı)라 불린다. 메흐메드 2세는 본래 탑이 네 개 있던 성벽에 탑 세 개를 추가하여 별 모양의 성채를 지었는데, 이것이 '일곱 탑의 성' 예디쿨레히사르(Yedikule Hisarı)이다. 16세기 중반까지 예디쿨레히사르는 국가 수장고로 사용되었으나, 이후 감옥으로 용도가 바뀌었다. 그 때문에 지금은 '일곱 탑의 감옥' 예디쿨레 진다느(Yedikule Zindanı)라 불리기도 한다.

그림 28 아야 소피아 성당 내부. 신과 무함마드, 첫 네 명의 칼리프 이름이 적힌 오스만 제국 시대의 메달 세 개가 보인다. 이곳은 537~1204년에는 정교회 성당으로, 콘스탄티노폴리스가 라틴계 지배로 들어간 다음 1204~1261년에는 로마 가톨릭 성당으로, 이후 1453년까지는 정교회 성당이었다가 제국 멸망 후부터 1935년까지는 이슬람교 모스크로 사용되는 수난을 겪었다. 2020년까지는 박물관으로 이용되다 현재는 다시 모스크가 되었다.

부터 교훈을 얻었고 비잔티움 제국을 뛰어넘고자 했다. 이때를 기점으로 오스만 제국은 중앙 집권화의 길을 걸었다. 이전에 오스만 영토의 확장을 견인했던 변경의 수령들은 권력에서 멀어져 갔고, 그 자리는 오스만 제국의 황제에게 절대적인 충성을 바치는 이들로 채워졌다. 에위프에 새로 지어진 모스크는 이를 잘 나타내는 예이다. 콘스탄티노폴리스 밖에 세워진 이 모스크는 선지자 무함마드의 교우*

* 교우는 아랍어로 아스하브(Aṣḥāb)의 번역어로, 선지자 무함마드와 같은 시대를 살면서 가까이 따른 초기 무슬림들을 가리킨다. 이 아스하브들은 매우 확고한 도덕적 전통성을 지녔다고 여겨졌다.

아부 아이유브 안사리*의 무덤 위에 세워졌다고 알려졌다. 에위프 술탄 자미로 불리는 이 모스크는 콘스탄티노폴리스 함락 이후 처음으로 세워진 모스크로, 옛 오스만 통치층의 생각을 정확하게 보여준다. 콘스탄티노폴리스는 정복되고 약탈된 뒤 버려져야만 했다. 그러나 메흐메드에게 있어서 콘스탄티노폴리스는 계시이자 자신의 야심을 실현할 도구였다. 그는 황제의 노예로 구성된 새로운 통치 엘리트층을 만들었으며, 이들은 전적으로 오스만 제국의 통치자에게 의존했기에 충성을 의심할 여지가 없었다. 새로운 오스만 국가는 비잔티움 세계, 이슬람 세계, 튀르크 세계, 이란 세계의 전통 위에 서 있었다.

콘스탄티노폴리스에 다시 인구가 유입되고 점차 오스만 제국의 수도로 변모해 가는 동안 메흐메드 2세는 영토를 늘리는 데에 열심이었다. 1453년 이후 20여 년간 비잔티움 세계에 남아 있던 비잔티움계 국가와 라틴계 국가의 영역은 하나하나 오스만 제국의 수중에 떨어져 아테네는 1456년, 세르비아는 1459년, 미스트라는 1460년, 트라페준타는 1461년, 미틸리니는 1462년, 네그로폰테는 1470년, 카파는 1475년에 점령당했다.

---

* 아부 아이유브 안사리(Abū Ayyūb al–Anṣārī)는 현대 튀르키예어로 에위프 안사리(Eyüp Ansari)라 불린다. 그 때문에 그를 기리기 위해 지어진 모스크도 에위프 술탄 자미라 불린다. 기록에 의하면 아부 아이유브 안사리는 우마이야 제국의 콘스탄티노폴리스 포위전 중에 사망했고, 그가 희망하여 콘스탄티노폴리스 성벽 아래에 묻혔다. 전설에 따르면 메흐메드 2세의 정신적 스승 아크샴수딘(Aq Shams al-Dīn)이 메흐메드 2세의 콘스탄티노폴리스 공략 도중에 기적적으로 그의 무덤을 발견했다. 1458년에 메흐메드의 지시로 아부 아이유브를 기리는 모스크가 지어졌다.

오스만 제국이 팽창하자 이탈리아 공화국들은 비잔티움 세계에서 누리던 상업적 특권을 상실하고 쇠퇴해 갔다. 콘스탄티노폴리스에서 이탈리아인의 활동권은 금각만 너머 갈라타 · 페라 지역으로 이전되어 축소되었으며 점령 직후 맺은 협정, 다시 말해 콘스탄티노폴리스 약탈 후 체결된 제노바 협정에 관계없이 베네치아와 제노바는 위축되었다. 특히 흑해에서 주로 활동한 제노바의 역할은 15세기 말이 되면 거의 사라진다. 베네치아는 상대적으로 조금 나은 편이어서 몇 차례 갈등이 있었지만 17세기까지 오스만 제국의 상업적 동맹으로 활약한다. 1350년 중반부터 1500년까지 비잔티움 세계의 정치적 특징은 파편화였으나, 이후 다시 한번 비잔티움 세계는 하나의 제국이 통제하는 시기로 접어들었다. 그리고 여기에는 비잔티움 제국의 핵심 제도 몇몇이 영향을 미쳤음이 확실하다.

새로운 제국에서 옛 비잔티움 제국 체제의 생존자와 제도의 역할을 따라가다 보면 교회와 콘스탄티노폴리스라는 밀접하게 연결되어 있는 두 영역에 뿌리를 둔 그리스계 엘리트들이 눈에 띈다. 콘스탄티노폴리스는 오스만 제국에 정복되기 전 50년 동안 고립된 섬이나 다름없었다. 따라서 옛 비잔티움 세계의 구성원이나 기관은 14세기 후반부터 새로운 주인에게 협조할 선택권을 가질 수 있었다. 이들은 새로운 환경에 적응하여 협상을 통해 재산을 지키고 여러 특권을 얻어 내는 정도(수도원과 도시 모두에 적용되는 이야기이다)를 넘어 사회적으로 한 단계 위로 올라갈 기회를 쟁취했다.

콘스탄티노폴리스 함락 직후 부유층이나 권력층에 새로운 인물이 다수 등장했다. 일부는 유서 깊은 가문 출신이었지만 그렇지 않은 사람도 있었다. 이 개인들은 새로 설립된 제국에서 자산을 굴려 한몫 잡았다. 이 자산은 당연히 함락 이전부터 있었으나, 비잔티움 제국의 정치적 위기나 이탈리아 상인과의 경쟁 때문에 적절히 활용되지 못하던 것이다. 상황이 바뀌자 이들은 체제와 거래 관행에 대한 지식을 이용해 새 황제의 눈에 들었고, 이 점을 잘 살려 기회를 잡았다. 대표적인 예가 메흐메드의 비서를 지낸 토마스 카타볼리노스이다. 이런 이들은 징세 도급업*, 소금 같은 국가 전매 사업의 운영 등을 통해 부와 인적 네트워크를 손에 넣었으며, 콘스탄디노스 11세의 조카 메시흐 알리 파샤와 같은 몇몇은 개종한 뒤 궁정에서 권력을 얻기도 했다. 콘스탄티노폴리스 함락 이후 10여 년 동안 칸타쿠지노스나 팔레올로고스 등의 성을 가진 인물을 찾는 일은 어렵지 않았다.

몸값을 지불하고 집으로 돌아온 콘스탄티노폴리스 부유층의 지위는 차츰 높아져 갔다. 이에 더해 새로 정복된 지역(모레아나 트라페준타)의 엘리트들도 콘스탄티노폴리스로 이주해 새로운 기회를 모색했다. 앞에서 설명한 새로운 정치적 상황의 승자들은 메흐메드에게 콘스탄티노폴리스 총대주교청을 새로 설치하라고 제안했고, 이

* 민간의 징세 청부인이 일정한 돈을 내고 특정 세금의 징세권을 정부로부터 사들인 뒤 임지에서 세금을 걷어 그중 일부 금액을 정부에 납부하는 일이다.

는 그리스계 인구가 다시 콘스탄티노폴리스에 정착하는 중요한 동기로 작용했다.

정복 약 6개월 뒤 메흐메드는 교회 통합 반대파의 지도자 격이던 수도사 예나디오스의 몸값을 지불하고 자신의 피후견인으로 삼았다. 이후 예나디오스는 주교 회의에서 적합한 절차에 따라 총대주교로 선출되었다. 메흐메드는 총대주교청 자체가 아닌 예나디오스 총대주교 개인에게 특권을 부여했는데, 아직까지 오스만 법제상 이러한 공동체의 정체성이 나타나지 않았기 때문이다. 여하튼 예나디오스는 정교회 신민들에 대한 행정권과 사법권을 총괄하는 인사로 거듭났다. 1453년 이후 수십 년간 총대주교는 면세 혜택을 누리는 대신 오스만 제국의 몰수 조치에도 살아남은 교회와 수도원의 재산을 관리하고 정교회 내에서 가족법을 적용했다. 1453년 이후 20여 년간 이루어진 총대주교 계승은 상황이 얼마나 미묘했는지 잘 보여준다. 이 기간에 11명이 총대주교로 임명되었는데 예나디오스와 시메온은 세 차례씩 그 자리에 앉았다.*

예나디오스는 오스만 제국 치하에서 처음 임명된 총대주교로서 전설적인 후광을 가지고 있다. 하지만 그의 재임 기간(1456년, 1463년

* 한편 비잔티움 제국 말기 영토 축소와 함께 위축된 콘스탄티노폴리스 총대주교의 영향권은 이제 오스만 제국의 광대한 영토 속에서 종래에 연결이 끊어졌던 다른 지역의 교회들과 다시 연결되며 확대되었다. 예컨대 16세기 초 오스만 제국은 시리아와 이집트를 정복한 뒤 이 지역들의 정교회 신자도 중앙 집권적으로 지배하기 위해 알렉산드리아, 안티오키아, 예루살렘의 총대주교청을 콘스탄티노폴리스 총대주교 아래 편입시켰다.

그리고 1465년 총 세 차례 사임했다)으로 볼 때, 그에게 맡겨진 극도로 어려운 임무는 실패할 수밖에 없는 일로 보일 정도이다. 예나디오스는 술탄의 변덕과 그리스계 엘리트들의 지지 사이에서 끝없이 흔들렸다. 예나디오스는 교회 통합 문제에서는 완고한 반면 신자들에게는 한없이 너그러웠다. 그에게 있어 정교회 신도의 통합이야말로 최우선 과제였다. 이 입장이 과거 그를 지지했던 사람들을 격분하게 했지만, 예나디오스는 배우자가 죽었거나 죽었다고 추측되는 경우 남은 사람이 결혼하게 허락해 주는 등 예상외의 유연성을 보였다. 예나디오스의 영도 아래 비잔티움 제국 없이도 교회가 유지될 수 있다는 인식이 서서히 널리 퍼져 나갔다. 어쩌면 이 점이 신도들이 하나로 묶이는 데 중요하게 작용한 것일지도 모른다. 예나디오스와 동시대인 다수는 종말이 다가왔다고 믿었다.

1492년은 세계력상 일곱 번째 1천 년기의 끝으로, 최후의 심판이 시작되는 시점으로 여겨졌다(제2장에도 나오듯이 492년경에도 비슷한 상황이 있었다). 이런 시각에서 정교회의 순수성을 보호하는 일은 그 어느 때보다 중요했다. 비잔티움 제국의 몰락은 전 우주적인 계획의 일부로 설명되었고, 오스만 제국은 이 같은 시각에서 정교회 정체성이 강화되는 것을 지원했다. 예를 들어 오스만 제국은 라틴계 국가의 지배를 받는 옛 비잔티움 제국의 지역을 정복한 뒤 즉시 정교회의 위계 제도를 재설치했다. 그 대가로 총대주교는 서방 교회와의 연결 고리를 철저히 파괴했다. 1483년 동방의 다른 대주교들은 물론 모든 정교회 사제들이 모인 회의는 피렌체 공의회에서 합의된 통합 결의를 부정했다.

강력했던 총대주교의 권한은 콘스탄티노폴리스의 인구를 다시 늘린다는 목표가 어느 정도 달성된 시점부터 차츰 위축되더니, 1470년대 잇따른 원정으로 오스만 제국의 재정 부담이 커지자 가속화되었다. 게다가 오스만 제국과 총대주교청의 관계는 제도적으로 정해진 바가 없었으므로 둘 사이의 관계는 총대주교청과 오스만 제국 통치자 사이의 개인적인 우호에 따라 끝없이 협상의 대상이 되었다. 특권의 대가로 바치던 공물 외에 특권의 대가로 바친 선물은 점차 관례가 되어 결국 연공으로 변했으며, 이 연공은 비잔티움 제국 시대부터 있었고 본래는 자발적이었으나 점점 강제성을 띠게 된 카노니콘Kanonikon으로 감당했다. 총대주교청에게는 이뿐만 아니라 교회와 수도회의 재산에서 나오는 자산이 있었고, 결혼식 등 특별한 경우에 거두는 세금과 공물이 있었다. 하지만 오스만 제국의 증대되는 요구로 총대주교청은 자체적으로 이를 감당하기 어려워졌다. 그리스계 엘리트들은 이 세금을 내주는 대신 교회에 대한 영향력을 차츰 키워 나중에는 총대주교청 후보에 자신의 입맛에 맞는 인물을 올릴 정도였다. 총대주교들은 대개 그리스계 엘리트들이었고, 따라서 총대주교청은 그리스 성격을 지닌 제도로 남아 있었다.

초창기 총대주교청과 오스만 제국의 관계 형성에 메흐메드 2세의 역할이 컸음은 명백하다. 어린 나이(무라드 2세는 메흐메드가 열세

살 되던 해 처음 퇴위했다)에 권좌에 오른 메흐메드가 콘스탄티노폴리스를 정복했을 때의 나이는 고작 스물한 살이었다. 메흐메드는 비잔티움 성물에 큰 관심을 두고 수집했는데, 일부 사료는 성모를 묘사한 성물을 각별히 좋아했다고 전한다. 그뿐만 아니라 메흐메드는 황궁에 그리스 서기처를 설치하여(1520년까지 그리스어 증서가 발행되었다) 황궁의 서기들을 보조하도록 했다. 이 시기 궁정 사가 중 한 사람인 미하일 크리토불로스의 저작에서 그리스 서기처의 존재는 확인된다. 미하일 크리토불로스는 그리스어로 쓰인 비잔티움 제국 황실사의 편찬을 지속해 나갔으며, 그 주인공은 이제 오스만 왕조의 통치자로 바뀌었다.

그리스어 작가들은 메흐메드를 비잔티움 제국의 황제와 같이 찬양하기를 꺼리지 않았다. 메흐메드는 말년에 베네치아 화가 젠틸레 벨리니를 궁정으로 초대했는데, 그 만남의 결실인 유명한 메흐메드의 초상화는 지금 런던의 내셔널 갤러리에 소장되어 있다. 이 초상화는 르네상스 시대 유럽과 새로 형성된 오스만 제국이 만난 결과라 할 수 있다.

메흐메드의 후계자 바예지드 2세(재위 1481~1512년)는 메흐메드가 모은 유물을 팔아 치웠을 정도로 서방 미술과 비잔티움 미술에 대한 부황의 열정을 이어받지 않았다. 앞에서 언급한 초상화도 아마 이 시기에 베네치아로 팔려 갔을 것이다. 서방의 기술에 배타적인 인물은 아니어서 바예지드는 르네상스기의 장인들에게 여러 계

그림 29 1480년 베네치아의 화가 젠틸레 벨리니가 그린 〈메흐메드 2세의 초상〉. 메흐메드 2세는 오스만 제국의 자신감과 포용성을 대표하는 인물이었다. 메흐메드의 초빙을 받은 젠틸레 벨리니는 유럽 특유의 화풍으로 묘사하여 르네상스 군주로 보이게 했다. 아치 양편에 있는 왕관은 메흐메드가 정복한 그리스와 아시아, 트라페준타를 상징한다.

획을 발주하기도 했다. 실현되지는 못했지만 레오나르도 다 빈치와 미켈란젤로는 바예지드의 의뢰로 쿠스탄티니야*에 놓을 다리의 설계를 맡았었다.

하지만 오스만 제국과 그리스도교 유럽 세계가 이 짧은 일화들처럼 평화롭고 조화로웠다고 생각해서는 안 된다. 비잔티움 제국의 몰락과 콘스탄티노폴리스 함락은 전 그리스도교 세계에 충격적인 사건이었다. 정교회를 믿는 러시아인들과 같은 일부 사람은 이를 이단, 즉 교회 통합 시도에 대한 천벌로 해석했다. 또 인문주의자들

* 오스만 제국 시대 콘스탄티노폴리스는 주로 아랍어식으로 쿠스탄티니야(Qusṭanṭīniyya) 또는 쿤스탄티니야(Qunsṭanṭīniyya)라 불렸다. 이스탄불이라는 이름이 정식 명칭이 된 것은 튀르키예 공화국 성립 이후이다.

은 호메로스와 플라톤의 두 번째 죽음이라며 귀중한 사본들의 상실을 탄식했다. 이탈리아나 헝가리같이 오스만 제국과 국경을 맞대게 된 지역에서는 다음 목표가 자신들이 될 수 있다는 두려움에 떨었다. 이는 1480년 오스만 군대가 오트란토를 함락했을 때 얼마간 사실로 드러났다. 비록 1년도 안 되어 나폴리 군대가 오트란토를 탈환했지만, 로마에서 700킬로미터도 떨어지지 않은 위치에 오스만 군대의 기지가 세워진 일이 큰 공포로 다가왔음은 분명하다.

유럽에 남은 비잔티움의 흔적

비잔티움 제국의 망명자와 콘스탄티노폴리스 함락에서 살아남은 이들은 오스만 제국의 위협을 인식하고 그에 대비하는 데 중요한 역할을 담당했다. 오스만 군대가 콘스탄티노폴리스 성벽을 넘은 뒤 벌어진 혼란의 와중에 베네치아 선원 일부가 오스만 군대의 봉쇄를 돌파하자, 콘스탄티노폴리스의 시민 가운데 꽤 많은 수가 헤엄을 쳐서 베네치아와 제노바 선박으로 건너갔다. 이들은 키오스나 크레타로 갔는데 대다수가 다시 이탈리아로 건너갔다. 이들 중 일부는 팔레올로고스, 칸타쿠지노스, 라스카리스 같은 명망 높은 가문의 성을 지닌 사람들이었다. 전직 비잔티움 제국의 니케아 대주교로, 로마 가톨릭을 받아들이고 페라라 · 피렌체 공의회에서 추기경으로 선출된 바실리오스 비사리온의 노력으로 콘스탄티노폴리스를 탈환하고 오스만 제국을 몰아내자는 십자군 운동이 곧 일어났다.

인문주의자로 유명한 교황 피우스 2세는 1459년 만투아에서 긴 연설을 통해 이 운동을 적극 지원했다. 8개월 동안 전 유럽에서 사절들이 찾아오는 동안 바실리오스 비사리온과 피우스는 맹렬히 십자군 운동을 전개했지만, 오스만 제국은 이탈리아와 헝가리를 침공했다. 그리고 세부 사항까지 합의를 본 십자군은 두 사람의 노력에도 계획만 세워지고 출발하지 않았다.

바실리오스 비사리온과 피우스는 지치지 않고 십자군을 위한 프로파간다를 멈추지 않았다. 새로이 소개된 인쇄술 덕분에 십자군 원정을 지치지 않고 추진했다. 1461년 피우스는 메흐메드에게 기나긴 편지를 보냈는데, 그 글에서 피우스는 술탄의 미덕을 칭찬하면서도(메흐메드를 대제로 존경받는 콘스탄티누스 1세에 비견했다) 그리스도교의 나라를 정복한 일을 책망하며 영원한 영광을 위해 그리스도교로 개종하라고 촉구했다. 물론 이 편지가 실제로 도착했는지는 알 수 없다. 피우스는 1464년 안코나에서 좀 더 작은 규모의 십자군을 보내기 위해 준비하던 중에 죽음을 맞이했고, 그가 모은 소규모 부대는 곧 흩어졌다.

바실리오스 비사리온은 비잔티움 제국의 망명객 가운데 저명한 인사들을 지원했다. 그는 마지막 황제의 동생이자 모레아의 공동 군주였던 토마스 팔레올로고스가 1465년 로마에서 세상을 떠나자, 그의 자녀들을 거두었다. 그들 안드레아스와 마누일, 조이는 교황에게서 급료를 받았는데 비사리온이 살아 있는 동안은 끊어지지 않았다. 비사리온은 조이와 모스크바 대공 이반 3세 바실레비치의 결혼을 주선했다(조이는 소피야로 개명했다. 그녀의 손자가 바로 이반 4세, 일명 뇌제이다). 그는 단순한 성직자이자 십자군 선동가 이상의 존재였다. 1450년대 후반부터 비사리온은 아리스토텔레스를 옹호하며 플라톤을 비판한 또 다른 저명한 망명자 트라페준타의 예오르요스와의 논쟁에 빠져들었다. 바실리오스 비사리온은 플라톤을 옹호하는 글을 쓰고 존경하는 스승 예미스토스 플리톤의 저작을 적극 인용하여 논쟁의 승자로 남았다.

또한 그는 독창적인 저작 활동에 매진하며 단순히 자신의 명성을 높이는 데에서 그치지 않고 비잔티움 제국의 망명 학자들이 이탈리아에서 학술 활동에 종사할 수 있도록 지원했다. 14세기 후반 이래 이탈리아에서는 그리스인 그리스어 교사와 그리스어 문서 사본 수요가 상당했다(제8장 참고). 비잔티움 학자들은 교사이자 서기로 이탈리아에서 부유한 인문주의자들이 원하는 저작의 사본을 공급하며 생계를 유지할 수 있었다. 이들은 중요한 그리스어 문서를 라틴어로 번역하는 한편으로는 해당 번역본과 그리스어본의 인쇄를 감독했다. 이들이 최초로 인쇄술을 발명하지는 않았지만, 초창기 인쇄물 가운데 가장 유명하고 아름다운 책 가운데 일부는 비잔티움 제국에서 온 이주자들의 도움을 받은 베네치아의 저명한 인쇄가 알두스 마누티우스의 손에서 제작되었다. 그중 가장 유명한 출간물은 네 권으로 구성되고 1495~1498년에 제작된 아리스토텔레스 전집이다.

이 같은 그리스어 문헌들 덕분에 베네치아는 새로운 아테네로 불렸다. 바실리오스 비사리온은 베네치아를 또 다른 비잔티움이라 불렀는데, 아마 많은 비잔티움 제국의 망명자들이 베네치아에 정착했기 때문일 것이다. 1479년 베네치아에 거주하는 그리스인은 4천 명에 달했다. 이들은 대부분 베네치아가 지배 중인 크레타 · 모레아 · 네그로폰테 등 그리스 지역에서 왔으며, 학자만 있었던 것은 아니다. 그리스인 경기병 부대 스트라디오티Stradioti는 모레아에서 오스만 제국과 전쟁을 하던 베네치아인에 의해 처음 고용되었다. 1470년대 후반 이래 그들은 이탈리아에서 베네치아를 위해 싸워 왔고 그중에는 팔레올로고스와 같은 저명한 성을 가진 사람도 있었다.

15세기 말이 되면 베네치아의 그리스인들은 신심회信心會 조직을 허가받아 스쿠올라 디 산 니콜로를 결성했다. 몇 년 뒤 이들은 베네치아 내에 그리스 교회를 세우기 시작했는데, 지금도 남아 있는 산 조르조 데이 그레치가 바로 그것이다. 베네치아의 문화 환경은 15세기에 바실리오스 비사리온이 기여한 두 사건으로 크게 변모했다. 하나는 1463년 교육 기관인 스쿠올라 그란데 델라 카리타에 진품 십자가 일부를 기부한 일이고(오늘날 런던의 내셔널 갤러리에 소장 중인 그의 초상화는 이를 기념한 것이다), 또 하나는 1468년 그리스어 사본 482권과 라틴어 사본 264권으로 구성된 방대한 소장품을 베네치아에 기부한 일이다. 이 필사본들은 현재도 마르치아나 도서관의 보물로 남아 있다.

이 같은 활동은 더 많은 그리스어 필사본을 확보하려는 노력에 자극을 주었고, 이러한 수요를 만족시키고자 옛 비잔티움 제국 영토로의 여행은 더욱 규모가 커졌다. 예를 들어 1490년대 초 바실리오스 비사리온의 피후견인 가운데 한 명인 이아노스 라스카리스는 메디치 가문의 도서관을 위해 쿠스탄티니야로 가서 그리스어 필사본을 사 모았다. 이때 그는 책만 가져온 것이 아니어서 비잔티움 이콘, 특히 모자이크 세밀화가 인기 있었던 것으로 보인다. 이는 피렌체 메디치 가문의 소장품이나 후일 교황 파울루스 2세로 알려질 바르보 추기경의 소장품 등 15세기 수집품들에서 찾아볼 수 있다. 베네치아가 지배한 크레타는 인구 대부분이 정교회 신자였고, 이곳의 화가와 장인 들은 토착 정교회 신자들뿐만 아니라 이탈리아의 고객들을 위해 분주히 작품 활동을 펼쳤다. 1499년 크레타에서 작성된 한 계약서는 700여 물품이 수출될 예정이었음을 보여 준다. 고대 그리스 · 로마 작품만큼은 아니지만 비잔티움 예술품들도 아름답고 귀중한 가치 있는 작품으로 인식되었다.

16세기 초반까지는 비잔티움 제국의 이주민과 그 후예, 문하생들 덕택에 비잔티움 제국 문제가 여전히 유럽에서 화두로 남아 있었다. 이들은 인문주의의 중요성을 일깨울 때와 같이 군주들에게 호소하기 위해 그리스어나 라틴어로 적힌 시와 청원서를 작성했다. 그러는 동안 점점 많은 그리스도교 세계의 동부 지역들이 오스만 제국의 손에 들어갔다. 메토니와 코로니는 1500년에, 모넴바시아는 1540년에, 키오스 · 낙소스 · 키클라데스는 1566년에 정복당했다. 급박한 도움 요청이 이어지는 중에도 유럽의 권력자들은 서로 싸우느라 오스만에 맞설 새로운 십자군을 결성하지 못했다. 하지만 1571년에 키프로스가 함락되자 베네치아는 움직일 수밖에 없었다. 베네치아가 스페인 및 교황청과 함께 결성한 신성 동맹 함대는 같은 해 벌어진 레판토 해전에서 오스만 제국의 함대를 크게 격파했다. 그 군인 가운데 스페인의 소설가 미겔 데 세르반테스가 있는데, 그는 후일 《돈키호테》에서 승리의 순간을 이렇게 기록했다.

“전 세계 모든 나라가 튀르크인은 바다에서 천하무적이라고 믿던 오류가 바로잡아졌다.”

하지만 이 승리는 정치적으로 그리 의미를 지니지 못했다. 베네치아는 이미 술탄과 평화 조약을 맺은 상태였지만, 에게해에 남은 최후의 중요 식민지 크레타마저 위태롭다고 느꼈다. 한편 이 시기는 '크레타 르네상스'라는 용어가 있을 정도로 예술이 꽃을 피웠다. 크레타 방언으로 쓰인 그리스어 문학도 급증했다. 이 시기의 가장 중요한 예술가는 도미니코스 테오토코풀로스일 것이다. 그는 크레타가 아니라 이탈리아나 1577년 이후 정착한 스페인에서 주로 작품 활동을 했기 때문에 엘 그레코('그리스인'이라는 의미이다)라는 별칭으로 더 유명하다. 그러나 높아져 가는 전쟁의 위협 때문에 크레타 전체에 대대적인 성채 보수와 건설 사업이 벌어지면서 예술의 열기는 잦아들었다. 그 흔적은 지금의 이라클리오, 하니아, 레팀노에서 확인할 수 있다.

비잔티움학을 둘러싼 학술적 변화

레판토 해전 이후 비잔티움 제국 문제가 다시 현실에 영향을 주는 일은 없었지만, 비잔티움에 대한 학술적 관심은 사그라지지 않았다. 그리스어는 유럽의 도시 곳곳에서 학습되고 필사본과 인쇄본을 가리지 않고 그리스어 문서 제작도 지속되었으며, 왕실 도서관의 그리스 장서에 대한 수요는 증가했다.

인문주의자들이 가졌던 그리스어 문헌에 대한 오랜 애정은 변함없었으나, 이 시기에는 두 가지 추가적인 동인이 생겨났다. 첫 번째는 계속되는 오스만 제국의 확장으로 발생한 튀르크 공포증 때문에 비잔티움 그리스도교도의 운명에 궁금증을 가진 것이다. 두 번째는 독일 지역에서 교회 개혁의 기치를 들어 올린 지도자들이 정교회의 전례에 관심을 가지고, 그들을 로마 가톨릭 교회에 맞설 잠재적 동맹자로 여긴 것이다. 마르틴 루터는 정교회 쪽이 고대 교회의 전례에 가까우리라 믿었기에 호의를 가지고 있었다. 필리프 멜란히톤은 아예 콘스탄티노폴리스 총대주교와 직접 접촉하기를 희망했다. 양측은 사절을 교환했지만 곧 공통의 경쟁자를 가졌음에도 둘 사이에 용납하기 어려운 차이가 있음을 깨달았다. 가장 곤란한 문제는 성상과 관련되어 있었다. 정교회 입장에서 성상 파괴의 시대(제4장 참고)는 다시 돌아보기도 싫은 시절이지만, 프로테스탄트들의 눈에는 성상 공경은 우상 숭배에 불과했다.

이 맥락에서 히에로니무스 볼프(1516~1580년)는 매우 중요하다. 많은 저서를 펴낸 학자인 볼프는 아우크스부르크의 푸거 가문을 위해 일하던 중 1548년 이후 비잔티움 제국 역사가 가운데 처음으로 비잔티움사를 인쇄판으로 펴냈다. 사실 볼프는 동로마 제국 문화의 특징을 나타내기 위해 '비잔티움'이라는 말을 만들어 냈다. 당시 '그리스'는 고대 그리스의 역사와 문화를 가리키고 비잔티움인들이 자신을 지칭하는 말로 사용했으므로 '로마'는 서방인들의 심리상 받아들이기 힘든 말이었다. 히에로니무스 볼프는 후견인을 위해 그리스인들이 필사한 엄청난 수의 비잔티움 도서를 수집했다. 그 문헌들 대부분은 지금도 뮌헨에서 확인할 수 있다. 비잔티움 자료집을 제작하던 볼프의 작업은 미완으로 남았지만, 비잔티움 역사를 대단히 독특한 존재로 여긴 그의 시각은 유럽에서 비잔티움 연구가 탄생하고 발전하는 데 결정적 역할을 했다.

그의 연구 활동은 몇 세대 뒤 프랑스에서 체계적으로 발전하여 결실을 맺었다. 태양왕 루이 14세의 궁정은 쥘 마자랭 추기경이나 장바티스트 콜베르 같은 저명한 인물의 후원으로 문화적으로 활기를 띠었다. 이들이 후원한 분야 중 하나가 비잔티움 문서의 집성으로, 국가 기금으로 운영되는 루브르의 왕립 인쇄소에서 발간되었다. 1640년대부터 1711년까지 34권이 인쇄된《루브르 비잔티움 사료집*Byzantine du Louvre*》은 비잔티움 제국의 모든 시대에 작성된 사료를 한데 모은 미증유의 작업이다. 더불어 비잔티움 예술품도 왕실 수장고에 입성했다. 이 작업은 학술적인 면에서는 독립적으로 이루어졌고 이를 통해 명망을 얻은 프랑스 궁정은 유럽의 지적 중심지로 우뚝 설 수 있었다.

비잔티움 제국에 대한 이 같은 큰 관심은, 실현 불가능한 일이지만 프랑스 왕이 비잔티움 제국의 황제로서 재위하기를 원했기 때문이다. 프랑스 왕의 비잔티움 황제 자리에 관한 주장은 콘스탄티노폴리스가 정복되어 라틴 제국이 들어선 1204년으로 거슬러 올라간다. 그뿐만 아니라 그보다 훨씬 뒤에는 팔레올로고스 황가의 마지막 계승자가 비잔티움 황위 계승권을 프랑스 왕에게 팔아 버린 일도 있었다.* 캉주 경 샤를 뒤프렌은 프랑스에서 비잔티움 연구의 부활에 큰 기여를 했다. 샤를 뒤프렌은 제4차 십자군 이후 레반트에 나타난 프랑스의 영향력을 중심으로 비잔티움사를 연구하여, '비잔티움'이라는 용어의 대중화와 비잔티움의 역사 연구라는 특정 분야가 단단히 자리 잡는 데 기여했다.

에게해에서 베네치아의 마지막 거점이 오스만 제국에 넘어갔다. 오스만 군대는 1645년부터 대대적으로 크레타를 공격했고, 수도

---

* 토마스 팔레올로고스의 아들 안드레아스 팔레올로고스는 생활고를 이기지 못해 1494년 비잔티움 제국의 황제(정확하게는 콘스탄티노폴리스의 황제) 자리를 프랑스 국왕 샤를 8세에게 팔았다.

칸디아(지금의 그리스 이라클리오)가 3년간의 공성전 끝에 1669년에 항복하며 크레타에서 베네치아 세력은 일소되었다. 또다시 망명자들이 대규모로 코르푸와 베네치아에 밀려들었다. 그리고 이 망명객들은 또 한 번 대단한 양의 예술 작품과 필사본을 유럽에 공급하여 옛 동방 제국의 문화에 대한 관심을 불러일으켰다.

유럽이 계몽주의 시대로 접어듦에 따라 비잔티움 제국에 대한 시각도 변화했다. 비잔티움 제국에서 보이는 교회와 국가 권력의 결합 및 전제적 통치 방식은 인문주의자들이 가졌던 긍정적인 시각과 비잔티움 출신 스승들이 이룩한 업적에 그늘을 드리웠다. 볼테르나 몽테스키외 같은 이 시기의 저명한 사상가들은 중세의 비잔티움 세계를 후진적이고 우스꽝스러운 존재로 간주했다. 이들은 비잔티움 제국이 그토록 오래 존속된 것에 대해 타당하게 평가하지 않았다. 비잔티움 제국을 바라보는 대중의 시각을 당대뿐만 아니라 현재까지 규정하고 있는 이는 에드워드 기번이다. 기념비적인 저작 《로마 제국 쇠망사》에서 그는 훌륭한 글솜씨와 학술적 권위를 이용해 비잔티움 문화를 '야만족의 승리와 종교의 승리'라고 정의하며 존재 의의를 철저히 깎아내렸다.

기번은 6세기 이후 비잔티움 제국의 역사를 익살스럽게 축약하여 기술했지만, 그의 시각은 몇 세기 동안이나 비잔티움 제국에 대한 이미지를 결정지었다. 비잔티움 제국의 역사를 당대 대영 제국에 대한 비평 또는 풍자의 도구로 삼은 이 계몽주의 시대의 거목을 비판하지 않고 비잔티움 역사 연구를 이어 나간 사람이 없다는 것은 결코 우연이 아니다. 기번이 비잔티움 제국사 연구에 남긴 최악의 유산은, 그가 그 연구를 진지하게 임할 가치가 없는 존재로 만들었다는 점이다.

"(비잔티움인들은) 힘없는 두 손에 그들의 조상이 남겨 준 보물을 그저 쥐고만 있을 뿐, 그 성스러운 유산을 새롭게 하여 발전시키고자 하는 생각은 물려받지 못했다. 그들은 오로지 읽고 찬양하며 복종했는데 그 무기력한 영혼은 사유와 행동이 불가능한 것처럼 보였다. 10세기라는 긴 시간이 지나는 동안에도 인류의 행복을 장려하거나 그 위엄을 드높일 수 있는 마땅한 방법을 단 한 가지도 발견하지 못했다."

비잔티움 세계를 이처럼 혹독하게 비난한 서술을 보고 진지하게 비잔티움을 연구할 사람은 아무도 없을 것이다. 19세기는 새로운 발전의 시대였다. 유럽 사람들은 그리스 독립 전쟁(1821~1832년) 때문에 옛 동방 제국의 지리적 영토와 그곳에 사는 그리스도교도들의 곤경에 관심을 가지기 시작했다. 하지만 비잔티움은 친親그리스주의(필헬레니즘)의 광풍에서 합당한 자리를 얻지 못했다. 근대 그리스인들은 에드워드 기번의 비난을 받은 중세를 무시하고 고대의 조상들만 강조했다.

그럼에도 새로운 학술적 모험이 이 시대에 싹을 틔우기 시작했다. 1828~1897년 전 50권에 달하는 《비잔티움 사료집*Corpus Scriptorum*

Historiae Byzantinae》이 편찬되었다. 주로 '본 사료집*Bonn Corpus*'이라고 불리는 이 연구물은 비잔티움 문화에 대한 학술적 연구의 새로운 기반이 되었다. 카를 크룸바허는 1897년 최초로 비잔티움사학과를 뮌헨대학교에 만들었고, 유럽의 다른 주요 지역들에서도 이 흐름을 따랐다. 내가 속한 킹스칼리지런던에서는 비잔티움 연구에 많은 기여를 한 아널드 토인비가 현대 그리스와 비잔티움을 연구하는 코라이스 교수직을 1919년 신설했으며, 오늘날 비잔티움 연구의 중심지 가운데 하나이다. 전 세계에서 젊은 학자들이 새로이 배출되고 전문적인 연구서를 펴내고 있으며, 관련 학술지나 국제 학술 행사도 활발하게 전개되고 있어 2011년 소피아에서 개최된 국제 비잔티움 학술 회의의 참가자는 1천 명이 넘었다.

오늘날의 비잔티움

오늘날 비잔티움 제국에 관한 인식은 상충되는 다양한 요소로 구성되어 있다. 그 핵심은 이질성과 그 기나긴 역사 때문에 서구 역사에 통합하기 어렵다는 점일 것이다. 예를 들어 서구가 쇠퇴하던 5세기에 비잔티움 제국은 그 반대였고, 서구가 우세해지는 중세 후기에는 운명이 뒤바뀌어 비잔티움 제국의 별은 빛을 잃었다. 그 결과 비잔티움은 유럽의 과거에 대한 논의에서 학술과 대중의 영역 모두 다루어지지 않았고 그 편이 편리하다고 여겨졌다. 비잔티움 연구자나 정교회 전통을 지닌 지역 출신의 지식인들은 이 침묵을 비난하지만, 추세를 반전시키기에는 충분하지 않아 보인다.

반면 이질성이 장점으로 작용할 때도 있다. 뉴욕의 메트로폴리탄 미술관이 1997년과 2004년에 개최한 전시나 런던의 왕립 미술 아카데미가 2008~2009년에 개최한 전시처럼 비잔티움을 다룬 전시들은 대중으로부터 대단한 반응을 이끌어 냈다. 이 전시들에서 강조된 이국 정취, 신비주의, 호사스러움은 오리엔탈리즘적이라고밖에 할 수 없겠지만 사람들은 이 점에 끌렸다. 이 같은 인식은 "노인을 위한 나라는 없다"라는 구절로 시작되는 윌리엄 예이츠가 1928년에 발표한 시 〈비잔티움으로의 항해Sailing to Byzantium〉에 비친 비잔티움 세계와 크게 다르지 않다. 윌리엄 예이츠는 비잔티움 제국의 정신적인 면에 집중했지만, 비잔티움만의 독특한 공예를 높이 사기도 했다. 그는 나중에 발표한 글에서는 "초기 비잔티움은 종교, 미학, 실제 생활이 하나가 된 역사상 유례가 없는 시대였다. 건축가와 장인 들은…… 군중에게도 이야기를 건넸다"라고 적었다.

소설에서 비잔티움을 주제로 내세운 작품은 결코 대중적인 호응을 얻지 못했다. 움베르트 에코는 중세를 배경으로 한 소설 《장미의 이름*Il nome della rosa*》(1980년)으로 세계적인 성공을 거두었지만, 비잔티움 제국의 역사가 니키타스 호니아티스(제6장 참조)를 중심으로 전개되는 후속작 《바우돌리노*Baudolino*》(2000년)는 그만한 성공을 거두지 못했다. 로버트 그레이브스는 나름 익숙한 세계인 초기 로마 제국을 배경으로 한 《나는 황제 클라우디우스다*I, Claudius*》(1934년)로 큰 성공을 거두었지만, 유스티니아누스 시대를 배경으로 한 《벨리사리우스 백작*Count Belisarios*》(1938년)은 소소한 성과를 거두었다. 좀 더 최근으로는 저명한 기호학자이자 정신분석학자 줄리아 크리스테바가 비잔티움에 대한 유럽인들의 인식('역사의 맹점')을 재구성하기 위해 아나 콤니니(알레시오스 1세 콤니노스의 딸. 제6장 참고)를 중심으로 다양한 면모를 조망한 범죄 소설 《비잔티움에서의 살인*Murder in Byzantium*》(2004년)을 발표했다. 하지만 이 작품도 전공자의 주목을 끌고 인식을 바꾸는 정도의 성과에 그쳤다.

시각 예술에서 비잔티움은 무척 흥미로운 진화의 여정에 있다. 미술사가 조르조 바사리는 르네상스기 비잔티움 양식인 마니에라 그레카를 거칠고 경직되어 있으며 자연주의가 결여된 퇴보라고 언급했다. 또 직접적으로 지적하지는 않았지만 그림자를 그리지 않고 원근법을 채용하지 않았다고도 했다. 하지만 공간의 평면성, 시각 너머 초월적인 존재에 대한 선호 같은 특징들은 20세기가 되자 모더니즘 운동의 선구자로 칭송받게 되었다. 심지어 비잔티움의 성상파괴운동조차 어떤 면에서는 예술 표현에서의 구상具象에 대한 보편적인 반대 표현으로 간주되었다. 1950년대 미국의 저명한 미술 평론가 클레멘트 그린버그는 큐비즘 또는 추상표현주의와 비잔티움 미술 사이의 유사성을 지적한 바 있다. 이 궤적은 현재 진행형이지만, 다시 한번 지적하건대 이러한 의견이 주류에 편입되지 못했음에 주목해야 한다.

자, 오늘날 비잔티움은 어디에 있나? 발칸이나 러시아의 정교회 공동체에서 비잔티움을 찾는 것은 쉽다. 이 지역들에서는 비잔티움사를 학계나 대중 모두에서 자국사에 편입시키고 정체성의 한 부분으로 다루기 때문이다. 학계와 예술계에서 비잔티움이라는 테마는 현존할 뿐만 아니라 여전히 역동성을 지니고 있다. 예를 들어 러시아의 영화감독 안드레이 타르콥스키(1932~1986년)는 15세기 성상화가 안드레이 루블료프에 푹 빠져서 1966년 영화 〈안드레이 루블료프〉를 발표했다. 또 그리스 화가 스텔리오스 파이타키스(1976년~)는 비잔티움 미술의 시각 언어를 현대적 알레고리로 활용한다.

이제 비잔티움 제국의 이질성으로 돌아와 결론을 지을 차례다. 미국의 정치학자 새뮤얼 헌팅턴은 "유럽은 어디에서 끝나는가? 유럽은 서방 그리스도교가 사라지고 이슬람교와 정교회가 시작되는 점에서 끝난다"라는 논의의 여지가 있는 말을 했다. 동방 제국은 지리와 역사의 측면에서 서방 그리스도교와 이슬람교 사이에 끼어 양쪽 모두와 적대 관계에 놓였고, 자신을 계승해 줄 민족 국가 하나 남기지 못했다. 다시 말해 비잔티움 제국을 옹호해 줄 그 어떤 민족주의적 역사학도 존재하지 않고, 비잔티움 제국은 단지 방대하지만 불편한 투사체로만 남았다. 누군가에게 비잔티움 제국은 전체주의와 신정주의 국가이며 낙후되고 정체된 존재이다. 이를 보완해 주는 미덕은 단지 고대 그리스의 지식을 보존하고 이웃에 퍼뜨렸다는

그림 30 스텔리오스 파이타키스가 그린 〈테오도라 황후〉. 작가는 비잔티움과 일본 회화 그리고 스트리트 아트의 요소들을 섞어 라벤나에 있는 테오도라의 유명한 모자이크화(97쪽 그림 8 참고)를 새롭게 해석했다.

점이다.

어떤 사람들의 눈에 비잔티움 제국은 유토피아적 노아의 방주처럼 교회와 제국, 사회 구조의 오래된 형태를 보존한 존재이다. 비잔티움 사료들이 우리에게 어떤 인상을 남기기를 기대하든 비잔티움 제국은 고대의 조직을 고스란히 보존한 존재와는 거리가 멀었다. 의고주의와 형식주의를 걷어 버리고 나면 비잔티움 제국은 끝없이 변화하고 적응한 존재였음을 알 수 있다.

하지만 그것으로는 충분하지 못했을 것이다. 비잔티움 제국의 성벽이 대포의 등장 이전에만 난공불락이었듯이, 이 나라는 고대 세계에 뿌리를 두고 점진적으로 변화했지만 주변 세계의 변화 속도에 따라가지 못했다. 이탈리아 도시 국가가 투표제를 퍼뜨리고 영국에서 배심 재판을 수용할 때, 비잔티움 제국에서는 모든 것이 황제 또는 총대주교 한 사람에 의해 결정되었다. 14세기의 학자이자 정치가 테오도로스 메토히티스가 지적했듯이 모든 제국은 태어나고, 꽃을 피우고, 쇠퇴하고, 죽었다.

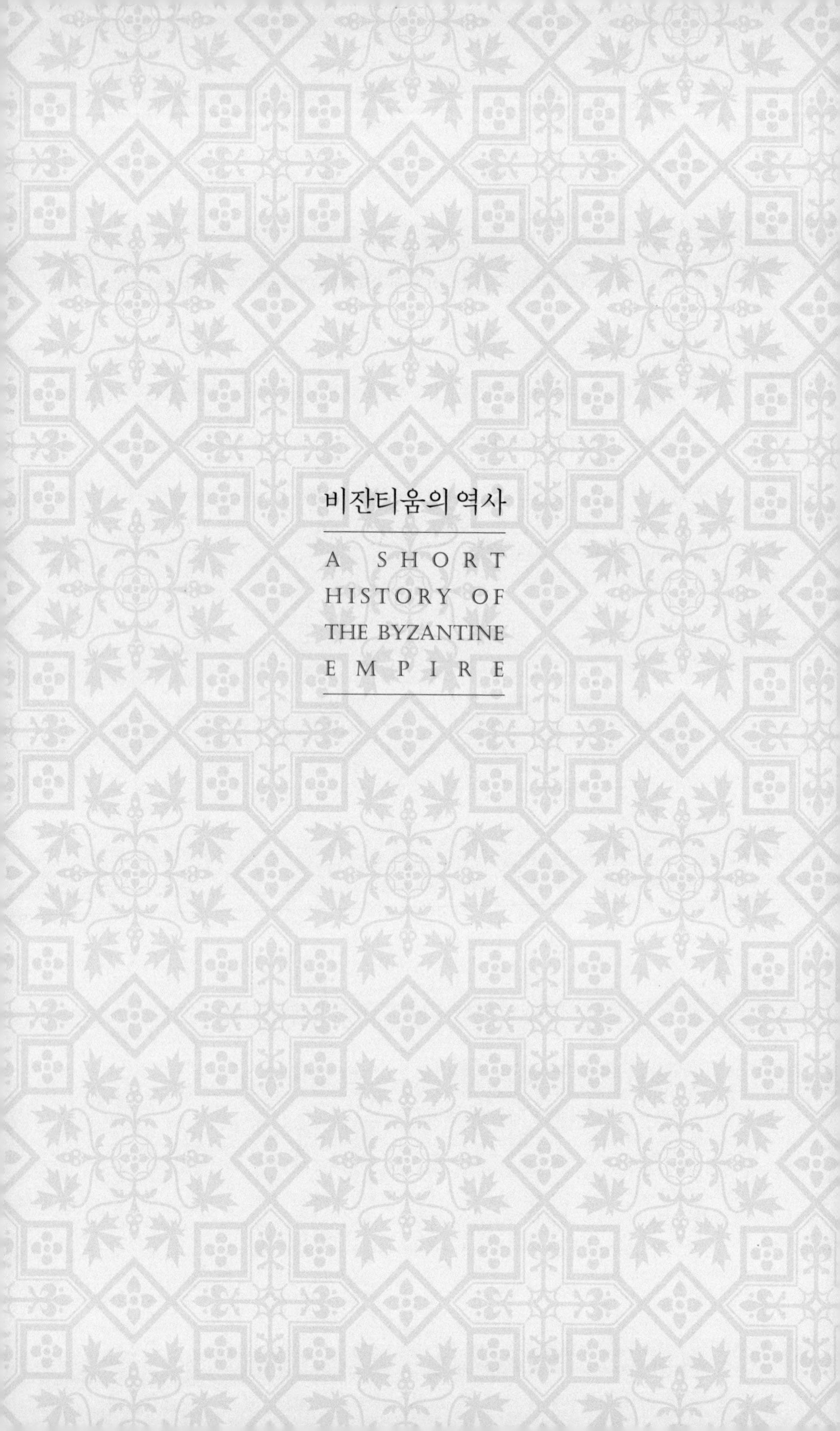

비잔티움의 역사

A SHORT HISTORY OF THE BYZANTINE EMPIRE

부록

비잔티움 세계의 이민족

유목민 집단

유라시아 대초원에서 온 튀르크계 유목민 또는 반半유목민 집단*은 서쪽과 남쪽으로 이주하여 비잔티움 제국에 여러 영향을 주었다. 그중 첫 번째는 **훈 제국**으로, 4세기 여러 종족을 서쪽으로 밀어내더니 5세기에는 직접 동유럽까지 세력을 확장했다. 아틸라 시대 훈 제국의 영화는 절정에 달했으나 그의 사후 몰락했다. 6세기 흑해 북방에서 출현한 **아바르인**은 처음에는 비잔티움 제국과 동맹을 맺었으나, 곧 슬라브의 여러 세력과 연합하여 비잔티움 제국을 공격했다. 이들은 7세기 말 프랑크의 왕 카롤루스 마그누스에 패배했

* 비잔티움 세계에서 '튀르크인(Tourkoi)'은 '중앙유라시아 유목민'의 통칭으로 사용되었다. 현대에 '튀르크어를 사용하는 민족들'을 가리키는 튀르크와는 다르다. 따라서 튀르크계 유목민 집단에 튀르크어를 사용하지 않은 헝가리인들이 포함된 것이다. 비잔티움 세계의 이러한 관념은 이슬람 세계에도 영향을 주었을 것으로 보인다.

다. 그동안 동쪽에서 비잔티움 제국의 황제 이라클리오스는 **돌궐 제국**과 동맹을 맺고 사산 왕조 페르시아와 전쟁을 벌였다. 돌궐 제국은 후일 중국의 당나라에 복속했다. **불가르**는 6세기 흑해 북방에 유목하며 차츰 두 집단으로 분화되었다. 그 가운데 하나는 또 다른 튀르크계 집단인 **쿠트리구르**와 함께 발칸반도로 남하해 토착 슬라브인을 지배했다. 다른 하나는 볼가 지역으로 이동해 이슬람교를 받아들였다. 볼가 지역의 불가르인들은 10세기 루시인에 정복당했다.

7세기 중반 이래 캅카스산맥의 북쪽 지역은 **하자르 제국**의 지배를 받았다. 하자르인들은 본래 비잔티움 제국과 동맹을 맺고 아바르인, 페르시아인, 이슬람 제국과 싸웠다. 그러나 하자르 제국의 통치층은 크름반도를 확보한 후 유대교를 받아들이고는 비잔티움 제국 측에서 돌아섰다. 10세기 말 또는 11세기 초 루시인이 하자르 제국을 멸망시켰다. **페체네그인**은 9세기 말 볼가 유역에 진입했다. 비잔티움 제국은 이들을 고용해 불가리아와 루시를 공격하게 했으나, 페체네그인들은 때로 편을 바꾸어 비잔티움 제국을 공격하기도 했다. 11세기 알렉시오스 1세 콤니노스와 이오아니스 2세 콤니노스의 손에 크게 패배했다.

동쪽에서 온 **마자르(헝가리)**는 9세기 돈강 인근에서 유목했으나, 페체네그인의 압력 때문에 서진하여 카르파티아 분지에 정착했다. 헝가리인은 비잔티움 제국과 결혼 동맹을 맺었음에도 불구하고 자주 남쪽과 남서쪽으로 영토를 확장했다. 그러나 비잔티움 제국 최후의 한 세기 동안 헝가리인은 오스만 제국에 대항하는 군사적 도움을 여러 차례 주기도 했다. 유목 부락과 반유목 부락의 연맹체인 **킵차크**는 11세기 중반 페체네그인을 밀어냈으나, 13세기 초 몽골 제국에 정복당했다. **셀주크 왕조**는 11세기 중반 아랄해에서 차츰 서진하여 이란을 정복했고, 그 방계 일파는 이코니온(코니아)에 룸 셀주크 왕국을 세워 소아시아의 상당 부분을 지배했다. **다니슈멘드 왕조**는 1085년 소아시아 중부에 진입하여 1세기가량 세력을 떨쳤다. 몽골 제국에 침공당한 룸 셀주크 왕국은 14세기 초 소멸했다.

유라시아 전역을 들끓게 한 칭기즈 칸과 그 후예들은 발트해에서 태평양까지 이르는 방대한 **몽골 제국**을 세웠다. 비잔티움 제국의 인근에 한정하면, 서방의 몽골인들은 킵차크 초원의 **조치 울루스**와 이란의 **훌레구 울루스**로 나눌 수 있다. 몽골인들은 1240년 루시 세력들을 격파하고 1258년에는 바그다드를 점령했다. **오스만 왕조**는 1300년경 비티니아에 나라를 세웠다. 이들은 처음에는 비잔티움 제국에 용병으로 고용되었으나, 1453년 비잔티움 제국의 영역 대부분을 차지했다.

아랍 세계

비잔티움 제국은 고대 후기의 로마 제국과 마찬가지로 아랍계 연맹들을 동맹군으로 삼아 사산 왕조 페르시아와의 완충 지대를 만들었다. 3세기 예멘 지역에서 시리아와 팔레스타인 일대로 이주한 **가산 왕국**은 5세기 말 비잔티움 제국 최대의 동맹국이었다. 그들의 주요 상대는 이라크 지역에 기반을 두고 비잔티움 제국의 영토를 자주 침공하는 **라흠 왕국**이었으며, 라흠 왕국은 페르시아 제국과 동맹을 맺고 있었다. 라흠 왕국은 아라비아반도 북부와 메소포타미아 방면에서 **킨다 왕국**의 위협에 직면했다. 가산 왕국의 지배층은 그리스도교 합성론파를 추종하여 몰락을 가져왔다. 이라클리오스는 가산 왕국과의 동맹을 복구하고자 했으나 이미 동방 방위 체제는 너무 약화되어 이슬람 군대의 진격을 막을 수 없는 상태였다.

더 남쪽 지금의 예멘 지방에서는 **힘야르 왕국**이 270년경 패권을 잡았다. 힘야르 왕국의 엘리트층 일부는 유대교를 받아들였다. 악숨 왕국(지금의 에티오피아 북부)은 이를 빌미로 힘야르 왕국을 멸망시키고 아라비아반도 남부에 그리스도교 세력을 복구했다.

이슬람 군대는 무함마드가 죽은 지 10년도 지나지 않아 비잔티움 제국령 근동 대부분을 정복했으며, 선지자의 후계자 지위를 두고 다툼에 빠져들었다. 우마이야 가문 출신의 세 번째 칼리프 우스만 이븐 아판이 656년 살해당하자 알리 이븐 아비 탈리브가 칼리프로 선출되었는데, 그는 이슬람 공동체 전체의 지지를 받지 못했다. 그리하여 무아위야 이븐 아비 수피얀을 대립 칼리프로 옹립한 우마이야 가문 지지자들과 시아 알리 사이에서 이슬람 세계 최초의 내전이 발생했다. 이 갈등은 이슬람교가 정치적 · 종교적 측면에서 순니

파와 시아파로 분열되는 계기가 된다. 승자가 된 **우마이야 왕조** 아래에서 선지자 무함마드의 삼촌 아바스 이븐 압둘 무탈리브의 후손인 아바스 가문이 이란의 호라산 지역을 중심으로 지지자를 규합해 747년 반란을 일으켰다. 750년 봄 수도 다마스쿠스가 함락된 직후 우마이야 왕조의 통치 가문 거의 전부가 살해당했다. 유일하게 살아남은 왕자 압두라흐만 알다힐('이주자' 압두라흐만)은 스페인으로 도망쳐 **코르도바의 우마이야 제국**(일명 **후우마이야 왕조**)을 창건했다.

아바스 왕조는 처음에는 바그다드에서, 863년 이후로는 사마라에서 이슬람 세계를 통치했다. 그러나 각지에서 봉기가 끊이지 않으면서 아바스 제국은 차츰 해체되었다. 10세기 중반이 되면 아바스 제국은 이름만 남고 지방 왕조들이 실질적으로 독립하게 된다.

800년 아바스 왕조의 칼리프 가운데 가장 유명한 하룬 알 라시드는 이브라힘 이븐 알 아글라브를 북아프리카의 통치자로 임명한다. 이브라힘의 후계자들 즉 **아글라브 왕조**는 한 세기가량 독립적으로 군림했지만, 명목상으로는 아바스 왕조의 속국이었다. 이들은 827년 비잔티움령 시칠리아를 정복하고 9세기 후반에는 몰락했으며, 그들이 다스리던 칼라브리아의 영토는 비잔티움 제국에게 빼앗겼고 결국 이집트 파티마 왕조에 정복당했다.

890~1003년 시리아 북부와 이라크 일대를 지배한 **함단 왕조**는 아바스 제국의 지방 태수로 처음 이 지역에 자리 잡았다. 함단 왕조는 10세기 중반, 이란 서부와 이라크 지역을 장악하고 945년부터

아바스 왕조의 칼리프를 꼭두각시로 만든 **부야 왕조**의 종주권을 인정했다. 부야 왕조는 11세기 중반 셀주크 왕조와 쿠르드계 샤반카라 부락의 손에 멸망했다. 함단 왕조 통치자 사이푸다울라는 969년 시아파로 개종하고 이집트를 지배하는 **파티마 왕조**에 지원을 요청했으나, 파티마 왕조는 오히려 1003년 함단 왕조의 알레포 정권을 종식시켰다.

파티마 왕조는 본래 9세기에 시작된 시아파 종단의 하나로, 북아프리카의 베르베르 집단에서 지지층을 규합하여 아글라브 왕조를 멸망시켰다. 그리고 978년까지 시리아와 팔레스타인의 많은 지역을 통치하고 성지 메카와 메디나까지 세력을 넓혔다. 하지만 12세기 초 파티마 왕조는 재정과 행정에서 심각한 위기에 봉착했고 시리아와 팔레스타인 지역을 셀주크 제국과 십자군에 빼앗겼다.

살라후딘은 파티마 왕조의 칼리프 정권을 멸망시키고 이집트와 시리아에 **아이유브 왕조**를 세운다. 9세기 이후 아바스 왕조의 칼리프들은 군인 노예(맘루크 또는 굴람) 출신 엘리트 근위 군단에 크게 의존했는데, 살라후딘은 이 체제를 이집트에 도입했다. 1249년 아이유브 왕조의 술탄인 말리크 살리흐 나즈무딘 아이유브가 죽자, 맘루크 장군 아이베그가 그의 아내와 결혼해 이집트와 시리아의 **맘루크 술탄국**을 열었다. 맘루크 술탄국은 1517년 오스만 제국에 정복당할 때까지 번성했다. 이 맘루크 술탄국은 몽골 제국의 침공에 성공적으로 대항한 몇 안 되는 국가이다.

게르만 세계

4세기 중반 시작된 게르만계 인구의 이주는 훈 제국의 서진 때문에 발생했다. 흑해 북방에 머무르던 **고트인**은 370년대 서진을 시작해 다뉴브강을 넘어 로마 제국과 접촉했다. 고트의 한 갈래인 **비시고트**는 아드리아노플에서 로마 군대를 격파하고 트라키아에 정착했다. 알라리크의 지배하에서 비시고트는 발칸반도를 약탈하다가 이탈리아로 넘어가 로마를 약탈(410년)하고 갈리아를 거쳐 스페인 지역에 정착했다. **오스트로고트**는 비시고트보다 2세대가량 늦게 테오도리크 아래에서 하나의 집단을 형성했다. 테오도리크는 동로마 제국과 동맹을 맺고 이탈리아를 정복한 뒤 자신의 왕국을 세웠다. 오스트로고트 왕국은 20년이나 전쟁을 치른 끝에 550년대 비잔티움 제국에 패배했다. **반달인**은 5세기 초 라인강을 넘어 로마 제국 땅으로 들어왔다. 이들은 스페인을 거쳐 429년 북아프리카로 건너가 439년에 왕국을 세웠고 534년 멸망했다.

게피드 왕국은 동게르만계로 다키아 북부(지금의 루마니아)에 머무르다 훈 제국의 지배를 받았다. 훈 제국의 아틸라가 죽은 뒤 게피드 왕국은 다뉴브강 좌안을 점령했으며 동로마 제국과 동맹을 맺고 오스트로고트 왕국과 싸웠다. 이들은 567년 또는 568년 **랑고바르드인**에 패배했다. 서게르만계인 랑고바르드는 6세기 초 판노니아를 점령했다. 이들 또한 비잔티움 제국의 동맹으로 오스트로고트 왕국과의 전쟁에 참전했다가 560년대 아바르 제국의 서진으로 이탈리아로 밀려났다. 7세기 말 랑고바르드는 이탈리아 북부를 정복하고 왕국을 세웠으며, 남쪽에서는 베네벤토 공국(랑고바르드의 한 지파)이 아풀리아와 칼라브리아의 비잔티움령 대부분을 빼앗았다. 랑고바르드 왕국은 751년 비잔티움령 이탈리아의 수도 라벤나를 점령했으나, 774년 카롤루스 마그누스에 정복당했다.

이탈리아 남부의 랑고바르드계 공국들은 때로는 비잔티움 제국과, 때로는 카롤루스 왕조나 오토 왕조와 동맹을 맺으며 번영했다. 9세기 말 이후 비잔티움 제국은 다시 한번 이탈리아의 패권국으로 부상하지만, 결국 이탈리아의 비잔티움 제국령과 랑고바르드 공국 모두 11세기 말 **노르만**에 정복된다. 노르만은 스칸디나비아에서 이주한 바이킹 가운데 지금의 노르망디에 정착한 이들을 가리키는 말로서, 이들은 빠르게 프랑크 주민에 동화되어 강력한 공국을 세웠다. 11세기 노르만 전사들은 이탈리아까지 진출하여 11세기 말에는 이탈리아 남부와 아글라브 왕조령 시칠리아를 정복했다. 이들은 12세기 초 시칠리아와 이탈리아 남부에 노르만 왕국을 세웠다.

비잔티움 제국과 관련해 주목할 만한 또 다른 북유럽계 집단은 **루시인**이다. 이들은 스웨덴 방면에 살던 바이킹 집단으로 강을 이용해 유럽 동북부를 약탈했고, 9세기에는 비잔티움 제국과 교역로를 두고 다투었다. 10세기 초 루시인은 키이우를 정복하고 인근 슬라브계 주민들을 지배하기에 이르렀다. 비잔티움 제국이 하자르 제국과 다투는 동안 루시인은 비잔티움 제국의 동맹으로 남아 있었다. 10세기 말 바실리오스 2세의 여동생과 결혼한 볼로디매루 대공의 지도 아래 루시인 지배층은 그리스도교로 개종했다.

인도 · 유럽계 집단

알란인은 고대 후기 흑해와 카스피해 사이에 거주한 유목민이다. 훈 제국의 압력으로 4세기 말 알란인 다수가 서쪽으로 도망쳤다. 일부 알란인은 4세기와 5세기 용병으로 활동하며 명성을 떨쳤다. 캅카스 북부의 알란 왕국은 대체로 동맹으로서 비잔티움 제국과 밀접한 관계를 유지했다.

비잔티움 사료들에서 **슬라브인**을 비중 있게 다루기 시작한 것은 이들이 6세기 말 다뉴브강 좌안에 출현하면서부터였다. 이들이 몇 차례 비잔티움 제국으로 침입해 약탈했음에도 유스티니아누스 1세는 이들을 꾸준히 용병으로 고용했는데 약탈은 7세기 내내 이어졌다. 그 때문에 군사령관 마우리키우스는 자주 원정을 떠났다. 대체로 슬라브 부락들은 아바르나 불가르 같은 튀르크계 유목민들의 지배를 받았으며, 7세기 초 이들은 다뉴브강을 넘어 발칸반도에 정착했다.

더 읽을거리

가능하면 구하기 어렵지 않고 많은 사람이 이해할 수 있도록 영어로 저술된 연구서와 논문 위주로 적었음을 밝혀 둔다.

들어가며 '비잔티움'이란 무엇인가?

비잔티움 제국의 역사 전체를 포괄하면서도 널리 인정받는 최신 학술서는 보기 어려우며, 1930년대에 쓰여 시대에 크게 뒤졌지만 고전과 같은 것으로는 George Ostrogorsky, *History of the Byzantine State*(영문개정판, Oxford : Blackwell, 1969)가 있다.* 비잔티움 제국에 대한 개설서로 주목할 만한 Averil Cameron, *The Byzantines* (Oxford : Wiley, 2007)와 Judith Herrin, *Byzantium : The Surprising Life of a Medieval Empire* (London : Allan Lane, 2007)**는 전혀 다른 방식으로 제국을 다루었으나 모두 특기할 만한 성과를 거둔 책들이다.

공저는 단독 저서에 비해 시각의 통일성이 부족한 대신 특정 시기와 주제에 대해 훨씬 다양한 접근법을 보여 준다. 이 분야의 선도적 출판사는 케임브리지대학 출판부(Cambridge University Press, 이하 'CUP')이다. 다루는 시

* 이 책은 독일어 서적 *Geschichte des byzantinischen Staates* 제3판의 영어판이다. 김경연 · 한정숙 옮김, 《비잔티움 제국사 324–1453》(까치, 1999)은 이 제3판의 별쇄판 *Byzantinische Geschichte 325-1453* (C.H. Beck, 1965)를 번역한 것이다.

** 주디스 헤린, 이순호 옮김, 《비잔티움 : 어느 중세 제국의 경이로운 이야기》, 파주 : 글항아리, 2010.

기순으로 〈케임브리지 고대사*The Cambridge Ancient History*〉 시리즈(전 19권)의 두 권인 A. Cameron and Peter Garnsey, eds., *The Cambridge Ancient History Vol. 13 : The Late Empire, AD 337-425* (1998)와 A. Cameron, Bryan Ward-Perkins and Michael Whitby, eds., *The Cambridge Ancient History Vol. 14 : Late Antiquity : Empire and Successors, AD 425-600* (2001), 그리고 Jonathan Shepard, ed., *The Cambridge History of the Byzantine Empire c.500–1492* (Cambridge : CUP, 2009).부터 시작해야 한다. 500~1500년까지의 시기를 다루는 〈케임브리지 중세사*The New Cambridge Medieval History*〉 시리즈(1998~2005, 전 8권)도 빠뜨릴 수 없다. 마찬가지로 〈케임브리지 그리스도교사*The Cambridge History of Christianity*〉 시리즈(전 9권)에서는 Margaret M. Mitchell and Frances M. Young, eds., *The Cambridge History of Christianity Vol. 1 : Origins to Constantine* (2006), Augustine Casiday and Frederick W. Norris, eds., *The Cambridge History of Christianity Vol. 2 : Constantine to c.600* (2007), Thomas F. X. Noble and Julia M. H. Smith, eds., *The Cambridge History of Christianity Vol. 3 : Early Medieval Christianities, c.600–c.1100* (2008), 그리고 Michael Angold, ed., *The Cambridge History of Christianity Vol. 5 : Eastern Christianity* (2006)도 언급하지 않을 수 없다. 교회에 대한 개괄로는 비잔티움 제국에 대해서도 일부 분량을 할애한 Diarmaid MacCulloch, *Christianity : The First Three Thousand Years* (New York : Viking, 2010)도 유용하다.

비잔티움 제국사 연구에서 어떤 주제를 선택하든 가장 먼저 펼쳐 보아야 할 책은 Alexander Kazhdan, ed., *The Oxford Dictionary of Byzantium*, 3 Vols 〔Oxford : Oxford University Press(이하 'OUP), 1991〕인데 각 항목은 짧지만 신뢰할 만하다. Elizabeth Jeffreys, John F. Haldon and Robin Cormack, eds., *The Oxford Handbook of Byzantine Studies* (Oxford : OUP, 2008)는 비잔티움학의 주요 주제에 대한 짤막한 에세이 모음집이다. 다만 몇몇 주제는 일반 독자의 관심사가 아닐 수 있다. 공동 연구서 Liz James, ed., *A Companion to Byzantium* (Chichester : Wiley-Blackwell, 2010)과 Paul Stephenson, ed., *The*

Byzantine World (London : Routledge, 2010)는 주제 선택의 측면에서는 절충적이나 훌륭한 학자들이 저자로 참여하여 독자들로서는 거인의 어깨에 올라탄 격이다.

경제사에 대해서는 Angeliki E. Laiou, ed., *The Economic History of Byzantium*, 3 Vols (Washington DC : Dumbarton Oaks Research Library and Collection, 2002)가 있다. 덤버튼 옥스 홈페이지(https://www.doaks.org/resources/publications/books/the-economic-history-of-byzantium)에서 세 권의 합본 PDF를 무료로 내려받을 수 있다. 어떤 주제든 이 책에서 다루는 것 이상으로 자세한 분석은 찾기 힘들 것이다. 좀 더 짧은 연구서로는 Angeliki E. Laiou and Cécile Morrisson, eds., *The Byzantine Economy* (Cambridge : CUP, 2007)와 Michael F. Hendy, ed., *Studies in the Byzantine Monetary Economy c.300–1450* (Cambridge : CUP, 1985)가 있다.

사회사 분야는 아직 제대로 주목받지 못하고 있는데 J. F. Haldon, ed., *A Social History of Byzantium* (Chichester : Wiley-Blackwell, 2009)은 좋은 시작이다. 전쟁은 비잔티움사에서 매우 중요한 단면이다. 개설로는 J. F. Haldon, *Warfare, State and Society in the Byzantine World, 565-1204* (London : Routledge, 1999)와 Telemachos C. Lounghis, *Byzantium in the Eastern Mediterranean : Safeguarding East Roman Identity, 407-1204* (Nicosia : Cyprus Research Centre, 2010)가 적절하다. 비잔티움 예술에 대해서는 John Lowden, *Early Christian and Byzantine Art* (London : Phaidon, 1997)를 보라. 비잔티움사의 전 시기에 걸친 상세한 지도를 원한다면 J. F. Haldon, *The Palgrave Atlas of Byzantine History* (Houndmills, Basingstroke, Hampshire, New York : Palgrave Macmillan, 2005)가 최고의 선택이 될 것이다.

3세기의 위기와 콘스탄티누스 1세의 등장

이 시기 연구는 획기적 저서 Peter Brown, *The World of Late Antiquity* (London : Thames and Hudson, 1971)의 큰 도움을 받았다. 콘스탄티누스 이전 시기

의 자세한 자료는 Simon Corcoran, *The Empire of the Tetrarchs : Imperial Pronouncements and Government, AD 284-324* (Oxford : Clarendon Press, 2000)를 보라. Noel Lenski, ed., *The Cambridge Companion to the Age of Constantine* (Cambridge : CUP, 2006)은 콘스탄티누스와 그의 재위, 전임자와 후계자 모두를 다룬다.

티모시 반스Timothy Barnes의 여러 저서 가운데 *Constantine : Dynasty, Religion and Power in the Later Roman Empire* (Chichester : Wiley-Blackwell, 2011)는 콘스탄티누스 재위에 대한 연구 성과를 집대성한 작품이다. Garth Fowden, *Empire to Commonwealth : Consequences of Monotheism in Late Antiquity* (Princeton : Princeton University Press, 1993)는 이 시기 신학의 변화를 시대적 변화에 맞추어 해석했다.

제1장 비잔티움 제국(동로마 제국)이 탄생하다(330~491년)

주요 사건 Peter Heather, *Empires and Barbarians : The Fall of Rome and the Birth of Europe* (London : Macmillan, 2009)*은 때로는 적이고 때로는 동맹이며 때로는 정복자였던 로마 제국과 이방인의 관계를 훌륭하게 묘사했다. 테오도시우스 1세에 대해서는 Stephen Williams and Gerard Friell, *Theodosius : The Empire at Bay* (London, New Haven : Yale University Press, 1994)가 있다. 여러 공의회와 그 파장에 대해서는 R. Price and M. Whitby, *Chalcedon in Context : Church Councils 400-700* (Liverpool : Liverpool University Press, 2009)를 참고하라.

사회 구조 Chris Wickham, *Framing the Early Middle Ages : Europe and the Mediterranean 400-800* (Oxford : OUP, 2005)는 의심의 여지없이 가장 중요한 연구서이다. 금화의 중요성은 Jairus Banaji, *Agrarian Change in Late*

* 피터 히더, 이순호 옮김, 《로마 제국과 유럽의 탄생 : 세계의 중심이 이동한 천 년의 시간》, 서울 : 다른세상, 2011.

Antiquity : Gold, Labour, and Aristocratic Dominance (Oxford : OUP, 2001) 참고. 대규모 사유지 문제에 관해서는 접근법과 그 역할에 대한 논쟁이 있기는 하나, Peter Sarris, "The Early Byzantine Economy in Context : Aristocratic Property and Economic Growth Reconsidered," 〔*Early Medieval Europe*, Vol. 19, Issue 3 (2011), pp. 255-84〕가 있다.

사회 환경 콘스탄티노폴리스의 초기 상황은 Sarah Basset, *The Urban Image of Late Antique Constantinople* (Cambridge : CUP, 2004)을, 콘스탄티누스 1세의 성 사도 성당에 대해서는 Cyril Mango, "Constantine's Mausoleum and the Translation of Relics," in *Byzantinische Zeitschrift*, Vol. 83, Issue 1 (1990), pp. 51-62를 참고하라. Gilbert Dagron, Jean Birrell, trans., *Emperor and Priest : The Imperial Office in Byzantium* (Cambridge : CUP, 2003)*은 제국의 관직에 대한 비잔티움인의 인식을 잘 분석했다. 이는 비잔티움 제국 시대 전체에 적용 가능하다. 그리스도교화한 제국 내에서 이교의 운명에 대해서는 Alan Cameron, *The Last Pagans of Rome* (Oxford, New York : OUP, 2011)을 보라. 그리스도교화와 그것이 삶에 끼친 영향에 대해서는 Peter Brown, *The Body and Society : Men, Women, and Sexual Renunciation in Early Christianity* (New York : Columbia University Press, 1988)와 자선 단체에 대한 연구서 Peter Brown, *Through the Eye of a Needle : Wealth, the Fall of Rome, and the Making of Christianity in the West, 350-550 AD* (Princeton, Oxford : Princeton University Press, 2012)를 참고하라.

제2장 지중해의 주인이 되다(491~602년)

주요 사건 유스티니아누스 시대 연구는 Fiona K. Haarer, *Anastasius I : Politics and Empire in the Late Roman World* (Cambridge : Francis Cairns,

---

* Gilbert Dagron, *Empereur et prêtre : Étude sur le «césaropapisme» byzantin*, Paris : Gallimard, 1996의 영문판.

2006)와 M. Maas, ed., *The Cambridge Companion to the Age of Justinian* (Cambridge : CUP, 2005)으로 시작한다.

사회 구조 앞에서 언급한 *The Economic History of Byzantium*의 관련 서술 외 Michael Decker, *Tilling the Hateful Earth : Agricultural Production and Trade in the Late Antique East* (Oxford : OUP, 2009)가 고대 후기 경제 호황의 배경을 잘 설명해 준다. J. H. W. G. Liebeschuetz, *The Decline and Fall of the Roman City* (Oxford : OUP, 2001)와 Luke Lavan, ed., *Late Antique Archaeology* 시리즈를 통해 고대 후기에 일어난 변화를 고고학의 관점에서 확인할 수 있다. 페스트와 그 여파는 Dionysios Ch. Stathakopoulos, *Famine and Pestilence in the Late Roman and Early Byzantine Empire* (Aldershot : Ashgate, 2004)와 L. K. Little, ed., *Plague and the End of Antiquity : The Pandemic of 541-750* (Cambridge : CUP, 2007)를 확인하라.

사회 환경 앤서니 칼델리스(Anthony Kaldellis)는 유스티니아누스 궁정 이면의 긴장 관계에 주목해 왔다. 그의 연구 가운데 "Identifying Dissident Circles in Sixth-Century Byzantium : The Friendship of Prokopios and Ioannes Lydos," *Florilegium*, Vol. 21 (2004), pp. 1-17과 "Classicism, Barbarism, and Warfare : Prokopios and the Conservative Reaction to Later Roman Military Policy," *American Journal of Ancient History*, New Series Vols. 3-4 (2004-2005 〔2007〕), pp. 189-218이 특기할 만하다. 종말 신학은 그 중요성에 비해 간과하는 경향이 있다. 이에 대해서는 Paul Magdalino, "The History of the Future and Its Uses : Prophecy, Policy and Propaganda," in R. Beaton and C. Roueché, eds., *The Making of Byzantine History : Studies Dedicated to Donald M. Nicol on His Seventieth Birthday* (Aldershot : Ashgate, 1993), pp. 3-34를 참고하라.

제3장 생존을 걸고 투쟁하다(602~717년)

주요 사건 이 시기를 다룬 정평 있는 저작은 John F. Haldon, *Byzantium in the Seventh Century : The Transformation of a Culture*, 2nd ed., (Cambridge :

CUP, 1997)이다. 이슬람의 발흥에 대한 권위 있는 연구서로는 Fred M. Donner, *The Early Islamic Conquests* (Princeton : Princeton University Press, 1981)와 Hugh Kennedy, *The Great Arab Conquests : How the Spread of Islam Changed the World We Live in* (London : Weidenfeld & Nicolson, 2007)이 있다. 두 연구서에 더해 Walter E. Kaegi, *Byzantium and the Early Islamic Conquests* (Cambridge : CUP, 1992)나 James Howard Johnston, *Witnesses to a World Crisis : Historians and Histories of the Middle East in the Seventh Century* (Oxford : OUP, 2010) 그리고 E. Grypeou, M. Swanson and D. Thomas, eds., *The Encounter of Eastern Christianity with Early Islam* (Leiden : Brill, 2006)도 함께 검토해야 한다.

주화를 둘러싼 이념 전쟁에 대한 연구서로는 Helen C. Evans, ed., *Byzantium and Islam : Age of Transition* (New York : Metropolitan Museum of Art, 2012)이 있다. 이 시기 비잔티움 제국의 또 다른 적에 관해서는 Florin Curta, *The Making of the Slavs : History and Archaeology of the Lower Danube Region, c.500-700* (Cambridge : CUP, 2001)를 보라. 7세기의 공의회에 대한 분석은 Judith Herrin, "The Quinisext Council (692) as a Continuation of Chalcedon," in Richard Price and Mary Whitby, trans., *Chalcedon in Context : Church Councils 400-700* (Liverpool : Liverpool University Press, 2009), pp. 148-68을 참고하라.

사회 구조 아랍 정복 이후 비잔티움 제국의 행정 구조 변화에 대한 논쟁은 뜨겁다. 하지만 Constantine Zuckerman, "Learning from the Enemy and More : Studies in "Dark Centuries" Byzantium," *Millennium*, Vol. 2 (2005), pp. 79-135나 좀 더 자세한 Leslie Brubaker and John F. Haldon, *Byzantium in the Iconoclast Era, c. 680-850 : A History* (Cambridge : CUP, 2011)는 좋은 선택이 될 것이다. 두 연구 모두 다음 장에서 다루는 시기를 이해하는 데에도 유용하다. Petra M. Sijpesteijin, "Landholding Patterns in Early Egypt," *Journal of Agrarian Change*, Vol. 9, Issue 1 (2009), pp. 120-33은 무슬림 정복지에서

일어난 중요한 주제를 다루고 있다. 도시들의 변화에 대해서는 Clive Foss, "Syria in Transition, AD 550-750 : An Archaeological Approach," *Dumbarton Oaks Papers*, Vol. 51 (1997), pp. 189-269와 Archibald Dunn, "The Transition from Polis to Kastron in the Balkans (III-VII cc.) : General and Regional Perspectives," *Byzantine and Modern Greek Studies*, Vol. 18 (1994), pp. 60-81을 보라. 이 시기 사회 발전상과 관련된 주요 질문에 관련한 답은 Telemachos C. Lounghis, "Some Gaps in a Social Evolution Theory as Research Directions," in E. Kountoura-Galake, ed., *The Dark Centuries of Byzantium (7th-9th c.)* (Athens : National Hellenic Research Foundation, 2001), pp. 411-20에서 찾을 수 있다.

사회 환경 재앙에 대한 종말 신학적 해석은 Gerrit J. Reinink, "Pseudo-Methodius : A Concept of History in Response to the Rise of Islam," in A. Cameron and L. Conrad, eds., *The Byzantine and Early Islamic Near East* (Princeton : Princeton University Press, 1992), pp. 149-87 그리고 같은 저자의 "Alexander the Great in Seventh-Century Syriac "Apocalyptic" Texts," *Byzantinorossica*, Vol. 2 (2003), 150-78을 보라. 다윗 원판에 대해서는 앞에서 언급한 *Byzantium and Islam : Age of Transition*을 참고하라. 이슬람과의 상호 작용에 관련해서는 Nancy A. Khalek, *Damascus after the Muslim Conquest* (Oxford : OUP, 2011)와, 조금은 오래된 연구지만 John Meyendorff, "Byzantine Views of Islam," *Dumbarton Oaks Papers*, Vol. 18 (1964), pp. 113-32를 보라. 수도사 시나이의 아나스타시오스에 대해서는 Joseph A. Munitiz, trans., *Anastasios of Sinai : Questions and Answers* (Turnhout : Brepols, 2011)와 http://www.anastasiosofsinai.org 그리고 Yannis Papadogiannakis, "Christian Identity in the Seventh-Century Byzantium : The Case of Anastasius of Sinai," in Jamie Kreiner and Helmut Reimitz, eds., *Religion, Politics and Society from Constantine to Charlemagne : Essays in Honour of Peter Brown* (Turnhout : Brepols, 2014), pp. 249-67을 참조하라.

제4장 부활의 날개를 펴다(717~867년)

주요 사건 핵심 연구서는 Judith Herrin, *The Formation of Christendom* (Princeton : Princeton University Press, 1987)인데 앞에서 언급한 *Byzantium in the Iconoclast Era, c. 680-850*와 함께 읽으면 도움이 된다. 이에 더해 성상 파괴운동에 관한 서방의 시각은 Thomas F. X. Noble, *Images, Iconoclasm, and the Carolingians* (Philadelpia : University of Pennsylvania Press, 2009)를, 동방의 시각은 Geoffrey R. D. King, "Islam, Iconoclasm, and the Declaration of Doctrine," *Bulletin of the School of Oriental and African Studies*, Vol. 48, No. 2 (1985), pp. 267–77을 참고하라. 이 시기 점차 소원해져 간 로마 교회와 콘스탄티노폴리스 교회 사이에 대해서는 T. C. Lounghis, et al., eds., *Byzantine Diplomacy : A Seminar* (Athens : Ministry of Foreign Affairs, 2007), pp. 83–163을 보라. 5대 총대주교 관구에 관련해서는 Judith Herrin, "The Pentarchy : Theory and Reality in the Ninth Century," *Margins and Metropolis : Authority across the Byzantine Empire* (Princeton : Princeton University Press, 2013), pp. 239–66을 참고하라.

사회 구조 앞에서 언급한 *Byzantium in the Iconoclast Era, c. 680-850*, "Syria in Transition, AD 550–750" 그리고 "The Transition from Polis to Kastron in the Balkans (III–VII cc.)"는 이 시기를 공부하는 데에도 유용하다. 콘스탄티노폴리스의 성장에 대해서는 Paul Magdalino, *Studies on the History and Topography of Byzantine Constantinople* (Aldershot : Variorum, Ashgate, 2007)과 "The Merchant of Constantinople," in Paul Magdalino and Nevra Necipoğlu, eds., *Trade in Byzantium : Papers from the Third International Sevgi Gönül Byzantine Studies Symposium* (İstanbul : Koc University Press, 2006), pp. 181–92를 보라.

사회 환경 Jonathan Shepard, "Spreading the Word : Byzantine Missions," in C. Mango, ed., *The Oxford History of Byzantium* (Oxford : OUP, 2002), pp. 230–47은 선교를 알아보는 데 적합하다. 이슬람 세계와의 문화적 교류에 대해

서는 Dimitri Gutas, *Greek Thought, Arabic Culture : The Graeco-Arabic Translation Movement in Baghdad and Early 'Abbasaid Society (2nd-4th/5th-10th c.)* (London : Routledge, 1998)*와 Maria V. Mavroudi, *A Byzantine Book on Dream Interpretation : The Oneirocriticon of Achmet and Its Arabic Sources* (Leiden : Brill, 2002) 그리고 Christos Simelidis, "The Byzantine Understanding of the Qur'anic Term al-Ṣamad and the Greek Translation of the Qur'an," *Speculum*, Vol. 86, No. 4 (2011), pp. 887-913을 참고하라. 9세기 비잔티움 제국의 주요한 면면에 대한 일반적인 연구는 "Byzantium in the Ninth Dentury : Dead or Alive?," in L. Brubaker, ed., *Papers from the Thirtieth Spring Symposium of Byzantine Studies, Birmingham, March 1996* (Aldershot : Ashgate, 1998)를 참고.

제5장 제국의 영광이 찬란하게 빛나다(867~1056년)

주요 사건 개요를 파악하려면 Mark Whittow, *The Making of Orthodox Byzantium, 600-1025* (London : Macmillan, 1996)를 보고, 좀 더 구체적 양상을 살펴보려면 Catherine Holmes, *Basil II and the Governance of Empire (976-1025)* (Oxford : OUP, 2005)를 보라. 영토 확장에 대해서는 Catherine Holmes, "How the East Was Won in the Reign of Basil II," in Antony Eastmond, ed., *Eastern Approaches to Byzantium* (Aldershot : Ashgate, 2001), pp. 41-56과 Paul Stephenson, *Byzantium's Balkan Frontier* (Cambridge : CUP, 2000) 그리고 앞에서 언급한 *Byzantine Diplomacy*의 해당 부분이 도움이 될 것이다.

사회 구조 앞에서 언급한 *The Economic History of Byzantium*에서 이 시기를 다룬 부분과 Alan Harvey, *Economic Expansion in the Byzantine Empire, 900-*

* 디미트리 구타스, 정영목 옮김, 《그리스 사상과 아랍문명 : 번역운동과 이슬람의 지적 혁신》(파주 : 글항아리, 2013).

1200 (Cambridge : CUP, 1989)를 보라.

강력한 권세가를 견제하기 위한 입법은 Eric McGeer, *The Land Legislation of the Macedonian Emperors* (Toronto : Pontifical Institute of Mediaeval Studies, 2000)를, 이 갈등의 사회적 측면은 Rosemary Morris, "The Powerful and the Poor in Tenth-Century Byzantium," *Past and Present*, No. 73 (1978), pp. 3-27을 참고.

사회 환경 이 시기 포티오스와 그의 역할에 대해서는 Vlada Stanković, "Living Icon of Christ : Photios' Characterization of the Patriarch in the Introduction of the Eisagoge and its Significance," in I. Stević, ed., *ΣΥΜΜΕΙΚΤΑ* (Belgrad : Dosije Studio, 2012), pp. 39-43을 보라. 로마 교회와 콘스탄티노폴리스 교회가 동서 대분열에 이르는 과정은 Henry Chadwick, *East and West : The Making of a Rift in the Church : From Apostolic Times until the Council of Florence* (Oxford : OUP, 2005)를 참고하라. 이 저서는 이 뒤에 이어지는 장들에서 다루는 시기를 이해하는 데에도 유용할 것이다. 좀 더 세부적인 연구로는 Tia M. Kolbaba, *Inventing Latin Heretics : Byzantines and the Filioque in the Ninth Century* (Kalamazoo : Medieval Institute Publications, 2008)가 있다. 이 시기의 예술과 건축에 대해서는 Helen C. Evans and William D. Wixom, eds., *The Glory of Byzantium : Art and Culture of the Middle Byzantine Era, A.D. 843-1261* (New Haven, London : Yale University Press, 1997)*을 참고. 문학과 지식인층의 동향에 관하여는 Anthony Kaldellis, *Hellenism in Byzantium : The Transformations of Greek Identity and the Reception of the Classical Tradition* (Cambridge : CUP, 2007)을 보라. 동방과 서방의 관계 악화는 P. Squatriti, trans., *The Complete Works of Liudprand of Cremona* (Washington DC : Catholic University of America Press,

---

* 메트로폴리탄 미술관 홈페이지 https://www.metmuseum.org/art/metpublications/The_Glory_of_Byzantium_Art_and_Culture_of_the_Middle_Byzantine_Era_AD_843_1261#에서 PDF로 내려받을 수 있다.

2007)와 Henry Mayr-Harting, "Liudprand of Cremona's Account of His Legation to Constantinople (968) and Ottonian Imperial Strategy," *The English Historical Review*, Vol. 116, No. 467 (2001), pp. 539-56을 참고하라. 비잔티움 궁정의 구조와 매력에 대해서는 H. Maguire, ed., *Byzantine Court Culture from 829 to 1204* (Washington DC : Dumbarton Oaks Research Library and Collection, 1997)가 도움이 된다.

제6장 강인함 속에 나약함이 깃들다(1056~1204년)

주요 사건 Carole Hillenbrand, *Turkish Myth and Muslim Symbol : The Battle of Manzikert* (Edinburgh : Edinburgh University Press, 2007)는 만지케르트 패전의 여파를 분석했다. 이 시기 전반을 검토한 개설서 Michael Angold, *The Byzantine Empire 1025-1204 : A Political History*, 2nd ed. (London : Longman, 2007)은 여전히 훌륭한 저서다. 그리고 황제들을 좀 더 전문적으로 연구한 M. Mullett and D. Smythe, eds., *Alexios I Komnenos*, Vol. 1, Papers (Belfast : Queen's University of Belfast Press, 1996)나 Paul Magdalini, *The Empire of Manuel I Komnenos, 1143-1180* (Cambridge : CUP, 1993)와 함께 보면 좋다. 십자군에 대한 연구서는 비교적 폭이 넓은데 개설서 Peter Frankopan, *The First Crusade : The Call from the East* (Cambridge, MA : Belknap Press of Harvard University Press, 2012)*로부터 세분화된 연구서 A. E. Laiou and R. P. Mottahedeh, eds., *The Crusades from the Perspective of Byzantium and the Muslim World* (Washington DC : Dumbarton Oaks Research Library and Collection, 2001)와 Ralph-Johannes Lilie, J. C. Morris and J. E. Ridings, trans., *Byzantium and the Crusader States, 1096-1204* (Oxford : OUP, 1993)까지 필요에 따라 선택하면 된다. Jonathan Shepard, "Cross-Purposes : Alexius

---

* 피터 프랭코판, 이종인 옮김, 《동방의 부름 : 십자군전쟁은 어떻게 시작되었는가》(서울 : 책과함께, 2018).

Comnenus and the First Crusade," in J. Phillips, ed., *The First Crusade : Origins and Impact* (Manchester : Manchester University Press, 1997), pp. 107-29와 Michael Angold, "The Road to 1204 : The Byzantine Bakground to the Fourth Crusade," *Journal of Medieval History*, Vol. 25, No. 3 (1999), pp. 257-78 또한 마찬가지다.

사회 구조 앞에서 언급한 *Economic Expansion*은 이 시기의 경제를 개괄하기에도 적합하다. 뜨거운 화두인 주화의 가치절하에 대한 논의는 Costas Kaplanis, "The Debasement of the "Dollar of the Middle Ages"," *The Journal of Economic History*, Vol. 63, No. 3 (2003), pp. 768-801을 참고. 이탈리아 도시 국가들의 발흥 그리고 비잔티움과의 관계에 관련해서는 Donald M. Nicol, *Byzantium and Venice : A Study in Diplomatic and Cultural Relations* (Cambridge : CUP, 1988)와 Steven A. Epstein, *Genoa and the Genoese, 958-1528* (Chapel Hill : Universitu of North Carolina Press, 1996)을 보라. 프로니아를 다룬 저서로는 Mark C. Bartusis, *Land and Privilege in Byzantium : The Institution of Pronoia* (Cambridge : CUP, 2013)가 최고이나, 다양한 시각을 위해 Kostis Smyrlis, "Private Property and State Finances : The Emperor's Right to Donate His Subjects' Land in the Comnenian Period," *Byzantine and Modern Greek Studies*, Vol. 33, Issue 2 (2009), pp. 115-32도 아울러 확인하면 좋다. 또한 Paul Magdalino, "Innovations in Government", in M. Mullett and D. Smythe, eds., *Alexios I Komnenos*, Vol. 1, Papers (Belfast : Queen's University of Belfast Press, 1996), pp. 146-66은 콤니노스 개혁을 이해하는 데 필수적 연구이다.

사회 환경 최고의 개설서는 Machael Angold, *Church and Society in Byzantium under the Comneni, 1081-1261* (Cambridge : CUP, 1995)이다. 이 시기의 문화사와 지성사를 저술하는 과정에서는 Robert Browning, "Enlightenment and Repression in Byzantium in the Eleventh and Twelfth Centuries," *Past & Present*, No. 69 (1974), pp. 3-23과 Anthony Kaldellis, *Hellenism in*

Byzantium : The Transformations of Greek Identity and the Reception of the Classical Tradition (Cambridge : CUP, 2007)의 제5장 그리고 Dion Smythe, "Alexios I and the Heretics : The Account of Anna Komnene's Alexiad," in M. Mullett and D. Smythe, eds., *Alexios I Komnenos*, Vol. 1, Papers (Belfast : Queen's University of Belfast Press, 1996), pp. 232-59를 참고했다. 파울로스파와 보고밀파에 대해서는 J. Hamilton and B. Hamilton, eds., *Christian Dualist Heresies in the Byzantine World, c. 650-1405* (Manchester : Manchester University Press, 1998)를 보라. 이 시기 활동한 지식인들에 관하여는 Stratis Papaioannou, *Michael Psellos : Rhetoric and Authorship in Byzantium* (Cambridge : CUP, 2013)과 Thalia Gouma-Peterson, ed., *Anna Konene and Her Times* (New York and London : Garland, 200) 그리고 Alicia Simpson, *Niketas Choniates : A Histographical Study* (Oxford : OUP, 2013)를 참고. 이 시기 새로 출현한 문학 장르에 대해서는 Roderick Beaton, *The Medieval Greek Romance*, 2nd ed. (London and New York : Routledge, 1996)을 보라.

제7장 분열의 유산이 수면 위로 떠오르다(1204~1341년)

주요 사건 제4차 십자군 이후의 정치 상황에 대한 종합적인 연구서로는 Angeliki E. Laiou, ed., *Urbs Capta : The Fourth Crusade and Its Consequences* (Paris : Lethielleux, 2005)와 J. Herrin and G. Guillain, eds., *Identities and Allegiances in the Eastern Mediterranean after 1204* (Aldershot : Ashgate, 2011)가 있다. 이 시기 출현한 나라들에 관하여는 Michael Angold, *A Byzantine Goverment in Exile : Government and Society under the Laskarids of Nicaea, 1204-1261* (London : OUP, 1975), Donald M. Nicol, *The Despotate of Epiros, 1267-1479 : A Contribution to the History of Greece in the Middle Ages* (Cambridge : CUP, 2010)와 Antony Eastmond, *Art and Identity in Thirteenth-Century Byzantium : Hagia Sophia and the Empire of Trebizond* (Aldershot : Ashgate, 2004) 그리고 Peter Lock, *The Franks in the Aegean, 1204-1500*

(London : Longman, 1995) 등이 있다.

Donald M. Nicol, *The Last Centuries of Byzantium, 1261-1453* (Cambridge : CUP, 1993)는 좀 오래된 저서지만 상세한 내용을 다루고 있다. 발칸반도의 정치 상황은 John V. A. Fine, *The Late Medieval Balkans : A Critical Survey from the Late Twelfth Century to the Ottoman Conquest* (Ann Arbot : University of Michigan Press, 1987)를, 소아시아의 상황은 Gary Leiser, "The Turks in Anatolia before the Ottomans," in Maribel Fierro, ed., *The New Cambridge History of Islam*, Vol. 2 (Cambridge : CUP, 2010), pp. 301-12와 Kate Fleet, ed., *The Cambridge History of Turkey*, *Vol. 1 : Byzantium to Turkey, 1071-1453* (Cambridge : CUP, 2009)를 보라.

사회 구조 이 시기의 경제적 발전에 대해서는 Klaus-Peter Matschke가 *Economic History of Byzantium*에 기고한 논문들이 유용하다. 더욱 세분화된 연구로는 Kostis Smyrlis, "Taxation Reform and the Pronoia System in Thirteenth-Century Byzantium," in A. Ödekan, E. Akyürek and N. Necipoğlu, eds., *Change in the Byzantine World in the Twelfth and Thirteenth Centuries* (İstanbul : Vehbi Koç Vakfi, 2010), pp. 211-17과 "The State, the Land and Private Property : Confiscating Church and Monastic Properties in the Palaiologan Period," in D. Angelov, ed., *Church and Society in Late Byzantium* (Kalamazoo : Medieval Institue Publications, 2009), pp. 58-87을 보라. 도시들의 운명에 대한 논의로는 Demetrios Kyritses, "The "Common Chrysobulls" of Cities and the Notion of Property in Late Byzantium," *Symmeikta*, Vol. 13 (1999), pp. 229-45가 있다. 군대와 용병의 운영에 관련해서는 Marc C. Bartusis, *The Late Byzantine Army : Arms and Society, 1204-1453* (Philadelphia : Unversity of Pennsybania Press, 1992)를 보라.

사회 환경 Dimiter Angelov, *Imperial Ideology and Political Thought in Byzantium, 1204-1330* (Cambridge : CUP, 2006)는 이 시기 비잔티움 이념을 주제로 다루고 있다. 팔레올로고스 시대 초기 교육에 대해서는 Costas

N. Constantinides, *Higher Education in Byzantium in the Thirteenth and Early Fourteenth Centuries (1204-ca 1310)* (Nicosia : Cyprus Research Centre, 1982)을 보라. 이 시기의 문학과 문화적 성취를 다룬 것으로는 Edmund B. Fryde, *The Early Palaeologan Renaissance 1261-1360* (Leiden : Brill, 2000)가 있다. Nigel G. Wilson, *Scholars of Byzantium* (Baltimore : Johns Hopkins University Press, 1983)의 문헌 자료는 주목할 만하다. 메트로폴리탄 미술관의 전시 도록인 Helen C. Evans ed., *Byzantium : Faith and Power (1261–1557)* (New Haver and London : Yale University Press, 2004)*은 이 시기의 예술을 주로 다룬다. 또한 Niels Gaul, "The Twitching Shroud : Collective Construction of Paideia in the Circle of Thomas Magistros," *Segno e testo*, Vol. 5 (2007), pp. 263–340을 참고.

제8장 몰락을 향해 나아가다(1341~1453년)

주요 사건 이 시기를 다룬 최고의 개설서는 Jonathan Harris, *The End of Byzantium* (New Haven : Yale University Press, 2010)이다. 콘스탄티노폴리스 함락에 집중한 연구로는 Marios Philippides and Walter K. Hanak, *Siege and Fall of Constantinople in 1453 : Histography, Topography, and Military Studies* (Farnham : Ashgate, 2011)가 있고, 좀 더 대중적이고 읽기 좋은 책으로는 Roger Crowley, *Constantinople : The Last Great Siege, 1453* (London : Faber and Faber, 2005)**를 추천할 수 있다. 제국 최후의 1세기 동안 만연한 페스트에 대해서는 Ole J. Benedictow, *The Black Death, 1346-1353 : The Complete History* (Woodbridge : Boydell Press, 2004)를 보라. Dimitri Obolensky, *The Byzantine Commonwealth : Eastern Europe 500-1453* (London : Weidenfeld and

---

* 메트로폴리탄 미술관 홈페이지 https://www.metmuseum.org/art/metpublications/Byzantium_Faith_and_Power_1261_1557에서 PDF로 내려받을 수 있다.

** 로저 크롤리, 이재황 옮김, 《비잔티움 제국 최후의 날》(서울 : 산처럼, 2015).

Nicolson, 1971)는 비잔티움 제국과 이웃한 국가들의 정교회를 가상의 집단 개념으로 묶는 최초의 시도를 했다.

사회 구조 이 시기의 사회 발전에 대해서는 Tonia Kiousopoulou, *Emperor or Manager : Power and Political Ideology in Byzantium before 1453* (Geneva : La Pomme d'or, 2011)를 보라. 경제에 관한 개괄적인 서술은 앞에서 언급한 Matschke가 *The Economic History of Byzantium*에 기고한 장들과 Elizabeth Zachariadou, *Trade and Crusade : Venetian Crete and the Emirates of Menteshe and Aydin (1300-1415)* (Venice : Hellenic Institue of Byzantine and Post-Byzantine studies, 1983)를 참고하라. 콘스탄티노폴리스 경제에 대해서는 Nevra Necipoğlu, *Byzantium between the Ottoman and the Latins : Politics and Society in the Late Empire* (Cambridge : CUP, 2009)를 참고하라.

사회 환경 헤시카즘에 대한 개괄적 연구로는 Dirk Krausmüller, "The Rise of Hesychasm," in *The Cambridge History of Christianity, Vol. 5 : Eastern Christianity*, pp. 101-26이 있다. 아토스산의 중요성에 대해서는 A. M. Bryer and M. Cunningham, eds., *Mount Athos and Byzantine Monasticism* (Aldershot : Ashgate, 1996)을 보라. 제국 말기 급진적 사상가로서 플리톤을 다룬 연구로는 Niketas Siniossoglou, *Radical Platonism in Byzantium : Illumination and Utopia in Gemistos Plethon* (Cambridge : CUP, 2011)이 있다.

제9장 천년 제국의 멸망과 그 후

초기 오스만 제국과 비잔티움 망명자

초기 오스만 국가에 대한 개괄적 연구로는 Elizabeth Zachariadou, "The Ottoman World," in C. Allmand, ed., *The New Cambridge Medieval History*, Vol. 7, *c. 1415-c. 1500* (Cambridge : CUP, 1998), pp. 812-30을 참고. 콘스탄티노폴리스와 이스탄불의 발전에 관련한 구체적인 내용은 Halil İnalcik, "Istanbul," *Encyclopaedia of Islam*, 2nd ed., Vol. 4 (Leiden, New York : Brill, 1971), pp. 224-48과 Çiğdem Kafescioğlu, *Constantinopolis/Istanbul. Cultural*

Encounter, Imperial Vision, and the Construction of the Ottoman Capital (University Park, Pa : Pennsylvania State University Press, 2009) 참고. 1453년 이후 서방 세계에서 비잔티움 사람들의 삶에 관하여는 James Hankins, “Renaissance Crusaders : Humanist Crusade Literature in the Age of Mehmed II,” *Dumbarton Oaks Papers*, Vol. 49 (1995), pp. 111-46과 Jonathan Harris, *Greek Émigrés in the West 1400-1500* (Camberley : Porphyrogenitus, 1995), John Monfasani, *Byzantine Scholars in Renaissance Italy : Cardinal Bessarion and Other Emigres* (Aldershot : Ashgate, 1995) 그리고 Nigel G. Wilson, *From Byzantium to Italy : Greek Studies in the Italian Renaissance* (London : Duckworth, 1992)를 보라. 오스만 정복 이후 교회의 운명에 대해서는 Elizabeth Zachariadou, “The Great Church in Captivity,” in *The Cambridge History of Christianity*, Vol. 5, pp. 169-87을 참고하라. 그리스 문헌의 인쇄에 관련해서는 Martin Davies, *Aldus Manutius : Printer and Publisher of Renaissance Venice* (Tempe : Arizona Center for Medieval and Renaissance Studies, 1999)를 보라. 베네치아령 크레타에 대해서는 Maria Georgopoulou, *Venice's Mediterranean Colonies : Architecture and Urbanism* (Cambridge : CUP, 2001)과 Angeliki Lymberopoulou and Rembrandt Duits, eds., *Byzantine Art and Renaissance Europe* (Farnham : Ashgate, 2013)을 보라. 특히 후자에 실린 서방에서 찾을 수 있는 비잔티움 예술의 흔적을 설명한 부분은 읽을 가치가 있다. Anthony Cutler, “From Loot to Scholarship : Changing Modes in the Italian Response to Byzantine Artifacts, ca. 1200-1750,” *Dumbarton Oaks Papers*, Vol. 49 (1995), pp. 237-67도 비슷한 주제를 다룬다.

비잔티움 연구와 예술 속의 비잔티움

비잔티움학 연구사를 검토하려면 R. McKitterick, “Gibbon and the Early Middle Ages in Eighteenth-Century Europe,” in R. McKitterrick and R. Quinault, eds., *Edward Gibbon and Empire* (Cambridge : CUP, 1996), pp.

162-89는 좋은 시발점이 될것이다. A. A. Vasiliev, *History of the Byzantine Empire, 324-1453*, Vol. I (Madison : The University of Wisconsin Press, 1952), pp. 3-41은 비잔티움학의 출현 과정에 대한 개괄적 서술이다. 예술계와 문학계에서의 비잔티움 제국의 흔적(또는 부재)를 다룬 연구로는 Anthony T. Aftonomos, *The Stream of Time Irresistible : Byzantine Civilization in the Modern Popular Imagination* (Montreal : Concordia University, 2005), https://spectrum.library.concordia.ca/8229/와 Clement Greenberg, "Byzantine Parallels (1958)," in *Art and Culture : Critical Essays* (Boston : Beacon Press, 1961), pp. 167-70, Robert Nelson, ""Starlit Dome" : The Byzantine Poems of W. B. Yeats," in *Hagia Sofia 1850-1950 : Holy Wisdom Modern Monument* (Chicago : The University of Chicago Press, 2004) 그리고 Stelios Faitakis and Katerina Gregos, *Hell on Earth* (Berlin : Die Gestalten Verlag, 2011)가 있다. 마지막으로 비잔티움 제국을 더 일반적이고 세계사적 시각으로 조망한 연구로는, Averil Cameron, "Thinking with Byzantium," *Transactions of the Royal Historical Society*, Vol. 21 (2011), pp. 39-57이 있다.

감사의 말

지난 3년 동안 내 삶은 이 책을 중심으로 돌아갔다. 여정은 길고 쉽기만 한 것도 아니었지만, 이 지면을 통해 내가 진 많은 빚에 감사의 뜻을 전할 수 있어 행복하다.

우선 출판사의 알렉스 라이트는 내가 이 계획을 끝내 완수할 수 있도록 믿어 주었다. 그가 없었다면 이 책은 빛을 보지 못했을 것이다. 집필 초기 다이애나 뉴웰과 바버라 로젠와인은 책의 구성에 관해 값진 충고를 아끼지 않았다. 루드밀라 조르다 노바는 차를 마시며 구조상의 고민을 해결하는 데 도움을 주었다. 잘 쓰이면 잘되어 간다고 기뻐하느라, 진척이 없으면 잘 안 되어 간다고 괴로워하느라 주변 사람들을 힘들게 했다. 또 대화의 흐름과 관계없이 어떻게든 비잔티움 제국 이야기를 하고 마는 내게 화를 내지 않은 동료와 학생, 친구와 가족이 얼마나 고마운지 모르겠다.

야니스 스투레티스와 코스티스 스미를리스, 알리시아 심슨과의 수많은 논의 덕분에 이 책의 주요한 부분들이 구체화되었다. 블라다 스탄코비츠와 돠니 파텔, 알레산드라 부코시는 몇몇 장의 초고를 읽고 충고를 건네주었다. 애버릴 캐머런, 요아나 라프티는 초고 전체를 읽고 값진 평가는 물론 수정 사항을 제안해 주었다. 이들은 내가 저지를 뻔한 실수들을 바로잡아 준 데다가, 계속 밀고 나갈 자신감도 더해 주었다.

그리고 책에 사용한 그림을 제공해 준 모든 친구와 동료에게도 고마움을 표하고 싶다. 또한 소장품 일부의 활용을 허락해 준 카이 엘링(뮌헨), 나디아 게라주니(아테네 브리더 갤러리), 앙겔리키 스트라티(카스토리아)에게도 감사를 전한다. 마리아 크리스티나 카릴레는 라벤나에서 여러 도판을 제공해 주었다. 페트로스 부라스발리아나토스는 아토스산의 바토페디 수도원의 놀라운 그림의 사용 허가를 받을 수 있도록 도움을 주었다. 요아나 라프티는 그림 사용에 관해 결정적인 도움을 주었다.

그러나 누구보다도 콘스탄틴 클라인의 지지와 사랑이 아니었다면 이 책은 결코 완성되지 못했을 것이다. 그는 나의 잦은 짜증에도 성인과 같은 인내심을 보여 주었다. 게다가 비판적 시각을 가진 첫 번째 독자이자 책으로 진화 중인 글들의 최고의 팬이었다. 이 작업을 마치며 그에게 책을 헌정하는 것이 이루 말할 수 없이 기쁘다.

그림 목록과 출처

이크화, 🅮.

그림 20(258쪽) 양면 이콘, © Kastoria, Byzantine Museum.

그림 21(259쪽) 서쪽에서 바라본 판토크라토르 수도원의 세 성당, © Kostis Smyrlis.

그림 22(289쪽) 아야 소피아 성당에 있는 〈데이시스〉의 모자이크화 중 그리스도, 🅮.

그림 23(290쪽) 테오도로스 메토히티스를 묘사한 호라 성당의 모자이크화, © Dumbarton Oaks, Image Collections and Fieldwork Archives, Washington D.C.

그림 24(292쪽) 히포크라테스 저작 필사본에 수록된 세밀화, Par. gr. 2144, fol. 11. © Bibliothèque Nationale.

그림 25(308쪽) 그리스 미스트라스의 판타나사 수도원, 저자 촬영.

그림 26(323쪽) 이콘 〈정교회의 승리〉, © Trustees of the British Museum.

그림 27(324쪽) 성자 데메트리우스의 이콘, © Abbot Ephraim Vatopedinos.

그림 28(332쪽) 아야 소피아 성당 내부, 저자 촬영.

그림 29(340쪽) 젠틸레 벨리니의 〈메흐메드 2세의 초상〉, © National Gallery.

그림 30(356쪽) 〈테오도라 황후〉(스텔리오스 파이타키스의 〈비잔티움의 황제들〉 시리즈 중에서), 개인 소장.

찾아보기

* 시대의 특성상 동명이인이 많아 구분할 수 있도록 직책이나 가문 등을 표기했다.

ㄱ

ㄴ

ㄷ

ㄹ

ㅁ

ㅅ

ㅇ

ㅌ

ㅍ

ㅎ

교황 · 총대주교 · 세계 공의회 · 황제 목록

* 한국어판에서는 독자들의 이해를 돕기 위해 본문에 등장하는 교황 · 총대주교 · 세계 공의회 · 황제를 목록으로 정리했다. 괄호 속은 재임 · 재위 기간 또는 개최 연도이다. 세계 공의회의 내용은 비잔티움 제국의 정치와 이어지는 주요 내용을 적었으며, 황제는 재위순이며 간략한 설명을 두었다.

교황

레오 1세(440~461년)
그레고리우스 1세(590~604년)
호노리우스 1세(625~638년)
마르티누스 1세(649~655년)
스테파누스 2세(752~757년)
레오 3세(795~816년)
니콜라우스 1세(858~867년)
레오 9세(1049~1054년)
우르바누스 2세(1088~1099년)
에우게니우스 4세(1431~1447년)
피우스 2세(1458~1464년)

콘스탄티노폴리스 총대주교

그레고리우스(379~381년)
요안네스 크리소스토무스(398~404년)
네스토리우스(428~431년)
세르요스 1세(610~638년)
예르마노스 1세(715~730년)
타라시오스(784~806년)
이오아니스 7세(836~843년)
이그나티오스(847~858년)
포티오스 1세(858~867년, 877~886년)
니콜라오스 1세(901~907년, 912~925년)

폴리에프크토스(956~970년)
미하일 1세(1043~1058년)
아르세니오스(1255~1259년)
이오시프 1세(1267~1275년)
아타나시오스 1세(1289~1293년, 1303~1309년)
니폰 1세(1310~1314년)
이오아니스 14세(1334~1347년)
안토니오스 4세(1389~1390년)
이오시프 2세(1416~1439년)
그리고리오스 3세(1443~1450년)
예나디오스(1454~1456년, 1462~1463년, 1464년)
시메온(1466년, 1471~1475년, 1482~1486년)

세계 공의회

제1차 니케아 공의회(325년) : 콘스탄티누스 1세가 소집. 성부와 성자의 본질은 서로 다르다고 주장하는 아리우스파를 이단으로 배격하고 성부와 성자가 동일 본질이라는 아타나시우스의 주장을 받아들인 니케아 신경 성립

제1차 콘스탄티노폴리스 공의회(381년) : 테오도시우스 1세가 소집. 아리우스파를 이단으로 재차 강조하고 니케아 신경 보완, 콘스탄티노폴리스 주교의 지위를 로마 주교 다음의 위치로 규정

제1차 에페수스 공의회(431년) : 테오도시우스 2세가 소집. 네스토리우스의 주장(성모 마리아를 '하느님의 어머니'라고 부르는 관행에 문제 제기)을 이단으로 선언하고 성모 마리아의 지위를 '하느님의 어머니'로 규정

제2차 에페수스 공의회(449년) : 테오도시우스 2세가 소집. 그리스도의 독립적인 두 본성을 강조하는 알렉산드리아 학파를 이단으로 규정(단성론의 승리)

칼케돈 공의회(451년) : 풀케리아와 마르키아누스가 소집. '세계 공의회'라는 용어가 최초로 쓰였고 앞서 열린 니케아 공의회 · 콘스탄티노폴리스 공의회 · 제1차 에페수스 공의회를 세계 공의회로 규정하고, 로마 · 콘스탄티노폴리스 · 알렉산드리아 · 안티오키아 · 예루살렘 5개 총대주교 관구를 설정. 그리스도는 성부의 신성과 성자의 인성을 지니고 있다고 선언

제2차 콘스탄티노폴리스 공의회(533~534년) : 유스티니아누스 1세가 소집. 다섯 번째 세계 공의회, 칼케돈 신경의 내용을 재확인하되 합성론(단성론)에 관용

제3차 콘스탄티노폴리스 공의회(680~681년) : 콘스탄디노스 4세가 소집. 여섯 번째 세계 공의회, 단성론을 이단으로 배격

퀴니섹스툼 공의회(트룰로 공의회, 692년) : 유스티니아노스 2세가 소집. 다섯 번째와 여섯 번째 세계 공의회와 관련된 교회법을 공포하며, 교리를 종합하고 성문화하여 통일성 있는 규칙을 결정

히에리아 공의회(754년) : 콘노스탄디노스 5세가 소집. 성상 파괴주의 채택

제2차 니케아 공의회(787년) : 이리니가 소집. 일곱 번째 공의회로, 정교회에서 인정하는 마지막 세계 공의회. 성상 파괴주의를 배격

아야 소피아 공의회(815년) : 레온 5세가 소집. 다시 성상 파괴주의를 채택

제2차 리옹 공의회(1274년) : 로마 교회와 비잔티움 교회의 일치 서약

제5차 콘스탄티노폴리스 공의회(1341년) : 안드로니코스 3세가 소집. 헤시카즘의 신비주의를 단죄

콘스탄츠 공의회(1414~1418년) : 로마 가톨릭 교회의 분열 종식

페라라 · 피렌체 공의회(1438~1439년) : 비잔티움 교회가 굴복함으로써 교회 통합 합의

황제

콘스탄티누스 1세(306~337년) : 사두정의 부제 콘스탄티우스의 아들. 콘스탄티노폴리스를 세우고 그리스도교를 지지. 황제와 교회 간 권력 역학 관계가 시작됨

콘스탄티누스 2세(337~340년) : 콘스탄티누스 1세의 아들로 형제인 콘스탄티우스 2세 및 콘스탄스 1세와 공동 황제

콘스탄티우스 2세(337~361년) : 콘스탄티누스 1세의 아들로 형제인 콘스탄티누스 2세 및 콘스탄스 1세와 공동 황제. 형제들과 내전을 벌여 단독 황제가 됨

콘스탄스 1세(337~350년) : 콘스탄티누스 1세의 아들로 콘스탄티누스 2세 및 콘스탄티우스 2세와 공동 황제

율리아누스(361~363년) : 콘스탄티누스 1세의 조카이자 콘스탄티우스 2세의 사촌으로 군대에 의해 즉위. 이교 신앙의 부흥을 꾀해 '배교자'로 불림

요비아누스(363~364년) : 군인 출신으로 군대에 의해 즉위

발렌티니아누스 1세(364~375년) : 군대에 의해 즉위. 동생 발렌스를 동방의 공동 황제로 위임하고 자신은 서로마 제국을 담당

발렌스(364~378년) : 발렌티니아누스 1세의 동생이자 그라티아누스와 발렌티니아누스 2세의 삼촌. 아드리아노플 전투에서 고트인과 싸우다 전사

그라티아누스(367~383년) : 발렌티니아누스 1세의 아들로 서로마 제국 황제. 반란으로 살해됨

발렌티니아누스 2세(375~392년) : 발렌티니아누스 1세의 아들로 서로마 제국 황제

테오도시우스 1세(378~395년) : 군사령관 출신으로 로마 제국 전체를 다스린 마지막 황제. 이교 숭배를 금지

호노리우스(393~423년) : 테오도시우스 1세의 차남으로 서로마 제국 황제

아르카디우스(395~408년) : 테오도시우스 1세의 장남으로 동로마 제국 황제

테오도시우스 2세(408~450년) : 아르카디우스의 아들로 누나 풀케리아가 섭정

발렌티니아누스 3세(425~455년) : 서로마 제국의 공동 황제 콘스탄티우스 3세의 아들

마르키아누스(450~457년) : 군인 출신으로 아르카디우스의 딸이자 테오도시우스 2세의 섭정이던 풀케리아와 결혼

레오 1세(457~474년) : 발칸 출신 군인으로 원로원에 의해 즉위

레오 2세(474년) : 제노의 아들이자 레오 1세의 손자

제노(474~491년) : 이사우리아 출신으로 레오 1세에게 중용되고 황제의 딸 아리아드나와 결혼, 아들 레오 2세가 죽자 즉위. 칼케돈 공의회로 인한 분열을 치유하기 위해 482년 〈통합령〉을 발행하나 로마 교회가 콘스탄티노폴리스 교회를 이교로 선언

아나스타시우스 1세(491~518년) : 관료 출신으로 레오 1세의 딸이자 제노의 미망인 아리아드나가 선택하여 황제가 된 후 결혼. 동맹을 통해 비잔티움 제국의 영향력을 확대하고 합성론(단성론)을 지지

유스티누스 1세(518~527년) : 근위대장 출신

유스티니아누스 1세(527~565년) : 유스티누스 1세의 조카이자 양자. 니카 봉기 시민중을 학살하고 최대 영토를 확보했으며 합성론(단성론)을 지지. 콘스탄티노폴리스에서 역병 발생

유스티누스 2세(565~578년) : 유스티니아누스 1세의 조카

티베리우스 2세(578~582년) : 근위대장이자 유스티누스 2세의 측근으로 부제가 된 뒤 양자가 되어 즉위

마우리키우스(582~602년) : 군사령관 출신으로 티베리우스 2세의 사위

포카스(602~610년) : 백인대장으로 반란을 일으켜 마우리키우스를 처형하고 즉위

이라클리오스(610~641년) : 군인 출신으로 아버지 헤라클리우스와 반란을 일으켜 포카스를 처형하고 즉위. 페르시아에 예루살렘을 빼앗겼다 되찾고 단성론

을 지지

콘스탄디노스 3세 · 이라클로나스(이라클리오스 2세)(641년) : 이라클리오스의 아들들로 공동 황제

콘스탄스 2세(641~668년) : 콘스탄디노스 3세의 아들이자 이라클리오스의 손자로 암살됨

콘스탄디노스 4세(668~685년) : 콘스탄스 2세의 아들. 세계 공의회를 소집하고 단성론을 이단으로 단죄

유스티니아노스 2세(685~695년, 705~711년) : 콘스탄디노스 4세의 아들. 원로원 귀족들의 반란으로 물러났다가 10년 후 불가르 제국의 도움으로 티베리오스 3세를 처형하고 재즉위

레온티오스(695~698년) : 반란으로 황제가 되었으나 반란으로 폐위됨

티베리오스 3세(698~705년) : 해군 제독 출신, 반란으로 즉위

필리피코스 바르다니스(711~713년) : 아르메니아 출신, 반란으로 즉위

아나스타시오스 2세(713~715년) : 궁정 관료 출신, 반란으로 즉위

테오도시오스 3세(715~717년) : 조세 징수관 출신으로 즉위, 반란이 일어나 스스로 퇴위

레온 3세(717~741년) : 이사우리아인 군 지휘관 출신. 무혈 반란으로 즉위하고 성상 파괴주의를 지지

콘스탄디노스 5세(741~775년) : 레온 3세의 아들. 히에리아 공의회를 열어 성상 파괴주의를 채택

레온 4세(775~780년) : 콘스탄티누스 5세의 아들

콘스탄디노스 6세(780~797년) : 레온 4세의 아들로 어머니 아테네의 이리니와 공동 황제, 790년부터는 단독 황제. 성상 파괴주의를 채택

이리니(797~802년) : 아들 콘스탄디노스 6세를 쫓아내고 단독 황제가 됨. 800년 프랑크의 왕 카롤루스 마그누스가 '로마인의 황제'로 대관

니키포로스 1세(802~811년) : 관료 출신, 궁정 쿠데타로 즉위. 불가르 제국 원정에서 전사

스타브라키오스(811년) : 니키포로스 1세의 아들로서, 불가르 제국 원정에서 치명상 입음

미하일 1세(811~813년) : 니키포로스 1세의 사위이자 스타브라키오스의 매형으로 레온 5세에 폐위됨

레온 5세(813~820년) : 아르메니아계 혈통의 스트라티고스(장군) 출신. 성상 파괴

운동의 부흥을 시도하고 미하일 2세에 처형됨

미하일 2세(820~829년) : 레온 5세의 동료이자 근위대장으로 반란을 일으켜 즉위

테오필로스(829~842년) : 미하일 2세의 아들

미하일 3세(842~867년) : 테오필로스의 아들로 어머니 테오도라가 섭정. 성상 공경주의가 최종 승리(정교회의 승리)

바실리오스 1세(867~886년) : 미하일 3세의 시종장 출신으로 아버지는 아르메니아계 농부. 미하일 3세를 살해하고 즉위

레온 6세(886~912년) : 바실리오스 1세의 아들로 동생 알렉산드로스와 공동 황제

알렉산드로스(886~913년) : 바실리오스 1세의 아들로 레온 6세 사후 912~913년 단독 황제

콘스탄디노스 7세 포르피로예니토스(913~959년) : 레온 6세와 정부 조이 사이의 아들. 920~944년에는 로마노스 1세와 공동 통치

로마노스 1세 레카피노스(920~944년) : 해군 제독 출신으로 반란을 일으킴. 콘스탄디노스 7세를 사위로 삼고 즉위하여 자신의 세 아들을 공동 황제로 임명

로마노스 2세 포르피로예니토스(959~963년) : 콘스탄디노스 7세의 아들. 962년 독일의 왕 오토 1세가 '로마인의 황제'로 대관

니키포로스 2세 포카스(963~969년) : 장군 출신. 로마노스 2세의 아내 테오파노와 결혼하고 즉위

이오아니스 1세 지미스키스(969~976년) : 니키포로스 2세의 조카이자 테오파노의 정부. 니키포로스를 살해하고 즉위한 뒤 콘스탄디노스 7세의 딸과 결혼

바실리오스 2세 불가록토노스(976~1025년) : 로마노스 2세의 아들로 동생 콘스탄디노스 8세와 공동 황제

콘스탄디노스 8세(1025~1028년) : 로마노스 2세의 아들로 형 바실리우스 2세와 공동 황제였으나, 바실리오스 2세 생존 시에는 통치에 임하지 않음

로마노스 3세 아르이로스(1028~1034년) : 콘스탄디노스 8세의 딸 조이와 결혼하고 즉위

미하일 4세(1034~1041년) : 로마노스 3세의 아내 조이의 정부로, 로마노스 3세를 살해한 뒤 조이와 결혼하고 즉위

미하일 5세 칼라파티스(1041~1042년) : 미하일 4세의 조카이자 조이의 양자

조이(1042년) : 바실리오스 2세의 조카이자 콘스탄디노스 8세의 딸, 로마노스 3세와 미하일 4세의 아내. 동생 테오도라와 공동 황제

콘스탄디노스 9세 모노마호스(1042~1055년) : 조이의 세 번째 남편. 1054년 교황청

과 상호 파문(동서 대분열)

테오도라(1042년, 1055~1056년) : 콘스탄디노스 8세의 딸로 언니 조이와 공동 황제였다가 조이 사후 단독 황제

미하일 6세 브링가스(1056~1057년) : 테오도라에 의해 황제가 됨

이사키오스 1세 콤니노스(1057~1059년) : 하급 군사 귀족 출신으로 바실리오스 2세의 총애를 받음. 반란으로 즉위하여 반귀족 정책

콘스탄디노스 10세 두카스(1059~1067년) : 군사 귀족 출신으로 교회와 귀족층의 지지로 즉위

로마노스 4세 디오예니스(1068~1071년) : 귀족 가문의 군 지휘관 출신으로 콘스탄디노스 10세의 미망인과 결혼하고 즉위

미하일 7세 두카스(1071~1078년) : 콘스탄디노스 10세의 아들로 로마노스 4세와의 내전에서 승리하여 즉위

니키포로스 3세 보타니아티스(1078~1081년) : 귀족 가문 출신으로 반란을 일으켜 즉위, 미하일 7세의 아내와 결혼

알렉시오스 1세 콤니노스(1081~1118년) : 두카스 가문의 지지로 반란을 일으켜 즉위, 이단 심판 시작. 1096~1099년 제1차 십자군

이오아니스 2세 콤니노스(1118~1143년) : 알렉시오스 1세의 아들로, 남편을 황제로 세우려는 누나 아나 콤니니와 어머니에 대항하여 즉위

마누일 1세 콤니노스(1143~1180년) : 이오아니스 2세의 막내아들. 1145~1149년 제2차 십자군

알렉시오스 2세 콤니노스(1180~1183년) : 마누일 1세의 아들로 어머니 마리가 섭정. 콘스탄티노폴리스에서 라틴인 대학살 발생

안드로니코스 1세 콤니노스(1183~1185년) : 이오아니스 2세의 조카이자 마누일 1세의 사촌으로 알렉시오스 2세의 미망인 프랑스의 아녜스와 결혼

이사키오스 2세 앙겔로스(1185~1195년, 1203년) : 알렉시오스 1세의 증손자. 형 알렉시오스 3세 반란으로 폐위되었다가 아들 알렉시오스 4세의 노력으로 복위. 1189~1192년 제3차 십자군

알렉시오스 3세 앙겔로스(1195~1203년) : 이사키오스 2세의 형으로 반란을 일으켜 즉위

알렉시오스 4세 앙겔로스(1203년) : 이사키오스 2세의 아들이자 공동 황제

테오도로스 1세 라스카리스(1203~1222년) : 니케아 제국 지배, 알렉시오스 3세의 사위

알렉시오스 5세 두카스 무르주플로스(1204년) : 콘스탄티노폴리스 시민이 일으킨 봉기로 이사키오스 2세와 알렉시오스 4세가 죽고 즉위. 1204년 제4차 십자군이 콘스탄티노폴리스 함락

이오아니스 3세 두카스 바타지스(1222~1254년) : 니케아 제국 지배, 테오도로스 1세의 사위

테오도로스 2세 라스카리스(1254~1258년) : 니케아 제국 지배, 이오아니스 3세의 아들

이오아니스 4세 라스카리스(1258~1261년) : 니케아 제국 지배, 테오도로스 2세의 아들로 관료 무잘론 형제가 섭정

미하일 8세 팔레올로고스(1258~1282년) : 니케아 제국 테살로니키 엑사르쿠스(총독)의 아들로 라틴 용병대 사령관 출신. 1261년 콘스탄티노폴리스를 되찾고 교회 통합을 시도하여 반대파를 박해

안드로니코스 2세 팔레올로고스(1282~1328년) : 미하일 8세의 아들로 부황의 교회 통합 정책을 부인. 오스만의 군대에 제국의 군대 격파됨

안드로니코스 3세 팔레올로고스(1328~1341년) : 안드로니코스 2세의 손자. 할아버지 안드로니코스 2세가 자신의 아들 미하일 9세에게 황위를 물려주려 하자, 이오아니스 칸타쿠지노스(나중의 이오아니스 6세)와 함께 내전을 일으켜 즉위

이오아니스 5세 팔레올로고스(1341~1347년, 1354~1391년) : 안드로니코스 3세의 아들로 이오아니스 칸타쿠지노스(이오아니스 6세)의 딸과 결혼. 헤시카즘을 공인하나 로마 가톨릭 교회의 수위권을 인정. 오스만 왕조의 속국이 됨

이오아니스 6세 칸타쿠지노스(1347~1354년) : 안드로니코스 3세의 친구로서, 섭정으로 지목되었으나 안드로니코스 3세의 미망인 등이 반대하자 휘하의 군대에 의해 즉위. 자신의 딸들을 이오아니스 5세, 오스만 통치자의 아들과 결혼시킴. 맏아들 마테오스를 공동 황제로 세우자 이오아니스 5세가 콘스탄티노폴리스를 장악하고 폐위

안드로니코스 4세 팔레올로고스(1376~1379년) : 이오아니스 5세의 아들. 제위 계승에서 제외되자 오스만 왕조와 결탁하여 아버지와 동생(마누일 2세)을 상대로 반란을 일으켜 즉위

마누일 2세 팔레올로고스(1391~1425년) : 이오아니스 5세의 아들. 1319~1403년 오스만의 바예지드 1세가 콘스탄티노폴리스 포위, 유럽으로 건너가 도움을 요청

이오아니스 8세 팔레올로고스(1425~1448년) : 마누일 2세의 아들. 페라라 · 피렌체 공의회에서 교회 통합 합의

콘스탄티노스 11세 팔레올로고스(1448~1453년) : 마누일 2세의 아들이자 이오아니스 8세의 동생. 콘스탄티노폴리스 함락 당시 전사했다고 하나 정확하게 알려진 바 없음

토마스 팔레올로고스 : 마누일 2세의 아들이자 콘스탄티노스 11세의 동생으로 비잔티움 제국 멸망 후 로마에 망명

안드레아스 팔레올로고스 : 토마스의 아들로 1494년 프랑스의 샤를 8세에게 비잔티움 황제의 지위를 팔아넘김

비잔티움의 역사

1판 1쇄 발행 | 2023년 2월 20일
1판 4쇄 발행 | 2023년 11월 23일

지은이 | 디오니시오스 스타타코풀로스
옮긴이 | 최하늘

발행인 | 김기중
펴낸곳 | 도서출판 더숲
주소 | 서울시 마포구 동교로 43-1 (04018)
전화 | 02-3141-8301
팩스 | 02-3141-8303
이메일 | info@theforestbook.co.kr
페이스북·인스타그램 | @theforestbook
출판신고 | 2009년 3월 30일 제2009-000062호

ISBN | 979-11-92444-38-3 03920